学术顾问 温铁军

董筱丹 著

再读苏南
苏州工业园区二十年发展述要

苏州大学出版社

图书在版编目(CIP)数据

再读苏南:苏州工业园区二十年发展述要/董筱丹著.—苏州:苏州大学出版社,2015.4
ISBN 978-7-5672-1267-1

Ⅰ.①再… Ⅱ.①董… Ⅲ.①工业园区－经济发展－概况－苏州市 Ⅳ.①F427.533

中国版本图书馆CIP数据核字(2015)第077119号

著　　者	董筱丹
策　　划	沈海牧　陈兴昌　陈长荣
责任编辑	刘　海　许周鹣
装帧设计	吴　钰
出版发行	苏州大学出版社
地　　址	苏州市十梓街1号
邮　　编	215006
电　　话	0512—65225020　65222617(传真)
网　　址	http://www.sudapress.com
印　　刷	扬中市印刷有限公司
开　　本	787 mm×1 092 mm　1/16　印张23　插页4　字数420千
版　　次	2015年4月第1版 2015年4月第1次印刷
书　　号	ISBN 978-7-5672-1267-1
定　　价	80.00元

版权所有　侵权必究

序言

看到这本《再读苏南》书稿的时候，真可谓百感交集！至少，我心里压了大半年的这块石头算是落了地；这本书的问世，表明后起之秀能够踏实地完成这个有深度的、接续性的、重要的区域比较发展研究项目！

之所以感慨，是因为：就在"苏州工业园区20年（1994—2014年）经验总结"的课题组于2013年秋天建立起来之后，我仅仅来得及参加了开题讨论和第一次调研，转年春天就因家有要事而不能再参与工作，于是取消了所有的出差！这下，我这个课题的首席专家突然"下课"了！咋办？

2013年我启动这个研究项目的首要考虑，倒不是因为苏州工业园区的名气和成就，而首先是因为它的确与我们团队近些年的研究重点在方向上完全一致。我所带的科研团队一直在研究领域脚踏实地体现实事求是的原则，在最近10年比较多地集中精力做国内的区域比较研究及国际的国别比较研究。这是因为，国际社会越来越清醒地认识到不能对这个超大型大陆国家一言以蔽之地做简单化的评价。中国被自然地理条件决定的内部区域差别极大，几乎不可能只看到几个数据就轻易地说中国如何。特别是当中国资本更多地走出去、更多地遭到质疑、国内这套意识形态化的理论连中国经验的基本属性都解释不清楚的时候！

除了研究苏南地区之外，我们开展的一系列区域比较研究中，有两个区域发展特征鲜明的研究特别值得一提：2008年开展了岭南研究，2010年出版了《解读珠三角：广东发展模式和经济结构调整战略研究》；2010年进行了重庆经验调研，并且参与了学校以课题组名义出版的《重庆新事》一书过半文字的写作。虽然这两本书出版之后都一度引起过非学术性的争议，但我们因努力地做了去意识形态化的客观研究而问心无愧。对至今余波未平的、夹杂八卦的街谈巷议，也就只能听之任之了……

当然，如果有人确实愿意客观地了解中国沿海和内陆山区差异极大的地方发展真实经验，还是可以在网上搜到我的团队通过调查研究提出的客观分析。我在2007—2012年的不同地点的演讲中，也特意去意识形态化地介绍了广东和重庆两类不同的地方发展经验。

我多年来一直劝诫团队成员和门下学生"多研究问题，少讨论主义"，千万不要参与社会上那些深陷于意识形态困境无法自拔的所谓理论争议，埋头做好经验研究。于是，我们这个团队遂在这种严肃认真的区域比较调研中因没有门户之见而引入了多种不同学科的理论工具，逐步形成了包容度较高的交叉学科框架和创新性的理论思路。团队成员中，毕业后仍然从事教学科研工作的年轻人，大多能够做到立意上"高屋建瓴"，调研时"顶天立地"，其思想理论上的创新能力早就大大超出那些被邯郸学步大师们照搬来的学科化理论所羁绊的所谓学术研究。我们在把最近10年的研究创新用于对海外的交流和教学之中的时候，被接受程度大大高于那些照搬西方的意识形态化理论的解释……

因此，从学者自觉承担知识生产的社会责任的角度，从学术研究连续性的需要来说，苏州工业园区20年经验总结这个项目我们很愿意继续做。

然而，无论我如何焦虑，接续完成课题调研和写作的这个重担，只能落在课题的"执行主持人"董筱丹博士的肩上。好在，她早在跟我读研究生期间就已经成为科研团队的骨干，当年还没有毕业就成为我的主要科研助手，并且也是上一部书《解读苏南》的主要起草人。那本书由于被列为"十一五"规划重点出版项目，时间上的紧张让位于质量上的精益求精，因此，真是慢工出细活，《解读苏南》光在我的团队手上就先后四易其稿，她在驾驭观点、篇章布局和文字雕琢方面的训练，应该是足够了。何况，我还有另外一本重要的当代经济史著作《八次危机：中国的真实经验1949—2009》也是把框架交给她去起草初稿的。

可喜的是，这两本书都有好评。《解读苏南》历经4年辛苦笔耕到2011年出版的时候，各方面对这种去意识形态化的中国区域比较经验研究是认可的，此书居然连续获得了5个奖项！其中比较重要的是两个国家级的图书出版奖和2012年省部级的哲学社会科学优秀成果奖。接着，仍然着力体现去意识形态化的客观研究的《八次危机》甫一出版，一年之内就印刷6次，且因销量在学术类著作中领先而得到国家级的优秀畅销书奖；次年又得到省部级哲学社会科学优秀成果奖，接着又被帕尔格雷夫·麦克米兰国际出版集团告知，评委会"热烈通过"此书发行英文版；此外还有其他语种的版本也即将问世……

有了此前这两部获奖书稿的调研和写作过程,以及思想与理论的积累,这一次董筱丹博士直接代我协调后续调研,乃至直接执笔起草课题总报告,再在报告基础上整理成《再读苏南》一书,就是顺理成章的事情了。诚然,早已过了"耳顺之年"的我,也确实应该让年轻人承担大任。这次课题进程中我看到,从调查研究直到最后完成书稿的写作,她都显得有底气而沉着,并且在思想理论上做到有所创新。

课题总报告的题目本来是"三次危机 四个阶段",成书之际定名为《再读苏南》。我觉得,主要是因为此书在学术思想上继承着上一部《解读苏南》的特质——完全从客观实际出发而戒除意识形态的影响。书稿与课题总报告的内容一致,一开始就把园区20年发展的中观、微观经验置于三次危机巨大挑战的宏观背景之下——投资开发之类的经济问题只有这样"回嵌"于社会政治文化大环境之中,才算得到了全景般的解释。

本书超越上一部书的理论逻辑提出的最具挑战性的理论创新,是在全球化必然内含制度成本对外转嫁的基本背景下,在苏南"地方政府公司主义"普遍顺周期的区域演化经验中,寻找到了因中央政府赋权而在"举国体制"的制度优势下进行逆周期调节的"另类"经验。概而言之,是园区在面对周期性经济危机时,政府信用在何种条件下能够发挥对资本信用的替代机制,及其如何在后续产业开发与经济结构调整中促进总地租乃至"总租"的形成,达到内部化处理负外部性乃至"化危为机"实现跨越式发展目标的。

纵看园区这20年的历程,被三次危机客观地分成了四个阶段,每一个阶段都体现了这种绝对超出一般地方政府能力的逆周期调节作用。其具体过程、特征和对园区未来发展的政策建议,书中归纳为"一二三二一"。读者在本书前言的阅读中,即可略知这一基本思路。

本书是既往经验之研究,也是与当下现实之对话。进入新世纪第二个10年的中国人,对于官方文字中的"产能过剩"早已耳熟能详。大多数地方,包括那些声名显赫的地区在内,都因难以形成产业升级必须的资本和技术条件,纷纷堕入"生产过剩"这个资本主义一般内生性矛盾所派生的、不可逆的、去工业化的大趋势之中。然而,此书对园区产业升级经验归纳出来的,却并非一般人关注的资本和技术条件,而是与结构调整有关的制度运行机制。其中有针对性地提出的创新是,在中国21世纪整体上进入产业资本过剩的阶段以来,园区这种中央政府对局部地方政府进行全面赋权从而构建"区域'强政府'+'高制度'"的制度创新模式,反倒因其在历次逆周期投入中产生了"制度自觉"而发挥出机制性的作用,遂有了采取更多调控措施的实践空间。

我看此说,确有深意。这体现的是中国在工业化阶段仍然"自立于世界民族之林"的比较制度优势。若能成立,则构建国家产业走出去战略在地缘和社会敏感区域的落足点、践行国家总体安全和基于生态文明理念的可持续发展战略,也就多了一种借鉴模式。

更重要的是,这些去意识形态化的经验归纳和理论创新,对于21世纪中国走出去迫切需要的软实力话语构建,具有基础性的作用。如果把以园区为代表的中国发展真实经验作为比较制度优势的培训资源,把园区作为"引进来"培训的基地,则有利于发育海外的"知华派"。

诚然,我虽然不得已地把任务压在年轻人的肩上,自己也不能亲临调研把握第一手材料;但也不可能完全甩手不闻不问,每次调研回来还是要听取汇报;对于课题报告和书稿也从观点到文字都要认真看过,作者按我的意见多次修改到我认为合格才敢交出。但,毕竟这段时间心有余而力不足,出活比以往更慢了许多。这是我开头就说大半年来一直心里悬着的原因。

现在,课题报告的这部分成果已经成书并且即将正式付梓。虽然董筱丹博士和有关方面都希望我继续作为此书的作者,但科研著作之署名与学术道德相关!由是,我只能遵从中国人民大学"实事求是"的校训,以课题首席专家的身份要求课题的执行主持人和报告起草人董筱丹名副其实地作为本书的作者;我的名字只能以课题学术顾问的名义出现。并且,对因我个人原因而影响课题进度,再次向关心园区发展的各界人士表示歉意。

走笔至此,心中陡然涌出龚自珍的诗句:"九州生气恃风雷,万马齐喑究可哀;我劝天公重抖擞,不拘一格降人才!"

温铁军
2015 年 4 月 12 日

目录

序言 ·· 温铁军

前 言 ·· 1
  一、意义:从特殊到一般的理论升华 ··· 1
  二、框架:"三次危机、四个阶段" ·· 4
  三、结语 ·· 8

第一篇　一个优势:1988—1994年大危机与"举国体制"下的园区起步 ········· 9
  一、危机!起点! ··· 10
  二、"逆势而上"不易,"成本趋零"更难 ··· 19
    (一)"逆势而上"的园区起步 ··· 19
    (二)"成本趋零"的"豪华"基建与海外招商 ····································· 28
  三、"不特有特,比特更特" ·· 35
    (一)作为尚方宝剑的"九号文件" ··· 35
    (二)"铁血十六条"与园区"大"发展 ··· 43
    (三)中央—地方关系的另类视角 ··· 49
  四、中新合作实质:两个"强政府"的联合 ··· 50
  附件　东南亚地缘圈中的"强政府"新加坡 ··· 53

第二篇　两强结合:国际金融资本流动与园区调整 ·· 59
  一、大珠小珠落玉盘 ··· 61
    (一)岭南:"小盘"承"小珠" ··· 61
    (二)苏州工业园区:"大盘"承"大珠" ··· 69

二、美新日各谱诗篇 ····· 74
（一）日资为何不来 ····· 76
（二）新资乘船出海，雁阵梯行 ····· 79
（三）美资顺势而动 ····· 84
三、东亚金融风暴：信用收缩与园区股权调整 ····· 92
（一）东亚金融风暴与中新经济危机 ····· 92
（二）合作危机与股权调整 ····· 95
附件 中国1998—2001年的"输入型危机" ····· 105
附表 ····· 111

第三篇 三驾马车：国资+外资+乡资 ····· 116
一、外资撤离和国资替代的"惊险一跃" ····· 117
（一）股权调整后的资金困局 ····· 119
（二）政策性开发金融的进入与操作机制 ····· 125
（三）园区内部基于"总地租"的金融运作机制创新 ····· 140
（四）小结 ····· 156
二、美国IT泡沫与园区外资经济兴起 ····· 157
（一）美国IT泡沫与FDI"此消彼涨" ····· 158
（二）外资进入与园区的外资经济发展 ····· 164
三、地方政府公司主义的乡土基础：村社理性 ····· 183
（一）农村土地资本化问题的一般讨论和园区制度经验 ····· 184
（二）宅基地动迁中的村社理性 ····· 188
（三）征地的"组合补偿"与失地农民社会保障机制 ····· 194
（四）对村社理性思考的拓展 ····· 202
附件1 美国IT业发展与全球FDI流动 ····· 205
附件2 集体经济与村社理性的关系 ····· 212
一、集体经济对村社理性的影响：以娄葑镇为例 ····· 212
二、社区治理变迁中的精英与村社理性 ····· 225
附表 ····· 235

第四篇 两大创新：政府管理创新与企业技术创新 …… 242
  一、2008年国际金融危机的挑战与园区困境 …… 243
    （一）华尔街金融海啸和国内应对 …… 243
    （二）"后金融危机"与国内经济的结构性矛盾 …… 249
    （三）经济危机中苏州工业园区的经济困境 …… 260
  二、两大创新的逻辑、路径与机制 …… 265
    （一）双重挤压对中国产业升级的路径限制 …… 266
    （二）技术创新的实现机制与内在逻辑 …… 276
  三、园区"后危机"时代的"高制度"创新实践 …… 287
    （一）金融创新：政府信用主导让金融"回嵌"实体产业 …… 288
    （二）建设产业共性技术平台化解"双失灵" …… 297
    （三）相关及支持性服务平台建设与园区管理创新 …… 307
    （四）小结 …… 315

  附件　促进新兴产业发展的复合制度创新 …… 316
    一、人才计划 …… 316
    二、三大专业产业园 …… 321
    三、其他创新 …… 332

  附表 …… 337

结语　一个预期：中国"走出去"战略中的园区前景展望 …… 340
后记 …… 352

前　言

至2014年5月,中国和新加坡两国合办的苏州工业园区(以下简称园区)成立整整20年了。本书是中国人民大学课题组对园区发展20年历程进行归纳总结的研究成果。

兹对该项研究成果报告摘要如下。

一、意义：从特殊到一般的理论升华

课题组认为,**园区这20年的发展经验,恰是全球化挑战下中国外向型经济发展阶段性变化的一个缩影**。因此,课题组把对园区发展过程研究纳入国内外的重大变化之中做相关性分析,以更为广阔的、历史的和国际的视角来归纳园区经验;这就使**本书得以体现"从特殊到一般"的理论升华**。

因为,任何仅仅表达特殊性的案例,如果不具有普遍意义,也就没有借鉴及推广价值。所以,只有把园区经验的总结研究从"中国特殊、苏州更特殊,园区是特中之特"的特殊论,提升到具有普遍意义的高度,才可以成为对发展中国家和国内其他地区具有借鉴意义和指导价值的一般性理论。

如果要讲一般性,不妨先对中国这20年的大势分而述之：

第一个十年,中国人可谓"神女应无恙"——借势经济全球化的金融资本扩张,实现了从20世纪80年代内需拉动型增长为主向90年代外需为主的转化,从而完成了清末和民国均无力实现的国家工业化从资本原始积累到产业扩张的"惊险的一跃"。[①]

[①] 温铁军.百年中国,一波四折.读书,2001(3);收入作者文集《我们到底要什么》,北京:华夏出版社,2004.

苏联解体、东欧剧变之后的 1994 年可谓是经济全球化全面起步的"大年",或可称"全球化元年"。这一年,挟冷战全胜之势的美国和西欧在鲸吞苏东"实体经济货币化和资本化"的制度收益的同时①,建立起北美自由贸易区 NAFTA 和欧盟 EU;进而在推进关税及贸易总协定(GATT)转化为世界贸易组织(WTO)之际构建了全球自由贸易的制度框架。由此,一方面是发达国家通过向世界扩张美元投资等来转移资本全面过剩压力下频发的金融危机;另一方面,恰在国际资本过剩而中国加快市场经济新体制和全面优惠外资进入的客观条件下,中国走出了 1994 年财政、外汇、金融三大赤字同步爆发的严重危机,进入了经济对外依存度连续多年高速增长的时期②。

不过,全球化也是具有两面性的硬币。**外资大量流入是一个让很多发展中国家在 90 年代因债台高筑而纷纷跌入"发展陷阱"无以自拔的根源**。在大多数发展中国家纷纷被债权国以"减债"而诱发的"主权外部性"风险爆发之中,虽然中国靠着"集中力量办大事"的特殊体制和内部差异形成回旋余地的大国优势跳出了发展陷阱,但收益与成本总是对应的。若从收入结构和资源禀赋等视角看,则激进纳入全球化的外向型经济所需要的改革的制度成本也旗鼓相当,因 1994 年 1 月 1 日人民币官方名义汇率一次性贬值 57%,国内土地、劳工等要素和资源(包括本来就脆弱的环境)在国际市场上的定价同步降低,对宏观经济增长具有巨大拉动作用的出口增长,实质是将环境租和劳工福利租在国外消费者与国内既得利益集团之间分配,其结果必然是承担了制度成本的群体相对收入停滞甚至下降,生态环境恶化,群体性事件高频发生……

第二个十年,中国人堪称"当惊世界殊"——与发达资本主义国家 20 世纪 20—30 年代遭遇生产过剩大危机走向世界大战的规律迥异,方显出"中国特色的社会主义"的比较制度优势! 在工业化高增长阶段突然遭遇 1997 年东亚金融风暴打击而暴露出来的产能过剩压力下,**中国政府断然使用"看得见的手",大规模启动国债投资于内陆基本建设,主要在于缓解改革以来越来越严重的"三大差别"**③;其直接后果,显然优于被美国媒体称为"奥巴马社会主义"的救市政策:中国政府连续推出的国债投资不仅先后缓解了"区域差别"和"城乡差别",而且导致**中国经济也派生性地**

---

① 温铁军.苏东七国私有化的观察与思考.中华工商时报,1992-09-30(国际版);国家资本再分配与民间资本再积累.新华文摘,1993(12).
② 温铁军等.八次危机:中国的真实经验 1949—2009.北京:东方出版社,2013.
③ 中国的"三大差别"是在 20 世纪 80 年代以后逐渐显著起来的。主要是指:工业化的沿海与传统资源经济的内陆之间的区域差别;资本集中的城市与要素净流出的乡村之间的城乡差别;中产阶级崛起和"让一部分人先富起来"的政策同时作用下发生的愈益严重的贫富差别。

出现从20世纪90年代"外需为主"直接转化为新世纪的"投资拉动"——国家战略性地以持续大规模投资维持较快增长。同时,中国还以优惠政策力推产业结构调整和科技研发创新,试图把上一个十年纳入全球化初期处在国际分工的"微笑曲线"①底端的尴尬地位甩进太平洋!

诚然,西方与中国尽管存在各种经验差异,并且由此而形成多种理论解释②,但有一个客观上具有普遍意义的、超越任何意识形态解释的事实却无法回避:在遭遇严重经济危机的时候,无论资本主义还是社会主义的政府都只能使用"看得见的手"通过国家直接干预经济来缓解危机。

20世纪30年代,因成功地应对国内生产过剩大危机和危机引发的二战而著称于世、史无前例地连任四届美国总统的罗斯福,就把被世人称道的"罗斯福新政"的实质明确为"新国家主义"。中国自20世纪末遭遇生产过剩以后的战略调整,是可以与此做对比的。

因此,我们要讲的第二个一般性,是把中国的危机以及化解危机的办法,从"特殊"上升到"一般"。

中国的特殊性在于:二战以后,西方的生产过剩大危机及战后的再工业化复苏连带发生的资源环境危机,主要是靠过去半个世纪的向外转移产业和局部战争来化解的;而中国今天再次遭遇生产过剩危机时劳动力总量高达8亿以上,并将持续10~20年!在世所罕见的就业压力之下,中国人实在难以照搬西方制度经验,遂使生产过剩和就业压力等**内生性制度成本只能"内部化"**缓解。国内可持续发展的空间除了因内生性原因趋于逼仄,还得在难以构建国际话语权的条件下,更多地承载主导国家虚拟资本扩张、金融泡沫化危机甩出来的巨大代价!

这也是近年来中国强调生态文明战略的内因之一。只有在生态文明理念的指导下,我们才能把视野拓展到西方经验之外,在"山重水复疑无路"之中,寻找"柳暗花明又一村"。

以此,对苏州工业园区的经验研究,也就有了服务于中国构建经济社会可持续战略的价值。

如果我们想要回答,苏州工业园区何以能够连续多年在国家级开发区的综合排

---

① 如果用"微笑曲线"来表示整条产业链的附加值分布,则左端研发、右端营销几乎占产业全部附加值的80%,而中间的加工制造环节附加值最低,整条线如同一张笑脸。中国相当多的加工贸易型生产就处于"微笑曲线"的底端。

② 2014年8月,美国总统奥巴马在和《纽约时报》专栏作家弗里德曼对话时,指称:中国搭便车30年了!其后,各路媒体对此进行了反驳和质疑,但反对的方面也并不否认美国金融资本流动助推了中国产业扩张。

名中荣居榜眼(仅次于天津大港开发区),则不仅要看到,坐拥区位优势、怀抱文化遗脉的苏南地区,在过去的20年中借势国家对外开放战略之天时地利,获得了"一江春水向东流"之巨大制度收益,就是举足轻重的一个原因;还要注意到,园区能超越长江三角洲其他地区,除了中新双边工作理事会和园区管委会全体同仁的卓越努力与创新之外,另有一个秘诀:园区自中新两国协商合作伊始,每一个发展阶段的重要转变,都与国际、国内宏观经济的重大变化之下中央政府积极使用"看得见的手"和地方政府因地制宜的本土制度创新紧密相关。

"花开花落,云卷云舒。"中华传统文人的闲适情调,不期然成为当代世界风云大格局的真实写照,上至大小国家,下至升斗庶民,都被深深地卷入周期性的萧条—繁荣之中。坐落在苏州的这个新加坡工业园区也不例外;但其最显著的与众不同,乃在于:20年中遭遇的三次危机,都被改写成"机大于危"!

中国人特别需要坚持的,应该是在"不断证伪"的过程中逐步接近客观真理的科学精神。课题组在这次梳理园区20年经验中,自省到此前曾经做过的苏南研究的不足之处:最近这次2008年"华尔街金融海啸"以及全球大危机以来园区人所走出的发展姿态,似乎是对课题组在之前的研究成果中关于苏南、岭南在全球化大潮中"殊途同归于微笑曲线"之判断的部分证伪[1]。

园区20年的屡次化危为机的新鲜经验吸引着我们,继完成《解读苏南》之后,把目光再度投向姑苏城外这片曾经因鱼肥稻香而堪称天堂、如今却以资本和技术的每平方米国内最高产出著称的地方。我们的任务仍然是要从这些经验总结中把特殊上升为一般。[2]

二、框架:"三次危机、四个阶段"

回顾苏州的这个中国新加坡工业园区20年来的发展经验,如果不拘泥于意识形态,而是认真地从实际过程做总结,可大致归纳为"三次危机、四个阶段",如下图所示:

---

[1] 本课题学术顾问所带领的科研团队,在苏州大学出版社的委托下,历时四载、八易其稿,完成了对于苏南最近30多年发展经验的解读。《解读苏南》自出版以来多次获奖,被评为第四届"三个一百"原创图书出版工程入选书目、第四届中华优秀出版物图书奖提名奖、北京市第十二届哲学社会科学优秀成果二等奖、首届江苏新闻出版政府奖、2011年《中华读书报》"百佳图书"。参见温铁军等.解读苏南.苏州:苏州大学出版社,2011.

[2] 课题组作为知识生产者,自觉承担着中国产业"走出去"战略所必需的、非常紧迫的"话语建构"的责任,对园区20年经验做这样大框架的归纳,难免挂一漏万;对此,课题组欢迎来自一线亲历者的批判和指教。

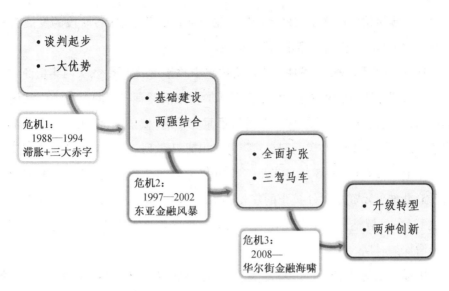

注：图中下方的小框是园区20年遭遇的三次危机，上方的大框则是与危机相对应的园区发展的四个阶段。

已经发生的这四个阶段，连同作为未来展望的第五个阶段，**核心特征可以归纳为"12321"**：

"一"大优势：第一阶段，依靠中国的"举国体制"与国外投资方谈判，得以"0成本"逆势起步；

"两"强结合：第二阶段，园区的地方政府"强信用"与发达国家的"强资本"相结合，为园区打下高起点基础；

"三"驾马车：第三阶段，凭借国家信用、海外资本和村社理性这"三驾马车"，实现园区发展规模快速扩张；

"两"种创新：第四阶段，通过金融服务创新和政府产业公共服务创新，助推园区内企业技术创新，提升园区整体产业收益率，带动产业升级转型；

"一"个预期：今后应继续借助"举国体制"的比较制度优势。苏州园区若能升华其经验为"一般论"，由此成为具有普遍意义、可资其他发展中国家借鉴的中国"软实力"之重要内涵，则可进一步伴随着中国在产业资本遭遇全面过剩的调整阶段势所必然的"走出去"战略贯彻，积极占有并且利用结构性扩张（并非单一企业、个别行业）所必需的话语建构和基础信用的比较优势；这才算学到了新加坡保持长期竞争力的精髓……

前四个阶段的"一二三四"，需要和国际、国内的宏观形势变化结合起来，才能形成相对完整的叙事。它正好对应着上图小方框中的"三次危机"。

由于起步伊始园区就是与外部世界紧密联系的,因此园区各阶段的发展有着很强的"输入型高涨"与"输入型紧缩"的特征。

1994年,在全国1989—1994年大危机中起步的苏州工业园区,头两年招商成绩斐然。其"坡起"之所以相对顺畅,既受惠于新加坡方面拥有丰富的招商经验和优良的"亲商"口碑,也得益于中国在1993年外汇严重赤字的"偿债危机"压力下启动汇率体制改革,人民币大幅贬值与美元利率一降再降相辅相成,吸引着国际资本前来投资。

客观上看,1994—1995年是苏州工业园区元年,恰好也是美国进一步实行宽松货币政策助推美元资本向外扩张的年份,也是全球化进程中北美形成NAFTA和西欧形成EU的区域整合深化中具有标志意义的年份。这一年之后,则是中国FDI流入全面增加的时期。

但接踵而至的是1995—1996年美国IT业兴起,HTTP等网络技术和IT设备的重要发明问世,借助美元资本扩张大潮而助推着美国"新经济"和"信息高速公路",IT业题材(类似荷兰当年的郁金香题材)促使股市开始繁荣;由此带动的是国际资本从亚洲的"四小龙"和"四小虎"急速回流美国,随之,则是在这些幅员相对狭窄的新兴经济体因流动性陡然短缺而爆发了所谓"东亚金融风暴"!

1997年春夏之交开始,集中于"加工贸易"发展、难以形成内生性积累能力的东亚经济体,先后发生了数轮金融风暴;虽然金融风暴与坚持"资本控制(capital control)"的中国擦肩而过,却随后使中国因外需突然下降、内需不振而在1998—2001年遭遇连续4年的"通货紧缩(deflation)"。

不过,这个时期对于处在第二个发展阶段的园区而言,仍然是"危中有机"。

其中,有两个因素需要提出。其一,1999年起,凭借多年"政企协同"努力而在全球IT产业第二梯队获得一席之地的台湾地区,因幅员过于狭窄、难以消纳劳动力和环境等成本上涨压力,而开始了在中国大陆沿海的IT产业投资高潮,借以扩大IT产业集成和模块化生产基地。其二,就在这个因东亚金融风暴而导致国家一系列重大战略调整时期,苏州工业园区也出现了新加坡出让股权的结构变化。——这个危中之机的收益在几年之后才变得明朗,因为,相比于几年之后的土地和资产价格大幅度上涨,这次股权转让可谓得到了一次"抄底"的机会。

第三阶段始于2001年。2001年,中国大陆与中国台湾在同一个半天完成签署"入世(加入WTO)"文件的仪式。恰逢美国一度被热评的所谓"新经济"遭遇IT股市泡沫崩盘,国际游资反过来又大规模涌向已经进入复苏阶段的亚太发展中国家;同时,欧美日韩和台湾地区的实体企业为寻找要素的价格低谷进行产业的全球布局,这就客观上成为助推中国2003年以来的宏观过热的外部因素。

其间,因这些跨国投资企业的海外汇回收益越来越成为其本国国内资本市场的优秀"题材",而使得承接产业转移的东道国的实体部门和投资来源国的资本市场结成紧密关系。其中,尤以中美形成被称为"G-2"的战略合作关系令世人瞩目。

这个时期的国际形势变化,对处于第三个发展阶段的园区来说,机会自然多多;而且,更大的机会收益在于,此前虽然受到东亚金融危机外需下降和外资延缓进入的负面影响,但**客观上却利用了"通货紧缩"期间资产价格相对下降的机会,与国家开发银行进行战略协作铺开大规模基础设施建设**,致使其土地升值收益在2003年开始的经济景气周期变现!

其中,最值得课题组研究、并且值得国内外研究者了解的是:园区这个"化危为机"的手段虽然有所不同,但若从其实际效果看,却与十年前园区的"逆势而起"几乎属于性质相同的发展经验——都可归纳为,借助国家为实际后台的强信用和宏观经济的高涨形势,实现自身快速的发展扩张;不同点在于,中方主导开发建设之后,园区延续了苏南"强政府"能力的制度特征,将其与苏南传统的"村社理性"相结合,大幅降低园区开发建设的现金流压力,从而将园区发展的实质,由起步之际的"两强结合"改为更大规模扩展之时的"三驾马车"。

接下来园区进入第四阶段。

众所周知的是,2007年美国房地产业泡沫化造成的"次贷危机",随后势所必然地演变为2008年华尔街金融危机,并引发了2009年全球经济危机。

鲜为人知的是,在新世纪的金融资本全球化大趋势之中发生在美国的这种很典型的危机"三级跳",中国同样未能幸免①。

一方面,海外市场需求下降,中国外向型经济被迫进行调整转型;同期发生的是**国内版的"金融资本对于产业资本的异化"**,金融业的资金过剩、实体产业的衰败以及投机领域的非理性繁荣同台上演。同期,中国人民币升值预期下国外资金绕道中国香港再来中国大陆投资,加剧了金融资本与产业资本"冰火两重天"的矛盾与对立。

然而,还有另一方面:不论东西方国家在遭遇经济危机时只能通过国家直接干预才能缓解困境的普遍经验,在中国得以重演——中央政府使用"看得见的手"的确有大手笔——不仅因2008年危机爆发当年的4万亿元国债大规模投资于基础设施、农村地

---

① 在主流意识形态之中,中国的这个时期仍处于"黄金十年"当中,并且确实有GDP连续高增长的数据支持。直到2014年5月,习近平在河南考察时首次提出"新常态"概念,随后在11月APEC工商领导人峰会开幕式主旨演讲中对中国经济新常态进行了全面阐述和解读。

区和民生领域,而且此前已经有10万亿元以上的国家战略为主导的基本建设和社会建设投资。从而使中国经济也发生了数万企业倒闭、数千万打工者失业的危机现象,但仅"危机"了一个季度,在2009年当年就走出"V形反弹"。由此,才在西方金融资本阶段的新自由主义主导的世界经济危机迭起之中凸显"一枝独秀"!

作为不愿"邯郸学步"、唯愿实事求是地立足本土经验研究的知识生产者,我们能够看到,本轮危机发生后国内金融资本的析出,叠加国外金融资本的流入,正好成为苏州工业园区"服务业翻番"的宏观基础;国内大部分地区房地产作为投机领域的过热而对实体产业形成的"挤出效应",也正好成为园区通过产业公共服务创新引导产业升级、技术跨越的机遇。

在第三次危机后的这个第四阶段,如果说园区对于"举国体制"仍然有制度经济学概念中的"路径依赖"作用,则主要是土地资源稀缺的园区主动与国家推动产业结构优化调整、鼓励科技研发自主创新的战略相结合,得到了国家产业扶持方面的各种政策支持。

三、结　语

这20年,面临全球化的"惊涛拍岸",大多数国家都主动或被动地配合发生着适应资本自由流入和退出的制度变迁;无论高收入国家还是中低收入的发展中国家的政府部门,都在唱着"同一首歌"——亲资本。20世纪90年代以来,有关外资的政策法规调整中,80%以上是更倾向于对外国直接投资有利的。

同样值得我们了解的一个伴生的意识形态现象是,在上述产业资本向金融资本的结构转型而派生的相应制度变迁中,无论是发达国家还是发展中国家的知识资本集团也在唱着"同一首歌":与金融资本加快全球流动性获利的诉求相符的新极化思潮。

然而,在园区经验研究中我们感到,只要认认真真地调研和思考,那么,从客观经验中提炼出不同于那种西方中心主义的政治理论和经济学说既定规律的规律,不仅是可能的、应当的,对于下一步的实践来说,也是必要的、紧迫的。

21世纪很快进入第二个十年。在国内生产过剩造成的过度竞争压力下,中国实体产业毫无疑问会越来越多地走出去;但他们不可能如先发工业化国家早期那样以国家强权作为支撑,且会被以金融资本为主的发达国家的话语权所反制。因此,展望下一个阶段,已经在国际市场上有着良好信用的苏州工业园区,或将在全面总结20年发展经验的基础上,在承担新的国家战略中大有作为。

第一篇　一个优势：1988—1994年大危机与"举国体制"下的园区起步

如果把1988—1994年发生在中国的大危机与60年前发生在西方的1929—1933年的大危机做客观对比，应该能出一本很有比较研究价值的学术著作。当然，我们得注意二者的意识形态差别；但还是应该坚持科学客观的研究态度，把1988—1989年爆发的滞胀、1990—1991年的萧条和1992年的复苏、1993—1994年进入高涨的同时再次诱发高通胀的客观过程，看作一个比较典型的危机周期，来做周期性波动的因素分析。

诚然，无论政策界当时如何做出不同解释性的描述，无论理论界后来如何做出不同意识形态化的分析，这个经济危机周期的规律性变化过程，事实上非常符合政治经济学的经典论述；认真地做好"去意识形态化"的客观归纳，本来就具有中国经验与全球话语建构有机结合的普遍意义！

这也是本书把成立于1994年的中新苏州工业园区的研究始点，上溯至1988—1989年的原因——终结了"热火朝天的20世纪80年代"的这最后两年，无论如何也回避不开的一个词就是"危机"。所有了解苏州工业园区早期创办历史的人都清楚，如果不是这场国内经济危机演化为政治风波、旋即发生美国主导的西方"制裁"，就不会有后来苏州工业园区作为"国与国合作"的产物而诞生，它的全称是"中国—新加坡苏州工业园区"；如果不是当年严重的经济、政治、外交危机，可能至今中国也找不到哪块土地上因为承载着沉甸甸的国家使命而一度进行着几乎不受行政级别限制的国家制度创新试验。

我们在2013年发表的研究成果中指出，1993年经济过热，不仅造成财政、外汇、金融三大赤字同步爆发,而且引发1994年CPI年度增长率超过24%,形成改革以来最高通货膨胀!中央政府不仅随即在发生赤字的这三大领域启动了大刀阔斧的改革,并且势所必然地加强宏观紧缩,出台了包括严格控制基本建设、拧紧外汇和信贷"龙头"等关键措施在内的调控政策。①

就在这个全面紧缩的时候,苏州工业园区却能够逆势而上,明显得益于中央政府在特殊压力下的特殊政策——

在1989年"政治风波"之后,中国遭遇以美国为首的西方制裁,可称为继第一次封锁中国(1950—1971年)之后的第二次封锁(1989—1993年)。

就在美国带着20多个西方国家封锁中国、尤其是停掉了几乎所有中国经济发展领域的海外投资、造成外资减少了75%的严峻时期(与生存和"转轨"相关的投资未停),新加坡与中国建立了外交关系。

此时,新加坡对苏州工业园区的投资,对中国在西方封锁欲罢不能之际,具有重大战略意义。

由是,而使坐落在苏州的中国—新加坡工业园区建设上升为国家战略!

也就是说,与新加坡合作的苏州工业园区能够在一片经济危机的逆境之中突起,必有前提;而随后内外结合的强强联合更是配合了这种"举国体制"。

一、危机!起点!

经济危机是人类进入资本主义文明阶段的一般内生性规律,传统政治经济学对此早有论断。中国人同样难以自外于这个一般规律。

在新中国近60年的工业化进程中,这个规律表现在图1-1上。

通过阅读图1-1中的数据,可以对国家"一五"计划以来半个多世纪中国工业化的周期性经济波动有个直观的了解。其中,虚线圈出来的1988—1994年的周期性波动,就是苏州工业园区创建时的宏观背景。

1988年,中国爆发了改革开放以来第一次"滞胀"危机——政治经济学教科书指称的"通货膨胀+生产停滞"型经济危机——从宏观经济指标来看,1988年通货膨胀率高达18.5%,属于典型的物价上涨、通货膨胀危机;随即,1989年经济增长速度下降到4.1%,1990年则进一步下降到3.8%,沉入典型的萧条阶段……

---

① **温铁军等.八次危机:中国的真实经验1949—2009.北京:东方出版社,2013.**

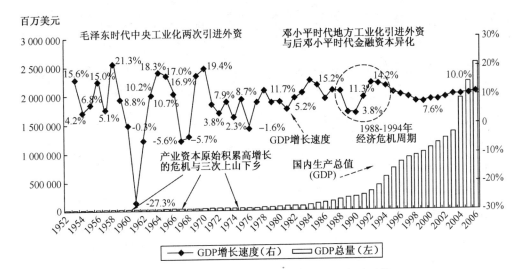

图1-1 1952—2006年中国宏观经济增长与波动①

与经济危机同时爆发的是政治危机。物价指数陡然攀升与官倒公司囤积居奇构成恶性循环,诱发社会普遍不满,中下层市民受损严重;遂使经济危机引起1989年春夏之交的"政治风波"。与冷战中的大多数不同于西方制度的国家的遭遇几乎相同,随之而来的是西方的制裁——1989年6月5日,美国总统布什宣布对中国进行制裁,不仅中美两国关系急剧恶化,西方各国政府也纷纷宣布制裁中国;随即,全球掀起阵阵反华浪潮,当时占据西方控制的国际舆论阵地的、伴随封锁制裁甚嚣尘上的是"中国崩溃论"。按照前外长钱其琛的回忆,那是他担任外长十年期间,中国外交所经历的最艰难的时期(见专栏1)。

专栏1

1989年西方对中国的制裁及其影响

天安门"政治风波"发生次日,美国总统布什即发表声明,对中国局势进行指责,并宣布采取暂停中美政府间一切军售和商业性武器出口、暂停中美两国军事

---

① 本图来自温铁军最新出版的著作《八次危机:中国的真实经验1949—2009》,北京:东方出版社,2013。该书是多个国家级课题的研究成果,第一版一年之内印刷6次,联合国系统驻华协调员及开发计划署驻华代表罗黛琳不仅为该书作序,还资助该书翻译和用于发展中国家分享中国经验的培训和交流。该书被《经济参考报》评为"流过我的思想的你的智慧——2012年最值得阅读的10本财经图书"、被经济参考网评为"2012最有影响力的10本书"、被中国书刊发行业协会评为"2012—2013年度全行业优秀畅销书";2014年5月在中国最大财经门户网站和讯网主办的"和讯华文财经图书大奖"活动中网络投票评选为"2013年度十大财经图书"。该书繁体字版已经由香港中华书局出版;韩文版即将出版,目前正在洽谈英文版出版事宜。以此书为题的英文课已列入英国普利茅茨大学舒马赫学院研究生课程。

领导人之间的互访、重新研究中国留美学生要延长逗留时间的请求等五项制裁措施。

随后,美国又采取了一系列举动:美国国务卿贝克致函美国司法部部长,建议"准许"所有旅居美国的中国公民在其签证到期后继续留在美国,而不改变其身份;美国国务院责成驻中国使馆和总领事馆放宽对去美国的中国公民的签证限制;美国国防部要求格鲁曼飞机公司驱逐在该公司工作的40名中国工程技术人员,中断了中美双方签署的一项改良中国战斗机的5亿美元的合同,等等。

6月20日,美国白宫发言人又宣布布什采取的新制裁措施,包括暂停同中国一切高级政府官员互访,**美国将力求推迟考虑国际金融机构向中国提供新的贷款**。

6月29日和7月4日,美国国会众议院和参议院先后通过制裁中国的修正案,提出一系列对中国的制裁措施。

7月14日至16日,在参加西方七国首脑会议期间,美国政府策划会议发表政治宣言,宣称要**中止对华高层政治接触,延缓世界银行的贷款,取消对华贸易的最惠国待遇**。至此,对华制裁达到高潮。

除了美国之外,先后有20多个发达国家参与了对中国的制裁。

欧共体国家宣布禁止对华销售武器,推迟新的官方出口信贷和经济开发项目。

日本政府停止了两国之间部长级以上的高层往来和一些合作项目,推迟原定于秋季开始的第三批日元贷款谈判。

一些受美国影响的国际组织也采取了相应行动。世界银行停止了向中国提供7.8亿美元的贷款,关贸总协定表示该组织已无限期推迟有关中国申请加入的讨论。

经济制裁给中国经济发展造成了巨大障碍。

中国在世界市场上获得中长期贷款的渠道被关闭,来华外国投资减少75%。据对外经济贸易部1989年10月公布的数据显示,自经济制裁以来,约有100亿美元的贷款被搁置。资金不足导致相关建设项目进展受阻。

同时,由于海外订单的大幅取消,中国国内面向国际市场生产的产品大量积压。国家统计局的统计年报显示,国民生产总值增长率由1988年的11%下降为1989年的3.9%;进出口增长率由1988年的38%下降为1989年的8.6%,1990年为3.3%;外商直接投资增长率从1988年的13.1%下降到1989年的6.2%,1990年为2.8%。

外交工作遭遇严峻挑战,中国面临被排除在国际社会之外的危险。

在中国政府全面积极恢复外交关系的努力下,中日关系率先取得改善。1991年

8月,日本首相海部俊树访华,标志着中日关系全面恢复正常。之后,中英、中意关系实现正常化。1992年年初,中国和西欧国家关系恢复,"笼罩在双方上空的阴云已经散去",是年绝大多数西方国家基本取消对中国的制裁。**与对华制裁中的最重要国家——美国改善关系的努力直到1993年才告一段落**:1990年8月海湾危机爆发,中美关系才开始走出僵局;直到1992年2月美国宣布落实上年11月国务卿贝克访华时与中国达成的谅解和协议,美国的对华制裁才开始打破;**1993年11月江泽民出席在西雅图举行的亚太经合组织第一次领导人非正式会议期间与克林顿进行会晤,成为"4年来中美之间最具有意义的一次接触"**。

资料来源:刘志辉.中共领导人成功应对西方制裁的外交战略与政治智慧.人民网,2014 - 05 - 04;网页链接:http://dangshi.people.com.cn/n/2014/0504/c384616 - 24971840.html.访问时间: 2014 - 08 - 15.

在这样的环境下,1990年中国和新加坡两国政府建立外交关系,对于正处于外交困境中的中国来说,是一件重要的大事。

同年与中国恢复或建立外交关系的国家有5个:印度尼西亚、新加坡、沙特阿拉伯、纳米比亚、马绍尔群岛共和国,除了新加坡之外,其他都是缺少投资能力的发展中国家。新加坡出于本国经济结构调整和地理空间布局优化而与中国进行深入经济合作的客观需求,与中国打破外交封锁的努力一拍即合(见专栏2)。

专栏2

中国与新加坡的建交过程

新加坡将近75%的人口是华人,一直以来与中国有着紧密的联系。

早在1965年8月9日新加坡共和国独立时,中国领导人就希望与新加坡建立外交关系。根据毛泽东在20世纪60年代"一条线和一个面"的战略思想,打开与新加坡交往的局面,对当时中国团结东南亚国家、共同遏制苏联在该区域的势力扩张起到重要作用①。但由于当时国际局势和周边环境,两国未能建交。

1973年印支战争结束时,东南亚局势发生了重大变化,中国与美国、日本的关系已经改善。中国与东盟之间的睦邻友好合作也开始启动,先后与马来西亚、菲律宾、泰国建立正常的外交关系。但由于中国当时与印尼的关系仍不正常,新加坡希望中

---

① 付高义.邓小平时代.北京:三联书店,2013:284 - 288.

国同印尼复交后,再同中国正式建交。

1976年,李光耀总理应中国邀请,率领友好代表团来华访问,这是新加坡领袖第一次访问中国,受到中国的热烈欢迎。中新双方在会谈中达成了努力发展经贸合作关系的共识,但也认为双方建交的时机并不成熟。①

1978年11月12日,邓小平为在东南亚寻找盟友,第一次访问新加坡,希望李光耀帮助他说服东盟对抗越南,甚至说服美国在中越发生冲突时为中国提供帮助,或至少不给中国造成障碍。当时新加坡已经取得了快速发展,外贸伙伴以日本、美国、马来西亚和欧盟为主,对华贸易仅占总贸易量的1.8%。在邓小平访问新加坡之前,中国媒体把新加坡称为"美帝国主义的走狗",但邓小平访问新加坡几周之后,这种说法就从中国媒体上消失了。取而代之的描述是,新加坡是一个环保、公屋建设和旅游方面都值得学习的地方。②

随着新加坡民间访华人数的增加,中新贸易迅速增长,新加坡成为中国除香港地区之外的最大转口贸易站。1979年12月29日,两国政府在北京签订了贸易协定。1980年6月14日,两国在北京签署协议,以执行贸易协定的名义,互设有使馆主要功能和外交地位的商务代表处。次年9月,两国商务代表处正式开馆。商务代表处虽然不是正式外交机构,但两国政府确定工作人员享受外交特权,可以办理签证业务。这使新加坡既满足了建立官方联系渠道的需要,又恪守了在印尼之后与中国建交的诺言。

1980年、1985年和1988年李光耀三次访华,邓小平和其他领导人都亲切会见。之后,李光耀到中国许多省、市考察,来访不下30次,亲眼看到中国改革开放以来发生的巨大变化,决心加强与中国的经贸合作。80年代,中国领导人也多次访问新加坡,加强了双边政治关系,也进一步发展了经贸合作。到1989年中新两国贸易总额从1975年的2.7亿美元上升到32亿元,新加坡成为中国的第六大贸易伙伴。

1990年7月3日,印尼外长阿拉塔斯与中国外长钱其琛签署了联合声明,决定8月8日恢复两国外交关系。

由于中国与印尼复交谈判取得成功,新加坡认为新中两国建交的时机已经成熟,希望与中国进行建交谈判。1990年7月6日,新加坡政府派外交家、巡回大使许通美先生率团到达北京,与中国外交部部长助理徐敦信为团长的中国代表团在钓鱼

---

① 张青. 中新建交揭秘. 东南亚纵横, 2000(12).
② 付高义. 邓小平时代. 北京:三联书店, 2013:284-288.

台国宾馆开始了两国政府建交的第一轮会谈。到9月中旬,中新双方经过三次磋商,最终决定以和平共处五项原则和联合国宪章为基础,正式建立大使级外交关系。1990年10月3日,中新双方在联合国总部签署了建交联合公报,宣布建立大使级外交关系。这标志着两国关系走向新的时期。

资料来源:根据以下资料编辑整理:张青. 中新建交揭秘. 东南亚纵横,2000(12);刘一斌. 中国与新加坡建交的漫长历程. 党史博览,2012(10);付高义. 邓小平时代. 三联书店,2013:284 - 288;山东省商务厅网站. 新加坡国家概况. http://www.shandongbusiness.gov.cn/index/content/sid/261848.html. 访问时间:2014 - 08 - 25.

作为中新经济合作载体的工业园区建设,对遭到西方制裁的中国而言,本质上属于政治型的经济开发区,承载的使命于两边来说都是国家战略攸关的。

就具体的地缘政治来说,在整个东盟中间,新加坡和中国算是关系比较稳定,渊源比较深,和这样一个属于西方阵营的华人国家建立战略合作关系,既是为了突破西方封锁的政治任务,亦可借机向国际社会展示与中国的合作空间和前景,增加中国作为合作者和投资东道国的吸引力。

对于新加坡而言,与中国合作建立工业开发区是落实新加坡21世纪几大重要发展战略的第一步,唯其成功才能继续顺利实施战略转型的其他方面。①

双方可谓一拍即合……

转眼到了1994年,中新苏州工业园区正式成立的时候,西方封锁已经在很大程度上弱化,但成立园区对于中国仍然在宏观层次上具有重要的政治和经济意义。因

---

① 21世纪初,新加坡政府公布了其"战略性经济计划","区域工业园区"是其中的关键部分。"战略性经济计划"是一项包含广泛的战略计划,其目的是充分利用亚太地区的经济机遇。这一计划中的一方面是鼓励新加坡的私有以及与政府相关的企业在这一区域扩张建厂,另一方面是新加坡政府将在这一区域投资,目的是创造经济效益并最终补充新加坡国内的经济,后一方面包括区域工业园区计划和区域投资计划。区域工业园区计划包括开发和管理战略上位于亚太地区的独立的工业园区,新加坡政府能够向位于这些工业园区的跨国工业企业提供高质量的工业基础设施以及管理模式,并以此作为参与竞争的关键要素,而这些要素还包括本地所能提供的劳动力、原材料和土地成本等。对于新加坡政府来说,设立工业园区的目的是通过向跨国公司出售工业园区某个单位的所有权及其管理权来创造经济效益,而这最终将很好地补充新加坡国内的经济。从这种意义上来讲,新加坡政府不再注重创造就业机会以及技术转让所能带来的利润,他们已经在区域市场找到了合适的机会并制定出能够令其从中获利的战略。

如果说20世纪70—80年代新加坡以吸引外资发展国内经济为首要重点的话,那么在20世纪90年代,大力扩展对外投资,积极发展海外经济,已成为新加坡经济发展的战略方向。新加坡海外发展的目标是,在20年内使在海外的经济规模达到国内生产总值的25.30%,从而建立一个强大的外层经济力量,造就一个全新的新加坡。新加坡海外发展的重点主要集中在中国、印度、印度尼西亚、马来西亚、越南、泰国、菲律宾、缅甸等八个亚洲国家。

资料来源:刘云. 中国工业园区发展策略及对策研究——基于新加坡与苏州工业园区的视角. 对外经济贸易大学硕士论文,2007.

为，中国在1992—1994年发生了符合周期性经济危机一般规律的"复苏和高涨"。

不过，中国当时的客观情况与一般规律的不同之处也需要指出。

一方面，中国在1989年危机爆发的同时，祸不单行地遭遇西方封锁。可以与这个情况做对比的是：一般发展中国家在封锁压力下要么"卷旗缴枪"、放弃主权国家的政治独立性；要么堕入内外债务爆发、国民经济摧毁的"发展陷阱"。

另一方面，中国在西方制裁压力下反弹琵琶的情况，也许比其他发展中国家更激进些。在1992年邓小平南方谈话的作用下，出现了符合著名的"三点论"——"胆子再大一点，思想再解放一点，步子再快一点"的全国一片大办开发区热，地方政府纷纷自行其是，一下子就上马了4 000多个开发区，这些开发区基本都是以吸纳海外低层次的加工贸易为主要方式，国内配套进行土木建设，导致国内资金供给相对于不断升温的投资需求来说严重短缺，必然使得国内资金市场的实际利率大幅度上升。另外，相比于不断涌入投资领域的资金，国内的实物产品供给瓶颈突出，从建材的生产制造到公路铁路运输出现全线紧张，对于物资品的投资性和投机性抢购，导致了中国1994年全年通货膨胀率高达24.1%。

为了抑制经济过热和预防挤兑，分管金融的主要领导决定于同年4月21日调整贷款利率，半年内短期贷款利率为8.64%，五年期长期贷款利率为9.72%，这虽然已经很高，但相比月息2分以上的民间借贷利率而言，**意味着无论是谁，如能获取银行官方公布利率的贷款，就能得到近15个百分点的"深度负利率"的巨大收益**！这不仅造成资源环境破坏、乱占耕地，而且导致社会上官倒横行、派生恶性腐败——同期确实出现了导致历朝历代政权衰变的"贪赃枉法、卖官鬻爵"！那个时期，用"制度败坏、民怨沸腾"这八个字来概括毫不为过。据后来对这个现象做过分析的国务院发展研究中心吴敬琏先生测算，仅银行系统每年就至少有3 000亿元此类收益事实上成为腐败的温床。

此外，1992年中共十四大提出"全面建设社会主义市场经济"，一方面，向全世界宣布了中国经济体制改革的市场导向，降解了西方经济上封锁中国的法理依据——仍然依赖实体产业出口的日本和欧洲就是在1992年逐步放弃了对中国的经济封锁；另一方面，也**客观上给了地方政府以市场化改革为名、突破中央政府所拥有的财政、金融、税收、外汇等宏观经济领域的制度约束的机会**。那时候，各地基层干部们流传的"段子"体现的都是唯GDP增长论英雄："见了红灯绕着走……"，"撑死胆大的，饿死胆小的"等，造成了当时在沿海地区乃至村一级都在办开发区的特殊的"政治经济"因素。

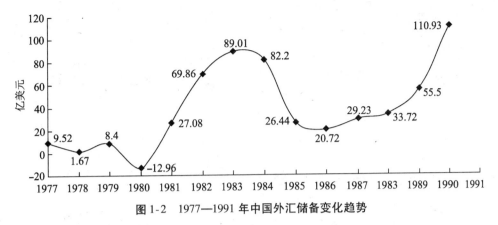

图1-2 1977—1991年中国外汇储备变化趋势

资料来源：中国统计年鉴2007.

图1-3 1985—2007年中国外债债务率

资料来源：中国统计年鉴2007.

注：债务率是外债余额与出口收入的比率，在债务国没有外汇储备或不考虑外汇储备时，这是一个衡量外债负担和外债风险的主要指标。

灼人热浪传导至外贸领域，致使中国在投资和进口过热的1993年出现了严重的外贸逆差——各地由于国内原材物料市场供给紧张而转向从海外进口，遂使承担总量结算的国家外汇储备严重短缺，黑市汇率一度几近两倍于官方汇率（见图1-2、图1-3）。

1994年1月1日启动的人民币汇率体制市场化改革，提出由市场决定人民币汇率水平，官方汇率价格与国际外汇市场价格对接，从而将人民币汇率由1∶5.64（年平均汇率为5.76）一次性贬值到1∶8.62（后来调到8.27），其实是在**外汇支付发生严重危机的条件下，对于非正规汇率市场的价格水平的被迫承认**——与其让黑市在外汇倒手中大获其利，不如正式承认以提高实体部门的出口竞争力。有点讽刺意味的是，从1994年到2005年，人民币在外汇市场上的价格在11年中只被市场决定了这一次(见图1-4)。

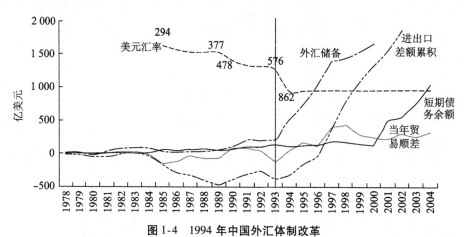

图1-4 1994年中国外汇体制改革

资料来源：中国统计年鉴2007.

这个当口上，苏州工业园区项目巨大的外汇获得能力虽然还是潜在的，但对于赤字已经严重到"偿债危机"地步的国家外汇储备而言，理所当然至关重要。

根据规划，这个70平方公里的项目区最终目标是建成一座可容纳60万人口的园区，**预计建成后吸引外资总量可达200亿美元，这在当时看来，绝对是一个天文数字！**须知：1978年中国的外汇余额仅1.67亿美元，到1993年年底中国的外汇储备总额才220亿美元，外汇头寸极度紧张——当年贸易逆差120亿美元，长短期外债余额200亿美元，还不算以往年度未支付的贸易逆差。1994年流入中国的全部外商直接投资（FDI流入）也就200亿美元左右……

正如，20世纪70年代后期苏南农村工业曾经逆势起步的主因是国家急需外汇——因为70年代先是周恩来提出的"四三方案"（引进43亿美元国外设备）和后来华国锋等领导集体提出的"八二方案"（引进82亿美元外资设备）的两次大规模引进西方设备，共同造成中国当时外汇严重短缺的偿债危机，于是，中央在赤字显著增加的1979年做出对应调整，对任何能够创汇的地区都给予特殊政策，这不仅成为地方发展工业化的重要的制度条件，也被后人解读为"开放倒逼改革"。

事实上，**包括引起后人争抢发明权的所谓"双轨制"政策的提法在内，都是1979年中央政府已经确定执行的对创汇地区的特殊优惠。**

包括沿海地区的"一部分地区先发展起来"，也和70年代末的中央政府应对那场大危机的调整政策密切相关。

客观规律使然：上一轮周期完成的同时，就是下一轮周期的开始……

因此，苏州工业园区的成立和运行，从一开始就因"危机破局"的使命而挟带着巨大的政治和经济威力,这种政治性的任务背景使得苏州工业园区有着优越的制度资本,遂能在当时的体制环境中以极大的突破性,引进、开创和实施各种创新性政策和措施。

同理,苏州新加坡工业园区起步时根本绕不开的"原始积累",也和1993—1994年的大危机有关。

二、"逆势而上"不易,"成本趋零"更难

历史上任何国家,无论何种体制、何种意识形态,其工业化都不可逾越的一个阶段是资本原始积累;以什么方式完成,乃是派生的问题。并且由此决定了制度结构及后续制度变迁的路径依赖。

亦即,人类处在资本主义历史时期形成的**所谓制度**,并非主要取决于具有特殊性条件下的主观人为因素;而只能是派生于工业化原始积累初期的一定资源禀赋约束条件下的不同要素根据稀缺程度的客观结构变化①。

苏州工业园区也不例外。只是,受命于危难之际,赋予了它非同寻常的资本原始积累方式,并深深地影响了其后的制度变迁。

(一)"逆势而上"的园区起步

1994年,中国和新加坡共同成立中新苏州工业园区开发有限公司,注册资本5 000万美元,中方占比35%,新方占比65%。根据1994年对外经济合作部下发的《关于设立中外合资苏州工业园区开发有限公司的批复》,**双方均以现汇出资,第一期至少为各自认缴出资额的30%**,须在合资公司营业执照签发3个月内出足;1个月内缴清出资额的10%,其余1年内出足。合资公司可在园区内进行成片土地开发与经营,合营期限为30年。

今人读这段看上去枯燥乏味的文字时,可能不大会同时想到:**20世纪90年代初期中国遭遇西方封锁造成的代价,若从1994年对外债务比值过大的事实看,则已经属于发展中国家堕入"发展陷阱"之中的一般规律。**②

---

① 温铁军.三农问题与制度变迁·前言.北京:中国经济出版社,2009.
② 任何今天的正常人随之会提出的问题应该是:中国人到底是怎样挺过来的?靠什么跳出"发展陷阱"的?对此问题的探讨不在本书的研究之列,有兴趣的读者可以参阅温铁军等.八次危机:中国的真实经验1949—2009.北京:东方出版社,2013.

查阅统计数据可知:**1994 年的中国政府,按照西方财务标准属于"破产":当年中央加地方的政府财政收入占 GDP 的比重约 12%,而当年外债余额占 GDP 的比重达 14%!**

可用之财捉襟见肘,在中央财政这一层表现得尤其明显。

1993 年,中央财政占全国财政收入的比重不到 20%,在全国国内生产总值中所占的比重不到 3%,连基本的公务员工资都不能保障,何况投资? 企业也同样囊中羞涩。在当时的中国,**没有哪个单位能轻而易举地拿出 5 000 万美元的 35%——1 750 万美元的资金——作为苏州工业园区的注册资本金。**

"巧妇难为无米之炊",很形象么——可行性研究做了,两国的协约也签了,但在新成立的中新苏州工业园区开发有限公司中,中方资金从何而来,却还是一个没有解决的大难题。

中方的园区工作团队难道真要 0 成本起步?

资本稀缺的中方,基本没有在国内外资本市场上融资的可能,因此出资过程可谓几经周折。在财政紧缺的情况下,中方的第一笔出资承诺是这样兑现的:

最初,新方财团是准备好钱过来的,但是苏州财团拿不出钱来。当时苏州财团很困难,向市财政借了 100 万元做筹备工作,其余的钱就拿不出来了,市里、省里都没有钱。

这里就体现出苏州人的智慧了。

……老领导吴克铨同志想了一个办法,让我们动员新加坡把钱先打过来,作为土地补偿款,提前开始准备工作。新方也同意了。于是我们在银行设立了一个临时账户,让新方财团把注册资金打过来,再作为土地款转到中方账户上;由于中方并不需要立即向动迁农民发放补偿款和安置费等费用,就可以利用这个时间差,把这笔钱作为中方财团的出资又打回临时账户,这样中方财团的出资也到位了。[①]

以上访谈中讲的这位直接当事人吴克铨同志是园区起步时的中方负责人之一。他的亲身回忆,更加细致地再现了创办时期的艰难,一方面,突出了当时国内从中央到地方财政全线紧张拿不出钱来的困窘局面;另一方面,也凸显了**园区几乎是 0 成本地"逆势而上"**:

在商务谈判时,我曾表态,双方投资将同时到位,第一期双方共注册资金 5 000

---

① 来源:课题组对当事人的访谈.

万美元。中方按35%计算,应投入1 750万美元。而我手中仅有从财政局借来的100万元人民币,而且已经用了大部分。为了这个项目,省、市领导曾多次向国务院汇报,带回的消息是中央不给钱,特别是在三位副总理同时听取汇报时,朱镕基同志更明确了这层意思。要办,资金自己解决。因此要向中央要钱是不可能的。省里虽然也支持,要给苏州拨款也是不可能的。哪里来这笔钱呢?章新胜市长为此很着急,曾指令苏州市属一些大的国有公司参股组成联合公司,作为投资实体。但是资金迟迟不能到位(最后到位不到20%),银行贷款一时也不能落实。合资公司已上报上级审批,而中方这时连一个外汇账户都没有,按常规也没有条件开户,更谈不上外汇出资。

但天无绝人之路,这时合资公司审批因名称问题搁浅。新方坚决要求名称前冠名"中新"字样,而这要到北京国家工商局去批,时间肯定要推迟。按照新加坡的制度没有合法手续就不能开工建设。我就动员新方总裁,为了不浪费时间,不应该等,因为现在大局已定,两国已签了协议,我们农民拆迁已经开始,所以已具备开工条件。我和他开玩笑说这算是中国的软件,这一点你要学我们。经过再三商谈,他同意了,并提前汇入了第一笔资金。这样,**开工时间比项目批准日期提前了三个月**。当新方资金到位的第三天,中方资金也到位了。这是因为**我们拿到新方到位的资金,第二天就付了土地款**,中方就拿这笔资金进入了注册账户。在这里,人民银行马行长帮了大忙,行了方便。总算过了这个难点。①

园区这个"化危为机"的具体过程里,固然包含着新方基于国家合作而形成的"国家信用"而提前给中方打开工款;但**除此之外**,还有一层信用关系也需要析分出来:苏南地方政府因其对辖域内各种资源的强动员能力,历来被称为"强政府"。**其不同于"弱政府"的最大优势,就在于强政府大多能够派生出对基层社会的"强信用"**。

这个认识并非今人的创新。中央政策部门早年的很多调研报告,都研究过20世纪80年代在辽东、胶东、苏南、浙北这四大乡镇企业高增长地区内在发挥作用的"地方政府信用"。只不过后来的把"邯郸学步"作为标准的研究者们不善于引述早期的国内调查研究成果罢了。

就在这个关头,**苏州地方政府的"强信用"又在园区的土地拆迁中做了一次变现**。

---

① 李巨川. 苏州工业园区志 1994—2005. 南京:江苏人民出版社,2012.

有关回忆中也提到,园区第一块开发地块上的农民,在补偿标准还不确定的情况下非常配合地完成了动迁。这个场景并不是哪个国家、哪个地方、哪个时期都可以出现的。

第一批拆的时候,应该说我们连动迁政策都没拿出来,但为了赶1994年5月12日的启动,我们必须要整理出来一片土地,在这上面可以做启动的动作。当时,农民如何动迁安置还在调研,在这样的情况下,拆了第一个村,是有点紧张的,他们的区委书记被围到晚上两三点钟。但是,**苏南农民是体验过跟政府和集体走的好处的,对政府和组织有很强的信任感和依赖感**。90年代,苏南乡镇企业发展较好,农民除从事农业劳动外,大部分在乡镇企业就业,农民收入普遍较高。因此,园区后面的动迁工作基本很顺利,农民在安置政策合理的情况下都很配合动迁。①

只要结合这个访谈内容阅读我们在《解读苏南》一书中关于乡村工业化原始积累的过程分析,就可知道:**如果苏南农民不是在20世纪70年代末开始的、以集体经济为主的地方工业化中,得以大致均等地、较长时期地分享到了地方政府和乡村两级集体企业分配到户的"非农收益",就不会形成对政府和乡村集体的信任**。如果不是出于大多数农民对从基层村级组织到地方政府的信任,怎么会完成这种"先赊后付"式的动迁呢?

这种农民群众内生的"信任",正是地方的强政府经济才能建立起来的"社会信用"。遗憾的是,这种政府与农民之间难能可贵的"信用"关系,在**20世纪90年代后期的大多数农村乡镇企业改制中瓦解殆尽,仅在部分地区仍有作用**。余容后叙。

在用乡土方式暂解燃眉之急以后,**出资难题的破解,还是回落到园区的政治性起点上**。

尽管地方政府先后在市、省两级组建了地方财团——

1993年12月31日,苏州市委组建苏州新加坡工业园区联合发展总公司,苏州财政证券公司、苏州物资集团股份有限公司等10家市属单位参股。

1994年3月31日,苏州新加坡工业园区联合发展总公司与江苏省投资公司成立苏州工业园区投资实业有限公司,组建苏州财团,参与苏州工业园区开发。

但在国有企业和地方财政都严重缺钱的情况下,"市里、省里都拿不出钱来"。时任苏州市市长章新胜曾动员苏州市属企业出资,**最终只落实了20%**。

---

① 来源:课题组对当事人的访谈.

最终,中方财团的组建和出资还得由中央政府直接出面动员[①]:

1995年,就在中央明确提出"加强宏观调控"、采取紧缩资金和严控土地占用等措施的时候,唯独园区得以"剑走偏锋"——为适应园区开发建设的需求,1995年中新合资公司的投资总额由1亿美元增加到3亿美元,注册资本相应地从5 000万美元增加到1亿美元。

这次,国务院副总理李岚清提出吸引国内大公司参与园区开发建设。

1996年1月21—22日,苏州工业园区投资实业有限公司(苏州财团)先后与中国粮油进出口总公司、中国远洋运输(集团)总公司等9家央企签署《关于共同组建中国苏州工业园区股份有限公司的原则协议书》,2月8日正式签约。至此,中方财团正式成立,正式更名为"中国·苏州工业园区股份有限公司",共计7 200万股,每股面值1美元,总股本规模为7 200万美元。苏州工业园区经济发展有限公司(原苏州新加坡工业园区联合发展总公司)2 672万股,占37.11%;江苏省投资公司1 000万股,占13.89%;其余9家央企共计3 528万股,占49%。1996年4月上旬,7 200万美元注册资金全部到位。

7 200万美元资金中,投资于中新苏州工业园区开发有限公司3 500万美元,投资于房地产开发项目2 700万美元,投资于国内外贸易及各种物流业1 000万美元。

新加坡方面也需要解决资金从哪里来的问题。新方虽然投资额大,但资本运作娴熟、信用良好的新加坡人组建财团、融资增资的过程相对比较顺利。

1993年6月,在内阁资政李光耀的直接过问下,新加坡开始组建新方财团,全称是"新加坡—苏州园区开发财团"。9月底,新方财团在新加坡注册,注册资本2亿美元,以吉宝企业有限公司为龙头,共计19家股东。之后,韩国三星集团、日本三菱/三井公司分别于1994年11月16日和1995年8月27日加入新方财团。1996年1月26日,新加坡经济发展局通过EDB投资私人有限公司加入新方财团,是年荷兰罗丹克也加入进来。新方财团共计24家股东成员。

中新双方的股东构成情况见表1-1。

表1-1　中新苏州工业园区开发有限公司股东构成

苏州工业园区股份有限公司	新加坡—苏州园区开发财团	
中国粮油食品进出口公司	吉宝企业有限公司	亮阁控股有限公司
中国远洋运输集团总公司	实得力产业有限公司	新加坡置地有限公司

[①] 李巨川. 苏州工业园区志 1994—2005. 南京:江苏人民出版社,2012.

续表

苏州工业园区股份有限公司	新加坡—苏州园区开发财团	
中国化工进出口总公司	新加坡科技工业公司	先得坊产业有限公司
中国华能集团总公司	森昶国际有限公司	城市发展有限公司
中国技术进出口总公司	发展银行置地有限公司	永泰控股有限公司
中国长城工业总公司	韩国三星公司	日本三菱/三井公司
中国节能投资公司	淡马锡控股私人有限公司	胜宝旺船厂
中国中央电视台	美国通用电气公司	KMP私人有限公司
中国农业银行财务有限公司	新加坡劳工基金国际公司	林增控股有限公司
中国东方信托投资公司	百藤置地私营有限公司	荷兰罗丹克公司
江苏省投资公司	裕廊环境工程私人有限公司	
苏州工业园区经济发展有限公司	新加坡经济发展局投资公司	
苏州市基础设施投资管理有限公司	欣光投资新加坡私人有限公司	
苏州新区经济发展集团总公司	职总合作社苏州投资有限公司	
35%股份（14个成员）	65%股份（24个成员）	

资料来源：参见中国科学技术大学商学院案例中心.活力苏州——中国科学技术大学商学院MPA苏州工业园区调研报告集.合肥：中国科学技术大学出版社，2005：2—3.转引自刘云.中国工业园区发展策略及对策研究——基于新加坡与苏州工业园区的视角.对外经济贸易大学硕士论文，2007.

作为这里的一句题外话，然而必须交代清楚的，是苏州工业园区管委会的一个重要变化。

专栏3

苏州工业园区管委会的重要转变

1996年11月27日，苏州工业园区管委会通过对苏州工业园区建设发展总公司重新注资，注册资本增至6.2亿元，将其转变为园区管委会直属的国有企业。1997年2月21日，经江苏省政府批准，苏州工业园区经济发展有限公司变更为股份有限公司，并更名为"苏州工业园区经济发展股份有限公司"。在这个股份制改革过程中，公司发行的股份总额为4.165亿元，每股面值1元，其中苏州工业园区建设发展总公司购入31 403.6万股，占比75.4%，成为苏州工业园区经济发展股份有限公司的控股方和投资主体（见表1-2）。

表1-2　苏州工业园区经济发展股份有限公司的股本结构

股东成员	持股数额	持股比例
苏州工业园区建设发展总公司	31 403.6 万股	75.4%
苏州市营财发展总公司	4 165 万股	10%
苏州物资集团股份有限公司	2 082.9 万股	5%
苏州市地产开发经营公司	1 083 万股	2.6%
苏州市信托投资公司	833 万股	2%
苏州市纺织丝绸轻工工艺品进出口公司	499.8 万股	1.2%
苏州市工业联合投资公司	416.5 万股	1.0%
苏州市对外贸易公司	416.5 万股	1.0%
苏州经济实业总公司	416.5 万股	1.0%
苏州市五矿机械设备医保进出口公司	333.2 万股	0.8%
合　计	41 650 万股	100%

资料来源：李巨川.苏州工业园区志1994—2005.南京：江苏人民出版社，2012：163.

后来的发展过程表明，新加坡方面依靠股份分红来维系资本合作关系，虽然可以凭借自己的良好信用减少投资者的"特定性"风险，但对于"系统性"风险仍然是抵御能力不足。中方财团除了中新苏州工业园区开发有限公司的股东分红之外，还建立了另外一层关系来保证中方财团的"内部团结"——苏州工业园区管委会以地方财政对中方财团的股东单独进行"补贴"：

由于地方财政能力不足，管委会在计算补贴额度时先要做个转换，将股东的美元出资按照1∶1的比例换算成人民币出资，再按照约定的投资回报率（10%）来计算分红。亦即，中方财团总股本是7 200万美元，按7 200万元人民币10%的回报率计算，每年应分的补贴（分红）总额就是720万元人民币。但即使如此，当时的苏州工业园区入驻企业尚未形成规模，管委会的财政能力仍然非常有限，补贴来源至今仍是第一代园区人守口如瓶的秘密。——时隔20年，也许我们应该可以如实讲出当年的故事，让后人了解第一代园区创业者当年是如何"筚路蓝缕，以启山林"的。

原来补贴中方股东的财政资金来自于中新苏州工业园区开发有限公司的6名中方高管，当时他们每人每月的工资是2万新元，折合人民币11万元，但是实际拿到手的工资只有2 500元，除内部发一点福利以外，其余都被园区地方财政转移给中方财团作为每年的股东分红,一年即可贡献 720 万元人民币。①

我们对这段访谈中看似简单的描述做一点简单的计算,就会着实感到这其中的"不简单":

园区 6 名中方高管,每月工资 11 万元,合资公司一年下发的工资总额是:

11 万元/人·月 × 6 人 × 12 月 = 792 万元;

6 名中方高管的实领工资是每月 2 500 元,一年实领的工资总额是:

2 500 元/人·月 × 6 人 × 12 月 = 18 万元;

合资公司下发工资与其实领工资的差额是:

792 万元 − 18 万元 = 774 万元。

这 774 万元就是需要交代清楚的秘密之所在!——除了将少部分用于苏州工业园区管委会内部的中方员工发放福利以外,我们看到,大多数本来支付给中方管理人员的资金变身为股东分红。

究其实质,仍然是中方发挥举国体制对所有资源和收益统筹安排而形成的内部化优势,能够将"要素再定价"——国内人力资本按发达国家的要素市场的价格水平再定价——所得到的收益,在中方内部做一次立足长远的、通盘统筹的分配。②

至此,我们可以大致明白,为什么在那种整个国家全线危机、中央加强宏观紧缩的大背景下,会有苏州工业园区横空出世。

不妨简单归纳如下:

正是因为 1992 年南方谈话强调"三个一点"之后,沿海地区的大办开发区和地方政府自主突破引进港台地区中小资本,造成连续两到三年的大规模扩张和势所必然的经济过热,遂又造成财政、外汇、金融三个宏观基本领域的严重赤字,从而中央政府对症下药地推出外汇"一步并轨"、财政分税制、金融紧缩(但执行中却变成县以下紧缩、全国总量扩张)等三大宏观改革。

就在三大宏观改革推出的同时,出现了极个别的案例,苏州这个新加坡工业园区就是其中之一,**它所得到的政策优惠十分显著地高于一般的省这一级工业开发区的政策优惠**——当时有领导人曾经指出:"我们这个体制最大的好处就是能够集中力量办大事!"这才应该是苏州工业园区第一步发展的特殊条件。

---

① 来源:课题组对当事人的访谈。

② 作者注:其实,2 500 元的月工资在当时的中国也已经属于高薪,数倍于当时社会的平均工资水平。换言之,新加坡工业园区并没有获得人力资本在发达国家和发展中国家由于不同价格水平而形成的要素重新定价的收益。

本来嘛，内部差别大、调整空间多，应该是中国这种超大型大国具有比较优势的基本条件。由此，可得到两个本来应该是尽人皆知的、常识性的认识：

其一，任何缺少这种地理空间优势的国家，都难以照搬"集中力量办大事"的中国特色的政治条件下的发展经验；除非有条件推行或加入区域整合。

其二，任何试图改变中国大一统造成的地理空间优势的主张，无论是否符合西方话语体系的"政治正确"，都与维持国家竞争力的普遍需求相悖……

这个国家竞争力，如果非要邯郸学步地套用经济学概念来解释，就可以在中新双方的两种出资方式的比较之中，获得一个有趣的发现：**中国和新加坡这两个处于不同发展阶段的国家，在出资方式上竟然殊途同归：都是诉诸信用！**

所不同的是，新方因占有重要地缘战略地位而属于西方冷战阵营前沿国家，可以到国际市场上按照西方确立的国际市场通行的规则获得信用支持。在大多数人看来，这个情况顺理成章。而对不属于西方阵营、尚处于资本短缺阶段的中方而言，则须**另辟蹊径才能理解**。因为，中方是用政府对内的公信力形成对通常企业为主体的市场信用的"替代"，从而解决了一般原始积累初期都遭遇的"绝对稀缺"的资本要素从哪里来的问题。

新中双方的条件差别，造成获取信用的不同方式，值得后来者认真考量。这种能够成为既成事实的**"信用替代"，也应该是中国特有的比较制度优势**！个中机制，读者可以在后文中看到更多的故事。

本书学术顾问温铁军教授早年所在部门大约同期也在执行着一笔同样规模的国际贷款项目，据他回忆：1987年，世界银行给了中国农村改革试验区为基础的农经领域3亿美元的"部门调整贷款"，用于支持中国制度转型。当时中国正值资金和外汇极度稀缺，这笔贷款的主要部分直接就被中央政府拨走了；最终算下来，农村改革试验区11年使用的投资约占世界银行贷款总数的3%。如果能如苏州工业园区这样足额使用，那笔资金足以支持农村改革试验工作开展几十年，到现在都用不完！

可以认为，这两笔贷款使用上的差异悬殊缘于一个共同的规律：**谁是信用的主要来源，并且承担最终债务责任，谁在贷款使用中就具有绝对主导权**；世界银行贷款是以中国政府信用而不是哪个具体部门或者人员为担保的，中国政府承担债务责任，因此中国政府在资金的使用上具有绝对主导权；而苏州工业园区的贷款是新方牵头、以新加坡作为主要信用担保的，自然要由占股65%的新加坡方面决定如何使用。

(二)"成本趋零"的"豪华"基建与海外招商

20世纪90年代中期,在美国主导的西方制裁"渐次放开"的外部环境之下,中国方面"政府信用"的主要替代作用还是体现在国内。园区建设投资更多地依赖新加坡的国际信用融资。由此,除了中新双方所出的股本金以外,园区基本建设的资金主要来自于新加坡的国际银团贷款:

新方牵头向国际银团贷款,中新双方股东按照出资比例提供担保,加上注册资金1亿美元,园区首期8平方公里建设中,前前后后进来大概3亿美元。①

根据一项不完全统计,这应该是新加坡"区域工业园区"计划在国际资本市场上进行的**最大一笔融资**,也是新加坡"区域工业园区"计划中占地面积最大、投资额最高的一个项目(见表1-3)。

表1-3 新加坡"区域工业园区"概况

位 置	起始年	计划规模	投资保证金	投资者国籍比例
巴丹岛,印度尼西亚	1991	500公顷	306万美元	日本48%,新加坡26%,欧洲13%,美国5%,其他8%
滨汤岛,印度尼西亚	1992	4平方公里	88万美元	新加坡74%,日本22%,其他4%
苏州,中国	1994	70平方公里	2.86亿美元	美国34%,新加坡27%,欧洲15%,日本14%,其他10%
无锡,中国	1995	1平方公里	585万美元	日本37%,亚洲31%,欧洲17%,美国15%
胡志明市,越南	1997	500公顷	312万美元	新加坡56%,日本16%,欧洲12%,其他16%
班加罗尔,印度	1997	100公顷	167万美元	欧洲43%,印度28%,新加坡18%,日本10%,美国1%

资料来源:刘云.中国工业园区发展策略及对策研究——基于新加坡与苏州工业园区的视角.对外经济贸易大学硕士论文,2007.

注:表1-3给出的数据是2.86亿美元,略低于3亿美元。另据其他资料,到2001年中新双方股份调整之前,苏州工业园区累计投资规模是35亿元人民币,折合美元约为4.23亿。还有文章指出,苏州工业园区到1997年9月共投入开发资金44.32亿元人民币,折合美元5.36亿。本书尽列于此,仅供读者参考。

---

① 来源:课题组对园区某负责人的访谈.

值得注意的是，表1-3所列的新加坡"区域工业园区"计划的六个项目，日本投资者都有参与；苏州工业园区是美国的投资者占比最高的工业园区，占全部投资的**34%**；紧随其后的是中国的无锡，美国投资者占比为15%；其他都在10%以下①（见图1-5）。

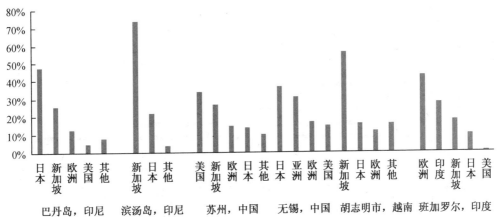

图1-5　新加坡各"区域工业园区"中各国籍投资者投资比例

资料来源：刘云.中国工业园区发展策略及对策研究——基于新加坡与苏州工业园区的视角.对外经济贸易大学硕士论文，2007.

既然新加坡主要是靠海外融资，则需要知道当时海外融资及其利率变化的基本情况。

苏州工业园区开端的1994—1997年，正是美国结束80年代的高利率政策、资本市场流动性充足而向海外大举扩张的时期，此期的特点是跨国公司在国际市场上融资相对容易。同时，伴生于金融资本全球扩张的新自由主义正大行其道，国际资本市场的低成本资金大举涌入东南亚市场，使当时东南亚市场的资金极度充裕。1994年，新加坡市场的Sibor价格仅为2%～3%，当时新加坡银行业金融机构的房屋贷款利率只有2.62%，不到同期中国名义利率的1/3——当年4月21日，中国人民银行调整贷款利率，1～3年期贷款利率为9%；而且，当时中国正因为经济过热、通货膨胀和金融体系危机而大量增发货币，1994年通货膨胀率达24.1%，一般企业得不到正规银行的贷款，非正规借贷利率高到大大超过24%的高利贷标准！

---

① 这种情况与1989年美国政府对中国全面封锁客观上属于美中关系两个不同阶段的代表。1991年苏联解体、东欧剧变之后，美国在欢呼胜利的同时也将对"共产主义"的策略由"遏制"转为"接触"；加之1992年之后克林顿总统结束美国20世纪80年代的高利率政策，客观上有利于美国资本对外扩张。有学者认为，关于苏联解体、东欧剧变，与其说是"冷战结束"的标志，不如说是"结束冷战"（转向"热战"）的结果。

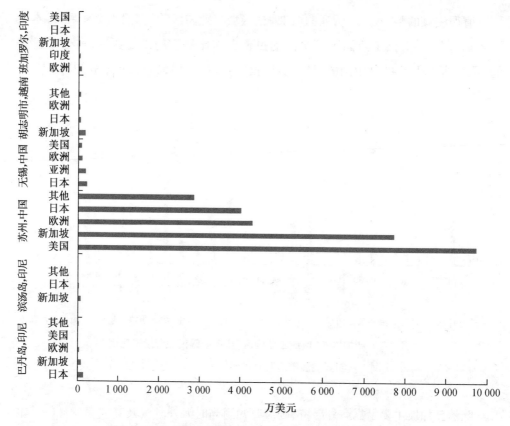

图1-6 新加坡各"区域工业园区"中各国籍投资者投资规模

资料来源：刘云.中国工业园区发展策略及对策研究——基于新加坡与苏州工业园区的视角.对外经济贸易大学硕士论文,2007.

因为有了国际市场上的低成本资金共担风险,苏州工业园区的基础设施建设才能如此大手笔！这个国内到处都上演"资金为王"这部以"现代杨白劳"为主角的悲喜剧的时候,唯能够直接得到最便宜外资的园区显得"不差钱"：[1]

当时每填一方土需要8美元,整个中新合作区面积光填土这一项就要花30多亿元人民币。首期8平方公里,填土要花掉3.4亿元左右(人民币)。[2]

据1997年9月底统计,园区实际开发6平方公里,但开发资金投入已达44.32亿元,平均每平方公里的基础设施投资额为3.8亿元,为全国32个国家级技术开发

---

[1] 本篇以下内容主要有两个资料来源：一是公开发表的书籍文献,二是对园区重要当事人的访谈。关于访谈资料,本书在成文时隐去了受访者的姓名,而以直接引语的形式录于文中。公开资料的摘引,则遵从写作规范在摘引之后标注资料来源。各种文献中使用的数据口径可能不同,导致了数据的差异。

[2] 何建明.见得今日"洋苏州".求是,2009(20).

区平均数的 2.39 倍。①

到 2000 年，园区基本完成了道路、供电、供水、燃气、供热、排水、排污、邮电、有线电视和土地平均填高 0.9 米并平整的"九通一平"，对首期 8 平方公里项目的开发资金投入达 35 亿元。②

还有文章指出，**从 1994 年开工建设到 2000 年，苏州工业园区平均每年经营亏损 1 500万美元。**③ 若然，园区能如此长时间地维持这么高额度的亏损，和国际金融资本全球扩张及新加坡能够借助海外市场因而信用充裕也是分不开的。

值得特别关注的是，园区在起步阶段，即内生性具有了"无风险资产"——与一般的开发区不同，苏州工业园区并不是地方政府从工业资本的原始积累起家，因此，**无论是中方凭借举国体制获得的资本金投入，还是新方在国际资本市场上获得的授信，在园区都属于"无风险资产"。**

此后，高质量工业项目成批入驻苏州工业园区。人们一般都归功于两个重要因素：一是苏州工业园区高水平的基础设施建设和良好的服务；二是新加坡举世闻名的"招商"能力和"亲商"信用：

在合资公司建立之前，中新财团就建立了招商工作小组进行联合招商，充分利用新加坡在世界上的营销网络，展开了招商活动；新加坡总理吴作栋亲自赴欧洲介绍苏州工业园区。④

1994 年 5 月 12 日奠基那天就有十六七个项目来了，全是新加坡招的。酝酿这个项目的时候他们已经开始在招商了。

新加坡国际信誉都特别好。它去招商欧美企业都过来，我们去招不一定过来。全国那么多开发区、特区，苏州起步的时间其实很晚，但每年引进的外资全国第一，数量最多质量最好，得益于新加坡的国际信用。⑤

园区严格的环境标准和环保设施，也吸引了许多对环境要求较高的投资商，如礼来制药、葛兰素制药、AMD 半导体等高新技术企业。⑥

软件传输就是要"使苏州工业园管理委员会行动快速、办事高效、以企业为重、

---

① 黄雪良.苏州工业园区借鉴新加坡规划建设经验的实践.城市规划汇刊,1999(1).
② 数据来源:中新苏州工业园区开发有限公司(简称中新集团,也叫 CSSD)提供的资料《国家级经济技术开发区投融资模式研究——以 CSSD 在苏州工业园区的开发历程为例》.
③ 王子昌.新加坡发展模式的输出与借鉴:苏州工业园案例研究.东南亚研究,2011(5).
④ 张连杰.苏州工业园区调查报告(下).苏州职业大学学报,1998(1).
⑤ 来源:课题组对园区有关当事人的访谈.
⑥ 黄雪良.苏州工业园区借鉴新加坡规划建设经验的实践.城市规划汇刊,1999(1).

对投资者表现出专业精神。苏州工业园管理委员会必须解决问题，而不能成为问题的一部分。关于速度，从企业执照审批到回答企业提出的问题，我们几乎为每一项工作都定下了具体的时间表。关于效率，我们要求管理委员会对每一个问题都了如指掌。关于营造以企业为重的环境，我们管委会同情和理解投资者的各种要求。当然，我们要求管委会在办事坚定的同时兼顾公平。所有这些加起来，就构成了一种职业精神。①

2014年5月18日，一篇剖析苏州工业园区的开发公司CSSD上市竞争力的文章在网络上被热转，其中就谈到**苏州工业园区赫赫有名的招商队伍和中新两国背书所形成的信用**，以及与国内已经上市的两家园区开发公司——华夏幸福和联东的对比。文章指出，华夏幸福和联东均拥有500人以上的招商团队，人海战术+核心数据库+全天候沟通，成为二者全国迅速扩张并成为地方政府座上宾的强有力筹码，也成为这两家上市公司的核心竞争力之一；而在**苏州工业园区这里，招商团队仅有54人**，相当于华夏幸福和联东的十分之一！该作者强调：

不要小看这54个人，可全部是人中龙凤，不但精通各国语言，实现对外资绝对无障碍交流，而且对宏观政策、产业动向、法务、税务、基础设施、人力资源等知识极为熟稔，都是和世界500强打过交道、见惯大场面的。这个团队的经验源自新加坡"敲门招商"模式，即在全世界设置招商办事处，每天收集当地的经济情报，特别是跨国公司，先摸清它们有哪些项目要转移出去。然后，招商办将这些信息收集下来，就将相关信息集中到新加坡经济发展局。之后，再由专人负责一个一个去"敲门"，敲开某个跨国公司的门进行招商。

当然，在这里要说句公道话，**华夏幸福和联东的品牌毕竟不能和拥有中新两国背书的苏州工业园相提并论**……毕竟，苏州工业园会有很多政府推荐甚至主动找上门都会被拒之门外的商户资源，这是民营产业地产商无法望其项背的。②

上述文章提及两国的政府背景有作用，我们认为需要进一步阐述。在这次课题组开展的对 AMD、三星电子、快捷半导体等企业有关负责人的访谈中，我们也体会到，与园区起步时中央政府对地方政府的"赋权"类似，面向国际大企业招商过程中

---

① Alexius Pereira. State Collaboration and Development Strategy in China: The Case of the China-Singapore Suzhou Industrial Park, 1992—2002. London and New York: Routledge Curzon, 2003; 转引自王子昌. 新加坡发展模式的输出与借鉴:苏州工业园案例研究. 东南亚研究, 2011(5).

② 宋振庆. 起底苏州工业园 IPO:中新矛盾内幕、54人招商、超赚钱的一级开发."优园区"公众微信平台，2014-05-18.

新加坡对工业园区的"国家赋信",构成了园区系统性地超越低水平的资本原始积累阶段(所谓"市场经济体制的初级阶段")的一个重要维度(见专栏4)。

专栏4

大型跨国企业为何选择落户苏州工业园区?

艾默生环境优化技术(苏州)有限公司于1999年成立,之前四五年对中国东北、上海、广州等地均有考察,最终确定落户苏州工业园区,原因主要在于以下几个方面:其一,苏州的投资环境更像西方,**不存在或较少存在灰色交易,交易成本明确**;其二,苏州自然环境相对温和;其三,苏州距离该公司的中国市场客户(主要分布在辽宁、广东)的距离差不多;其四,**苏州基础设施做得好**,比如电力等有保障。

AMD(苏州)半导体有限公司是由AMD新加坡子公司投资设立的,他们表示,苏州工业园区借鉴新加坡经验,使制度管理环境等与新加坡相似,公司运作更加顺畅。当时AMD有对外投资设厂的需求,在选址的时候,考虑对比了四个地方,苏州、无锡、厦门和巴西,最后选择了苏州工业园区,一是因为园区经营环境与新加坡类似;二是因为苏州毗邻上海,区位优势明显,人才资源也较为充足,基础设施建设水平较高等。

三星电子(苏州)半导体有限公司的负责人表示,当时三星电子有在海外建立一个新的分装测试工厂的需求,为此考察了很多国家和地区。当时中韩建交不久,对中国的认识大多来自台湾地区,负面的部分比较多一些。最终选择苏州主要有三个因素的考虑:一是中新合作。**苏州工业园区是第一个由两国政府开发的园区。这对很多外资企业是有很大的吸引力的。不但有中国政府的保障,还有新加坡政府的保障。新加坡虽然国家小一些,国家信誉还是比较高的**。并且,三星也是新方财团之一。二是地缘优势。上海的辐射作用极其重要,当时苏州正好建设了沪宁高速,将自己置身于上海一小时圈范围内。三是人文优势。苏州是具有2 500年历史的文化名城,以苏绣著称,可以提供优质的劳动人才。

此外,访谈的企业都一致对苏州工业园区的"亲商"服务表示满意。

资料来源:课题组成员对上述企业负责人的访谈.

1999年的一项园内多家企业调查反映了入驻企业的选址决策中,新加坡因素发挥的重要影响(见专栏5)。

专栏 5

入驻企业调查：我们为什么来苏州工业园区？

阿里克休斯·佩雷拉（Alexius Pereira）1999 年 6—9 月对苏州工业园内 82 家全部运营企业中的 56 家进行了调查和访谈。访谈的一个重要目的在于弄清楚是什么因素促使他们选址苏州工业园。通过访谈和问卷调查发现，新加坡因素是他们选址苏州工业园的非常重要的因素。在这里，**新加坡因素意味着良好的基础设施和良好的政府服务**。关于这一点，两个被访者的评价很有代表性。

"我们相信中新苏州工业园开发官员和新加坡政府的话，即这里（苏州工业园）**将会有和新加坡一样高质量的基础设施**。在 1994 年，我们所有的只是计划和承诺，但是我们相信，如果是新加坡承诺了我们什么事情，我们就会得到它。"

"我们选择来这里（苏州工业园），因为我们知道有软件传输。在江苏无锡也有一个新加坡工业园，但是那个工业园并没有软件传输计划。因此，**即使无锡工业园有良好的基础设施和一些新加坡管理人员，但制度和政策基本上还是中国的**。现在对我们来说，那就是一个潜在的问题。**我们比较喜欢与新加坡的制度和政策打交道，不仅是因为我们与他们熟悉，而且是因为他们清廉和透明**。"

资料来源：Alexius Pereira. State Collaboration and Development Strategy in China: The Case of the China-Singapore Suzhou Industrial Park, 1992—2002. London and New York: Routledge Curzon, 2003；转引自王子昌. 新加坡发展模式的输出与借鉴：苏州工业园案例研究. 东南亚研究，2011(5).

个中道理，诚如下文（参阅本书第二篇）对岭南何以承接港资中小企业布局转移的分析所言，大企业更多地青睐规范治理。因为，**规范化治理对大企业而言意味着交易成本透明和可以预期**。但也要注意到信用构建的条件：

在 20 世纪 90 年代"中国崩溃论"充斥西方舆论、外界对于中国一直存在很多扭曲解读的环境下，苏州工业园区若以一己之力，从零构建开发区信用，意味着要以区区几十平方公里的弹丸之地，支付整个冷战、"后冷战"时期国际社会意识形态对立的制度成本，这简直是不可想象的。

因此，如果借用"搭便车"理论，那么中新合作建设苏州工业园区，由新加坡牵头在国际上招商，意味着 20 世纪 90 年代中国在提高"经济对外依存度"、加快转向"西化"之际，苏州工业园区是搭上了新加坡这个东亚经济圈中的西方化国家的信用"便车"。

包括苏州工业园区以及其他经济开发区在内的长三角一带，同时搭乘的便车是1990年上海浦东新区开发带来的基础设施大量投入，以及人流、物流、资金流和信息流的空前阜盛。若据此看，毗邻上海也的确成为苏州最重要的区位优势之一。

如此看来，苏州工业园区不仅在基础设施建设阶段，藉由举国体制和新加坡融资能力实现了"零成本起步"，在招商引资中也实现了构建信用的"零成本起步"。

三、"不特有特，比特更特"

苏州工业园区设立"借鉴新加坡经验办公室"，从新加坡学来的各种招商和亲商服务等软件，一向为人津津乐道。这个学习机制，对于园区需借中国"走出去"战略做对外结构性扩张而言，确实具有重要的机制性作用，这可以留待下文表述。其实，若从园区当年在国内客观上形成"孤独求败"的地位看，**园区最有竞争力的软件环境，集中体现在"九号文件"上，其本质仍然是国家权力在地方层面的延伸和直接行使**。

"九号文件"的形成过程就很特殊——它是由地方拟定具体条款、中央各部委审批、国务院批复同意的。①

文件给予了苏州工业园区区别于一般经济开发区的诸多"特权"——因其有着突破西方封锁的任务而带有政治性，一些因对当时现行政策有巨大突破而本来属于中央政府的权力，都作为特殊政策赋予园区。

这是苏州工业园区借助"举国体制"有了初始资本，站上了一个较高的起点之后，再借"举国体制"迈出发展第一步的重要特殊条件。

（一）作为尚方宝剑的"九号文件"

1994年2月，针对苏州工业园区的特殊性，国务院为苏州工业园区专门下发《国务院关于开发建设苏州工业园区有关问题的批复》，以批复同意的方式，允许苏州工业园区除享受沿海开放城市经济技术开发区的各项政策外，还根据情况具备土地、投资项目审批、财税留用以及设立中外合资金融机构等多项权力。这个文件就是苏

---

① 1993年12月，江苏省政府完成《苏州工业园区项目建议书》编制；1994年1月17日，江苏省政府向国务院呈报《关于苏州工业园区项目建议书中软件方面若干问题的补充报告》；1994年1月21日，国务院专门召开会议，听取江苏省政府关于中新合作建设苏州工业园区问题的汇报；1994年2月11日，国务院下发《国务院关于开发建设苏州工业园区有关问题的批复》，也就是"九号文件"。

州工业园区发展历程中赫赫有名的"九号文件"。

文件的实际批复过程要从这之前一个月说起。1994年年初,国务院常务会议专题讨论苏州工业园区项目,江苏省领导列席会议,提出了园区政策比照经济特区政策的请求。

当时经济特区的政策优惠主要集中在企业投资、进出口的税收优惠以及外汇管理的灵活便利上(见专栏6)。

专栏6

中国经济特区的缘起与政策优惠

1979年4月,邓小平首次提出要开办"出口特区"。7月15日,中共中央、国务院批准同意在广东省的深圳、珠海、汕头三市和福建省的厦门市试办出口特区。1980年5月,"出口特区"改名为"经济特区"。8月26日,第五届全国人大常委会第15次会议批准《广东省经济特区条例》,标志着经济特区正式成立的法律授权。

当代经济特区的前身最早可追溯到1547年意大利在里窝那湾创设免税自由港。第一次世界大战后,各种类型的经济特区在中南美洲、非洲、中东、南亚等地纷纷成立,到第二次世界大战爆发前,世界上已有26个国家设立了75个以自由贸易为主的经济特区。第二次世界大战结束后,新独立的国家开始建立以利用外资发展加工出口为主的经济特区。**1980年,世界上各种特区已发展到350多个,分布在75个国家,第一代出口加工区也已开始从劳动密集型工业转向资本和技术密集型工业。**

据原广东省特区办副主任、中央深圳市委副书记秦文俊回忆,**中国第一批合资企业的申报书上,不但有邓小平的签字,还有12位副总理的画圈。**1981年7月,中共中央、国务院批转的《广东、福建两省和经济特区工作会议纪要》明确提出:"这些疑问是没有根据的。中国特区是经济特区,不是政治特区。特区内全面行使中国国家主权,这和由不平等条约产生的租界、殖民地在性质上根本不同。世界上许多国家的经验证明,特区是扩大出口贸易、利用外资、引进技术、发展经济的比较成功的好形式。对中国来说,特区是学习与外国资本竞争、学习按经济规律办事、学习现代化经济管理的学校,是为两省甚至中国训练和造就人才的基地。"

特区企业的优惠政策主要体现在税收、投资和出口等方面。企业所得税税率为15%,比内地合营企业低一半;对投资额达500万美元以上的企业,或技术性较高、资金周转期较长的企业,给予特别优惠待遇;企业所得利润在特区内进行再投资为期5

年以上者,可申请减免用于再投资部分的所得税;企业在纳税后所得合法利润,特区内的外籍职工、华侨职工、港澳职工在缴纳个人所得税后的工资及其他正当收入,均可按特区外汇管理办法汇出;企业生产所必需的机器设备、零配件、原材料、运输工具和其他生产资料,可免征进口税;等等。

资料来源:百度百科."经济特区"词条.访问时间:2014-04-20.

没想到的是,在会上,时任国务院副总理朱镕基指示:苏州工业园区是"**不特有特,比特更特**"。这意味着苏州工业园区可以比其他经济特区更自主、更灵活地进行政策探索。——"九号文件"就是根据这个精神制定的。

这个专门针对园区单独制定的中央政策文件,原本就是经地方拟写出来经中央政府全文"批复"而具有法规效能和权威的,从其实质上说是中央政府在特殊局面之下向地方政府全面放权、赋权的产物。

苏州工业园区的第一代创业者对于这个最终获得中央批复的项目建议书的编写过程记忆犹新:

当时,中国对于外资进来搞开发建设的概念还是比较模糊的,甚至不知道项目建议书为何物,遑论如何编写。最后,江苏省政府借来了海南洋浦项目报告的提纲,以此为参照来编写苏州工业园区项目建议书。这是"吃了一个星期泡面的成果"。①

"九号文件"内含的中央向地方全面赋权的制度安排,**不仅超越了政府体制内自上而下的行政级别约束,也全面超越了经济特区**(见专栏7)。

专栏7

国务院关于开发建设苏州工业园区有关问题的批复

国函〔1994〕9号

江苏省人民政府:

你省《关于报送苏州工业园区项目建议书的请示》(苏政发〔1993〕156号)和《关于苏州工业园区项目建议书中软件方面若干问题的补充报告》(苏政发〔1994〕2号)收悉。现批复如下:

一、同意你省苏州市同新加坡有关方面合作开发建设苏州工业园区。苏州工业

---

① 来源:课题组对当事人的访谈.

园区的开发建设要充分发挥苏州市的有利条件和优势,量力而行,实事求是,讲求实效。要按照建立社会主义市场经济体制的要求,将苏州工业园区建设成为与国际经济发展相适应的高水准的工业园区。经过积极探索和努力,既出物质文明成果,又出精神文明成果,进一步推动中新经济合作和两国友好关系的发展。

二、同意将苏州工业园区设在苏州市城东金鸡湖地区。按照统一规划、分期开发的精神,首期开发建设8平方公里,具体范围由国务院特区办会同有关部门核定。规划发展面积可按70平方公里考虑,根据开发建设情况另行报批。

为适应工业园区开发建设和发展的需要,要实行严格的规划控制,规划好今后发展用地,并合理安排好"菜篮子"工程。苏州工业园区的开发建设涉及修订苏州市城市总体规划,要按有关规定报批。

在建设工业园区的同时,要引导周边地区乡镇企业调整结构,适当集中,发展现代化农村小城镇,促进社会经济的共同繁荣。

三、原则同意对苏州工业园区实行沿海开放城市经济技术开发区的各项政策。今后视情况发展,如确需赋予其他政策,另行报批。

在执行全国统一的"分税制"财政体制前提下,苏州工业园区新增财政收入5年内(1994—1998年)免除上缴。具体实施办法由财政部下达。

四、要根据全国统一的产业政策和生产力布局要求,认真做好苏州工业园区开发建设的总体规划。苏州工业园区应致力于发展以高新技术为先导,现代工业为主体,第三产业和社会公益事业相配套的现代化经济。

苏州工业园区必须重视环境保护工作,搞好生态平衡,禁止举办污染环境和危害国家及社会公共利益的项目,为园区的生产和生活创造一个健康、优美的环境。

五、同意苏州市的开发公司与新加坡开发财团组建合资公司,从事苏州工业园区内的土地开发经营。合资公司受我国法律的管辖和保护,其一切活动必须遵守我国的法律法规。合资公司的可行性报告、合同和章程、土地成片出让合同等,要按规定程序报批。

苏州工业园区必须加强建设用地管理。要根据工业园区的开发进展情况和经济发展水平,合理和动态地确定土地价格,并按规定收取有关费用。

六、在苏州工业园区内举办的项目必须符合国家产业政策和吸收外商投资的导向。鼓励外商投资工业园区的基础设施建设。在批准的工业园区开发建设的总体规划内,不需要国家综合平衡的能源、交通和基础设施项目,可由工业园区自行审批,其中限额以上项目报国家主管部门备案。外商投资的生产性项目,除国家吸收外商投资导向政策中限制类项目和国家规定需要统一规划布点的以外，凡是建设和生产条件不需要国家综合平衡、出口不涉及配额许可证、外汇能自行平衡的，可由工业园区自行审批，其中限额以上项目报国家主管部门备案。对外商投资的非生产性项目，除国家规定属于试行外商投资和另有规定的以外，不需要国家综合平衡的，可由工业园区自行审批，其中限额以上项目报国家主管部门备案。

根据苏州工业园区开发建设的实际需要，原则同意今后逐步在工业园区内设立外资、中外合资的金融机构和中外合资、合作商业零售企业，但应按规定逐项报国家主管部门审批。

七、原则同意你省在苏州工业园区内，在坚持和维护我国国家主权的前提下，自主地、有选择地借鉴吸收新加坡发展经济和公共管理方面对我适用的经验。这项工作要有计划、有步骤地进行，既要积极探索、又要扎实稳妥。苏州工业园区要执行全国统一的法律、法规和宏观经济政策，工业园区的立法、司法和行政管理权由我方独立行使。在苏州工业园区设立海关，依法对工业园区的进出口货物实施监管。

根据项目计划安排，确需进行的人员交流和培训等事宜，可按国家关于一般国际交流合作项目的规定办理。

八、苏州市可依照现行法律确定的较大的市的权限和程序制定地方性法规、规章，在苏州工业园区实施。随着工业园区的发展，如需要进一步解决有关法律问题，再研究如何按法定程序办理。

九、根据社会主义市场经济体制的要求，建立苏州工业园区新的管理体制和运行机制。要按照"精简、统一、效能"的原则，设立精干的工业园区管理机构，不要求区内机构同上级机构对口设置。苏州工业园区管理委员会作为苏州市人民政府派出机构，自主行使园区的行政管理职能，确保苏州工业园区的开发建设健康有序地进行。

国务院
一九九四年二月十一日

资料来源：李巨川. 苏州工业园区志 1994—2005. 南京：江苏人民出版社，2012.

以上政策原则加上后来的实施细则，形成的特殊政策大体上有：

➤ 上不封顶的自行审批特权。凡符合国家产业政策的外资项目，园区均可自行审批。

➢ **灵活高效的外事管理权**。享有公务出境任务审批、颁发公务护照、向外国驻华使领馆申办签证及签发境外人员入境签证通知函电等管理权限。

➢ **中国唯一的区域性公积金制度**。具有"企业提得少、个人留成多、保障待遇稳定、有利于吸引人才和留住人才"等优点。

➢ **快速的物流通关优势**。苏州工业园区作为中国率先进行通关作业制度改革和现代物流试点的区域，不仅拥有独立的海关、高效的绿色通道、具有内陆口岸功能的进出口货物分流中心，而且经国务院批准还可在区内设立现代物流园，允许成立外商独资或中外合作经营的国际物流公司，上海机场监管仓库可直接延伸至园区，使区内企业通关效率大幅度提高。

➢ **税收优惠政策**。

◇ 进区的生产性外商投资企业及经认定的高新技术企业按照国家政策可享受15%的所得税税率，并免征3%的地方所得税；经营期在10年以上的，从开始获利年度起，可享受二免三减半的优惠。

◇ 外商投资举办产品出口企业或先进技术企业，在依照税法规定免征、减征企业所得税期满后，凡当年出口产品产值70%以上的，可享受10%的优惠税率；仍为先进技术企业的，可按规定延长3年享受10%的优惠税率。

◇ 从事农业、林业、牧业的外商投资企业在享受"二免三减半"期满后，经批准10年内可按应纳税额减征15%~30%的所得税。

◇ 进区外商投资企业的外国投资者，将企业利润直接再投资以增加注册资本或开办其他外资企业，经营期不少于5年的，经批准可退回其再投资部分已缴所得税的40%税款。其中，再投资举办出口企业或先进技术企业，可退回其再投资部分已缴所得税全部税款。外商投资企业和外国企业在中国境内设立机构、场所，按照国家有关规定，在投资总额内购买国产设备的可按该设备投资的40%从当年新增所得税中抵免；技术开发费比上年增长10%以上，经批准可再按技术开发费实际发生额的50%抵扣当年度应纳税所得额。

◇ 外国企业从园区取得的股息、利息、租金、特许权使用费和其他所得，除依法免征所得税的以外，都可以减按10%的税率征收预提所得税。①

一位参与起草"九号文件"的受访者认为，**经济特区的"税收优惠等政策是减法，减少企业成本；而（对工业园区）权力的下放是加法，增加园区的附加值"**。这位一线

---

① 资料来源：http://blog.fang.com/34241556/13977636/articledetail.htm. 访问时间：2014-08-30.

干部的话,生动地表达了地方的政府信用可以随中央放权而升值。

其中,园区为方便吸引大型跨国企业集团投资而设的大项目审批权,是"九号文件"的核心内容之一。

苏州工业园区有关部门向课题组介绍:

2004年以前,园区的项目审批权都是不设上限、自主审批的,比如2001年台湾地区和舰科技项目,投资10亿美元,这在全国任何一个地方都需要上报国家发改委审批,可能两年都未必批得下来,而我们园区两天就批下来了。①

这个观点从其他当事人的回忆中得到了印证:

当时(1994年、1995年)你去现场看的话,到处都是泥泞、轧土机,不堪入目,但为什么他们(企业家等)面对一个模型、一张规划图就愿意来投资?一个是因为这是两国合作的项目,**有两国的政治担保**,新加坡国际声誉起到了很大作用;另一个就是因为我们有项目自主审批权,符合国家产业指导目录的鼓励类的项目,园区自己可以批,**这一条在当时中国开发区中是权限最大的**,超过了上海、北京,这是推动园区开发非常正面的因素。

中央没有钱给你,也没有特别优惠的政策,就是放了点权给你。

我们的项目审批权是不设上限的,10亿美元的项目在北京要批三年,而我们一年就批了十几个限额以上项目。②

20世纪90年代的中国还没有来得及颁布那么多法律,行政权仍然是政府管理的主要手段。于是,**中央政府对园区的"放权",就是园区相对于其他开发区而言最大的竞争力**——那些在其他开发区要等上几年的投资者当然会把项目转移到这个"一年就批了十几个限额以上项目"的园区来!

2004年,园区的大项目审批权重新上收中央,也与21世纪的中国在产能过剩愈益严重、连带造成生产性资本投资相对过剩条件下宏观经济发生阶段性变化有关。在新的发展阶段,中国经济运行的主要矛盾由资本稀缺转变为资本过剩,此时,园区的大项目审批权被上收纳入国家发改委统一管理,某种程度上是符合客观事物的演变进程的。

到了2004年,国家发改委发布《国务院关于投资体制改革的决定》,规定外商投

---

① 来源:课题组对园区有关部门的访谈。
② 来源:课题组对当事人的访谈。

资项目中总投资1亿美元以上的鼓励类、允许类项目由国家发改委核准,3 000万美元到1亿美元的项目由省发改委核准,3 000万美元以下由市发改委核准。这相当于园区只有3 000万美元以下项目的审批权,对园区的冲击很大,最后省里将权限给了园区,也就是园区可以审批1亿美元以下的项目。2010年,国家发改委也可能意识到1亿美元的门槛太低,又将权限放宽到3亿美元,也就是3亿美元以上的项目报国家发改委核准,1亿至3亿美元的项目报省发改委核准,省发改委仍旧将权限下放给园区。所以,**现在园区享有省级发改委的项目审批权**,3亿美元以下项目可以自主审批,3亿美元以上要报国家发改委核准。①

在土地规划方面,园区也是可以享有省级土地管理部门的权限,一位受访者解释道:

省里是土地管理局的"一号章",我们是"二号章"。1995年6月8日,省政府授权市政府在园区范围内行使审批60公顷以下耕地征用和出让的权限,市政府委托园区管委会代为行使该权限并授予制发和使用"苏州市人民政府土地审批专用章(2)"印章。②

财政税收方面,园区享受了10年的优惠:在执行全国统一的"分税制"财政体制前提下,园区新增财政收入5年内(1994—1998年)免除上缴,1999年到期时调整为以1998年财政返还额为基数,5年内逐渐递减返还额,即从1999年起按80%、60%、40%、20%的比例返还,到2003年停止实行财政返还政策,开始实行全国统一的财政上缴政策。③

总之,作为工业园区运行管理之尚方宝剑的"九号文件",内含的"政策红利"到底有多大,是随着工业园区故事画卷的展开而逐渐显露的:在其后的十多年中,苏州工业园区的很多成为区域独特优势的制度创新,都以"九号文件"第三条中的"今后视情况发展,如确需赋予其他政策,另行报批"作为权威依据。其后的过程也表明,园区管委会确实结合园区发展的需要进行了很多管理创新。

---

① 来源:课题组对园区有关部门的访谈.
② 来源:课题组对园区有关部门的访谈.
③ 1994年时,只明确1994—1998年园区税收免除上缴,当时说的是到期另议。据说,1997年因为德国"汉堡事件"而使得中新两国在苏州工业园区的合作关系出现紧张,李光耀亲自到大陆来施压,并以撤出投资相威胁;1998年苏州市和苏州工业园区进行了一系列重大的人事关系调整,并给了新的税收优惠政策。参见王子昌.新加坡发展模式的输出与借鉴:苏州工业园案例研究.东南亚研究,2011(5)。今天我们能够看出,当年的德国"汉堡事件"其实内含着复杂的中央—地方关系,当中央加强对地方的调控时这一关系尤其复杂。新加坡不像中国这样拥有复杂的地理多样性,也许对于中国的地方官员在敏感时期的谨慎缺乏理解。

(二)"铁血十六条"与园区"大"发展

1994—1996年,苏州工业园区因承担国家政治型任务的使命,而得到中央赋权,因此在地方诸侯经济中独拔头筹,拥有最浓厚的"强政府"色彩。

我们今天盘点经济特区发展时,可以找到很多当时引以为荣的数据和事例,比如:

1980年至1985年,4个特区实际利用外资12.8亿元,累计完成基建投资76.3亿元,建成了一大批新的能源、交通、通信等基础设施工程,初步形成了深圳的蛇口、上步、沙河、八卦岭、水坝,珠海的吉大、南山,汕头的龙湖,厦门的湖里等9个工业区,成为我国经济建设中技术、知识、管理和对外政策的"窗口"。①

但很少有人注意到,1979年提出"特区"概念时,中国正处于一轮因大规模引进外资而导致的经济过热,及其连带引发的中央政府承担全部外债所转化而成的财政赤字危机之中——中国1979—1980年两年赤字之和超过300亿元。早在被今人作为改革标志的1978年年底的中共十一届三中全会上,中央政府面对经济过热压力就提出要进行"调整、整顿、充实、提高"的宏观经济调控。

也很少有人注意到,**1979年办特区的政策,其实是在外汇需求和外债偿付的双重压力过大的背景下提出的**,主要是中央政府对有出口创汇能力的地区予以放权让利,允许搞双轨制;因此"经济特区"在创办之初被叫作"出口特区"。

更是很少有人注意到,特区基础设施建设"大干快上"的1980—1985年,正值中国从经济过热转而走向萧条,4个特区基建投资76.3亿元的"硬币另一面"是"财政甩包袱",中央于1984年施行国家宏观层次的改革:"中央财政与地方财政分灶吃饭"和"拨改贷"、"利改税"的财税体制改革,以及企业微观层次经理"承包制"、职工"奖金制"等改革;同时也是农村家庭承包制全面铺开,进而拉开了最终以7万多个乡镇为基本单位的地方工业化的序幕……

与10年前类似,1994年中央对苏州工业园区做出"不特有特"的指示,与1992年"运动式发展"后1993年中央就开始酝酿的宏观调控直接对立。

这里还是用最简短的文字回忆一下当时的情景:

---

① 改革航船乘风前行.河南日报,2008-11-19.http://newpaper.dahe.cn/hnrb/html/2008-11/19/content_125340.htm.

中国 1990—1991 年处于萧条阶段的时候，社会上有些因对经济危机周期规律缺乏常识性了解而归罪于改革的说法，又有似乎具有某种针对性的以支持南方谈话为代表的加强改革的说法。这种做法使得人们没有条件或者来不及去认真总结 1988 年"价格闯关"的经验教训，转而于 1991—1992 年经济出现复苏的时候，就相继加快了对刚刚开放的投机性较强的股票、期货和房地产市场的投资。在这三个超过一般产品和要素市场资金吸纳能力的高风险的资本市场的强力推动下，中国经济几乎来不及经过复苏，就直接进入了高涨阶段。

当时，"乱集资、乱拆借、乱办经济实体"的"三乱"大行其道，人们形象地把 **1993—1994** 年的经济过热总结为"四热"（房地产热、开发区热、集资热、股票热）、"四高"（高投资膨胀、高工业增长、高货币发行和信贷投放、高物价上涨）、"四紧"（交通运输紧张、能源紧张、重要原材料紧张、资金紧张）和"一乱"（经济秩序特别是金融秩序混乱）。

这种地方经济乱象，类似于 1958 年第一次郑州会议决定调动两个积极性、向地方政府放权之后出现的"大跃进"。1958 年乱像造成的制度成本演变为 1960 年的危机，并由全社会承担。同理，1992 年乱象带来的制度成本也演化为 1994 年的 CPI 高达 24%、国企职工大规模下岗、农民土地大规模被征占、社会群体性事件大幅度增加等。

财政、外汇、金融三大赤字同步增加的压力下，中央政府不得不于 1993 年夏季决定宏观调控。1993 年 6 月 24 日，中共中央、国务院下发《关于当前经济情况和加强宏观调控的意见》，要求切实贯彻"在经济工作中要抓住机遇，加快发展，同时要注意稳妥，避免损失，特别要避免大的损失"的重要指导思想，把加快发展的注意力集中到深化改革、转换机制、优化结构、提高效益上来，并提出了严格控制货币发行、稳定金融形势等十六条加强和改善宏观调控的措施。

这些政策文件语言温和得体，但在当时的"政策圈"里却被称为"铁血十六条"，因其一系列加快市场化改革的宏观调控措施可谓"刀刀见血"。按照实施顺序，**最早实施的三个最重要的宏观经济措施是 1994 年一次性将本币汇率下降 50% 多的外汇改革、严格地方信贷约束和调整中央和地方财政分配关系的分税制**。其中，为配合中央 1993 年开始与地方谈判、1994 年正式实施的分税制改革，紧缩型的宏观调控措施直到 1996 年才被朱镕基"收紧两个龙头（土地和信贷）"坚决落实，才有 1997 年年初中央政府宣布"成功实现了'软着陆'"。①

---

① 温铁军等.八次危机：中国的真实经验 1949—2009.北京：东方出版社，2013.

"铁血十六条"的具体内容见专栏8。

专栏8

"铁血十六条"——1993年提出的"十六点"调控措施

1993年,面对突如其来的经济过热,当时主管经济工作的国务院副总理朱镕基派13个中央部委的部长到全国各地调查,回来后形成了著名的"十六点"调控措施,要对金融、财政、税收、投资等几个宏观领域实现控制,1994年正式施行。

表1-4 1993年"十六点"宏观调控措施

(1) 收紧货币发行	(9) 1993年7月15日以前,各省要销售完所分配的国库券
(2) 所有专业银行停止向非银行金融机构拆借资金并收回非法贷款	(10) 完善证券发行和市场管理
(3) 提高银行存贷利率,对3~8年的存款实行指数利率	(11) 完善外汇持有制度,稳定汇率
(4) 禁止非法融资	(12) 加强宏观管理,推动房地产市场发展
(5) 收紧信贷控制	(13) 加强税收管理
(6) 所有专业银行应保证储蓄取款资金	(14) 对建设工程项目进行重新审查,控制新项目上马
(7) 加强中央银行的宏观调控权力	(15) 逐步推动价格改革,严格限制涨价
(8) 建立政策性银行并实行政策金融与商业金融分离	(16) 控制社会集团购买力过快增长

资料来源:温铁军等.解读苏南.苏州:苏州大学出版社,2011.

不论在任何政治体制条件下,只要国家强力采取紧缩型的宏观调控政策,都会使得此前一阶段的高增长中累积的高风险集中爆发,而使得国家宏观、区域中观和企业微观层面的经济运行都呈现出大起大落的态势。

而对于苏州工业园区来说,1994年的中央宏观调控却是一场制度成本几乎为零而制度收益大幅度增加的机遇。前面已述者有:

第一,苏州工业园区成立设想的提出是在与新加坡正式建交后的1992年,无论是从外交上对西方制裁的困境突围来说,还是从引进外资缓解当时的外汇危机来说,应该都没有任何阻力。

第二,到了1994年园区正式筹备投资建设时,在国内一片资金紧张声中,园区首先得力于国家出面协调有垄断性外贸经营收益的九家大型国企参股,而免于支付影子价格高达20%,甚至更高的筹资成本。

第三,1994年汇率贬值所导致的本币入股股金增加的成本,园区非但不必承担,相反,由于这些投资主要是用于园区中的基础设施建设,人民币贬值后以美元计价的投资总额虽然不变,但**在国内的投资购买能力坐地增长了一半多**,在折抵物价上涨的影响后仍然有极高的政策红利。同时,**划归园区规划管理的乡镇企业则可以分享汇率下调带来的出口竞争力增加的利好**。

第四,1994年为充实中央财政能力而实施的分税制改革,的确可能对一般地区的地方财政收入构成影响,但园区之例外,在于"特事特办"而将税收上缴延至五年之后,五年之后再分五年逐渐停止税收优惠政策,总计十年。

上述政策使园区得以节省下来的"未支付成本",都可以在研究上计入净收益。

但园区在例外于宏观调控中所得到的还不止于此,**其进一步得到的是长江三角洲工业带以上海为龙头的区域一体化进程中的"级差收益"**——在周边"次区域"规划及全面整合的布局中,园区由于具有地理上的区位优势和中央放权的政治优势,而上升为对周边地区具有辐射作用的"半核心"城市,因而**分享到通常难得形成的在超出本级行政辖域的更大范围内推进区域、次区域一体化综合发展的综合性制度收益**。

1996年,当中央决心将"双紧"调控落到实处时,苏州工业园区恰于此年在中央的协调下实现了增资扩股,并且,在园区发展规划中还被赋予了对江苏省内沿海沿江经济区域进行整合的龙头地位,不仅工业园区要"加快发展步伐",而且,1996年年初江苏省启动的一系列区域开发建设方案都是以促进工业园区大开发、大发展的旗帜进行的。

虽然早在园区规划时,规划设计者们就在谋划其对周边区域的空间整合,但真正开始着手实施却是在1996年,因为在全国一片双紧调控中园区成了为数不多的政策"避风港"。

1996年,苏州市委先后于1月3日上午、11日上午召开两次常委扩大会议,专题研究苏州工业园区和苏州新区(国家科技部主办,先于苏州工业园区成立)工作,要求全市上下把支持园区、新区加快建设步伐作为今年工作的重中之重抓紧抓好。1996年苏州工业园区进入了大发展、大建设、大变化的新阶段,园区工委、管委会同志的决策(是)……以开工建设为中心,招商引资为龙头,基础设施先行,优化园区投资环境,促进经济活动最大化。……为实现"争取用3年时间(到1997年年底以前)基本完成8平方公里,在苏州工业园区初步形成与国际经济发展相适应的一流的投资环境"的目标奠定基础。……1996年园区工作要大建设、大发展、大变化,关键是抓落实,一抓政策落实;二抓资金落实;三抓工程落实:十二项工程,按照网络计划分解,市政府各部门要协力,动员全市力量完成;四抓组织落实。①

随后,中央领导以视察的方式,对苏州工业园区表达了与面上的宏观调控思路迥异的肯定和"加快园区建设"的要求。

1996年1月15日,国务院总理李鹏与副总理吴邦国,在省市领导陈焕友、郑斯林、杨晓堂、章新胜陪同下视察了苏州工业园区,听取了市委书记杨晓堂关于苏州市和苏州工业园区情况汇报,详细询问了园区开发建设、项目引进、征地动迁、基础设施源头厂建设及借鉴新加坡经验等方面的问题,参观了施工现场和已建成的厂容厂貌,对园区的开发建设给予高度评价,并提出了加快园区建设的要求。随后又为苏州工业园区题词:希望苏州工业园区既出物质文明又出精神文明成果。②

在下面这段着重表达苏州工业园区与周边区域经济联系的设想中,我们可以看到,在这个"极富创造性和想象力,又极为慎(缜)密严谨"的规划中,规划师们为苏州工业园区描绘的"一幅国际化城市和江南水乡秀色融为一体的宏伟蓝图";也可以从字里行间感受到,未来的苏州工业园区将在上海的辐射带动下,为这一片江南膏腴之地上生气勃勃崛起的经济带锦上添花。在规划师的设想中,无论是经济走廊带,还是水路、公路、铁路、空路、海港组成的立体交通运输网,都是以上海作为中心结点的:

这是一个极富创造性和想象力,又极为慎(缜)密严谨的规划。概括起来是"一条带、两张网、三个机场、四个港"。

一条带:娄江和吴淞江之间是一条南北宽5~7公里,东西长16公里的带状地块。娄江在园区的北面,沿娄江,有中国最重要的铁路干线——京沪铁路,有横穿中国大陆的312国道和建设中的沪宁高速公路。沿吴淞江则是扩建中的机场大道。这样的地理条件,本来就很有可能在两座大城市之间形成一条经济走廊,苏州工业园区是由西向东发展的态势,将加速这条经济走廊的繁荣。

两张网:一张是纵横交错、遍布水乡泽国的大陆河道之网;另一张是东西南北、连接长江下游所有城镇的公路干线之网。南北向的虞苏杭高速公路和东西向的沪宁高速公路建成后将相交于苏州工业园区的西侧。这样,苏州工业园区就将居于一

---

① 张连杰.苏州工业园区调查报告(下).苏州职业大学学报,1998(1).
② 张连杰.苏州工业园区调查报告(下).苏州职业大学学报,1998(1).

套高速公路体系的枢纽点上。水、陆两张网把苏州工业园区与整个长江下游三角洲紧密相联(连)。

三个机场：距离工业园区70公里有专用道路连接的**上海虹桥机场**和苏州附近光福、硕放两个国内机场。

四个港：太浦河东段即吴淞江，经上海港入海，**上海港是中国最大的海港**。娄江向东经太仓浏家港入海。公元15世纪，郑和七次下西洋五次经由浏家港。浏家港以西，是常熟境内的浒浦港，正在开发建设。再往西，是新兴的张家港。如果把苏州工业园区当作一根轴，那么，**上海港、浏家港、浒浦港和张家港这四个长江出海口南岸的主要港口，便围绕这根轴组成了一个近似的扇面**，距离最远的是80公里，最近的是60公里。①

这一规划在实施时正赶上国家宏观调控，此时，正聚精会神地专注于70平方公里的基础设施和8平方公里核心区建设的园区人，也许没有想到，苏州工业园区对于园区周边的县(市)"加快经济建设"还会有重要的政治保护价值。

下面的这段文字，在各地的汇报材料中非常常见，但如放到1996年那个土地、信贷龙头"双拧紧"的严格落实宏观紧缩调控政策的氛围下品读，则不难看出地方政府在追求发展主义之中，无论在捕捉机遇上还是在制造话语上，都具有高度的智慧和技巧。

苏州市的各县(市)和郊区积极呼应园区、新区建设，把握"重中之重"，采取接轨措施包括从思想观念上接轨，在区域规划上接轨，在工作措施上接轨，接工业园区、新区建设之轨。如常熟市进一步加大常熟港开发建设力度，力争使其早日成为一条新的国际通道(目前作为园区重点配套项目的常熟港建设进展顺利)，已建成3.5万吨级煤码头1座、5 000吨级油码头1座、5 000吨级重件码头1座，中外合资常通汽渡码头已投入运行，与新加坡合资兴建的两个3.5万吨级码头正在抓紧施工。确保年底正式开埠的机构设置、人才培训等准备工作也在进行之中。昆山市与园区接近的镇村都做好了主动接受辐射的准备，并争取为园区的项目建设做好服务工作。②

以上关于园区第一阶段发展的文字，主要是园区逆势起步的经验过程的梳理。其中，星星点点地散布着一些带有理论色彩的点评，初步形成了归纳园区经验的主要观点。下面的文字，则主要是基于园区经验而做的思想认识上的升华。

---

① 张连杰.苏州工业园区调查报告(下).苏州职业大学学报,1998(1).
② 张连杰.苏州工业园区调查报告(下).苏州职业大学学报,1998(1).

（三）中央—地方关系的另类视角

上述园区的发展历程，向我们提供了一个深入观察中央—地方关系的机会。

中新合作项目之最终花落苏州的过程，是苏州工业园区的建设者、见证者最津津乐道的一段故事。这里要指出的是，项目确定在苏州实施之后，**苏州作为一个区域经济体，客观上所具有的"双重角色"及由此形于外的行为特征，是解释苏州工业园区发展历程若干重大事件及路径依赖的另一个重要方面**。

第一重角色行为，是20世纪80年代中国开启"地方工业化"[①]进程以来地方政府所普遍具有的、以地方利益为本位的"地方政府公司化"。对此，本课题团队已在此前的研究成果《解读苏南》中进行了详细的历史过程分析，书中前言的第一句话便将苏南的经验概括成八个字："成也政府，败也政府。"

第二重角色行为，是此次中新合作中苏州市因承接国家重大战略性任务而特有的——"**地方政府代行国家体制**"。

由于在代行国家战略的过程中，**地方政府可以得到中央政府资源的在地化配给，以及国家信用的背书，因此，垄断性地"代行国家战略"从而"代行国家体制"，客观上能极大地提升该地方相对于其他地方的竞争力**。这个归纳也许不那么讨学术界喜欢，却实在是值得研究或者试图借鉴园区经验的后来者们高度关注。

实际上我们也能够看到，1984年中央和地方政府财政"分灶吃饭"以后，确实有一些地方政府由于地理区位特殊或者其他原因，一度承担着重要的国家战略性任务，从而在决定资源配置和管理权限的中央地方权力利益分割中具有比一般地方政府更高的谈判地位，短期内形成有利于在地方政府发展竞争中"独占一春"的独特优势。

由此，也就不难理解，为何在中新合作项目选址过程中，同时有江苏、山东的多个地方政府表现出浓厚的兴趣。这恰恰是地方政府公司化竞争的表现。

地方政府公司化竞争之滥觞，对于苏州工业园区后来的发展演变具有重要的影响。中新合作项目的目标是在中国"再造一个裕廊"，集中、系统地输出新加坡管理的软硬件；但同样面积大小的土地，放在中国和放在新加坡，其与周边土地的竞争合作关系是截然不同的。这是苏州和裕廊诸多异同中比较重要、也比较本质性的一个方面。

[①] 温铁军把中国自洋务运动以来百年工业化历史划分为4个进程。其中第三个是改革开放之前以中央政府为主导的"国家工业化原始积累"；第四个则是以改革开放为名的"产业资本扩张"，且以"地方政府"为主导，由此可以称之为"地方工业化"。参见温铁军.百年中国，一波四折.读书,2001(3)；收入作者文集《我们到底要什么》.北京：华夏出版社,2004.

在东方社会已经传承了两千多年、至今仍被当作是"中国特色社会主义"优越性的有力支撑的"举国体制"下嫁地方,与20世纪80年代以来愈演愈烈、至今已演化为竞劣局面的"地方政府公司化竞争",一方面可以认为具有哲学意义的对立统一关系;另一方面,这组矛盾在现实中交织运作,共同书写了苏州工业园区的20年发展史。

二者对立统一的矛盾关系,在每次危机的结点上,表现得尤为突出。

在20世纪80年代末90年代初,中国内有经济危机、外有西方封锁的双重困局压力下,举国体制无疑占了绝对上风。如果借用制度经济学的理论来看,它也深深地锁定了园区后续制度结构和发展模式演变的路径依赖。

四、中新合作实质:两个"强政府"的联合

超越意识形态地看,新加坡"区域工业计划"的最大项目选择落在苏州,背后隐含着"强政府合作"的逻辑,尽管新加坡通常被认为推行自由贸易的典型国家。

二战后,获得独立的殖民地、半殖民地国家纷纷启动了经济现代化和政治民主化两大历史进程。但成功进入工业化的国家,其经验路径往往具有不可复制的特殊性。对于大多数发展中国家为何徘徊在工业化的门外,一些经济学家指出,**政治民主化和经济现代化所需的资本原始积累在本质上是相斥的,这既是工业社会的本质矛盾,也是大多数发展中国家难以进入工业化的原因。**[①]

1983年,美国经济学家老埃德·雷诺兹分析了41个发展中国家100多年的发展历史后得出了这样的结论,似乎是为发展中国家解套上述矛盾提供了一个新的思路:"我的假设是,**在经济发展中一个最为重要的解释性变量是政治组织和政府的施政能力。**关于这一点,作为一名谦虚的经济学家,我不想承担更多的责任,而把它交给我的政治学同僚们。"

中国的学者们也认为,"强有力而高效率的政府是后发展国家经济、社会发展的关键因素。这就是说,**后发展国家的现代化与'强政府'之间有一种内在的必然联系**";"一个国家的经济发展过程并非单纯的经济结构的变迁或经济总量的增长过程,而是整个社会的重组过程,**政治是影响后发展国家经济发展进程最为关键的因素**"。[②]

[①] 速水佑次郎,神门善久.发展经济学——从贫困到繁荣.北京:社会科学文献出版社,2003;拉尔夫·达伦多夫.工业社会中的阶级与阶级冲突.斯坦福大学出版社,1959.

[②] 毛寿龙,赵虎吉.试论新加坡模式的结构、效能和价值.新加坡研究:第1卷.重庆:重庆出版社,2010.

然而，对于后发展国家来说，代表国家能力建设水平的强政府与其说是"必要"的，毋宁说是"奢侈"的。

新加坡无疑是拥有这一"奢侈品"的、少数从发展中经济体跻身于高收入经济体行列的国家之一。

新加坡的"强政府"特征，作为一项现代化国家普遍稀缺的政治资源，是在国内外多种特殊因素共同作用下形成的。诚然，将新加坡从立国开始的发展历程还原到历史的具体情境中，对于我们理解新加坡"强政府"的形成过程，理解苏州工业园区项目的缘起、发展、演变过程，研究事态进展中**各当事方的目标取向和行为方式如何随客观环境条件的变化而变化**，进而形成对未来的理性研判，具有重要的意义，但这已远远超出了本书所能涵盖的范围。因此课题组从文献中蜻蜓点水地摘录了新加坡"强政府"形成过程中的一些关键点，放在本章附件中，供读者参考。

本书要强调的是另一个上文多处提及、但较少被理论界讨论的机制：

新加坡的优良商业信用能够成功地"嫁接"到苏州工业园区，与苏州也属于"强政府"具有本质相关。

新加坡是一个辖域不到700平方公里的国家，国家元首可以直接深入每一个选民片区，因此国家治理的"强政府"的色彩可以相对均匀地渗透到每一地理空间、每一社会领域和每一经济行业。但中国则截然不同。在中国，正式的行政级别分为中央、省、地区、市、县、乡，乡以下还要考虑行政村与自然村……因此，研究中国政府的行为特征至少要先分成中央和地方两个层次；就时间来说，也要至少分成改革开放前的国家工业化和其后至今仍在演化中的地方工业化两个阶段。

就中央来说，中国能在20世纪70年代中后期完成国家层面的工业化资本原始积累，成为迄今人口过亿的原住民大国中唯一进入工业化的国家，表明在国家工业化阶段的政府客观上是具有较强的"强政府"色彩的。1978年改革之后，确切地说是1984年中央和地方财政分灶吃饭之后，中国各区域的发展出现严重分化，其中，长三角一带的苏南、浙北，都属于典型的"强政府"经济；它与农村集体经济为主的工业化相辅相成，这一特征一直延续到90年代中期。

人们需要了解：**不同规模的产业资本，对于政府治理的需求是不同质的。**

反之亦然，不论那些受"意识形态化"羁绊的学者对某些地方经验如何做出倾向性判断，人们都应该看得到的基本经验很清楚——**已经支付过信用建设成本、积累了比较高的政治信用、并形成了一定管理规范的"强政府"，不会把自己的制度结构降低到跟"弱资本"的"灰色治理"结合上**。同理，西方的"强资本"由于肮脏的、血腥的原始积累过程在早期殖民化过程中早就已经完成,形成了规范程度较高的运营模式,也是既不愿意与中小资本进行结盟和合作,也很难与习惯性腐败寻租的不透明的"弱政府"进行交易①。

本来,在中新合作项目选址时,进入新加坡元首李光耀的备选方案的,既有胶东半岛也有苏南地区,两地都以"强政府"著称。**李光耀从一开始就明确提出,广东和福建的就不要考虑了。**——表面上看,是广东人和福建人与新加坡华人有着盘根错节的血脉关系,在这样的熟人网络中没有办法进行规范的政府治理和商业管理;**实质上,是这两个沿海开放地区的大多数经济运营主体与东南亚一带的华人中小资本结合密切,建基于其上的政府反倒难以为面积和规模上与新加坡裕廊工业园相当的合作项目提供良好的治理环境。**

可见,选择地方"强政府"来合作,不可预见的外部性成本才最低。

20年之后,我们看到,由于本土"强政府"+外来"强资本"的两强结合,苏州工业园区不仅产业层次一直相对较高,政府的统筹治理能力在资源配置中也一直处于不可忽视的重要地位,从而避免了一般地区,尤其是以"弱政府+弱资本"起步的地区所出现的路径依赖困境。

20年之后,我们还看到,一些具有强资本特点的跨国公司相继将研发部门落户苏州工业园区;与此同时,园区也通过各种制度创新和产业引导,在2009年全球经济危机之后迅速回升,在长三角诸经济开发区中形成具有独特竞争力的园区特色。

回望历史,我们或可形成如下比较有一般意义的经验归纳:

无论以何种本源于西方的主义作为本国意识形态,**世界上任何处于工业化过程中的发展中国家的政府在资本要素极度稀缺**(而非一般经济学作为立论前提的要素相对稀缺性)**条件下,都是"亲资本"的;区别仅在于各国政府由于自己的基础和能力不同,能与之结合的资本类型也不同,遂使各国的工业化道路形成了不同的路径和结果。**

诚然,一枚硬币的另一面更值得看到。如果在这个资本全球化大潮之下认真归纳客观经验,则会发现其具有普遍意义的恰恰是造成第三世界局部冲突迭起的内在规律:**大多数发展中国家的外国规模投资企业,都会建立在开发区这种政治经济"飞地"中,盖因大资本很难与当地的"灰色的经济生态和社会生态"融合共生,而只能以物理空间割据的形式,既占有东道主的各种资源的超额制度收益,又以其被奉为"普**

---

① 对于这个可能引起学术界争议的观点,本书第二篇开头"一、大珠小珠落玉盘"提供了既有经验材料的对比。此处不赘述。

世价值"的强势话语促使东道国激进改制;遂使投资国与东道国由此"双输博弈"而堕入"改制陷阱"。

若然,中国官方或有实力的私人资本投资人在对外推介苏州工业园区、贯彻产业资本"走出去"战略时,应该会懂得对东道国及其具体投资地点的选择。

附件　东南亚地缘圈中的"强政府"新加坡

作为东南亚国家中的一员,新加坡的发展经历在东南亚国家中具有"一般性",学者尼古拉斯·塔林从以下几方面进行了分析:

首先,整个东南亚地区都有着学者们称为"威权主义"的政治结构。东南亚国家政治制度化水平低的起点使得领袖们往往是某种政治结构的创建者,长期任职赋予这种威权的政治结构以稳定性,而且,领袖个人的执政风格给国家政治结构烙下了鲜明的人格特征。此外,二战前的殖民化统治所形成的各国边界分割在二战后得以维持,强化了东南亚国家的民族主义倾向。有时候,新兴政权甚至通过推行沙文主义的做法来使自己合法化。

其次,二战后独立的东南亚各国政府一致认为,中央计划和国家干预经济是达到发展经济、平等、民族主义等目标的必要手段。大多数新政权都直接参与了经济活动,包括制订计划和直接参与经济管理。尽管容许放任主义观点存在,但**东南亚国家中没有一个政府热心仿效自由市场思想家们津津乐道的不干涉主义模式。**新加坡通常被视为推行自由贸易的典型国家,但其政府也一直控制着公共部门的三分之一的投资。在文莱、缅甸、马来西亚和新加坡以及越南等国家,公共部门的消费和支出占国民生产总值的比重有时候达到了40%,甚至更高。

再次,利益竞争的缺乏或薄弱使国家可以首先建立国有企业。由于东南亚国家缺乏强大的民族资产阶级,这些国家的政府没有必要通过承诺不干涉政策来安抚私营商业部门,也没有坚持认为市场力量是神圣不可侵犯的。直到20世纪80年代,东南亚国家的政府才开始对私有化慢慢产生兴趣,这时新加坡开始在有限的规模上实行私有化,但总的来讲国民财富中公共部分所占的比重不断上升。

最后,东南亚国家的政治、经济格局"在很大程度上取决于一些远非东南亚国家的政府所能控制的因素。越南民主共和国城市发展的分散化基本上是对美国轰炸行动的反应;**1975 年,金边人口被迫疏散,部分是因为这个日益膨胀的城市经历了五年战争后无力养活那么多人口。**1973 年以后,印度尼西亚、马来西亚和文莱表现出来的繁荣景象在很大程度上归功于同年出现的全球石油市场的繁荣"。……早在东南亚国家独立之前,各个殖民地的经济同宗主国的经济就紧密地结合在一起,东南亚各地早已被纳入世界体系之中。二战后,西方国家的经济援助伴随着政治目的的渗透,"经济援助往往是政治意图的侍女,不过双边援助让位于多边贷款,使经济援助在名义上朝非政治化的方向发展"。"美国成为对东南亚地区经济事务影响最大的国家,同时也是在 50 年代和 60 年代该地区'新殖民主义'的主要代理人。它不但扮演着代表美国贸易和投资利益的角色,而且是从总体上维护资本主义利益免遭全球共产主义威胁的捍卫者。"

70 年代以后,国际经济的深化使得东南亚国家变革的步伐加快。当国家市场的规模增大,跨国商业公司变得更重要了,"东南亚国家的政府权力在每一个领域都加大了",但究竟是强化了这些独立国家的主权还是步入了侵害国家主权和独立决策的新殖民主义的陷阱,则需要认真研究。"作为独立的国家,东南亚各国按理来说,应该能够控制他们向国际市场的开放和对先进技术的利用以及他们与外国政府的关系。但**他们在实践中遇到的是一揽子的东西:贸易、外援、投资、技术以及如何使用这一切的强制性建议。**发达资本主义国家占据世界贸易的 60% ~ 70%,在国际援助和外国投资以及二战后重大技术革新项目方面占据的比例甚至更大,坚持走'第三条道路'的国家已经意识到,**拒绝他们的一揽子计划当中的任何一项,就有可能会失去其他各项。**……在国家主权不受损害的情况下,要想获得这些东西(贸易、援助、投资和技术)是何等的艰难。"①

新加坡是一个国土面积仅 637 平方公里、没有农业、连淡水都不能自给、被伊斯兰国家包围着的华人岛国,"尽管并入马来西亚并进入马来西亚共同市场原来一直都是新加坡人民行动党的核心政策,这个联邦却因优先权的争执、不忍让和不信任、马来半岛日趋紧张的民族关系以及新加坡此起彼伏的民族骚乱而破裂。世俗的城市新加坡人不容易与君主制穆斯林的乡村马来西亚人和睦相处。……**长期以来新加坡被视为经济上的寄生虫,它自己并不生产任何东西,却依靠邻国的资源养肥自己**,它经营着本地区的大部分橡胶、锡和棕榈油的贸易,对印度尼西亚进行走私贸易,并从中繁荣起来。……在新加坡作为马来西亚的一部分的那段短暂的时间,吉

---

① [新西兰]尼古拉斯·塔林.剑桥东南亚史(第 2 卷).贺圣达等译.昆明:云南人民出版社,2003:372—374,376,377—378,384.

隆坡帮助李光耀使当地的政治极端主义者中立化,并以此巩固李光耀自己的地位"。

1965年,当吉隆坡选择使新加坡分离出去时,"这个共和国并没有为任何形式的分治做好准备"。"成为马来西亚的一个邦所带来的经济安全在一夜之间就消失了,新加坡还得自谋生计。"

被迫自谋生计的新加坡在政治、外交、军事、经济方面都进行了比东南亚其他国家程度更深的、更为综合和多面向的国家政治建设,从而形成了比其他"威权国家"色彩更深厚的**对内的"强政府"治理**①:

它(新加坡)的唯一出路就是加入全球性的贸易和投资网络之中,这意味着它将进一步卷入外部环境中,而这种外部环境是它的政治结构无法控制的。它充其量所能做的是进行内部整顿,因此,它的国内政治结构的管理是至关重要的。

在东南亚所有国家中,新加坡对世界市场和大国的友好关系的依赖程度最高。

(东南亚国家中)只有泰国、新加坡和文莱从来没有系统地排挤过外国投资。

新加坡作为一个以华人为主体的岛国,在穆斯林占多数的群岛中感到非常脆弱,因此它倾其所能发展国防,既阻止来自不友好的邻国的侵略,又通过义务兵役树立新加坡人的认同感。

这个共和国是联合国和英联邦的成员,它躲在英马共同防御的保护伞下,坚定地致力于沿着自由贸易的方向发展经济。

1968年,英国宣布提前撤军给新加坡的经济和安全造成了威胁,但事实证明撤军有利于新加坡,因为英国留下了很有价值的防务装备和受过良好训练的人员,还有价值5 000万英镑的长期低息贷款,正好这时东南亚地区开始热衷于寻找海上石油。

从短期来看,收入再分配政策往往会减少资本构成。在整个东南亚地区,国内资本构成的很大一部分(1/3甚至更多)来自政府,是通过税收和一些强制性储蓄机构如新加坡的"中央储备金"等筹集的。二战后,总资本构成以各种方式增加,在东盟国家中,资本构成在国内生产总值中的比例从20世纪50年代的8%~15%稳步上升到20年之后的25%(新加坡为40%)。

(独立后的)危机也使得政府能够灌输新的社会纪律。执政的人民行动党在1968年的选举中大获全胜,从权力的这一步开始,政府不仅阔步走上建设本国军队的道路,而且还加速了工业化进程,制定了严厉的劳工法。政治稳定和经济发展使

---

① 以下内容分别引自[新西兰]尼古拉斯·塔林. 剑桥东南亚史(第2卷). 贺圣达等译. 昆明:云南人民出版社,2003:359,393,484,391,489,441.

新加坡得以最大限度地从60年代末70年代初的世界经济繁荣中获利。

即使是在世俗的实利主义的城市国家新加坡，政府也积极促进和管理宗教生活。到70年代末，儒教被当作一种与政府在社会稳定方面的利益相符的社会精神而得到促进；80年代，政府加大了支持的力度，以此来促进家庭对老人的赡养——减少对国家的福利依赖。到80年代末，新加坡政府关注的是原教旨主义的兴起和随之可能发生的冲突。

新加坡对国际市场的依赖更强，因此在国内构建多元民族共同体的政治需求也就更为迫切，整体上"强政府"色彩比其他东南亚国家更为浓厚。如下文所说：

新加坡与其他一些亚洲南部国家一样，有着极限政府赖以存在的政治结构。然而，印度尼西亚、缅甸以及马科斯统治下的菲律宾等国家是根据国内需要制造它们的政治结构，而新加坡的政治结构在很大程度上是由外部环境造就的。由于华人在人口中占压倒性多数，社区中就有一股非常强大的压力，要求新加坡认同邻近的中国——一个正统的地区性大国。然而，新加坡始终是地处马来世界之中，同中国关系密切会妨碍对一致性的追求，而且会引起少数民族的疑虑。更为无可辩驳的是，这样做必定会扭曲邻国对新加坡的民族主义的看法。

选择并入马来西亚的政治结构在某种程度上就是迫于这种外部环境。当然，新加坡选择加入马来西亚有着国内经济方面的原因。然而，如果不算更重要也算同样重要的是，需要纠正新加坡国内受过华文教育的人们之中出现的那种民族政治活动的"左"倾趋势。新加坡在加入马来西亚之前的最有活力的政治结构基本上是由群众——学生和工人——组成，在人民行动党内活动的共产党统一战线把这些群众动员起来。公开的共产党的活动早在1948年就被宣布为非法，而且一直遭到取缔。随着新加坡加入马来人领导的马来西亚联邦，人们希望受华文教育的左翼分子从事的种族煽动活动将会被吉隆坡的政府所遏制，甚至降服到可控制的程度，因为吉隆坡政府自1948年以来就一直在同共产党斗争。提出加入马来西亚策略的是受过英文教育的华人领袖李光耀以及人民行动党的稳健派中的非华人同僚。甚至在马来西亚成立之前的1961年，在严厉的内部安全法之下，就曾有过未经审讯而被关押的事例，那是在吉隆坡政府的纵容下发生的。这类事例预示着，一旦新加坡加入联邦，一旦新加坡的内部安全变成联邦关注的问题，将会发生什么事情。

加入马来西亚的经历对新加坡的政治结构产生了相当大的影响。首先，就人民行动党这个占支配地位的政党而言，党内左派遭到削弱导致一个较有内聚力的政治结构得到巩固，使它由受过英文教育的党内稳健派单独控制。其次，民族性的半岛马来亚的各种结构与非民族性的"马来西亚人的马来西亚"组织之间的对抗,使新加坡领导人认识到,多元种族是实现一致的关键。再次,这一经历证明,新加坡的政治结构不能同外部环境隔离开来。新加坡加入马来西亚是带有限制条件的,即它的华人公司只享有在该岛投票的权利。尽管这样,巫统中的马来人极端分子仍企图诋毁李光耀,并参加了1964年的新加坡大选,以便赢得那里的马来少数民族的支持,从而在新加坡的政治结构中取得一个立足之地。此外,新加坡作为联邦实体中的一个成员邦,它的结构也受到了苏加诺的对抗政策的挑战。这种对抗政策针对的是一系列问题,如新殖民主义、少数民族问题、东南亚的霸权和领导权以及华人对贸易的支配权问题。因此可以看出,如果没有区域内邻国的支持,即使是新加坡政治结构中的变革也不能得到实施。最后,随着新加坡从马来西亚退出,其生存就变成紧迫的问题了。在一场如此重大的危机中,强调对主要的共同目标要同心协力的政治结构便找到了生长的沃土。成为马来西亚的一个邦所带来的经济安全在一夜之间就消失了,新加坡还得自谋生计。它的唯一出路就是加入全球性的贸易和投资网络之中,这意味着它将进一步卷入外部环境中,而这种外部环境是它的政治结构无法控制的。它充其量所能做的是进行内部整顿,因此,它的国内政治结构的管理是至关重要的。

李光耀开始实施一项行动计划,以确保50年代流行的不同政见不会再重演。结果,所采取的措施是如此完善,以至于新加坡作为一个整体成了牢不可破的政治结构,全国上下一致支持李光耀的领导。……李光耀利用国内安全法把那些将会破坏现存政治结构的危险的反对派势力消灭在萌芽状态中,他的做法被比作空手道的一劈——干净、明确、爽快,当然还见效。

与这种治理风格相应的是,李光耀的控制扩大到了准政治结构和准国家结构。工会就是一个准政治团体群。在50年代,正是人民行动党内的左派分子控制了工会组织,才使他们在党内有如此大的影响。到1965年,人民行动党支持的全国职工总会已经从左翼的新加坡工会联盟手中取得了对工会组织的控制权。全国职工总会的主要纲领就是号召各工会组织摒弃它们的狭隘的自身利益,通过努力同政府和雇主相协调而不是同他们对抗来实现"现代化"。此后,在人民行动党的支持下,全国职工总会的领导人——他们本身就是来自人民行动党——不再过多强调它所起的集体议价的作用,而是详细阐述它的社会作用,即为会员提供教育、休闲和业务方面的机会。1972年,政府成立了全国工资委员会,这是一个由劳工、雇主和政府三方组成的工资谈判机构,这进一步消除了工会的集体议价的作用。因此,到了1972年,工会在政治结构中承担了一个角色,其中劳资关系并不是唯一需要关注的事。

……

李光耀早先为了确保为发展适当的政治结构而采取的各项措施都不至于徒劳无功,已经下令组建新加坡武装部队,用来保卫已经取得的成果。新加坡脱离马来西亚之后不久,便朝这个方向初步采取了决定性的行动。1969年7月,当种族暴乱震撼了吉隆坡,而且大有蔓延到新加坡之势的时候,李光耀下令武装部队在8月的国庆节阅兵典礼上展示其坦克部队,以增强人们的信心,使人们相信新加坡的政治结构有足够的力量顶住外来的压力。此后,李光耀在1972年11月采取未雨绸缪的行动,防止任何欲与马来西亚合并、进而改变新加坡的政治结构的企图。他说服国会修改了宪法,规定从此以后任何合并或任何交出对警察和武装部队的主权的议案都需要举行公民投票,要有2/3的多数公民投票通过。自那以后,武装部队变成了政治结构的一个重要组成部分,有各种"桥梁"把它同文职部门联系在一起。强调要使军队成为一支公民军队,以实行全面防卫,同时还设立了一条渠道,使高级军官能够转过来参与国家政治活动或调派到政府部门中工作,所有这一切都确保了武装部队将会在政治结构中扮演一个主要的角色,但不是支配一切的角色。

——《剑桥东南亚史》第2卷,第355—359页。

在对方方面面进行勤谨经营的呕心努力之下,新加坡成为所有东南亚国家中经济发展最成功的国家。在二战后这个时期,其人均经济增长率仅次于日本而名列第二,并与中国香港、中国台湾和韩国一同被列为亚洲"四小龙"。尽管一般人认为的"新加坡的辉煌成就得益于其优越的战略位置、有效的和非常廉洁的政府、训练有素的劳动力以及坚定的人口计划项目等",只是对于结果的归纳而没有具体过程的梳理,但不可否认,"有效的和非常廉洁的政府"已经无形中成为新加坡商业信用的标签。①

---

① [新西兰]尼古拉斯·塔林.剑桥东南亚史(第2卷).贺圣达等译.昆明:云南人民出版社,2003:385.

第二篇　两强结合：国际金融资本流动与园区调整①

第二篇的"两强结合"，主要是指经济基础领域中两种强势资本的联合。

为此，需要简单回顾一下本书在第一篇中曾经提到的"强强联合"，是指上层建筑层面中国和新加坡这两个"强政府"的合作过程。这两个强政府的结合，使得中新双方能够平滑地配合、低成本合作，共同走过风险最高的园区初期开发阶段。其中，中方"强政府"的"举国体制"权力下移对园区起步阶段具有直接作用。

我们在第二篇则试图提出"高制度（High Institution）"概念。与世纪之交人们逐渐熟悉的"高技术（High Tech）"、"高结构（High Structure）"等流行概念类似。②

根据演化博弈论的一般原理，由于社会的历史初期条件的原因，系统的最佳运行状态难以从帕累托劣势的社会传统中脱颖而出，从而使经济社会的制度进化表现出极强的路径依赖性。因此，**起点低的社会经济进化过程不一定带来最佳的传统和制度，可称之为"低制度"**，并且由此派生出许多与"低制度"概念有关的现象。例如，国际社会关于"拉美化"的讨论，关于发展中国家"城市化陷阱"的讨论，以及"低收入陷阱"和"中等收入陷阱"等。

美国著名经济学家钱纳里说："发展就是经济结构的成功转变。"③动态地看，只

---

① 作者注：本书的所有表述都在努力超越意识形态化的判断。对苏州工业园区第二个阶段的客观经验分析，也只是试图从价值中立的科学研究立场来开展关于资本的讨论。

② 课题组学术顾问14年前就提出过制度"派生"于宏观经济条件下的要素结构变化，见温铁军.中国农村基本经济制度研究——"三农"问题的世纪反思·作者自序.北京：中国经济出版社，2000：2.

③ H.钱纳里等.工业化和经济增长的比较研究·序言.吴奇译.上海：上海三联书店，上海人民出版社，1995.

有实现经济结构"一次又一次"的成功转变,才叫发展。据此看,**通过高技术或高投资而实现了经济升级到"高结构"的发展经验,也具有相应形成"高制度"的条件。**但是,更为深刻的历史性问题是:大多数发展中经济体并不具备复制发达国家通过向外转嫁制度成本而成功转变经济结构的条件,甚至都没完成过一次像样的民族民主革命;由此而一般都处于低经济结构羁绊之中的低制度,于是,遭遇到各种"发展陷阱"也就成为一种常态。

苏州新加坡工业园区起步的筹融资过程,正是依托中国以举国体制构建的政府信用,加之**搭上了新加坡在国际资本市场上的优良信用的便车**,对接了国际金融资本支撑的较高经济结构的产业资本集团,从而超越了一般发展经验的"低水平均衡陷阱",构成了制度起点较高的"高制度"。

归纳其经验,就是:

强资本(新加坡,国际信用)+强资本(国际,产业资本集团)+强政府(中国,苏州)+强政府(新加坡)=高制度起点(苏州新加坡工业园区)。

相对而言,当西方主导国家进入金融资本阶段、促进金融全球扩张的时期,**一般发展中经济体如果只看国内条件的话,往往因没有信用基础而无法获得金融授信,遂只能从低端产业起步进行"内向型积累"**,形成以低端产业为主导的经济基础和与之配合的符合"低制度"内涵的上层建筑;二者的内在利益分配及其结构性组合,对后续的产业结构向高端升级形成难以突破的"路径依赖"约束,使得经济体的产业层次只能在"低水平"上徘徊。

而园区的资金筹集和对应形成的管理制度,是在国家战略性任务的政治高压下,举全国之力而为之;如此"反弹琵琶",在全国上下的全面危机中横空出世,客观上完成了跳出当时的经济、政治格局对于其中的任何子系统所构成的发展路径及其制度起点约束的第一个步骤。

现在,园区正式进入制度化的建设运营阶段,资本原始积累的完成过程给了它与借势国际金融资本的大型跨国企业集团结合的可能。

于是,客观地看园区第二阶段的建设和运营,比较突出的实际经验是经济基础层面进行区域综合开发的本地"强资本"与寻求产业全球扩张的跨国公司"强资本"的"强强联合"。

鉴于此前的研究中鲜见这样的归纳,我们不妨先把岭南和苏南这两个中国沿海著名的经济发达地区做个比较,以帮助读者深化对区域发展的认识。

一、大珠小珠落玉盘

20世纪70年代以来,西方先发工业化国家因西方主导国家产业资本向金融资本跃升,土地、劳动力要素价格上涨而将传统产业大量移出,广大发展中国家因此承接了一波又一波的产业转移。对于这个因两类国家分别处于不同的发展阶段而发生在冷战方兴未艾时期的互动过程,任何被冷战锁定的意识形态化的表达及其派生的社会科学理论的解读,都属于"嘈嘈切切错杂弹"。

中国作为一个幅员辽阔、业已完成本国产业资本原始积累的大陆型国家,自20世纪80年代迫于外债过重压力而渐次将对外经济合作的权力下放给地方政府之后,借助各种历史机遇得以承接的海外大大小小的资本转移,在数量规模上早就超出了此前有过的三次"对外开放"——50年代毛泽东和刘少奇接受苏联援助的54亿美元、70年代先有初期毛泽东和周恩来引进美欧日43亿美元、再有后期华国锋和邓小平引进82亿美元的设备和技术服务——引进资本的总量。这种全国"一起上、大呼隆"的外资引进,当年还只能是中央政府作为主体承担对外还债责任,因而成为各地政府争先恐后要得到的肥肉。当然也就难以形成统一的秩序和规则!

就在举办经济特区和对外开放成为国家战略、邓小平南方谈话与西方逐步解除封锁同步等刺激政策带动外资宛如"大珠小珠落玉盘"一般进入中国之际,我们看到产业资本的区域布局呈现这样的分布特征:大珠落苏南,小珠落岭南。

为了说明个中原委,我们暂且按下苏南不表,先对岭南经验徐徐道来。

(一) 岭南:"小盘"承"小珠"

对广东省产业结构和经济发展历程的梳理表明,广东**早期的资本原始积累决定了其自身的制度结构和以后发展的路径依赖**①。

20世纪50—70年代,中央政府主持引进的外国设备主要用于国家工业化自身产业布局的战略性调整,由此,原本就有一定工业基础的长三角工业带得益最多。80年代末的苏南城乡已经形成了相对完整的产业基础,并毗邻当时国内最重要的工业和贸易基地——上海,其乡镇企业可以与城市部门之间形成垂直分工协作。

---

① 本部分内容主要来自于温铁军等.解读珠三角:广东发展模式和经济结构调整战略研究.北京:中国农业科学技术出版社,2010;温铁军等.解读苏南.苏州:苏州大学出版社,2011.

与此形成鲜明对比的广东,本地既无资源又无能源,长期以来处于台海前线而得不到国家工业化投资。因此,70 年代中后期中央在做出"世界大战二十年内打不起来"的基本判断从而准许广东先试先行时,广东的工业化起点聊胜于无。既然属于典型的"弱资本",其**资本原始积累过程注定是充满大量低端、不正规乃至灰色交易的内容**。这个到处发生的、长期延续的非规范交易,是形成"低制度"的一般意义的起点,对后来的制度变迁构成"路径依赖"的约束,与其后来的产业层次难以升级高度相关。

据此可知,越是制度起点低,越是难以进行主动的制度调整,**在后续的演变中所受到的"路径依赖"的约束和锁定就越严格**。

几乎没有任何工业基础就搞对外开放并成为国际贸易大省的广东,其工业化起步靠的是承接了香港地区的低端制造业转移。珠三角 80%~90% 的外资来源于香港地区;相应地,香港地区制造业的 80% 转移到了珠三角。

这两个"十有八九",使香港地区和珠三角之间形成了"前店后厂"的模式。亦即,在香港地区 GDP 中占比高达 82% 的第三产业不会从香港地区转移到珠三角。

因此,广东省的对外开放机制、运作逻辑,都与苏南有着质的不同。

20 世纪 80 年代末,苏南乡镇企业在国家对外开放战略的鼓励和要求下转向外向型经济,其参与外贸的模式主要是"两头在外",即乡镇企业有自己的设备和流动资金,但原材料和产成品面向国际市场;原材料的进口和最终产品的出口相当多是单边贸易,以一般贸易为主。比如,杨培新 1988 年发表的文章曾描述道:

"今年 3 月我到无锡,**看到毛纺织染厂进口澳洲羊毛,加工成呢绒出口日本和美国,又看到玩具厂用澳毛制成小狗和猴子拖鞋出口。这样做,解决了缺米下锅的燃眉之急。**……"①

从统计数据看,1990 年,江苏省出口总额(按经营单位所在地分,下同)为 29.44 亿美元,占全国出口总额的比重为 4.7%,一般贸易出口所占的比重为 72.70%;进出口呈现出"低进高出"的态势,1990 年以前,进出口总额中进口额占比多数年份不足 30%,1985 年仅为 20%。②

这与广东以加工贸易为主形成的"四头在外"和"大进大出"结构形成明显对比。"四头在外"是指设备、流动资金、原材料都来自于境外,产成品也向境外销售。"大进大出"格局下的外汇收入以来料加工装配的工缴费为主。根据统计资料:

---

① 杨培新. 关于国际大循环问题的争论. 烟台大学学报(哲学社会科学版),1988(2).
② 资料来源:历年江苏省统计年鉴.

1979—1986 年,广东省乡镇企业共与外商签订合同并已投产的有 31 324 宗(合资、合作企业 176 宗,补偿贸易 357 宗,来料加工装配 30 791 宗),总计利用外资达 79 166 万美元,引进各种机械设备 31.6 万台(套),中外合资、合作、补偿贸易企业出口商品总额为 4 561 万美元,来料加工装配企业完成工缴费为 7.89 亿美元①(见专栏 9)。1990 年,广东省出口总额为 222.21 亿美元,进口总额为 196.77 亿美元,净出口额为 25.44 亿美元。②

"从资源资本化的视角和产业资本的一般运动过程分析,机器设备和流动资金属于工业化的启动资本,谁拥有这些资产就意味着谁拥有了将自然资源转化为商品资本并占有增值收益的权利。这,恰恰是**珠三角的'四头在外'和长三角的'两头在外'的差别**。在'三来一补'的经济模式下,广东连同加工贸易品一同出口的,除了各地都用的政策优惠之外,其实主要是其毗邻香港的区位优势形成的'区位租'、'环境租'与劳工的福利;江苏则更接近于对本地加工能力的出口。"③

专栏 9

广东省"三来一补"的开端:1979—1987

广东省从 1979 年开始发展"三来一补"业务,主要在靠近港澳地区的深圳、东莞等地。8 年多来,"三来一补"企业如雨后春笋一般,从无到有,从小到大,从少到多,从低级到高级,从城镇到乡村,从零散建厂到连片发展加工区。到 1986 年年底,全省对外签订的"三来一补"协议 7 万多宗,实际利用外资 11 亿多美元,已累计收工缴费 16 亿多美元,占全国新收工缴费的 90%。其中,全省乡镇企业签订"三来一补"协议 3 万多宗,累计完成工缴费 7.89 亿美元。全省"三来一补"企业已超过 1 万余家,从业人员 100 万人。

对投资者而言,则可利用我国廉价劳动力、土地等,通过产品返销国际市场参加竞争,以成本低而取胜。

广东省宝安县发展"三来一补"以后,由纯农业转向农工并举。1986 年,以"三来一补"为主的工业总产值达 4.54 亿元,占工农业总产值的比重由 1979 年的 24.5% 上升到 75.6%。东莞市自 1978 下半年开始发展"三来一补"以来,"三来一

---

① 资料来源:中国乡镇企业年鉴 1989.北京:中国农业出版社,1990.
② 资料来源:中国乡镇企业年鉴 1991.北京:中国农业出版社,1992.
③ 温铁军等.解读苏南.苏州:苏州大学出版社,2011.

补"业务发展迅速,"三来一补"企业星罗棋布,现有乡(镇)办、村办加工厂 2 700 家以上,1987 年全市工缴费收入达 1.2 亿美元。

遍布广东的服装、电子塑料制品、家用电器、鞋帽、皮革制品、机电产品等行业的外向型企业,有很多是从搞"三来一补"发展起来的。以各作各价的来料加工装配方式的出口值,1986 年占全省出口总值的 34%,极大地促进了对外贸易的发展。

资料来源:管志强.中国沿海地区"三来一补"贸易.中国乡镇企业年鉴(1978—1987).北京:中国农业出版社.

如果用"微笑曲线"来表示接受港台地区低端产业的珠三角加工贸易在整条产业链中的附加值,则左端研发、右端营销占了产业全部附加值的 80% 以上,中间"三来一补"的加工制造环节附加值最低,正处于"微笑曲线"的最底端(见图 2-1)。

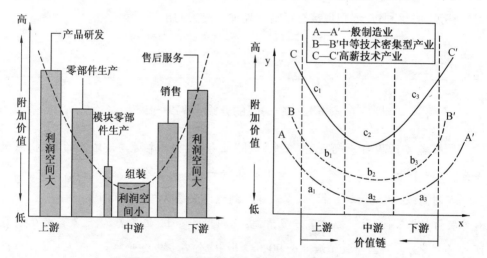

图 2-1 企业价值链与产业价值链的微笑曲线

资料来源:余建形,徐维祥,楼杏丹."微笑曲线"和高技术产业发展.经济问题探索,2005(9);陈鹏,郑翼村."微笑曲线"理论对我国产业结构高度化的启示.市场论坛,2007(11).

注:左图为企业竞争的微笑曲线,右图为不同产业的微笑曲线分布,越是一般制造业,其整个产业链的附加值就越低,中游环节的附加值则更是处于"低地中的低地"。

由于微笑曲线决定加工贸易型产业收益过低,难以内生性形成提升产业结构的积累,那么这种低端制造业只能对内与农村的行政村、自然村两级交易,由此形成了分散的工业化布局;于是,**珠三角虽然 GDP 总量多年来稳居全国第一,但企业利润、政府税收、研发投资等相对比重却低于长三角**。同期,这种经济基础制约相应的上层建筑,形成的也是治理能力较低的"低制度"体系——无论意识形态如何解读,都只能形成与内在维持制度运作的汲取能力相适应的政府治理。

具体来看,80—90年代,广东镇以下的行政村叫管理区,属于政府下伸的派驻机构,有非农土地经营权——有权建乡镇企业开发小区;但管理区这一级却没有土地,土地的所有权在生产队(改革之后转制为自然村)手里。于是产生了镇、区和生产队之间在占用土地搞开发区上的交易,有行政权力的单位只有与农村生产队合作才能降低交易成本、为开发区提供廉价土地,接纳香港地区转移来的制造业,接天上掉下的大馅饼。

由于这二者之间的土地交易,就形成了地方政府以农业需要"三区规划"的名义大搞村办工业开发区,于是,也就内源性地造成了一个分散的工业化布局。有关资料显示,东莞一个市就有500多个开发区,90年代初期对珠三角的调查结果表明,佛山、南海、顺德一带,几乎村村都有开发区。

随之,这种**分散的、镇村两级承载的工业化成为珠三角的经济基础,在客观上对地方政治和部门管理等上层建筑乃至意识形态领域,都起着决定作用**。

这,也是不可忽视的……

这种加工贸易的收益来源于中小企业未支付的严重破坏资源环境而得到的短期收益,以及大量外来劳工的劳动力租——沿海发达地区未支付的、约占劳动力简单再生产总成本1/3的社会保障,以及劳动力扩大再生产的所需成本。但面临着一个不论什么制度、什么政府都会遭遇的非常严重的规律性问题:当初期低价的土地收益、接着榨取廉价的外来打工者的剩余价值都被吃光了之后,它自身的产业利润必然会不断下降。

深圳大学的一位教授80年代末说过一段很好的话:广东经济最大的问题就在于"三来一补"的经济结构,这只能给当地留下一点"工缴费",这点工缴费加上地产收益,让广东在80年代还算留下了百分之二十几的利润,百分之七十几的收益都流入了别人的腰包,为香港地区产业结构升级的同时经济高速增长做了贡献。那是在80年代末,广东还能有百分之二十几的收益;**现在,则普遍下降到15%以下,有些地方只剩5%左右了**。

中小资本越小,就越没有谈判地位,越没有谈判地位就越无法应付同样因收益过低而无法实施规范治理的政府管理部门的吃、拿、卡、要;于是,它宁可维持分散布局——企业分散可以规避政府腐败导致的治理风险。越是如此,就越难以和对区域产业布局有引领作用的大资本形成交易,吸引大资本进入。

所以,**中小产业资本越是利润率下降,就越难以依靠内部剩余或与外部金融相结合来形成产业升级的动力,也就难以形成区域经济布局的提升**,遂使珠三角产业结构调整陷入"腾笼换鸟"双重困境——既无法清退小资本集中土地用于引进大资本,也无法将低端劳动力置换为人力资本赋存较高的劳动者阶层。①

由此我们看到,珠三角在工业化之初,由于只能依靠低价出让土地来吸引率先从香港地区转移出来的中小产业资本,因此是"小盘承小珠"。"小珠"把地盘占满了,就缺少承接"大珠"的腾挪空间,遂构成系统初始条件对于制度变迁的路径依赖约束。

这一点在苏南与同处东南沿海的浙南的对比中,表现得同样也很明显,尤其值得中国那些习惯于"意识形态化"地看问题的人反思。浙南以块状经济著称,其产业资本在区域内部大体形成了收益均等化分配②,因此追逐超额机会收益的国外大资本并不会按照笃信市场化意识形态的人们所想象的,因为偏好市场经济体制而聚集到市场化程度最高的地方去!中国人公认私人资本为主的、中小企业最集中的浙江南部,尽管市场化程度历来最高,却在很长时期遭遇"外资不进浙南"的困窘!

从有关统计数据看,浙南外资的总体数量和平均规模,都远低于苏南地区③(见表2-1)。

表2-1 1990—2006年长三角经济区吸引外资情况

地区	项目总计(个)						实际使用金额(亿美元)					
	1990	2000	2002	2003	2005	2006	1990	2000	2002	2003	2005	2006
上海市	203	1 814	3 012	4 321	4 091	4 061	2.14	31.6	50.3	58.5	68.50	71.07
南京市		156	369	843	728	604		8.13	15.02	22.09	14.18	17.02
苏州市	130	943	2 465	2 399	2 181	2 281	1.10	28.83	48.14	68.05	51.16	61.05
无锡市		359	745	1007	811	759		10.82	17.40	27.01	20.07	27.52
常州市		329	363	533	509	505		5.60	5.61	8.55	7.31	12.51
泰州市		28	154	217	253	258		1.02	1.81	3.03	4.56	6.57
杭州市	68	315	587	869	756	747	0.08	4.31	5.22	10.09	17.13	22.55
宁波市	89	550	1 017	1 209	873	1 034	0.22	6.22	12.47	17.27	23.11	24.30
嘉兴市	15	188	456	635	440	468	0.01	1.53	4.81	7.98	11.57	12.22
湖州市	19	115	344	479	475	491	0.02	0.82	3.85	5.37	6.51	7.57
绍兴市	41	156	484	568	416	400	0.05	1.16	3.82	7.43	9.01	9.72
舟山市	11	23	26	60	21	16	0.02	0.11	0.11	0.17	0.31	0.50
台州市	9	120	173	200	117	139	0.00	0.51	1.18	2.16	2.51	3.11

资料来源:(历年)《长江和珠江三角洲及港澳特别行政区统计年鉴》。

---

① 温铁军等.解读珠三角:广东发展模式和经济结构调整战略研究.北京:中国农业科学技术出版社,2010.

② 参见李晨婕,温铁军.宏观经济波动与我国集体林权制度改革——20世纪80年代以来我国集体林区三次林权改革"分合"之路的制度变迁分析.中国软科学,2009(6).

③ 温铁军等.解读苏南.苏州:苏州大学出版社,2011.

实际上，国外大资本要进入中国的话，在区域选择上尽管表面上有很多量化分析的数据指标，但核心考虑往往很清晰(见专栏10)。

专栏10

影响外商直接投资的变量：研究汇总

外商到中国进行直接投资，除了追逐要素低谷以外，还有很多其他影响的因素。国内外很多学者进行了大量的实证研究，国内有学者简要汇总如下，见表2-2。

表2-2 影响外商直接投资的变量的研究汇总

研究者	具有统计意义的量
Leung(1990)	工业总产值(+)、海港城市虚拟变量(+)、邮电与通信服务(+)、国际航空港(+)、非农业人口(+)
Gong(1995)	能源消费(+)、海港货物吞吐量(+)、邮电和通信额(+)、水运货运量(+)、投资刺激(+)、可及性指数(+)、非城市非农业人口(-)
Head&Ries(1996)	外方控股合资企业数(+)、工业总产值(+)、工业企业数(+)、开放地区(+)、万吨以上码头泊位(+)、铁路(+)
Chen(1996)	市场增长潜力(+)、交通设施(+)、R&D人员(-)、资源配置效率(-)
Qu&Green(1997)	城市规模(+)、政策工具(+)、城市中心优势(+)、经验积累(+)、集聚因素(+)、基础设施(+)、经济增长(+)、离来源国的社会和地理距离(-)
鲁明泓(1997)	GDP总量(+)、第三产业产值比重(+)、城市化水平(+)、优惠政策(+)、外资企业进口(+)、劳动力成本(-)、国有企业产值比重(-)
Broadman&Sun(1997)	GDP总量(+)、交通线路密度(+)、地理区位(+)、成人文盲率(-)
He&Chen(1997)	GDP(+)、人均GDP(+)、累计FDI水平(+)、交通密度指数(+)、政策虚拟变量(+)、效率工资(-)
羊健(1997)	社会秩序的稳定(+)、市场潜力(+)、劳动力素质(+)、邮电通信和金融业务(+)、地区优惠政策(+)、信息成本(-)
贺灿飞、梁进社(1999)	累计FDI和GDP(+)、贸易密度(+)、资本效率(+)、地理区位(+)、人均GDP(+)、效率工资(-)、基础设施(+)
Wei et al.(1999)	对外贸易水平(+)、R&D人员(+)、GDP增长率(+)、基础设施(+)、集聚因素(+)、投资刺激(+)、信息成本(-)、效率工资(-)
冯毅、张晖(1999)	人均GDP(+)、固定资产投资(+)、平均工资(-)、进出口占GDP的百分比(+)、公路密度(+)、环保职工占总人口比重(-)
王新(1999)	市场规模＞资金配置能力＞市场化程度＞基础设施＞经济发展水平＞优惠政策＞地理位置＞经济开放度＞工资成本

续表

研究者	具有统计意义的量
Coughlin et al. (2000)	GDP(+)、沿海区位(+)、工业企业全员劳动生产率(+)、职工平均工资(-)、文盲半文盲率(-)
Cheng et al (1999)	外商直接投资额(+)、人均收入(+)、基础设施(+)、优惠政策(+)
Fu Jun(2000)	GDP(+)、工业总产值(+)、劳动生产率(+)、政策因素(+)、文化距离(+)、平均工资(-)
朱津津(2001)	经济水平(+)、基础设施(+)、地理位置(+)
张立、龚玉池(2002)	GDP总量(+)、人均GDP(+)、累计FDI(+)、运输密度(+)、效率工资(-)
魏后凯、贺灿飞、王新(2002)	交通联系发达程度(+)、GDP(+)、国有工业产值占工业总产值的比重(+)、劳动生产率(+)、
孙欢(2002)	优惠政策(+)、产业结构(+)、开放程度(+)、市场化水平(+)
张欢(2004)	GDP(+)、人均GDP(+)、进出口总额(+)、第三产业比重(+)、政策虚拟变量(+)、固定资产投资(-)、专业技术人员(-)、国有工业企业产值占全部工业企业产值的比重(-)、城镇居民收入(-)、三种专利授予量(-)

资料来源:张欢.府际关系对FDI的需求约束.统计研究,2005(12).

根据上述研究成果,我们可以将影响外国直接投资的代表性变量归纳为以下四个方面。

第一,工业化基础。现实中,工业化的国民经济基础主要体现为一国的工业总产值或GDP总量、工业企业数量、劳动力的受教育水平等。一般来说,现有的工业化基础越好,说明本国的产业资本发育越成熟,与外资进入内在挟带的制度的对接就越容易。比如,一定的工业化基础意味着拥有一定数量适合产业资本需要的劳动力,而劳动力是外来资本开展在地化生产的一个核心生产要素。

第二,基础设施建设水平。主要包括邮电与通信服务、道路建设、水电供给状况等,这直接关系到外资企业原材料、产品的运输和销售成本,进而将直接影响其收益水平。一般来说,基础设施建设越完备,对外资的吸引力就越大。

第三,地理区位。这也直接关系到原材料和产品的运输与销售成本。一般而言,沿海优于内陆,平原优于山区;从城市经济辐射的角度讲,靠近人口密集的城市消费市场要优于远离城市。

第四,政策因素。优越的政策可以直接降低外资的显性成本,如廉价的土地、优惠的税收等。因此,政策越优越,外资进入的可能性也就越大。

除上述四个方面外,一国的政治和社会稳定性对外资进入也具有重要的,甚至最终一票否决的决定性影响。

但上述各因素并非都是最终解释变量。根据历史起点与逻辑起点相一致的唯物史观要求,除了明显的地理差别属于客观因素外(如沿海与内陆),其他因素都与工业化原始积累的完成状况、完成方式及由此形成的制度安排有关。

亦即,原始积累阶段的资本形成及内生的制度结构,在产业资本扩张阶段可能表现为路径依赖;资本扩张过程中某种属性的资本发挥主导作用,会派生出相应的制度变迁的需求,而初始的制度结构可能有利于、也可能有碍于这一变迁,取决于前后两种制度之间的相容性。

如果引入新制度经济学的分析范式,就上述因素对外资进入的影响效果而言,可以归纳为:外资是否选择进入,主要取决于相关因素是否有利于直接或间接降低其进入的交易成本。

资料来源:温铁军等.解读苏南.苏州:苏州大学出版社,2011.

由此,可以对各区域的发展历程在经验对比的基础上进行一些初步的归纳:

一般来说,作为"大珠"的大资本要求按国际惯例办事;由于大资本与政府谈判的地位高,应对治理问题的能力强,更容易形成与政府高层的对话条件,所以,**国外大资本倾向于集中到那些垄断化程度高、国内大资本控制程度高的地方**,比如上海、苏南、浙北、东北、北京、西安、重庆。

由于与分散的中小企业打交道要支付的"交易费用"往往太高,所以,**较大规模的外资更多地进入长三角这种"强政府"经济地区,主要是苏南、浙北这一带,而不进入浙南这种"弱政府"地区**。同理,在珠三角,那些土地已经被小资本分散占有、资源也已被小资本瓜分的地方,国外成规模的大资本也是不会去的;只有在资源没有被小企业分散占有的局部地区,大资本才会去,并在那里迅速形成产业相对集中的区域布局。

(二)苏州工业园区:"大盘"承"大珠"

无论历史和现实都与珠三角不同,苏南上有改革之前的国家工业化投资,下有改革之后的农村社区工业化,"强政府"、"强资本"的特征可谓"从地到天一以贯之",在引资之前,就是一块具备琢磨成"大玉盘"潜质的璞玉。换言之,只有具备"强政府"制度特征的地方政府,才可能"受命于危难之际",承接国家政治性任务。

承接了国家级合作使命的苏州工业园区,其目标之一就是要"使市场经济体制的发展,**跨越一个无序的、带有原始积累性质的初期阶段**,避免或少走弯路,而较快地进入法制化的、有序的、健全的市场经济阶段;**使产业技术的发展,跨越一个以劳动密集型为主的低级阶段,而直接进入以技术密集型、资金密集型为主的阶段**"。①

如此看来,既然要吸引入驻的产业资本非同一般的大资本,打造"玉盘"的功夫也远非寻常可比。前面第一篇的分析中已经指出,在全国一片资金紧张的局面中,唯有园区的基本建设"不差钱",这里主要从实际建设过程回答"玉盘"是怎样打造出来的,后面再介绍园区是如何"仙人承露"的。

以下是苏州工业园区硬件建设中最经典的一幕场景:

1994年,当推土机正在平整2平方公里的苏州工业园区核心基地的土地并将低洼稻田填至5米高的时候,中国的工程师急切地询问他们的新加坡同行,质疑这样严格而耗钱的土地夯填是否必要。除了更加耗时外,每增加一厘米的土地夯填,按照这样的规模,会大大增加土地的成本。按照中国的老办法,如果要梳理这块地基,只要挖渠建坝就行了,这样更划算,而且同样有效。

新方严守自己的立场。通过研究当时袭击过苏州的1991年的洪水,新方专家得出结论,土地夯填5米,耗钱是多了一些,但是可以抵抗将来可能发生的洪灾。作为资金密集的高新工业园区,苏州工业园区必须万无一失,确保存有贵重装备的工厂免遭洪水袭击。新加坡专家对此不存丝毫侥幸心理。

1998年,工程开工后的第5年,长江流域遭受百年不遇的洪水,园区的工厂幸免于难,而它附近的地带几乎被洪水破坏殆尽。②

实际上,被整体垫高的绝不仅是这2平方公里,而是70平方公里!

如下文所说:

建设伊始,新方提出了一个方案:70平方公里的中新合作区整体垫高95厘米。来自苏州的一片反对声中,新方坚持的理由是:"如果有朝一日,你们苏南地区发生千年一遇的洪水,而那时投资者乘了直升机在天上飞,看到其他地方都淹了,只有苏州工业园区在水面上,这是什么感觉?这才是他们愿意来投资的地方!"

这种千年大计的考虑征服了所有人。于是,庞大的中新合作区域被整体垫高了95厘米!

当填土大战开始后,整个苏州市周围的道路上不分日夜地有几百辆拉土车在

---

① 张连杰.苏州工业园区调查报告(下).苏州职业大学学报,1998(1).
② 黄朝翰.新加坡开发苏州工业园的经验.新加坡研究:第1卷.重庆:重庆出版社,2010.作者为新加坡国立大学东亚研究所学术主任、深圳大学新加坡研究中心名誉主任。

跑,满城尘土飞扬,园区的人常常被骂得狗血喷头,因为这样确实给大家的生活带来很多不便。……拉土的车子车牌是黄的,车身颜色是黄的,拉的土又是黄的,所以一时间有人说苏州现在了不得,满城都是"三黄鸡"……

几年后的1998年长江大洪水,当时常州、无锡一带几乎全成了汪洋,而汪洋之中有一片绿地,那就是新建的苏州工业园区。①

园区湖西平均填高90厘米,全国任何地方受洪水淹,我们这里也不会被淹的。当时为了填土,周围很多山都被挖平了,大卡车日夜不停地运土,当时那些山是农民的,很多农民靠卖山发了财。②

园区的防汛标准中,沿主干道的室外地坪是黄海高程3.116米,高于百年一遇的洪水位0.5米。这些高标准的基础设施,是园区可持续发展的保证。③

从1994年5月园区建设启动之日起,寻找土源、填高地基就成为一项重要的工作。第一期8平方公里建设用地累计填土800万方,二、三期开发预计需要泥土4 000万方,加上周边各乡镇分区自行取土,取土量将是个天文数字。开始所取之土从西部山上运来,成本高,长途运输对路面和环境的破坏也相当严重;并且随着全面禁止开山日程的到来,向山上要土即将成为明日黄花。园区工委、管委会领导根据这一新的形势,提出了从辖区内湖泊底部取土的设想。经园区财团公用事业发展有限公司勘探调查,认为此方案切实可行。……(独墅湖)3平方公里水域一般挖深2.5~3米,总计可提供土方800余万方。④

这只是园区基础设施建设的一个基础性工作。

园区的开发顺序是"先地下后地上,先工业后商业",其基础设施建设规格是道路、供电、供水、排水、排污、燃气、供热、通信、有线电视、土地填高平整的"九通一平",这在当时不仅属于全国一流,而且堪称独一无二:

"九通一平"是在1993年规划时提出的,当时大部分地区是"五通一平",顶级开发区也只不过是"七通一平"。

还有高压落地的问题,当时供电局没有相关的技术管理,坚决反对高压落地,担心出危险,新加坡方面反复做工作,并提供技术支持,才勉强同意,但最终还是只有11万伏高压落地,22万伏仍在地上。

---

① 何建明.见得今日"洋苏州".求是,2009(19).
② 来源:课题组对园区有关人员的访谈.
③ 黄雪良.苏州工业园区借鉴新加坡规划建设经验的实践.城市规划汇刊,1999(1).
④ 苏州工业园区网站.挖深独墅湖填高开发区　园区取土用土走新路.http://www.sipac.gov.cn/sipnews/jwhg/oldnews/200406/t20040621_6299.htm.

前三年一点动静也没有，我们的工作全在地下，看不到成绩，很多领导也着急，我们就只能拿着一张规划图来汇报。但是，最终我们的工作是得到认可的，我向上海一个领导汇报时他就很激动，说我们很有名气，他去非洲访问，非洲总统都向他打听苏州工业园区。后来也有好几个非洲领导来，让我们帮忙搞开发区。①

与这些"硬件"建设相配合的是新加坡方面主导的"软件"建设，其中首屈一指的是园区规划。

与一般意义的经济技术开发区、保税区、自由贸易区、出口加工区或者科学工业园区等不同，苏州工业园区在开始规划时就强调产城一体化，1994年时苏州工业园区的规划发展目标是：

系统借鉴与嫁接新加坡经济和公共管理经验，紧密结合中国国情，在苏州市区东部建设一个类似新加坡裕廊工业镇的具有世界水准的现代化、国际化工业园区。②

规划的建设方案是：

苏州工业园区具体位于苏州古城区以东，金鸡湖地区，规划总面积约70平方公里（含金鸡湖水域6平方公里），总人口将达62万人。按照规划，园区开发将分三期进行，从而使园区由三个各具特色的城市实体构成。第一期开发面积为8平方公里，其中2平方公里的启动区以工业项目为主；第二期将建设一个从事研究和开发活动的高科技工业园，包括大专院校和科研院所，并将规划建设一批高级湖滨住宅群，用地约15.8平方公里；第三期将建设一个自给自足的工业新镇，规划面积为33.2平方公里。按照规划，整个园区的建设约需15年到20年。园区的开发，包括配套的基础设施及其源头厂、公益设施，加上进入园区的各类投资项目的总和，将达200亿美元。③

尽管20年发展下来，园区的面积已经达到270平方公里，全社会固定资产投资累计达5 000多亿元，但70平方公里的中新合作区航拍照片的空间布局与当时的规划图纸几乎一模一样——表明"高制度"对后续发展起到了"路径依赖"的机制性作用的例证俯拾即是。

此外，人们不太注意的是在园区运营的各个方面至今仍发挥着非常重要的苏州工业园区的地理信息系统。不同于很多地方的一个部门一套图，工业园区的地理信息系统一开始就没有部门间的条块分割，各部门使用的是同一个系统；现在，这套系统延伸到了苏州老城区。

---

① 来源：课题组对园区有关人员的访谈.
② 张连杰.苏州工业园区调查报告（下）.苏州职业大学学报，1998（1）.
③ 张连杰.苏州工业园区调查报告（下）.苏州职业大学学报，1998（1）.

新加坡人来的时候就说,我们要搞一个地理信息系统(GIS)。园区从90年代就全部数字化,而中国现在很多地方还是靠画图。我们先建了坐标系,以至于后来苏州市规划系统都以我们为原点来延伸建苏州的坐标系,因为他们没必要重新建一个。我们的GIS有690多个图层,规划局、建设局、国土局、房产局,甚至税务局等都用这套系统。……比如,税务部门收税前就使用这套系统来规划到企业收税的路线。①

有如此"高制度"起点的园区规划和不打半点折扣的符合规划的基本建设,"大珠"纷纷落入似乎是顺理成章的事。

"1994年5月12日奠基那天就有十六七个项目来了",到1995年年初,已签约进入园区的外商投资企业共26家,投资总额超过10亿美元。1995年下半年,名列世界500强的跨国企业投资项目就有12家,美国超微半导体、哈里斯半导体、韩国三星电子等世界半导体、集成电路及相关电子产品行业中具有举足轻重地位的跨国公司,都把苏州工业园区作为在华投资的首选基地。韩国三星集团投资总额超过5亿美元,并于1996年7月26日竣工投产,成为国际著名跨国公司投资的第一家投产企业。

据1996年2月1日《苏州日报》报道:1995年,已有69家外商投资企业签约,15家开工建设。共吸引投资13.5亿美元,实现合同外资12.6亿美元,到账外资2.4亿美元。至报道时止,累计吸引投资20.1亿美元,合同外资14.5亿美元,到账外资近3亿元。进园区项目中,有40%以上的高新技术产品可以填补国内空白。

1996年9月,章新胜市长向江苏省政府副秘书长陈德铭带队,由16个政府部门、26家部省属企业以及部分省金融机构的负责人组成的代表团介绍说,4.5平方公里已经完成开发。

1996年10月12日,苏州工业园区中国—新加坡两国政府联合协调理事会第三次会议进一步明确了园区开发的时间表:到1997年年底,争取在园区8平方公里内,5平方公里以工业为主体的区域基本摆满高素质项目;为此,中新两国政府将根据产业政策积极鼓励和支持引进高新技术项目。②

截至1997年,园区平均单个项目投资额超过300万美元,其中超过1亿美元的有9个,世界500强中有23家进入园区。一些大公司,如三星、日立、卫材、纳贝斯克等15家外商投资企业相继增资,总额达6.5亿美元,占引进外资总额的20%以上。园区已有26家企业决定增资,增资总额达11亿美元。1997年实现的合同外资中,

---

① 来源:课题组对园区有关人员的访谈.
② 张连杰.苏州工业园区调查报告(下).苏州职业大学学报,1998(1).

40%来自外资企业的增资。① 园区"一站式"服务中心提供的数据见表2-3。

在大多数工业园区工作者的记忆中,从园区开工建设到1997年夏东亚金融危机爆发前,是园区蓬勃发展的第一阶段。

表2-3　1994—1996年苏州工业园区吸引外资主要指标

指　标	单　位	1994	1995	1996
新批外资项目数	个	21	75	46
其中:中新合作开发区	个	5	50	27
投资总额	亿美元	2.52	14.02	23.80
其中:中新合作开发区	亿美元	2.34	13.38	23.52
合同外资	亿美元	1.84	13.03	23.01
其中:中新合作开发区	亿美元	1.72	12.64	22.80
实际利用外资	亿美元	0.70	1.62	4.11
其中:中新合作开发区	亿美元	0.65	1.62	4.04
中新合作开发区开工外资工业企业	个	0	10	31
中新合作开发区投产外资工业企业	个	0	1	21

数据来源:苏州工业园区"一站式"服务中心.本篇以下图表如无特殊说明,数据均来源于此.

二、美新日各谱诗篇

课题组对前来园区进行投资的主要国家、地区最近20年在园区的投资情况进行了信息汇总,发现如果仅仅用"大珠"来概括来园区投资的企业集团,仍有简单化之嫌。不仅因为这些投资呈现出周期性波动的特征,还因为这些波动所呈现出的"周期律"由于资本来源的不同而"各调弦管对闻声"。

图2-2是1994年以来中新合作区中的外资企业的投资规模和企业数目情况。可以发现,园区精心打造的"玉盘"所承接的"大珠",主要来自于欧、美、新加坡、日、韩、中国港澳和台湾地区;②由于苏州工业园区在成立时就面向国际大型企业集团,因此,对于国际资本的周期性、大规模流动所造成的无论"春江水暖"还是"春江水冷",不仅在时间上比中国在1997年第一次遭遇整体性"输入型危机"更早,而且受影响程度上也更深。

本书难以面面俱到地展开分析,仅对几个重要的资本来源地进行抛砖引玉的讨论。

---

①　孙艺兵.开发区管理模式的借鉴与创新——苏州工业园区的成功实践.行政论坛,1998(5).
②　本书中,对于来自英属维京群岛等几个地区的投资,按母公司国籍计算,具体为:若为合资公司,则外资的国家和地区计为排在登记第一位的国家;若中国排在第一位,外资的国家和地区取值于第二位合作出资国。国家和地区分类为美国、德国、其他欧美国家、日本、韩国、新加坡、中国港澳、中国台湾,澳大利亚和新西兰归入其他欧美国家。

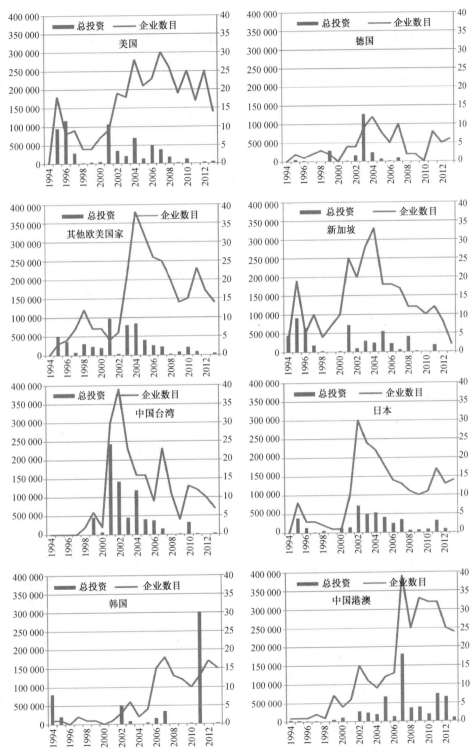

图 2-2 1994—2013 年主要国家和地区在苏州工业园区的投资规模和企业数目

注：以上各图左轴为总投资，单位为万美元；右轴为企业数目，单位为个。

（一）日资为何不来

园区在吸引日本投资者方面确实不尽如人意；这表明新加坡在硬软件方面的背书，并不是解释苏州工业园区吸引力的全部因素。

苏州工业园十分重视吸引日本的投资者。因为一般说来，日本的投资规模比较大，且技术含量比较高。为了吸引日本的大企业到苏州工业园，1997年底当时的新加坡总理吴作栋以私人名义邀请了日本的一些投资者，将他们带到苏州工业园。但**参观以后，日本投资者并没有选择苏州工业园，而是选择了苏州工业园的竞争对手苏州新区工业园**。

为什么没有选择苏州工业园？不是因为苏州工业园的基础设施没有苏州新区工业园好。苏州工业园按照新加坡的标准设计建设，肯定会好过苏州新区工业园。这是苏州工业园的优势，但也**导致了苏州工业园的一个竞争劣势：基础设施成本高**。对这一点，一位受访的苏州工业园官员说得十分明白："实际上，他们是几个大的投资者，其中一两个是新加坡领来的，但他们最终选择了苏州新区工业园，因为来到这里，通过对比发现那里基础设施成本比较低。"①

新加坡未能吸引大的日本投资者选择苏州工业园的另外一个重要原因是时机。苏州工业园在时间上落后于与其竞争的苏州新区工业园，错过了吸引日本投资者的最佳时机。

苏州新区工业园于1990年11月开工建设。当时正赶上日元升值、日本大量进行海外投资的后期。苏州新区工业园的开工建设无疑给他们提供了一个理想的选择。待到1994年苏州工业园开工建设时，日本投资海外的高峰期已过，而这时苏州新区经过几年的建设环境已经基本成熟，并且日本在该区的投资基本初具规模，并开始产生规模经济效应。这使得苏州新区在与苏州工业园竞争中，处于十分有利的位置。

……

苏州新区工业园和苏州工业园在吸引外资方面出现了一个巨大的差异。到1998年，当时许多位列世界百强的日本企业，如三井集团公司（Mitsui）、三菱集团公

---

① 这个观点在一位国家领导人的讲话中也可以得到印证：1997年，一位国家副总理对园区开发成本问题提出这样的意见："园区的开发成本要降低，有一个美国华人姓唐，搞钢铁的，吴江人，他在吴江投资，我会见他，叫他到园区投资，他说他不但不愿去，还劝别人不要去，因为园区的地价太贵。（所以）园区要降低开发成本。"

司(Mitsubishi)、伊藤忠商事公司(C. Itoh)、丸红集团公司(Marubeni)、住友集团公司(Sumitomo)都已经在苏州新区投资,其他的一些日本大企业,如日商岩井集团公司(NisshoIwai)、松下电器公司(Matsushita Electric)和索尼公司(Sony)也都有在新区投资;相反,只有少数几个日本大企业如日立公司(Hitachi)和住友集团公司(Sumitomo)到苏州工业园进行投资。或许因为这样一些原因,1999年一家著名的日本研究机构将苏州新区评为中国最具潜力和冲劲的工业园。①

阅读以上资料之际,我们还应该考虑到**日本企业的海外投资节奏也不可避免地受到"危机"之手的支配**:在1985年时代广场协议造成日元一次性成倍升值、促使日资企业进行大规模海外投资性扩张。到90年代初期,日资对外扩张方兴未艾之时突然遭遇资产泡沫崩溃危机,泡沫崩溃后虽然地产价格大幅下降,但企业无法承担国内已经被泡沫化金融资本抬升起来的人力成本,一些劳动密集型企业或生产环节持续向亚洲其他国家转移,形成客观上的"雁阵式"布局;再到90年代中期,日资进入苏州已经属于"强弩之末"。这时,日资企业选择开发成本较低的苏州新区工业园(苏州高新区),符合日资对外扩张的阶段性转折的特点。

在工业园区管委会工作的一位受访者自园区成立至今一直从事招商工作,对园区入驻企业的结构进行了较为系统的回顾:

1994—1997年之间,园区主要承接了欧美转移的一批产业,1998—2000年主要是来自亚太地区的投资,2000年以后内资企业也逐渐强大,但相对于外资仍处于弱势地位。

初期招商主要分三个门类,精密机械制造,生物医药、精细化工,电子信息、电子电器;逐渐过渡到"3+5"门类,即电子、机械和服务业,外加环保、纳米、动漫、软件和生物医药;现在是"2+3"门类,即电子信息、机械制造,加上生物医药、云计算和纳米技术。②

从表2-4也可以看出,一直到2002年以前,日资在苏州工业园区的投资规模都不是很大,除了开园初期几个新方财团的股东有规模比较大的投资外,其他大部分年份的投资总额不到2亿美元。2002年之后,日资进驻园区的情况可以分为两个阶段;2002—2007年为投资高峰期,除2006年以外投资规模均达数亿美元;2007年至今是低迷期,除2011年以外各年度投资规模都不到1亿美元。

---

① 王子昌. 新加坡发展模式的输出与借鉴:苏州工业园案例研究. 东南亚研究,2011(5).
② 来源:课题组对园区有关人员的访谈.

表 2-4　1994—2013 年日本在苏州工业园区的投资规模

年份	年度投资（万美元）	在总量中占比（%）	累计投资（万美元）	在总量中占比（%）
1994	0	0.0	0	0.0
1995	39 844	13.0	39 844	9.1
1996	14 025	2.8	53 869	5.8
1997	1 731	2.3	55 600	5.5
1998	6 070	13.8	61 670	5.9
1999	157	0.1	61 827	5.3
2000	13 500	22.1	75 327	6.2
2001	14 438	2.4	89 765	4.9
2002	71 805	19.4	161 570	7.3
2003	50 025	11.6	211 595	8.0
2004	54 113	13.0	265 708	8.7
2005	41 473	12.6	307 182	9.1
2006	24 585	10.9	331 766	9.2
2007	34 788	9.2	366 554	9.2
2008	5 925	4.4	372 480	9.0
2009	6 937	10.8	379 417	9.1
2010	8 757	8.6	388 174	9.1
2011	31 804	7.0	419 978	8.9
2012	9 703	11.3	429 681	8.9
2013	1 195	3.2	430 875	8.9

从园区接收的日资在总投资中的占比看,就当年度投资来说,个别年份也占到 20%,但年度之间波动非常大;就累计投资来说,比重一直在 10% 以下(见图 2-3、图 2-4)。

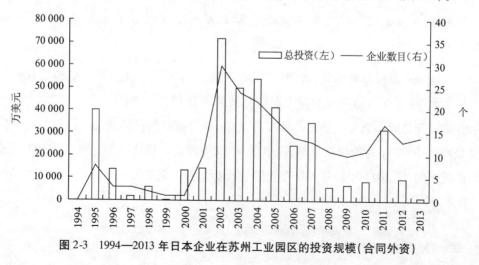

图 2-3　1994—2013 年日本企业在苏州工业园区的投资规模(合同外资)

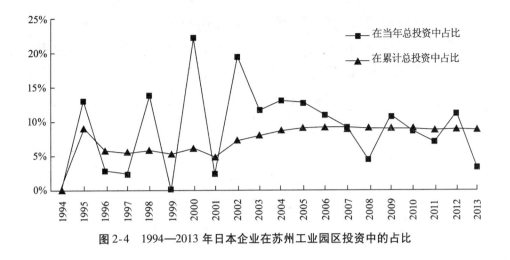

图2-4　1994—2013年日本企业在苏州工业园区投资中的占比

（二）新资乘船出海，雁阵梯行

在苏州工业园区刚成立的头几年，以产业资本为主的日本、德国、韩国的企业集团中，除了新加坡财团的股东公司以外，其他企业在工业园区投资的并不是很多。美资企业、新加坡企业是这一段时期入驻苏州工业园区的主力。

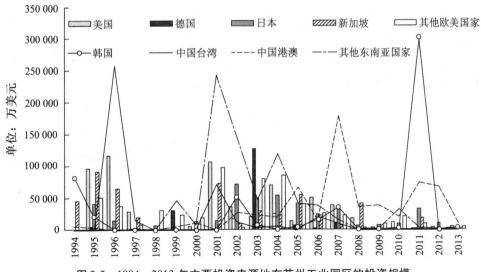

图2-5　1994—2013年主要投资来源地在苏州工业园区的投资规模

来自新加坡的资本一直是苏州工业园区入驻外资的重要组成力量，尤其是在园区成立的头两年（1994—1995年），仅注册为新加坡籍的企业的投资总额就达9亿多美元,占全部外资的47%。仔细看当年登录的入园企业名册①,相当多新加坡的入园企业都直接或间接与园区的基础设施建设有关(见表2-5),这相当于新加坡把中国人在21世纪越来越熟悉的"投资拉动增长"的做法拓展到了海外。

表2-5 苏州工业园区1995年已登记注册外商投资明细情况表

单位:万美元

项目名称	总投资额	合同外资	其中增资	注册外资	到账外资
总计(所有国家)	160 577.2	145 216.1	29 035.7	55 431.67	27 023
1994年合计	25 981.8	19 099.8		8 023	3 378
1995年合计	134 595.4	126 116.3	29 035.7	47 408.67	23 645
新加坡企业:					
中新苏州工业园区开发有限公司	15 000	9 750	5 000	3 250	12 350
裕廊国际顾问(苏州)有限公司	43	43		30	30
嘉馨房地产发展有限公司	2 500	2 500		1 000	750
康福集团有限公司	2 000	1 400		560	140
新运货运有限公司	300	198		138.6	100
中星通信发展有限公司	1 810	886.9		392	30
新达精密机械(苏州)有限公司	600	600		300	300
新苏工业厂房(苏州)有限公司	7 700	7 700	3 400	1 434	1 500
吉宝工程(苏州)电力有限公司	1 828.57	1 828.57		1 028.57	1 400
丝之美时装(苏州)有限公司	138	138		100	
高宾电脑印刷(苏州)有限公司	350	350		210	33
苏州工业园区宝健诊所有限公司	576.2	576.2	423.5	290	15
苏州美特包装有限公司	3 350	3 350	1 690	1 200	180
松美包装(苏州)有限公司	1 500	1 500		1 100	
新达电子制造(苏州)有限公司	1 200	1 200		600	
吉宝工程(苏州)热电有限公司	9 600	9 600		3 200	
吉宝工程(苏州)供热有限公司	850	850		425	
贰陆光学(苏州)有限公司	40	40		28	
安特(苏州)精密机械有限公司	1 560	1 560		700	

① 注:该数据来源于园区档案资料,与"一站式"服务中心的统计数据口径不同,客观上构成两套数据资料。课题组在结构分析时分别使用这两套数据,但在涉及数据比较时,只在一个数据口径内进行。

续表

项目名称	总投资额	合同外资	其中增资	注册外资	到账外资
东门光碟制造有限公司	450	450		225	
必吉环保工程(苏州)有限公司	70	70		49	
苏州工业园区环球物流有限公司	1 000	500		250	
第一工程精密模具塑料有限公司	350	350		210	
杉野服装(苏州)有限公司	30	30		30	
苏州工业园区亚太纸品有限公司	23 000	23 000		6 600	
苏州工业园区亚太纸板有限公司	19 800	19 800		14 600	
新加坡企业投资合计	96 445.77				

表 2-5 新加坡投资数据显示出来的经验是：只有**帮助本国实体企业向海外扩张市场**，才能有利于实现新加坡国内产业经济结构调整，向第三产业全面升级。这正是新加坡要在中国打造国际一流工业园区的初衷：新加坡政府认为，由政府高层参与运作一个工业园区，**打造新加坡企业出海的整体舰队**，**可以提高国内企业"走出去"的意愿**，并帮助其降低投资风险。

第一代园区人对于新加坡的这种发展战略早有很透彻的理解，他们向课题组介绍了新加坡在 20 世纪 90 年代制定的"21 世纪五大中心发展战略"：

20 世纪 70 年代末，亚洲政局逐渐稳定，中国、印度和越南等发展中国家陆续改革开放，经济发展渐入正轨，"亚洲四小龙"的发展空间受阻，新加坡的危机感也日益强烈，开始努力寻找其在 21 世纪世界民族之林的立足点，新加坡"21 世纪五大中心发展战略"应运而生。

五大中心发展战略的主旨为**将"有限的新加坡"变为"无限的新加坡"**，即突破地域的局限，成为亚洲的甚至世界的中心。所谓五大中心，即世界航运中心、世界航空中心、世界金融中心、世界咨询中心和区域发展中心。其中，世界航运中心(扼守马六甲海峡，沟通三大洋的枢纽)、世界航空中心(20 世纪 80 年代飞行器尚不能远程飞行，从新加坡飞到北京需要从日本转机，新加坡人认为，跨东西半球的世界航运，若到新加坡转机则可缩短航程)、世界金融中心和世界咨询中心四大中心战略主要立足于新加坡本土，并且已经具有较好的发展基础，最具挑战性的是区域发展中心的建立。

区域发展中心战略可表述为：将以新加坡为中心，以飞行的 7 小时路程为半径所划定的区域(新加坡到上海 5 个小时)，作为新加坡向外走出去的区域，在该区域内寻找可与之开展合作的相关国家或地区。①

---

① 注：此处的"区域发展中心战略"和前文提到的"区域工业发展计划"基本一致。

然而，当时新加坡国人普遍缺乏独立拼搏冒险的精神，国民福利很好，不愿意到新加坡以外的国家或地区发展，新加坡人在信件里说："我们就是用鞭子赶着他们，他们也走不出去。"因此，在区域发展中心战略实施的过程中，新加坡政府发挥着至关重要的作用——政府牵头对外合作，输出新加坡的软件，使合作的国家或地区有更多的新加坡元素，可以使新加坡企业家更好地适应国外发展的环境。

区域发展中心战略制定好之后，下一步便是实践操作。新加坡对他们第一步跨到哪里去非常重视，要确保成功以形成可资借鉴的榜样。经过多方考察，最终选择了苏州工业园区作为其区域发展中心的战略实践的第一步。①

除了新加坡本土企业的投资之外，新加坡还对其他外资企业入驻苏州工业园区起了非常重要的桥梁作用。新加坡由于土地资源极度稀缺，在自身产业升级的过程中，会将本国工业园的一些企业，尤其是劳动密集型的生产部门转移到区域发展中心战略所划定区域内的其他地区，客观上也具有"雁阵式"产业梯次转移促进经济结构调整的特征。以石化产业为例：

随着劳动密集型产业的竞争日益激烈，而在国际市场中的竞争力却日益下降，新加坡及时调整石化产业发展战略，不断推动区域经济合作，通过对外投资将劳动密集型产业向外转移，本国则专注于石化产业中高利润、高附加值的技术密集型产业，如专用化学品生产等石化产业链下游的行业。目前，新加坡对外投资区域主要集中在泰国、印度尼西亚和马来西亚等东盟国家。早在1994年，新加坡政府就与印尼政府签订了经济合作协定，合作开发印尼廖内省的大卡里门岛，发展炼油工业、石化工业及石油产品存储，新加坡裕廊岛发展知识密集型产业，廖内群岛发展劳动密集型产业，并通过两个岛屿间的物流网络建设来增进两岛间的联系。②

园区作为新加坡区域发展中心战略中面积最大、投资规模最大的工业区，在新加坡的产业对外转移中无疑具有非常重要的地位。

比如，美国的超微半导体公司（AMD，Advanced Micro Devices），在欧美和东南亚都建有生产基地，亚太公司就在新加坡，在苏州工业园区的工厂就是新加坡的投资公司建的；还有百德电动工具，在全球行业排名第一，也是新加坡介绍过来的。——这里固然有前述"新加坡信用嫁接到园区"的机制，只是这个"嫁接"比一般的招商宣传更加紧密，而且通过实在的产业联结，为新加坡的实体产业发展拓展了地域纵深。

AMD是第一批13家公司中来苏州工业园区投资的企业之一，1993年进入中国，

---

① 来源：课题组对园区有关人员的访谈.
② 资料来源：孙蕊娇. 新加坡石化产业发展研究. 对外经济贸易大学硕士论文, 2013.

1995年就前来苏州咨询，1996年进行企业注册，在园区投资1.08亿美元，兴建在中国的第一家工厂。工厂占地近6万平方米，建筑面积2万多平方米。当时的主要业务是对快闪存储器和通信与网络器件进行测试、打标、封装，设计每周生产能力为650万片，员工1 500人。据AMD的受访者介绍：

  当时投资的资本来自新加坡。新加坡有我们的工厂，我们的工厂除了在香港地区、马来西亚等地，在新加坡还有一个固定的公司（投资公司），当它有利润的时候，就会考虑是不是把这些利润进行继续再投资。……在选址决策的时候，觉得这个苏州工业园区是新加坡人过来办的，管理等方面和原来非常相近。……这当然是美国总部的决策，只不过是在架构上不是美国直接投资进来，而是通过新加坡的独资公司投资的。……并不是把新加坡的工厂关闭了放到这边，苏州工业园区这个厂和新加坡的工厂没有关系，而是AMD在新加坡的投资公司，把利润很好的项目进行再投资。

  第一批产品的原材料大部分是进口的。当时园区内只有为数不多的配套商，就是住友电木。还有一个是晚些进来的，是得力半导体。我们是1994年进来，1995年成立，真正第一批产品是1998年11月才出来的。等我们真正投产的时候，周边的配套企业也陆陆续续建起来了。但那时大部分原材料都是进口的，用人民币结算的也只有人力成本和水电气。当时的企业基本上很少支付人民币。

  第一批产品100%外销，全部是飞机飞出去的，订单有可能是欧美、中国台湾、新加坡等地区。因为那个时候物流基础设施建设和海关监管模式都比较单一……后来国内保税区之间的结转都是在1997年以后，外企越来越多，模式也多样起来。①

1996年，苏州工业园区还接受了两笔大的投资，投资总额达25.9亿美元，也是新加坡介绍来的。这就是由印度尼西亚著名财团——金光集团控股的亚洲浆纸业（新加坡）股份有限公司在园区先后创办的金华盛纸业（苏州工业园区）有限公司和金红叶纸业（苏州工业园区）有限公司。一般说来，造纸企业对环境的污染比较大，而一向以高环保标准著称的园区怎么会引进这两家大型造纸企业呢？时任园区经发局局长向课题组这样解释：

  当时园区的项目审批权没有上限，你要进3亿美元、5亿美元的项目，关税直接免。我当时10亿美元也批过。我这个（金光）项目批下去，所有进口的设备拿着这个批文就免关税，这可不是一般的权力，含金量很高。这个金光项目投资是10亿美

---

 ① 来源：课题组实地访谈。

元,设备一箱一箱的,总共上百箱的设备,把浦东的吴淞口吓了一跳,人家还以为苏州在搞什么巨大项目。我怕出问题,还专门和那边的王关长说,这是我们公司的一个项目,设备都是免关税的。设备免关税和项目审批权结合在一起,我们批过以后北京所有的部门都认,这个很要害。这个项目来了以后,国内最大的纸厂就是我们园区的,全国所有的大概几千家的小纸厂全部投降。它们都不再生产了,都替金光纸厂卖它生产的那个纸,都成为它的代理商,就够赚钱了,而自己的小纸厂又污染又成本高。金光纸厂的材料从哪里来呢?是从非洲把纸浆弄好了再弄到中国来的。这是10亿美元的大项目,实际到账8~9亿美元,占地3平方公里。①

根据上述访谈内容可以知道,当时海外大型跨国资本集团进入园区的主要条件是园区得到中央各部门都得事后认可的大项目审批权和进口设备关税豁免权。至于超越部门权限的园区自主审批引进的造纸企业是否污染,通过这个访谈得到的印象是,金光集团投资的这个造纸企业没有成为园区的污染源。一方面其自身形成的全球产业链已经把污染较高的纸浆产业环节留在外面了;另一方面,它在挤垮大批内地污染严重的小厂的同时,也相对缓解了国内造纸行业的污染程度。

金光集团入驻园区,还促使园区在海关方面进行了一项创新——开辟大型设备进口"快通道"。即对于大型成套进口设备实施分批进口,集中报关,上门验收,统一核注,尽可能帮助企业节省通关时间和仓储费用,让设备很快地投入使用。

事情的起因是这样的:

金华盛纸业有限公司在向海关申报进口一套大型设备时遇到了难题:这套价值426.8万英镑的涂布机配套设备体积庞大、结构复杂,在国外采取了分批拆卸和运输的方式,预计将分成16批次、250个集装箱进口。如果实行分批申报,那么设备免税证明将很难办理,到一批查验一批,难度也大。而如果货物滞留在海关监管点,企业将不得不支付额外的仓储费用,还将影响生产,等等。于是,为大型成套设备进口提供"绿色通道"帮助其便利通关的做法,就应运而生了。

(三)美资顺势而动

来自美国的跨国资本先后在1994—1997年间和21世纪初,分两个时期大举进入苏州工业园区(参见图2-6、图2-7)。

---

① 来源:课题组对园区有关人员的访谈。

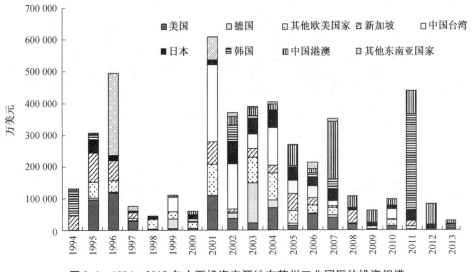

图 2-6 1994—2013 年主要投资来源地在苏州工业园区的投资规模

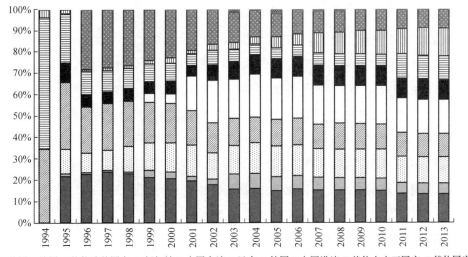

图 2-7 1994—2013 年外资企业在苏州工业园区的投资结构

究其原因,除了园区"九通一平"的高标准基础设施以外,前一阶段更多的是因为 20 世纪 90 年代初美元利率大幅度下降对欧美国内企业的海外扩张提供了强大的金融支持,到 1996 年以后显著下降则是美国国内 IT 业引发的所谓"新经济"崛起带动海外资金回流。而**后一阶段跨国资本流动主要体现的是 21 世纪初全球产业资本重新布局——2001 年美国 IT 泡沫破灭后,IT 业以及资本有机构成高的重化工业在金融资本促推下在全球进行产业重新布局的客观趋势。**

下面,我们再通过园区创办以来的累计总投资结构来分析不同阶段的海外投资差异(参见图 2-8)。

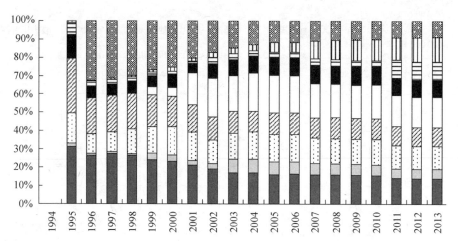

图 2-8　1994—2013 年园区外资累计总投资结构

注：1994 年引进外资合并到 1995 年统计。

从累计总投资看，在 1994—2000 年期间，园区主要吸引的是来自欧美国家和新加坡的产业资本，到 2000 年，欧美企业的累计总投资在全部投资中占比高达 40%；欧美、新加坡的累计总投资合计占比达 60%。2001 年以后，随着台资的大量进入，欧、美、新的当年度总投资比重下降到 50% 以下，2003 年由于德国投资增加而略有上升；此后较为明显的一次跌幅出现在 2011 年，主要源于韩国三星企业的一笔大额投资。

固然，一般而言：**相对高昂的土地成本必然要求入驻园区的产业有较高的产业利润率，要求入驻的企业处于行业中比较优秀、也就是附加值较高的位置。**

但本书认为，还是应该把国际背景的变化纳入考虑。

美国产业资本海外扩张的一个基本背景是：

进入 20 世纪 90 年代以后，美国克林顿政府改变里根时代的高息政策，转而采取低息政策以挽救实体企业，遂使美国跨国公司得以借势低成本融资。这个重大改变，有利于欧美企业开展在美元低息资本助推下的全球扩张。

这个国际金融资本竞争中发生的重大变化，也许有助于解释苏州工业园区 1994—1996 年的入驻企业为什么以欧美为主。因为，我们很难说那些未入驻苏州工业园区的日资企业不属于行业中的佼佼者，只能说，日本 1990 年房地产泡沫破灭带动资本市场下滑之后，日本进入长期衰退，企业对成本较为敏感，而欧美企业借势美元低利率政策调整，走向全球正方兴未艾。

二战后，美国实行的利率政策演变大致可分为三个阶段：一是二战后到 20 世纪 50 年代至 70 年代末的大部分时间内，低利率政策；二是 20 世纪 70 年代末到 80 年代,高利率政策;三是进入20世纪90年代,美联储提出实行所谓的"中性的利率政策",以利率的连续微调作为货币政策的操作方式。

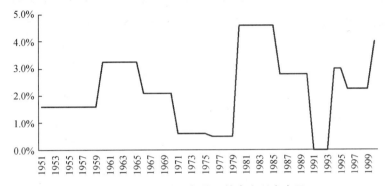

图 2-9　1951—2000 年美国的真实利率水平

数据来源:根据施真强.战后美国利率政策研究.武汉大学博士论文,2010 整理.

从真实的利率水平来看,80年代是里根—撒切尔的"新自由主义"时期,美国维持较高利率水平,虽然国内实体经济被动地纷纷外流,但客观上也带动了海外金融资本大量流入美国,撑起了虚拟经济部门的高速扩张;而整个90年代美国的真实利率水平下降,大多在3%左右,其中,1992年10月至1994年2月的真实利率为零(见图2-9)。

不过,在资本大量跨境流动的情况下,名义利率更能反映资金的机会成本和全球化条件下的竞争力。90年代美国名义利率的水平更能反映出相对前一时期货币政策的变化。从图2-10可以看出,整个80年代呈现为向下倾斜的"W"形,1980年,美国联邦基金利率高达17.5%;从1989年3月一直到1992年10月,美国有长达3年7个月的利率下降时期;1995年2月,联邦基金利率小幅上升到5.0%,这一利率水平一直持续到1998年11月(见图2-10)。

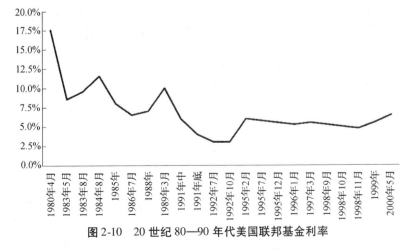

图 2-10　20 世纪 80—90 年代美国联邦基金利率

数据来源:根据施真强.战后美国利率政策研究.武汉大学博士论文,2010 整理.

美国整个90年代的经济增长被普遍认为取得了"神话"一般的成就：

不仅其失业率处于相当低的水平，真正实现了经济学意义上的'充分就业'。美国劳工部的数据显示，从1992年到1998年的6年多时间里，美国失业率由7.4%回落至4.2%，呈现出稳步下降趋势；而且其通货膨胀率明显下降，物价上涨幅度稳定在2%~3%的低位水平，从而打破了长期以来呈现出的失业率与通货膨胀率之间的交替关系，真正实现了低通货膨胀率下的低失业率，实现了经济增长率、失业率和通货膨胀率三者之间的较好平衡，创造了美国20世纪90年代的经济神话。①

但本书认为，以上对于美国国内货币政策和经济运行的强调，忽视了美国作为全球金融资本主导国家的特殊地位：其国内货币政策调整对于全球金融资本的流动具有重要影响，在美国从经常项目的顺差国变成逆差国之后，金融资本流动才是美国收益的最大来源。

据此可知，80年代美国的高利率政策，与其说是为了应对通货膨胀，不如说是为了吸引资金大量流入美国从而助推金融衍生品的发行，通货膨胀毋宁说是大量资金流入的结果；90年代，美联储每次25个基点的利率调整，其作用难道超过了美国通过北美自由贸易区协议把加拿大的自然资源和墨西哥的劳动力资源纳入其资本整合范围？难道超过了通过世界关贸总协定（在1994年直接将GATT转为WTO框架）直接将各国农业和金融这两大最难以自由贸易的领域直接纳入金融资本主导的全球自由贸易当中？

更何况，1994年还是世界银行全面向发展中国家以"世行共识"名义推行私有化改制的年份！

2011年，国内有学者从金融资本与产业资本竞争的角度分析了美国金融资本是如何打击、收购日本产业资本的（见专栏11）。从中我们可以看到，90年代之后日本正陷于金融扩张停顿、产业资本在泡沫经济破裂后急于自救而大量向海外移出，这时，只有刻意寻找要素低谷，才能缓解资产坏账的压力。由此也可以看到，此期的日本企业的确不太可能像有着金融资本后台撑腰的美欧企业那样，承担得起苏州工业园区的高地价。

---

① 施真强. 战后美国利率政策研究. 武汉大学博士论文, 2010.

专栏 11

美国金融资本与日本产业资本的非对称竞争

二战后,曾经是美国经济援助对象的德国和日本,迅速成长为美国全球范围内的竞争对手。尤其是日本,其以钢铁、汽车、电子产品为代表的产业大举进入美国,对美国的制造业形成巨大的冲击。从1965年开始,美国就在日美双边贸易中由顺差国变为逆差国,从70年代开始日美之间发生了一系列贸易摩擦。日本在美国的压力下频频让步,相继就钢铁(1972年)、彩电(1977年)、牛肉(1978年)、柑橘(1978年)、汽车(1981年)、半导体(1986年)等达成一系列协议,但是这并没有挽救美国的产业。

1980年,里根当选总统后,采取了一系列"私有化、自由化"的新自由主义的经济政策,主要包括大规模减税、削减社会福利预算、扩大军费支出、放松金融管制、抑制通货膨胀、恢复强势美元地位等。

里根的政策的确为日美的贸易不平衡问题找到了美国特色的解决方案。

1983年11月,里根对日本政府正式提出金融开放的请求,其理由是日本刻意压低日元汇率以提升日本制造业的竞争力。1985年9月,为解决美国的巨额贸易赤字问题,美国、日本、西德、英国和法国财长与中央银行行长在纽约广场大厦签署广场协议,约定通过国际协作,稳步有序地推动日元对美元升值,日本制造业受到重创。1987年,美国、英国、法国、德国、日本、加拿大、意大利在巴黎达成《罗浮宫协议》,约定日本和西德等实施刺激内需计划。《罗浮宫协议》后,日本政府实施扩张性财政政策,利率下降,通货泛滥,日本经济一步一步滑入泡沫经济的深渊。

1987年12月,美国联合12个国家签署《巴塞尔协议》,这个协议要求全世界的银行资本率必须达到8%。这个规定明显是有利于以直接融资为主的英美等国,以间接融资为主的国家如法国、德国和日本都予以抵制。于是,美国和英国先达成协议,约定其他银行若与美国和英国任何银行交易,其资本充足率必须达到8%。由于美国和英国在世界金融市场的主导地位,日本银行不得不加入此协议,前提是日本银行所持企业股票市值的45%可以作为资本金。

20世纪90年代,日本泡沫资产破灭后,日本银行所持企业股份严重缩水,8%的资本充足率约定严重限制了银行对企业的融资能力,造成日本信用紧缩的局面,使日本企业连续陷入不景气。按照日本传统的做法,企业和银行是相互扶持的命运共同体。可是在当时日本企业急需资金时,日本银行受限于《巴塞尔协议》,只能坐视企业破产,甚至被迫出售所持的企业股份;而企业破产又加剧了日本银行的坏账规模,使日本银行陷入更深的危机。此外,由于资本充足率的限制,不但陷入困境的企业得不到银行的救助,而且银行间的资本互助也大大受到限制。《巴塞尔协议》事实上起到了加剧日本金融危机的作用。

日本在金融泡沫破灭后,迟迟不能恢复景气,金融危机向纵深发展,直至日本的银行和企业交叉持股结构彻底瓦解,日本制造业很难再得到本国金融业的保护。

资料来源:张云鹏,白益民. 美国金融资本是如何盘剥日本产业资本的 中日产业资本合作突现契机. 凤凰网环球财经. http://finance.ifeng.com/news/hqcj/20110216/3414531.shtml. 访问时间:2014-08-20.

至此,人们也许可以感到,苏州工业园区的运营,无论主观上多么努力,也只能是"天命大于人事"。这个"天命"既是国内时局大势,也是国际背景,就是金融资本主导国家的产业资本与其他先发工业化国家的产业资本对发展中国家进行产业转移,藉此实现全球战略布局。

可见,客观上的大势规律并不为个别人所左右。

其实,**新加坡能在20世纪60—70年代从一个经济上濒于崩溃的国家崛起,跻身于全球高收入国家,本身也是冷战期间全球地缘战略主导国家进行地缘竞争的产物**,这个"天命"——冷战背景——恐怕也是几乎所有学者都避而不谈的(见专栏12)。

20世纪90年代,新加坡之所以能放心地走出去,在东亚实施"区域工业园区"计划,与美国的支持也是分不开的。

专栏12

新加坡在美国地缘战略中的地位及双方的军事政治合作

新加坡地处马来半岛的南端,扼守沟通太平洋与印度洋的马六甲海峡。马六甲海峡不仅是多条海空路线的中继站,也是中东石油运往东亚航程最短的通道,有"东方的直布罗陀"之称,具有重要枢纽的战略性地位。任何与东亚有关的国家,绝不希望这条海洋运输线操纵于他国之手。这使得新加坡早在英国殖民统治时期,就已经是东南亚的贸易中心和殖民者的军事中继站。

新加坡1965年从马来西亚独立出来。刚独立时,新加坡在安全上依靠英国。作为英国旧有的殖民地和英联邦国家,新加坡与英国有许多固有的联系,包括防务,同时也积极发展同美国的战略合作。1966年起,为了表示对美国越战的支持,新加坡接受驻越美军每周3次、每年约2万人来消遣娱乐。60年代末,美国因越战饱受国内外舆论抨击,却得到新加坡自始至终的支持。李光耀宣称:"美国在越南进行干预,是在给东南亚国家争取时间,东南亚国家的政府必须充分利用这个时机,解决我们社会中存在的贫穷、失业和财富不均等问题。"

新加坡认为,美国既是对付苏联扩张的唯一力量,又是制约日本再次成为军事大国的主要力量,还是牵制中国崛起的重要力量,只有美国能保证东南亚的和平与稳定。

从1981年起,新美两国定期举行海空军事演习,新加坡为美国海空军提供军舰和飞机维修站及其他军事设施,美国则经常向新出售武器以"使新加坡在地区防御中发挥更大作用的办法来推动实现美国的安全目标"。新加坡与美国的军事合作,从支持美国在东南亚的军事活动发展到冷战后直接为美国提供军事基地。

1947年,美国与菲律宾签订《美菲军事基地协议》,美国向菲律宾租借军事基地,其中最重要的两个基地为"克拉克空军基地"与"苏比克海军基地",协议于1991年9月16日期满。协议期满前,在美菲就延长美军基地租期的谈判过程中,新加坡一方面劝说菲律宾保留基地,另一方面表示愿意为美军提供军事设施以分担菲律宾的压力。

1989年10月,新美达成协议,新加坡向美国提供原为新西兰使用的军事设施,美军可以在此停靠、修理飞机和舰只。1990年,新美新协议允许美海军扩大使用新加坡的设施,美空军将每年去新加坡执行训练任务,海军也将增加军舰访问的次数和时间。1991年,美海军在新加坡设立服务中心,增强为访问和途经新加坡的美国军舰提供服务的能力。1992年,新加坡同意驻苏比克基地的部分美军进驻。2000年4月,新美签署协议,在新加坡樟宜为美军修建一个大型码头,用于停泊美军航母、巡洋舰等大型船只,全部工程于2003年6月完成。这是美军撤出苏比克湾以来在东南亚开辟的第一个固定航母停泊基地,是美国遏制马六甲海峡、进出印度洋、监控南中国海的桥头堡。

此后,每年平均约有100艘美国海军军舰停靠新加坡休整,解决了美国在日本与中东之间缺乏航空母舰维修和后勤补给的问题。2000年3月22日,美国"小鹰号"航空母舰首次停靠新加坡,而且直逼南海,更加贴近中国沿海。

新加坡的军事现代化计划从90年代中期就已开始。现在,新加坡已从美国获取了相当数量的攻击直升机、大型战斗机、军舰以及其他远程陆海空军事装备。新加坡拥有5.5万名现役军人以及50万名后备役军人,多于马来西亚与菲律宾。新加坡每年的国防投资和菲律宾相当。由于新加坡国土狭小,它的威慑力量主要来自于空军和海军,其战斗力与泰国相当。新加坡也允许民间高科技工业参与国防建设,使新加坡成为轻型武器和军事武器的保养与维修中心。

资料来源:王飞.新加坡与美国的军事合作关系.东南亚研究,2004(3);魏炜.透视新加坡对美国外交.历史教学问题,2004(5).

在"后冷战"时期,全球资本主义经济进入金融资本主导的新阶段,最大的"天命"是"去金本位"之后,作为符号化的、低成本扩张的金融信用;对其做信用赋权的,只能是国家强权。

这也是"两强结合"——国际大金融资本与大国强权本来就内在地有机结合的内因。据此看,这种条件之下的强势结合构建的所谓"高制度"起点,一般发展中国家根本不可能得到。

只是在中国,因为这种通过革命和战争打出来的强势政府作为基本条件,才有了借助新加坡海外形成的三产信用而崛起的"高制度"起点的苏州工业园区,得以与借助美国金融资本信用扩张的美欧企业相结合。而与之共处一地的另一个借助中国国家信用建设的国家级经济开发区——苏州高新技术园,则与发达国家中的产业资本主导型国家——日本结合得更为紧密,承接了更多的日资企业海外布局。

三、东亚金融风暴:信用收缩与园区股权调整

全球化带来的重大机遇与挑战,在不同的周期阶段表现出不同的侧重点;无论是"人道横江好",还是"侬道横江恶",全球化的潮涨潮落,并不以人们的主观意志为转移地发生着。有潮涨,就必然有潮落。对于东亚来说,1997年春夏之交发生的一系列金融危机,就是一次痛苦而教训多多的潮落。

(一)东亚金融风暴与中新经济危机

本书对苏州工业园区经验做的阶段性划分,不同于以往的研究。在很多人的记忆中,1997年夏季东亚金融危机发生之后,直到2001年之前,中国和新加坡从此前的蜜月期进入摩擦不断的时期,最终以中新双方的股份调整为结果,是园区发展的第二阶段。本书则将此视为园区蓬勃起步的第一阶段的后半部分。

诚然,从数据走势看,无论是东亚,还是苏州工业园区,还是全球除美国以外的大部分地区,1997—2000年都以萧条为特征,和此前的经济高速增长形成鲜明的对比。

但从周期划分来说,1994年的高开高走和1997年之后的低迷萧条,恰恰构成了一个完整的经济周期。而且如果把全球金融资本流动纳入分析框架,则可看到二者之间具有本质性关联,都属于资本信用在东亚地区的"杠杆化"机制——1994—1996年属于资本扩张期的"杠杆化";1997—2000年属于信用收缩期的"去杠杆化"。

众所周知,1997—1998年东亚以加工贸易的外向型经济为主的各国相继爆发金融风暴,付出了巨大的代价,引发国际社会对东亚模式的复杂争议。却很少有人注意到:**东亚金融风暴标志着国际金融资本流动的巨大转向——由东亚、东南亚回流美国,1998年、1999年东亚经济的萧条与美国金融资产的空前膨胀形成鲜明的对比。**

东亚金融危机之后,无论中国还是新加坡,都进行了发展战略的重大调整。

在中国,1997年东亚金融风暴导致外需陡然下降之后,1998—2001年这4年的难题,是中国人很少知道的概念:通货紧缩。相伴的另一个概念是:"输入型危机"(有关中国1998—2001年经济危机过程的描述,参见本篇附件)。

东亚金融风暴来袭,对中国来说既是幸运,也是不幸。幸运的是,中国早在金融危机爆发前三年多就开始进行宏观调控,避免了金融泡沫过度累积的风险;不幸的是,中国恰好就在1997年年初"成功实现软着陆"被媒体公之于世的同时,却迎头遭遇了东亚金融风暴造成的外需下降的打击![①] 并且,由于东亚金融危机对中国经济危机的诱发,恰发生在中国处于"告别短缺、进入过剩"的历史阶段性变化的紧要关头,此后,内外需都下降的中国,落入长达3~4年的通货紧缩陷阱。

在另一个合作方那边,1997—1998年东亚金融风暴给作为亚洲"四小龙"之一的新加坡带来的损失比泰国、韩国、马来西亚这几个危机发生的中心国家小得多,但仍然使其受到了沉重打击——股市、汇市下挫,货币贬值,经济增长率大幅下降(见图2-11);与高峰期的1996年相比,新加坡房地产整体价格大挫了35%以上(见图2-12)。

---

① 注:根据统计数据,1997年出口对GDP增长的贡献度为4.2个百分点,1998年降到只有1.3个百分点。

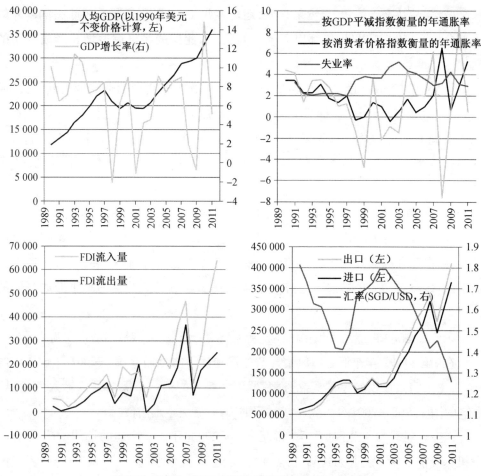

图 2-11 1989—2012 年新加坡宏观经济指标的变化

数据来源:不变价格人均 GDP、GDP 增长率、按 GDP 平减指数衡量的年通胀率等指标数据由世界银行国民经济核算数据和经济合作与发展组织国民经济核算数据(World Bank national accounts data and OECD national accounts data files)直接或间接计算得到;按消费者价格指数衡量的年通胀率数据来源于国际货币基金组织国际金融统计数据库[IMF, International Financial Statistics (IFS)];FDI 流入量、FDI 流出量等指标数据来源于联合国贸易和发展会议数据库(UNCTAD database);进口、出口等指标数据来源于 WTO 国际贸易统计数据(WTO, International Trade Statistics);失业率、汇率等指标数据来源于世界银行世界发展指标数据库(World Bank, WDI database)。

注:(1) 左上图纵向主坐标轴单位为美元,左下图纵轴、右下图纵向主坐标轴单位为百万美元,右上图纵轴、左上图纵向副坐标轴单位均为百分比,右下图纵向副坐标轴无单位;(2) 2003 年之前的新加坡出口、进口数据不包括与印度尼西亚之间的贸易额。

由于经济不景气、前景不明朗、房地产市场低迷、价格疲软、国内利率趋升等因素,新加坡商业银行出于自身利益、降低风险的考虑,改变了自 1996 年以来以各种优惠条件争揽购房贷款客户的态度,实施紧缩住房的贷款政策。本资四大银行从 1998 年 1 月起将住房贷款利率由 6% 逐步调高至 7.5%,将住房贷款授信额度上限从原定的不超过产业估价或售价的80%下调至70%。① 以上这些数据变化表明,新加坡国内的货币政策开始进入信用紧缩阶段;而其海外投资也开始趋于收缩。

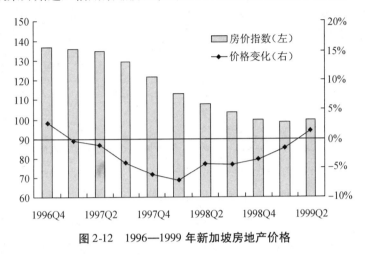

图2-12　1996—1999年新加坡房地产价格

资料来源:仲量联行.合肥政务新区项目开发策略研究终期报告.http://www.doc88.com/p-1085420547272.html.访问时间:2015-03-20.

(二) 合作危机与股权调整

苏州工业园区在1998—2001年调整期的各种故事,是在多种压力和因素的交织下发生的,事件本身也许对园区的发展进程有所影响,但个人的主观意图和个体努力在其中的影响力终究显得弱小,远非各种传说故事所描绘的那样成败攸关,牵一发而动全身。

此次危机引爆的诸多矛盾的结果之一,便是1999年6月28日,中新双方工作小组在新加坡签署《关于苏州工业园区发展有关事宜的谅解备忘录》(简称《谅解备忘录》)。双方商定:中新苏州工业园区开发有限公司于2001年1月1日起调整中新双方的股权比例,中方财团的股权由35%调整为65%,新方财团的股份由65%调整为35%,同时将苏州工业园区成片开发的大股东责任移交给中方。

2001年1月1日,中新苏州工业园区开发有限公司依据《谅解备忘录》正式调整中新双方的股权。4月1日,中新双方财团签署《股权转让合同》,新加坡—苏州工业园区开发财团以895.9898万美元的转让价格将其持有的公司30%股权转让给中国·苏州工业园区股份有限公司(中方财团)。

---

① 陈绍方.金融危机中的新加坡房地产业.中国房地产,1998(10).

依据该备忘录,新加坡只负责苏州工业园区第一期规划的8平方公里的开发工作,规划中其余70多平方公里的工业园开发由中国负责。(注:园区规划面积进行过一次调整,由70平方公里调整为80平方公里,除去新方负责的8平方公里,还有70多平方公里没有开发。)

中新合作陷入困境并最终发生股权调整,这一过程被坊间赋予了很多故事性;何况又有李光耀本人的回忆录资以佐证——这一记述因传者本人的政治家身份而被赋予了很高的权威性:

苏州市政府并没有信守承诺,对苏州工业园区全力以赴,反而利用同新加坡的联系,发展由市政府自己开发的另一个工业区苏州新区,同时操纵土地和基础设施的价格,使新区比园区更具竞争力。值得庆幸的是,大规模跨国企业大多更看重新中的合作,不惜承担更高的土地成本,选择到园区投资。所以尽管困难重重,园区仍然取得显著进展,在三年内吸引了百多个投资项目,外资总额接近30亿美元,每个项目的平均投资额居中国全国之冠。

……

事情到了1997年年中表面化,负责管理新区的苏州市副市长在汉堡对一群德国投资者说,江泽民并不支持工业园区,苏州新区欢迎他们来投资,他们不需要通过新加坡。他这么一说,我们一下子没了立足之地。我们为了同地方政府竞争,浪费了太多时间、精力和资源。

我在1997年12月向江泽民提出问题。他向我保证把苏州工业园区计划放在第一位,地方层次的一切问题都会获得解决。北京最高领导层的保证言之凿凿,苏州市政府却仍然一意孤行地推动新区计划同园区竞争。我们有理由相信他们已经是负债累累,不继续推展新区发展计划的话,财务困境就没法摆脱。[1]

---

[1] 李光耀回忆录. 转引自http://blog.sina.com.cn/s/blog_3eca6ab60100010u.html. 访问日期:2014-09-25. 另有解释认为,苏州工业园区虽然知名度大,但许多外商到了苏州知道工业园区之外还有一个新区,而新区也有自己的优势,比如地价比苏州工业园区便宜,并且新区也推出高效率的"亲商政策",比如凡外商向新区提出任何问题,三天不予答复即可视为同意。其实苏州新区的成立早于苏州工业园区,李光耀在中新项目选址阶段到苏州进行实地考察时新区已经在运行了。据苏州新区管委会办公室提供的一份资料,苏州新区依靠2 000万元人民币贷款启动发展,五年后基础设施已累计投入近30亿元,完成18平方公里的市政基础设施;全区域国内生产总值从不到500万元人民币增长到60亿元,财税收入从不到100万元增长到3.6亿元,出口创汇从无到有增长到8亿美元。这说明此一时期各开发区的增长背后有"系统性原因",并不仅仅是个别开发区的特例。该评论认为,李光耀"动怒"还有个原因,就是新区内的苏州国家高新技术产业开发区被选为中国亚太经合组织科技工业园区,向亚太经合组织成员特别开放。当时中国共有53个国家高新技术产业开发区,北京、合肥、西安和苏州四个国家高新技术产业开发区为首批。苏州工业园区后来也"增补"了进来。资料来源:http://bbs.tianya.cn/post-news-3625-1.shtml. 访问日期:2014-09-25. 关于"汉堡事件"的宏观背景,笔者已在第一篇进行分析。

但是,再英明的政治家也有其自身的认识局限和价值立场。后来者对此做研究,在重视上述表达内容的同时,也应该实事求是地指出其与金融危机之间的关联。主要在于:

一方面,1997年东亚金融危机发生后,原本要进行跨国投资的企业集团,尤其是受金融危机所打击的日韩企业,由于资金骤然紧张,连一些本已谈好的项目都不来了。金融危机发生后,无论在企业数量还是在资金上都以欧美企业的投资占多,但投资规模比危机发生之前大幅度降低。如图2-13所示。

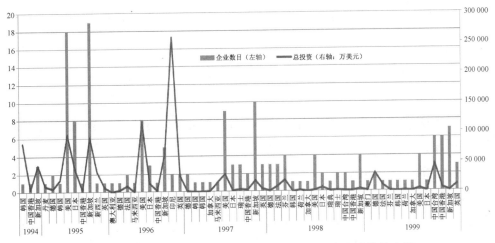

图2-13　1994—1999年苏州工业园区的入驻企业数目和投资金额

图2-13清楚地反映出:1997年东亚金融风暴之后的1998年,园区投资规模显著下降。

由于资金紧缺,投资企业对于园区基础设施成本的敏感性自然提高:

随着经济危机的冲击,跨国工业公司面临着突如其来的生产过剩,许多公司不得不缩减开支,按比例缩小现有的生产规模并推迟其原定的扩张计划。几乎所有的新加坡工业园区内的工业单位的需求量在1997年之后都持续走低。此外,尽管当1997年后苏州工业园区等工业园区迎来了新的投资者,但他们的投资规模也比早期的小得多,这也直接影响了园区的效益。①

李光耀提到中方的地方政府存在财务危机。诚然,20世纪70年代以来,政府遭遇财政赤字的现象在中国上上下下都是客观存在的,因而也可以说这是当年苏州地

---

① 刘云.中国工业园区发展策略及对策研究——基于新加坡与苏州工业园区的视角.对外经济贸易大学硕士论文,2007.

方政府扶持新区的原因之一。但本课题组在调研中访谈到的大部分当时在园区工作的受访者都认为,**中新矛盾的根源是 1997 年亚洲金融危机的爆发导致中新合资公司开发的土地不能按计划转让出去,现金流出现问题。**

当时尽管有欧美企业进驻园区,但是日本、韩国、印尼等有投资能力的地方因为亚洲金融危机没动静了,没有想象中那么多企业很快入驻园区。

土地开发好了,成本投下去,但制造业没有跟上,三产也就起不来,人气都没有,房地产怎么起得来? 只有投入没有回报,这才是问题的实质所在。

1997 年亚洲金融危机爆发,全世界受危机影响都很大。园区有很多已经谈好的项目都因此终止了。再加上新加坡方面对危机的前景预测比较悲观,认为需要较长时间才能走出危机的阴影;同时新方股东也有资金回笼的需求。①

李光耀在回忆录里还提到了地方政府主导的各开发区之间竞争的问题。无论其资料和说法是否可信,中国国内确实由于国内外宏观环境的巨大变化而发生了政策的重大调整。

正如在政策领域中发挥了较大作用的经济学家马洪所说的:"经济发展阶段和经济体制的变化实际从 90 年代中期就发生了,之所以没有很快在供求总量关系方面表现出来,主要是因为对外净出口的增长在一定程度上掩盖了供求总量关系的变化。我国 1995 年、1996 年、1997 年货物和服务净出口分别达 998.5 亿元、1 459.3 亿元和 2 745 亿元人民币,比上年分别增长 57.5%、46.1% 和 88.1%,占当年 GDP 的比重分别为 1.68%、2.1% 和 3.6%。**外需的扩大,使国内供大于求的矛盾得到一定的缓解**,经济模式的变化在总量关系方面的表现由此被淡化了。1997 年 7 月开始的东亚金融危机,对我国出口增长造成了严重影响,1998 年出口增长率陡降到 0.5%,**外需迅速收缩,必然使国内经济模式的变化引起的供求总量关系变化凸显出来。**"②

马洪先生对这种供求关系的重大变化做出的解释,在政治经济学教科书上被写作典型的"生产过剩"——1998 年,将因中国在工业资本快速扩张进程中遭遇引发第二次世界大战前的西方 1929—1933 年生产过剩类似的危机,而载入中国经济史。对此,海归经济学家林毅夫直接提出借鉴"罗斯福新政"的政策建议。中央宏观政策也由宏观调控"急刹车"改为积极财政"猛刺激",中央政府号召各地"大干快上",实现"保八"目标;各地开始恶性竞争,争相压低地价,甚至有的地方倒贴钱吸引项目,苏

---

① 来源:课题组对园区有关人员的访谈.
② 马洪,陆百甫.中国宏观经济政策报告.北京:中国财政经济出版社,1999.

州工业园区有很多项目被挖走了。

有关研究指出：

用大幅度削减地价的办法招商是不少开发区提高竞争力的法宝。苏州工业园区首期8平方公里做到了"九通一平"（道路、供水、供电、供气、供热、排雨水、排污、有线电视、通信和土地平整），每平方公里基础设施投入约4亿元人民币，远高于一般的开发区。基础设施建设的标准高，出让给外资企业的"熟地"价格自然就高，每平方米达60美元左右。但经贸局局长却不能随便降低地价来招商，因为有制度约束。苏州工业园区实行的是行政主体与开发主体分离的体制，行政主体不能干涉开发主体的商业行为，作为行政主体一部分的经贸局，自然不能随便降低地价以提高"竞争力"。[1]

以东亚金融风暴发生后长江三角洲各地对台资的"抢夺"为例。

台湾地区从1999年起，凭借多年政企协同努力而在全球IT产业第二梯队获得一席之地。但是，一个幅员过于狭窄的岛屿根本不可能自己化解随海外IT泡沫带动而快速上涨的地价和劳动力价格；于是，台湾地区率先走出岛门寻找要素价格低谷，通过英属维京群岛的分公司开始了在中国大陆的IT产业投资高潮，扩大IT产业集成和模块化生产基地，并以长江三角洲作为投资重点地区。

前文曾分析过为什么大的外资不去浙南，盖因外资无法解决与浙南个体小商业、小土地所有者的交易成本问题，由此映射出苏南的一个重要的比较制度优势。但这个比较制度优势，在苏南乃至个体经济不发达的上海，都是同样的，这些区域之间的引资竞争已经堪为激烈。

为了迎合台湾地区IT产业入驻，长三角各城市纷纷降低土地使用权转让价格，出台优惠税收政策。**就土地出让价格而言，苏州的地价原来是每亩20万元左右，昆山每亩15万元左右，但吴江、宁波和杭州则将地价直接压到了每亩5万元，无锡甚至每亩降到2万~3万元**，有些地方甚至提出免收土地转让费。迫于竞争压力，苏州将地价降至每亩15万元，昆山降至10万元（见专栏13）。而**苏州工业园区首期8平方公里的土地按照每平方公里4亿~5亿元的成本进行开发，单纯计算土地的投入产出的话，显然没有条件与周边其他地区竞争**。按上文所说开发成本以每平方米60美元计算，园区的土地出让价须不低于每亩4万美元，折合人民币30多万元，才能不亏本。台湾地区当年进苏州的红红火火，与苏州新加坡工业园区领导人"我们台资吸

---

[1] 孙艺兵.开发区管理模式的借鉴与创新——苏州工业园区的成功实践.行政论坛,1998(5).

引得不多"的冷静回忆形成了鲜明的对比,亦可想见当年苏州新加坡工业园区和其他当地工业园区发展速度的差异,及其给苏州工业园区的运营带来的压力。

由此导致新方对中国地方政府的不满和各种矛盾、误会也就在情理之中了。

专栏 13

台湾地区 IT 产业借东亚金融风暴之机落户长江三角洲

1999 年下半年开始,台商投资大陆进入第二轮高峰期,IT 业成为新一轮投资的重点,并且把投资的重点区域落在以上海、苏州、杭州、宁波为中心的长江三角洲。

2000 年,台湾地区 IT 产业的增长率为 18.1%,其总产值(硬件)的三成来自大陆,其中印刷电路、光碟机、扫描仪、主板等产业则超过五成。台湾地区 IT 产业投资的幅度明显增大,不论是发展印刷电路板还是发展笔记本电脑用的芯片,不论是在中心城市还是在其附近地区,数亿美元以上的投资已是较为普遍的现象,而且厂商追加投资的计划也雄心勃勃。2001 年,中国大陆第一家八寸晶圆厂在上海浦东张江高科技工业园区正式动工,这个项目由台湾地区宏仁集团投资 16.3 亿美元,创下了当时台商投资大陆之最。

2000 年,江苏吸引台资总额占全国的 45%,超过广东的 43%。历年累计台商投资总额,江苏达 200 多亿美元,也超过广东的 180 亿美元,仅苏州一市便吸引台资 120 亿美元,其中大部分投向了 IT 产业。

与东莞台商以生产计算机为主不同,长三角地区的台商以台湾地区的主打笔记本、PDA、手提电话形成的产业群体,以及在上海为核心的晶圆生产,与台湾地区的产业发展几乎同步,形成台湾地区接单—大陆生产—台湾地区出口结汇的模式。

长三角的台湾地区 IT 企业不仅投资规模大,而且集聚形成了产业链,其中上海的地位尤为重要,成为华东地区的龙头,并有条件形成国际协作网络。2000 年 4 月,大同电子科技江苏公司投产,生产电脑与监视器等,其协作配套厂台达成、英志、协益及力红等也都前往长三角配套生产。此外,出于降低成本、抢占大陆市场的共同目的,国际知名大公司与台商加强策略联盟的趋势日益明显。例如,全球最大的个人电脑供应商 COMPAQ 将笔记本电脑交由台湾地区英业达集团在上海生产。

利用长三角的科技力量与人才,在当地建立研发基地,也是台资企业提高竞争力的重要手段。许多台资企业,如宏电、神达、大众、名基等为充分利用大陆庞大的人力资源,纷纷在上海设立研发中心。比如,英业达集团、金宝集团在上海等地设立了软件开发中心,台达电在上海成立了台达电电力电子研发中心,大同江苏公司在吴江成立了信息研发中心。中国入世后，台商更进一步与复旦、上海交大等学术单位合作，加强研发基地建设。

2001年，苏州市GDP高达1 760亿元，增幅达12.3%。这与苏州成为全球的IT重镇、被称为"大陆新竹"密不可分。

从1993年明基和14家配套厂商打造苏州"IT产业生态系统"的雏形开始，台湾地区其他一些IT业的大型名牌企业，如生产扫描仪的全友、生产笔记本电脑的华宇、生产显示器的高创、大同和诚洲以及生产不间断供电系统的公司等，都先后带领其协作厂家进入苏州。到2001年年末，除了芯片之外，其他所有的IT零配件都能在苏州生产和配套；在苏州投资IT产业的台湾地区企业达500多家，台湾地区前20家最大的电子上市、上柜公司中已有14家落户苏州。苏州的小屏幕液晶显示器、压力传感器、电脑摄像探头、水晶振子、鼠标等产品已占据世界市场30%的份额。

为了迎合台湾地区IT产业入驻，长三角各城市纷纷降低土地使用权转让价格，出台优惠税收政策。就土地出让价格而言，苏州的地价原来是每亩20万元左右，昆山15万元左右，但吴江、宁波和杭州则将地价直接压到了每亩5万元，无锡甚至每亩降到2万~3万元，有些地方甚至提出免收土地转让费。迫于竞争压力，苏州将地价降至每亩15万元，昆山降至10万元。

资料来源：查志强. 台湾IT产业落户长江三角洲的研究："西进北移"的发展态势、动因与效应. 世界经济研究, 2002(5).

中国复杂的中央—地方政府关系以及地方政府之间的竞争，恐怕是弹丸之国的新加坡最缺乏的政治经验，尽管新加坡有成功地开发裕廊工业园的商业经验。

经济危机寒风之下的工业园区承受着巨大的资金压力，也使李光耀承受着国内巨大的政治压力。

1997年，东亚金融危机对中国的投资环境影响很大，适值园区开发规模最大的一年，当年的开发投资达10亿元，因此中新集团面临庞大的支付压力。为缓解资金压力，付款按50%现金、50%延期两个月支付。同时，园区采取分阶段对基础设施和土地开发施工的方法减少不必要的高额存货成本，并以8平方公里的土地使用权作为抵押，取得了由吉宝银行牵头的银团贷款，**1997年年底贷款规模为25.5亿元，资产负债率为84%**。①

---

① 资料来源：中新集团提供的资料《国家级经济技术开发区投融资模式研究——以CSSD在苏州工业园区的开发历程为例》.

从 1994 年开工建设到 2000 年,苏州工业园区平均每年经营亏损 1 500 万美元。这激起了新加坡反对派议员的反对和批评,一些议员甚至提出议案,要求新加坡政府向议会披露,该项目是否在亏损,"中国政府是否已经抛弃了该项目"。①

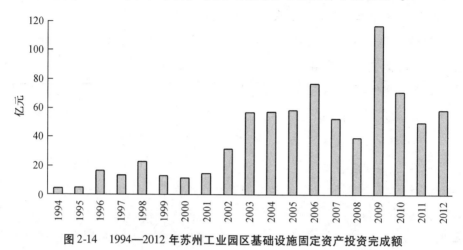

图 2-14 1994—2012 年苏州工业园区基础设施固定资产投资完成额

由于新方与中方重重矛盾与误会、投资预期悲观以及背负着国内巨大的政治压力,中新双方从 1998 年开始谈判股权调整问题,历时 18 个月,最后签订了前文所说的《谅解备忘录》,达成转股协议。

地价走低这一经济周期性因素,使得在中新双方股权转让的评估当中,工业园区所拥有的地产被估值很低,股本金亏损了 2/3 还多。因此,中方才可能以不到 900 万美元的现金(此外还有一定面积的土地),获得了新方转让的 30% 的股权——1996 年股本金是 1 亿美元,30% 的股权对应本金是 3 000 万美元。

新方的这个资产转让实际价格,远远低于当时中方的意愿价格——考虑到当时中国国内资金要素的稀缺性,即使是按照中方提出的"本金 + 银行利息"的偿付方案,中新合作对于中国来说也已经算是节省了大笔资金开发融资成本的"低价套息"。

中方人员关于转股方案的回忆明显带有中国的文化色彩,也表达了对于苏州工业园区成就、价值的认同与信心。而新方在股权调整过程中坚持采用资产清算过程,既体现了全体投资者共担风险的内涵,也体现了投资方最初的筹资方式就是内含"低成本退出"机制的。

我们提出"中国式"解决方案,就是中方将 3 000 万美元本金外加按照同期银行

---

① 王子昌. 新加坡发展模式的输出与借鉴:苏州工业园案例研究. 东南亚研究,2011(5).

存款利率计算的利息还给新方。而新加坡方面说,对我们提出这个方案表示理解,但是按照市场方式,按国际惯例,他们没法和 24 个股东解释,于是就否决了我们的方案。最终我们就按国际惯例,双方分别在新加坡和中国大陆之外找一家第三方公司,背对背评估。当时账目亏损,3 000 万美金的股本金评估下来只有 900 多万,损失了 2/3,两个公司评估结果一样。新加坡方面很硬气,说这是国际惯例,他们承认。最终就以 900 多万美金转让了 30% 的股权。①

课题组通过长期开展国际比较研究认为:**发展中国家在国际社会上通常是发达国家主导的制度框架的成本承担者**,因此,贫困问题是发达国家主导的制度成本向发展中国家几无底限地转嫁的结果,因而,全球贫困问题是"制度性致贫"。②

但从这次总结园区发展经验中所获得的情况则不同:新加坡作为发达国家,大比例地承担了在发展中国家因外部金融危机造成的信用影响。相对于"成本转嫁论",这是一个例外;但对于我们创新性地提出的"无风险资产作为内部化处理外部性问题的基础条件"这个理论规律而言,却完全不是例外。

中方作为项目的东道主,**极为稀罕地获得了一次符合金融资本流动性要求的制度结构的"正外部性"**:在资产清算制度下,对于资本市场上的投资者来说,新加坡方面是"低成本退出",投资者自行承担风险;**对于中方来说**,则因为过去"高投资"的主要部分沉淀为苏州工业园区的在地化资产,而成为园区下一阶段发展的"无风险资产"③;这些沉淀在土地上的成本,到 2003 年中国开始新一轮宏观经济景气周期,并且地价大幅度上扬之后,终于得以实现"高收益"。

也就是说,如果把园区的发展历程放到一个较长的时间区间来进行动态的分析,可以看出,这次股权转让**客观上利用了"通货紧缩"期间资产价格相对下降的时机,**因而有了一次**低价获得高值资产**的"抄底"的机会收益。这不仅是"套期保值"——人们可以借用这个概念来加深理解——而且是通过"套期"实现了大幅度的资产"增值"。

而**新加坡也相应地调整了其后的海外投资战略**,一改在苏州工业园区大量沉淀资金的做法,实行"轻资产"战略:

---

① 来源:课题组对有关人员的访谈。
② 董筱丹,温铁军. 致贫的制度经济学研究:制度成本与制度收益的不对称性分析. 经济理论与经济管理,2011(1).
③ 有关无风险资产在园区制度变迁中的作用的分析,课题组将在后续的理论专题研究中分析,本书不详细展开。

在2000年,新加坡政府决定通过改变其发展方向和目标来促进区域工业园区未来的发展。新加坡政府宣布,今后将不再直接对工业园区的投资负责,取而代之的是它将通过提供国家贷款或补贴鼓励新加坡的国有和私有公司从事该项目。这清晰地表明,新加坡政府将从"企业化国家"转变回"发展中国家"。换句话说,它不再寻求创造利润,而是希望进驻工业园区的新加坡企业的收益率能够刺激经济的发展。除了新项目之外,新加坡政府把其余所有现有项目的管理权移交给新加坡的国有或与政府相关的公司。①

行文至此,插一个表达经济规律与意识形态无关的例子。**通货紧缩时期资产价格低,有利于逢低吸纳;对于任何有实力的"强政府"而言,都是一个获取、积累其无风险资产的机会。**可以和园区在土地上"逢低进入"的经验类比的,恰是在意识形态上一度被划为极"左"的重庆。简单盘点重庆的发展历程即可知,时任常务副市长黄奇帆在经济萧条的2001年刚刚到重庆任职,就以极低的价格从各区县和亏损的国企手中吃进土地,这恰是重庆在21世纪凭借国资和外资重新崛起时的"第一桶金"。②

在苏州工业园区,新方将责任移交给中方之后,**中方以这一阶段形成的无风险资产为杠杆,撬动园区进入了一个新的快速发展的时期。**

一位园区领导者说:

《谅解备忘录》的签署,增强了投资者的信心,《谅解备忘录》里中国写了四个不变:中新合作目标不变,合作框架不变,合作的公司性质不变,对投资者的承诺不变。全世界就放心了,在门口等着的、关注着我们的企业,觉得谈判结果好,就纷纷要求进来。我们这时已经感到非常紧迫,基础设施建设跟不上,8平方公里不够用,所以赶紧向东扩张到金鸡湖70平方公里。这时我们想了一个办法,合资公司还是独家开发,**园区管委会从银行融资垫资代建,整个70平方公里"九通一平"全部通过政府的力量打开。**③

这段话在很大程度上表明,园区此后迅速扩张到超过规划的70平方公里面积、得到更快发展,至少部分原因在于中方政企合一的"政府公司化"制度运作。

那是本书要在第三篇论述的内容。

---

① 刘云.中国工业园区发展策略及对策研究——基于新加坡与苏州工业园区的视角.对外经济贸易大学硕士论文,2007.
② 中国人民大学课题组.重庆新事.北京:中国人民大学出版社,2011.
③ 来源:课题组对园区有关人员的访谈.

附件　中国1998—2001年的"输入型危机"①

1997—1998年中国遭遇输入型危机，其后出现了1999—2001年以通货紧缩为标志的经济萧条。究其原因，是1994年下半年开始的宏观调控延至1997年的"软着陆"，以及偶遇同年发生的东亚金融危机这双重作用的结果。而且，前者客观上成为后者的序曲。

中央政府于1994—1997年连续3年的宏观调控，促成内需下降和对外依存度上升的结构性重大变化：

从月度统计数据来看，1996年年初固定资产投资增速首次低于10%，全年增速降到20%以下；1997年上半年投资增速控制在15%以内，意味着宏观经济大体上告别了整体过热阶段。从年度统计数据看，固定资产投资的年增长率在1993年最高峰时为61.8%，1997年首次回落到10%以下(8.9%)；1993年投资对GDP的拉动率为11个百分点，贡献率为78.6%，1997年分别下降到2.1个百分点和18.6%（如图2-15、图2-16所示）。②

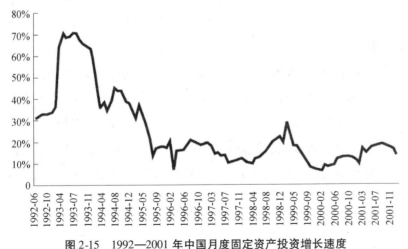

图2-15　1992—2001年中国月度固定资产投资增长速度

数据来源：中经网统计数据库.

---

①　本部分内容主要来自于温铁军等．八次危机：中国的真实经验1949—2009．北京：东方出版社，2013．本书作者是这本书中创作团队的主要成员，参与了全书框架设计、数据和资料搜集整理、书稿写作等工作。本书将1997年东亚金融危机引发国内经济危机的部分收入进来，意在为读者补充相关的宏观经济背景。为节约篇幅，本书中内容有所删减。

②　资料来源：中经网统计数据库.

图 2-16 1986—2008 年中国年度固定资产投资增长速度

数据来源:中经网统计数据库.

在投资需求下降的同时,对外出口连年增长。"我国 1995 年、1996 年、1997 年货物和服务净出口分别达 998.5 亿元、1 459.3 亿元和 2 745 亿元人民币,比上年分别增长 57.5%、46.1% 和 88.1%,占当年 GDP 的比重分别为 1.68%、2.1% 和 3.6%"[1]。这表明,在 1994 年开始的宏观调控和汇率改革的双重刺激下,出口已经取代投资成为中国经济增长的第一动力。

换言之,在国内还没有提出针对"三大差别"(贫富、城乡、沿海与内地)的战略调整之前,如果没有过剩产业资本向国际市场的大规模转战,中国国内的供求规模早就严重不平衡了。

始料未及的是,就在中国主流学问家们紧跟着风行于 20 世纪 90 年代发展中国家的所谓"世界银行共识"的制度变迁路径,热议着"经济市场化和政治自由化必然趋向于全球一体化"的时候,**1997 年下半年东亚突然爆发了金融危机。它对中国经济危机的诱发,恰发生在中国处于"告别短缺、进入过剩"的历史阶段性变化的紧要关头!** 这使刚刚形成的"必须加快对接全球化"的中央决策,被东亚金融危机带来的外需大幅度下降所压抑,在汲取全球化教训后进退两难(见图 2-17)。

对于马克思主义经典理论早就分析过的一般意义的"生产过剩",那时候的中国经济学家们不仅并未集体失语,而且还指出其与中国特色的宏观调控之间的相关性。中国政府决策咨询部门资深专家曾于 1998 年做出重大判断:中国开始从短缺经济进入本质上更符合其他工业化国家一般特征的产能过剩阶段。

---

[1] 马洪,陆百甫.中国宏观经济政策报告.北京:中国财政经济出版社,1999.

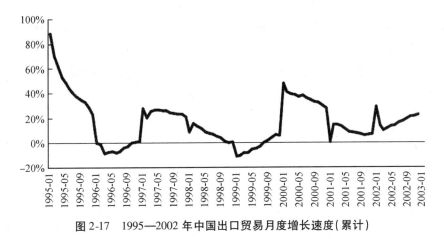

图 2-17　1995—2002 年中国出口贸易月度增长速度(累计)

资料来源:中经网统计数据库——海关月度库.

从经济增长环境方面看,外部有东亚金融危机的冲击,国内又发生了严重的洪水灾害;从经济发展和经济体制方面看,(中国)正处于一个重要的转折点上,**开始进入一个新的阶段,短缺特点趋于消逝,买方市场特点逐步突出,由此引起的供求总量关系变化**,以及结构性矛盾的暴露,使市场竞争加剧,企业经营困难突出;从经济运行方面看,**1993 年开始的抑制通货膨胀的经济政策,使需求总量增长速率逐渐降低,加剧了总量方面的矛盾**,经济增长因此开始进入比较明显的自发收缩状态。以上因素集中在一起共同作用,使 1998 年保持经济的稳定增长面临前所未有的严重困难。

经济发展阶段和经济体制的变化实际从 90 年代中期就发生了,之所以没有很快在供求总量关系方面表现出来,主要是因为对外净出口的增长在一定程度上掩盖了供求总量关系的变化。……外需的扩大,使国内供大于求的矛盾得到一定的缓解,经济模式变化在总量关系方面的表现由此被淡化了。1997 年 7 月开始的东亚金融危机,对我国的出口增长造成了严重影响,1998 年出口增长率陡降到 0.5%,外需迅速收缩,必然使国内经济模式变化引起的供求总量关系变化凸显出来。①

中国在 20 世纪末所发生的这种极为重要的经济结构阶段性变化,必然会使中国经济愈益直接受到外部经济波动的影响。特别是西方进入金融资本阶段以来,在加快推进依托强权的金融全球化的同时,辅以更多促进发展中国家金融深化的措施,这对中国的影响就更大了。

因为,从国际经济政治秩序演变的视角看:**自从 1971 年尼克松颁布政令废除美**

---

① 马洪,陆百甫.中国宏观经济政策报告.北京:中国财政经济出版社,1999.

元与黄金挂钩、1973年采取"浮动汇率"的货币金融政策以后,欧美国家在布鲁塞尔货币会议上通过了以提高净资本流动率来维持实际消费的办法,产业外移和外部资本收益的大量回流,根本性地改变了西方在产业资本阶段的危机性状。结果,欧美发达国家对发展中国家的剥削程度,远远超过20世纪50—60年代。

还因为,在对外完全开放的"自由市场经济"体制下,进入工业化进程但又遭遇资本严重短缺的发展中国家就会遭遇外部资本加快流入、以短期占有资源为目的的资本化;而追求资本市场流动性、以获取利润为目的的货币资本又是最不受国界限制的,这些投资一旦形成资本收益,抽逃就随时可能发生。

在20世纪90年代,步东北亚和东南亚的后尘,刚刚解体的苏联、经受剧变的东欧和正在扩张产业资本的中国,都相继纳入了因严重泡沫化而病入膏肓的西方货币体系,之后则循着这种规律,发生了外部资本的流入和流出所带来的一系列变化。

总之,1997年,在国内因宏观调控致使投资转向温和增长的态势下,东亚金融危机引发的外需下降直接导致国内发生了以萧条和通货紧缩为主要特征的经济危机。

如果1994年令国人闻之色变的关键词是"通货膨胀"——物价指数高达24.1%,那么在东亚金融危机影响下的1998—2002年的5年期间,描述中国宏观经济走势的关键词,则静悄悄地变成了普通百姓再也听不懂的"通货紧缩"。

从1997年10月算起到1998年12月,物价指数已经连续15个月绝对下降,这可是改革开放以来所没有过的现象。物价水平变化是商品和服务的供求关系变化的重要反映,从一定程度上反映了供大于求的总量关系格局的发展程度。①

因此,中国在20世纪90年代末以通货紧缩为特征的经济萧条,是一次因东亚金融危机而引发的典型的输入型危机。

面对这样一次典型的因外部金融风暴带来的输入型危机,中央政府的应对措施主要有以下几方面:一是强力进行金融领域的改革以防范风险;二是大规模增发国债投入基础设施建设以扩大内需;三是同步推进住房、教育、医疗诸多领域的产业化改革,以货币深化来带动国内公共物品消费的市场化增长。此外,中央政府还连续三次提高出口退税率,以加强中国产品在国际市场上的价格优势。这些措施虽然社会代价极大,但总体上防止了经济下滑,相对当年政策界简单化地概括的GDP"保七争八"政策目标而言,确实有效(见图2-18)。

---

① 马洪,陆百甫.中国宏观经济政策报告.北京:中国财政经济出版社,1999.

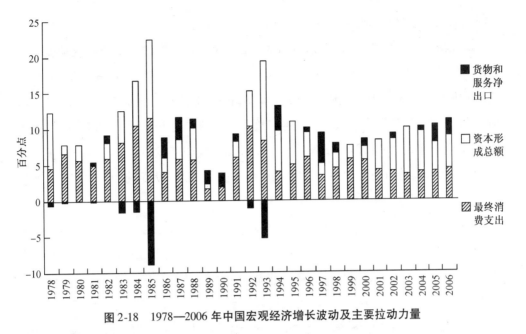

图 2-18　1978—2006 年中国宏观经济增长波动及主要拉动力量

资料来源：中国统计年鉴 2007．

此处仅对积极的财政政策——中央政府投资为主的基础设施建设——略做说明，有关金融系统改革等内容留待下文详述。

针对国内市场供求关系的变化和东亚金融危机对中国出口的影响，1998 年中央政府先后颁发了 3 号文件、12 号文件，提出了扩大内需的政策方针，并采取了一系列有关的具体措施。这样做，实际上已把 1993 年以来的适度抑制需求扩张的政策基调，转变到积极扩大需求的方向上来。① 接下来我们看到，扩大内需是借助财政这只手来实施的。

1998 年 3 月初，新政府换届之际就提出放松银行投资的"积极的金融政策"。但由于已经开始推进各地银行脱离地方政府干预的金融市场化改革，各地县级支行已经向省级银行上交金融权力，县本级只有 20 万元流动资金贷款批准的权力。因此，各地难以按照新一届政府指令大幅度增加银行投资。

在积极的金融政策难以奏效的情况下，从 1998 年夏季开始，中央政府连续实施"扩张的财政政策"。截至 2000 年，3 年中累计发行长期建设国债 3 600 亿元。② 这

---

①　作者注：1998 年年初的政策调整起因于当时分管外经外贸的李岚清副总理 1 月 6 日写给江泽民书记的报告，其中提到我国外贸在 1997 年 GDP 中约 4 个百分点的贡献度将受东亚金融危机影响而在 1998 年下降到可能不足 1 个百分点，他据此要求中央及早做出扩大内需、转变过度依赖出口的政策调整。该报告被江泽民书记批示，遂由刚在 1997 年宣布完成宏观调控、实现"软着陆"的朱镕基总理主持。

②　徐宏源. 2000 年中国宏观经济形势分析与 2001 年展望. 国家信息中心经济预测部. http://www.cei.gov.cn/template/economist/yth_source/zgjj2001010203.htm.

些国债的投向主要是用于大规模基础设施建设。

从经济实际运行来看,这次以政府为主的投资,对最终需求增长的推动作用是非常明显的。1998年投资中,国有单位投资增长19.5%,城乡集体投资下降3.5%,城乡个人投资增长6.1%。国有单位投资中,投资规模最大的是基本建设投资,占56%,在政府对基础设施等重大建设项目投资的推动作用下,增长率达20%;其他投资中,更新改造投资占21%,增长率为13.9%;房地产开发投资占17%,增长率为12.6%。综合其他分析可以认为,1998年是通过增加政府投资,扩大需求,防止经济增长率继续回落的一年。①

不仅在实施积极财政政策的当年,中国经济就比较成功地应对了出口需求大幅下降对经济增长的不利影响,在1998—2000年的三年相对萧条时期,国民经济都维持了"七上八下"的增长速度,而且政府投资还极大地改善了基本建设长期投资不足的制约局面,为下一阶段经济高速增长铺垫了基础。

这种**政府直接介入经济、通过追加国债投资拉动实体经济和同期大规模增发货币促进经济增长的做法,可以被认为是政府重新"进入"**。并且,在有效应对1997年那次"输入型危机"以后,"政府进入"成为抗御以外部输入因素为主的经济危机的基本经验。

尤其值得重视的是,这些政府**直接投资化解"市场失灵"的区域平衡发展战略,并没有因中共和政府的换届而改变,反而从1998年起一直延续了12年。国债带动的投资总规模在10万亿元人民币以上**。加上省级以下地方政府融资平台的投资,中国各级政府总计增加了大约20万亿元人民币投资。大规模增加投资不仅极大地改善了基本建设长期投入不足的状况,而且已经客观上成为中国以不变应万变地保住21世纪第一个10年长期高增长的主要手段。

不过,任何积极措施都有消极影响及不同利益集团的舆论反映。在政府国债项目带动全国各地总计20万亿元人民币投资、促进城乡统筹和减少区域差别的同时,一方面出现了**国债项目主要交由国企执行而客观上造成的"国进民退"**,遂在国内外引发"政府干预过多导致中国私有化改革倒退"的舆论声浪;另一方面**也造成以更多投资制造更大生产过剩的"粗放增长"惯性**,并且因实际上是在"用未来更大的过剩掩盖当前的过剩"而累积着更大的风险!一旦某个突发的不可抗因素(例如,能源运输通道被恶性事件人为破坏)阻断这种"高投资+高消耗+高对外依存度"的经济过程,整个国民经济将会随之陷入混乱。

---

① 马洪,陆百甫.中国宏观经济政策报告.北京:中国财政经济出版社,1999.

附表

表 2-6　1994—2013 年园区的欧、美、日、韩、新和中国港澳台等企业投资数目

单位:个

年份	美国	德国	其他欧美国家	新加坡	日本	韩国	中国台湾	中国港澳
1994	0	0	0	3	0	1	0	1
1995	18	2	3	19	8	1	0	1
1996	8	1	4	5	3	0	0	1
1997	9	2	7	10	3	2	0	2
1998	4	3	12	4	2	1	2	1
1999	4	2	7	7	1	1	6	7
2000	7	0	7	10	1	0	2	4
2001	9	4	4	25	10	1	30	6
2002	19	4	6	20	30	3	39	15
2003	18	9	21	28	24	6	23	11
2004	28	12	38	33	22	2	16	9
2005	21	8	32	18	18	4	16	12
2006	23	5	26	18	14	15	9	13
2007	30	10	25	17	13	18	23	39
2008	26	2	20	12	11	13	11	25
2009	19	2	14	12	10	12	4	33
2010	25	0	15	10	11	10	13	32
2011	17	8	23	12	17	13	12	32
2012	25	5	17	8	13	17	10	25
2013	14	6	14	2	14	15	7	24

注:其他欧美国家指美国、德国之外的其他西方国家。下同。

表 2-7　1994—2013 年园区的欧、美、日、韩、新和中国港澳台等企业投资规模

单位:万美元

年份	美国	德国	其他欧美国家	新加坡	日本	韩国	中国台湾	中国港澳
1994	0	0	0	45 121.00	0	81 000	0	4 650
1995	95 703	5 510	50 300	91 612.16	39 844	20 276	0	2 819
1996	116 765	2 275	36 410	64 330.00	14 025	0	0	1 800
1997	28 703	847	7 795	18 353.95	1 731	56	0	2 527
1998	1 809	520	30 611	3 033.47	6 070	24	875	1 000
1999	3 869	30 547	23 173	574.90	157	80	46 022	5 879
2000	5 488	0	19 203	2 780.50	13 500	0	7 000	11 588
2001	106 924	2 074	97 569	72 095.98	14 438	310	243 096	409
2002	35 664	16 602	3 900	9 728.31	7 1805	50 945	142 213	27 332
2003	20 823	127 311	79 911	29 544.08	50 025	8 056	45 409	24 158
2004	69 552	25 099	84 648	24 394.37	54 113	813	119 155	19 472
2005	13 071	7 031	39 978	54 743.21	41 473	4 218	40 969	66 847
2006	50 078	2 090	26 036	22 243.33	2 4585	15 750	37 594	13 700
2007	38 289	9 073	22 545	5 827.36	34 788	34 601	15 572	180 882
2008	17 784	3	2 768	40 752.23	5 925	1 214	1 370	36 235
2009	2 372	50	8 765	2 652.05	6 937	490	1 889	38 449
2010	11 850	0	20 649	1 065.98	8 757	2 256	32 197	20 025
2011	906	443	9 357	17 770.60	31 804	301 761	2 434	74 132
2012	3 847	642	401	456.76	9 703	339	350	66 468
2013	4 729	350	4 565	1 450.00	1 195	2 818	3 087	10 696

表2-8 1994—2013年园区的欧、美、日、韩、新和中国港澳台等企业累计投资规模

单位：万美元

年份	美国	德国	其他欧美国家	新加坡	日本	韩国	中国台湾	中国港澳
1994	0	0	0	45 121	0	81 000	0	4 650
1995	95 703	5 510	50 300	136 733	39 844	101 276	0	7 469
1996	212 468	7 785	86 710	201 063	53 869	101 276	0	9 269
1997	241 171	8 632	94 505	219 417	55 600	101 332	0	11 796
1998	242 980	9 152	125 116	222 451	61 670	101 356	875	12 796
1999	246 848	39 699	148 289	223 025	61 827	101 436	46 897	18 675
2000	252 337	39 699	167 492	225 806	75 327	101 436	53 897	30 264
2001	359 261	41 773	265 060	297 902	89 765	101 746	296 993	30 673
2002	394 924	58 374	268 960	307 630	161 570	152 691	439 206	58 005
2003	415 747	185 686	348 871	337 174	211 595	160 747	484 615	82 163
2004	485 299	210 785	433 520	361 569	265 708	161 560	603 770	101 635
2005	498 370	217 816	473 497	416 312	307 182	165 778	644 739	168 481
2006	548 448	219 906	499 533	438 555	331 766	181 528	682 333	182 181
2007	586 737	228 979	522 078	444 383	366 554	216 129	697 905	363 064
2008	604 521	228 982	524 846	485 135	372 480	217 343	699 275	399 299
2009	606 893	229 032	533 611	487 787	379 417	217 834	701 164	437 748
2010	618 743	229 032	554 260	488 853	388 174	220 089	733 361	457 774
2011	619 650	229 475	563 617	506 623	419 978	521 850	735 795	531 905
2012	623 497	230 117	564 018	507 080	429 681	522 189	736 145	598 374
2013	628 226	230 466	568 583	508 530	430 875	525 008	739 232	609 070

表 2-9 1990—2011 年新加坡宏观经济指标的变化（一）

单位:%

年份	GDP 增长率	人均 GDP （1990 年美元不变价）	GDP 平减指数 衡量的年通胀率	消费者价格指数 衡量的年通胀率	失业率
1990	10.11	11 845.41	4.38	3.460 753	
1991	6.49	13 190.72	4.14	3.425 702	3.3
1992	7.03	14 374.36	1.41	2.263 071	2.2
1993	11.48	16 569.59	3.45	2.289 3	2.1
1994	10.57	17 901.27	3.53	3.100 133	2.2
1995	7.28	19 707	2.83	1.720 534	2.2
1996	7.63	21 946.8	1.0	1.383 181	2.2
1997	8.51	23 147.49	1.24	2.003 586	2.0
1998	-2.17	20 786.51	-1.36	-0.267 5	3.5
1999	6.20	19 428.51	-4.78	0.016 71	3.8
2000	9.04	20 559.07	3.64	1.361 624	3.7
2001	-1.15	19 448.18	-2.22	0.997 198	3.7
2002	4.20	19 321.48	-0.88	-0.391 68	4.8
2003	4.58	20 520.06	-1.50	0.507 905	5.2
2004	9.16	22 735.04	4.38	1.662 727	4.4
2005	7.37	24 575.48	2.07	0.425 106	4.1
2006	8.62	26 306.46	1.99	1.020 916	3.6
2007	9.02	28 775.33	6.16	2.095 144	3.0
2008	1.75	29 254.71	-7.65	6.518 59	3.2
2009	-0.79	29 941.37	0	0.603 622	4.3
2010	14.78	32 836.61	8.53	2.8	3.1
2011	5.16	35 982.5	0.50	5.252 918	2.9

表 2-10 1990—2011 年新加坡宏观经济指标的变化(二)

单位:百万美元

年份	FDI 流入量	FDI 流出量	出口	进口	汇率(SGD/USD)
1990	5 574.749	2 033.787	52 730	60 899.1	1.812 533
1991	4 887.094	525.831 4	58 966	66 292.6	1.727 550
1992	2 204.338	1 316.967	63 472	72 171	1.628 967
1993	4 686.314	2 151.889	74 012	85 234	1.615 791
1994	8 550.189	4 577.07	96 825	102 670	1.527 444
1995	11 942.81	7 282.874	118 268	124 507	1.417 375
1996	11 432.37	9 196.406	125 014	131 338	1.410 041
1997	15 701.74	12 252.01	124 985	132 437	1.484 806
1998	5 958.652	3 544.156	109 895	101 732	1.673 602
1999	18 852.95	8 110.988	114 680	111 060	1.694 957
2000	15 515.33	6 650.27	137 804	134 545	1.723 963
2001	17 006.9	20 027.01	121 751	116 000	1.791 723
2002	6 157.244	−250.029	125 177	116 441	1.790 588
2003	17 051.45	3 113.57	159 902	136 218	1.742 183
2004	24 390.29	10 960.52	198 637	173 599	1.690 228
2005	18 090.3	11 589.28	229 649	200 047	1.664 398
2006	36 700.23	18 637.07	271 807	238 710	1.588 933
2007	46 929.93	36 897.29	299 307.9	263 155	1.507 102
2008	11 797.78	6 812.193	338 176	319 780	1.414 861
2009	24 417.64	17 703.69	269 832.4	245 785	1.454 515
2010	48 636.68	21 214.88	351 867.1	310 791	1.363 508
2011	64 003.24	25 227.46	409 503.4	365 770	1.257 776

注:2003 年之前的新加坡出口、进口数据不包括与印度尼西亚之间的贸易额。

数据来源:不变价格人均 GDP、GDP 增长率、按 GDP 平减指数衡量的年通胀率等指标数据由世界银行国民经济核算数据和经济合作与发展组织国民经济核算数据(World Bank national accounts data and OECD national accounts data files)直接或间接计算得到;按消费者价格指数衡量的年通胀率数据来源于国际货币基金组织国际金融统计数据库[IMF, International Financial Statistics (IFS)];FDI 流入量、FDI 流出量等指标数据来源于联合国贸易和发展会议数据库(UNCTAD database);进口、出口等指标数据来源于 WTO 国际贸易统计数据(WTO, International Trade Statistics);失业率、汇率等指标数据来源于世界银行世界发展指标数据库(World Bank, WDI database)。

第三篇 三驾马车:国资+外资+乡资

第二篇述及以美国IT业为主的"新经济"崛起带动海外资金回流美国、引发1997年东亚金融风暴之后的中国宏观形势及对于园区建设带来的变化。本篇接续解释这场危机对园区的影响。

新加坡由于身处这次东亚金融危机之中而势所必然地对其在园区的投资做出战略性改变——中新双方在协商股权转让时,新加坡方面希望中方承担更多的投资责任,这等于委婉地说新方要撤资。随之,当新加坡投资在园区形成的股本份额大幅度下降之后,则必然发生资本结构变化引发的园区治理结构等一系列重大改变。

据此,可以理解本篇把园区此后的发展经验归纳为第二次危机影响之下的"第三阶段"——由于东亚金融危机导致中新双方的投资结构发生重大改变,从而在园区发展内涵与治理结构上,都会进入一个新的阶段——治理结构调整刚刚完成就与2001年美国"IT泡沫崩溃"之后资金再次流出、发达国家面向全球进行产业布局不期而遇,遂形成园区"三驾马车"共同拉动的高增长局面:

一是国资,在这一阶段以土地开发、基本建设和地产经营为主,形成园区的基础设施等固定资产;**二是外资**,即外国资本前来进行产业投资形成园区的产业经济;**三是乡资**,即依托乡土社会在地化的各种资源、社区资产的资本化开发形成的乡土资本,这一点与李克强获得孙冶方经济学奖的论文中指出的中国三元结构里将长期存在农村工业部门的观点一致。① 课题组此前对苏南的研究指出,乡镇企业虽然直接

---

① 李克强在《论我国经济的三元结构》(《中国社会科学》,1991年第3期)一文中提出:中国传统经济中二元结构的特点,决定了我国不能走从传统农业社会直接转变为现代工业社会的发展道路,而必须经历一个农业部门、农村工业部门与城市工业部门并存的三元结构时期。农村工业部门是乡土资本的重要存在形式之一。

的资本化收益并不显著,却有效增加了村社理性;从园区经验看,其交易成本内部化的机制使得园区得以极大程度地降低土地开发过程中的制度成本。①

至今,园区一直表现为国资、外资与乡资这"三驾马车"相得益彰。

以下文字,徐徐述之。

一、外资撤离和国资替代的"惊险一跃"

园区在第三阶段的第一件大事,就是国内投资取代新加坡投资成为园区的主要投资者。这在当时可是"惊险的一跃"。

在任何一个搜索引擎网站,键入"外资撤离"四个字,会弹出上百万条搜索结果,都指向一个核心含义——**无论信奉任何意识形态的经济体,只要遭遇外资撤离,都会立即落入"债务陷阱",连带发生本国股市和汇率应声跌落,往往同步出现物价攀升、企业衰败等严重经济危机现象**!对应园区经验研究,在网络搜索中最先显示的通常都是最近——我们对苏州工业园区 20 年发展历程述要的 2014 年——发生的有新闻性的事件,再往后浏览,依然是 2009 年以后这部分的讨论占的比重最大。可见,中国并不能自外于发展中国家——2009 年全球经济危机之后,外资撤离就成了中国经济的"紧箍咒",时不时地让中国人本已紧张的神经再度绷紧。诚然,以其资源环境条件来说,中国难以承受突飞猛进、大干快上;但从社会环境来说,也难以承受经济大幅下滑带来的全面挑战。

最近这轮从 2007 年美国次贷危机、2008 年金融海啸肇始,进而在 2009 年扩展为全球危机的经济危机,及其对园区的影响,暂且留待在第四篇表述。人们之所以把"温故而知新"立为座右铭,乃在于**只要翻阅历史就会发现,外资撤离中国导致危机绝对不是新鲜事**。随着史料的逐渐丰富和学者们研究视野的拓展,明代中国改为白银币制之后先繁荣,但后来因美洲白银流入骤减而导致经济、社会、政治和边疆风险集中爆发,从而在短短几年内就政权覆亡,已经成为基本没有争议的历史教训。由此看来,外"资"已经如影随形地伴随了中国 500 年,无论其采取的是哪种外在形态,是货币媒介、主权外债还是外商投资。

新中国同样不能自外于这个历史过程。早在 20 世纪 50 年代,中国共产党执政还不满 10 年、新中国经济和政治根基尚未扎稳的时候,就遭遇了第一次外资陡然撤

---

① 温铁军等.解读苏南.苏州:苏州大学出版社,2011.

出——那是当时的苏联借助国家资本主义体制、以援助朝鲜战争军事工业建设为主、从1950年开始的对中国进行的产业资本输出,在50年代末中苏交恶之际陡然停止——随即造成中国深陷在1960年大危机造成的失业和萧条,及其后衍生的多次社会政治动荡之中。

另据中国各地官方花大价钱请来的西方学术界大师们后来的分析,21世纪以来中国吸引大量外国资本前来投资,一个重要的因素是外资利用中国物美价廉的劳动力;其实官方和大师们只不过没工夫多做些资料,这个劳动力要素中外价格之间的巨大差异50年代也有——当年,中国引进苏联一名技术工人支付的工资相当于中国的一位处长,一个苏联专家在拿中国工资的同时,还要每月领取出差补偿费用1 500～3 000卢布,数倍于中国中央人民政府的主席和副主席们的工资。

一般西方经济理论都认同自由市场原则,外资"进入"或"退出"发展中国家的确是"自由"的。外资进入带动的经济增长被广为推崇自不待言;问题在于资本进入造成的巨大对外债务压力和资本骤然退出造成的巨大制度成本及其引发的经济政治危机,却很少被纳入唯西方话语马首是瞻所编写的发展经济学教科书的内容。而在以邯郸学步为荣的发展中国家更少被学术界讨论的,是作为外来投资的东道主的发展中国家若在尚未完成资本原始积累、形成以内资替代外资的能力之际即遭遇外资撤出,势必诱发经济崩溃及其派生的社会动乱;与此同时,**外资撤离导致经济危机,甚至诱发政治危机,在所有发展中国家几乎都被自我诟病为"制度落后"**!在这种主流理论指导下接着上演的,则是以制度转轨为核心主题、却"各有各的不幸"的悲剧故事。其随危机爆发而演化的社会动乱往往被危机制造者冠以不同花色的"革命",反过来加强了其顺畅转嫁代价所需要的软实力。①

全球资本化时代,国民经济政治的宏观层面大致如此。但是,若非这次全球大危机造成的全球大反思,西方学术界发生比中国学者尖锐得多的批判思潮,那么,在中观、微观经济层面任何外资撤离会招致巨大经营风险的善意提示,对坚持市场理性的经济学者来说,都似乎有耸人听闻之嫌。的确,从微观经济学遵循的"看不见的手"的逻辑推理来说,标准的答案应该是"不一定",因为在市场条件下微观经营中的资本进出是资本经济的常态,资本进出自由也往往被作为市场经济的一个要件和发展中国家制度转型的取向。如果一个投资者撤出之后能被及时填仓,那就不会有太

---

① 20世纪70年代,中国借美国解除封锁之机先后提出"四三方案"和"八二方案",内容都是大规模引入西方设备,致使70年代末外债大幅度增加并引发了1979—1980年财政赤字危机,由此而不得不更多地倚重日本对华低息贷款的时候,也有过因日本提出中止贷款而调整国内政策的情况。例如,邓小平出面终结由党的十二届二中全会提出、被称为"二十八天半"的清除资产阶级精神污染的政治运动。

严重的后果;但如果撤资的多,增资的少,经营陷入困境恐怕就势所必然了。不幸的是,全球化资本进程中大量发生的教训表明,在资本极度稀缺的发展中国家,外资撤离后资本供给和缺口之间的不对称性也是非常明显的。

那么,据此来看园区的 2001 年,当新加坡方面随着股权结构的调整、撤出对园区高标准基本建设的投资责任之际,这个资金"深洞"被其他新进入者填补的可能性有多大呢?

前已述及,苏州工业园区刚成立时,从事基本建设开发的中新集团(CSSD)里中方占 35% 股份,那也是国家出面动员了 11 个国家级单位参股才出齐了资本金;全部资本金(连新方的资本金算在一起)占 CSSD 前后投资总额的 1/3 左右。若然,则中方的资本金占 CSSD 投资总额的比重只有 1/10 左右。①

而且,在一个系统性风险爆发的经济萧条时期,投资者因银行惜贷而难以获得融资支持,往往是带有普遍性的困局。

因此,**当新加坡停止投资时,苏州工业园区遭遇了第二次国内宏观经济危机带给它的又一次劫波**,用温和的话说是遇到了"资金瓶颈",直白地说,则是遇到了资本断流的严冬。——**对任何主体来说,无论宏观还是微观层面,资本断流都是一场危机。**

本书第三篇先来讨论苏州工业园区在 2003 年新一轮"输入型景气"来临之前,是怎么再一次实现"化危为机"、度过这场严冬的。

(一) 股权调整后的资金困局

2001 年 1 月 1 日,根据《谅解备忘录》中的有关条款,中新苏州工业园区开发有限公司(CSSD)之中新双方进行股比调整。调整后,中国财团占股份的 65%,新加坡财团占股份的 35%。同时,治理结构也根据资本结构而改变,中方承担起公司的主要管理职能和全部的投资责任,将全面负责园区的环境改造、基础设施建设、地面设施建设、招商引资等职责,新方则转向提供人员培训等辅助职能。

此后园区的发展经验过程证明,**这是在"输入型危机"——东亚金融风暴打击下在中国苏州发生的是一个"化危为机"的典型案例**,所引发的园区资本结构及其治理结构的相应调整,不仅是对园区发展具有新的战略意义的结构性重大改变,而且对

---

① 按总投资额 2.86 亿美元算,资本金占全部投资额的比例是 35%;按总投资 35 亿元人民币、人民币对美元的汇率为 8.27 算的话,总投资额达 4.23 亿美元,资本金所占比例是 23.6%,不到 1/4。还有一个说法是总投资达 44.32 亿元人民币。

海内外理解中国发展经验也具有典型意义。

不妨先把具体调整过程归纳如下。

为了增资收购 CSSD 30% 的股份,园区依托举国体制成立的中方财团,先后进行了两次增资扩股:第一次发生在 1997 年 7 月,中方财团的实体苏州工业园区股份有限公司股本总额由 7 200 万股增至 8 000 万股;第二次发生在 2001 年 3 月,苏州工业园区股份有限公司股本总额由 8 000 万股增至 13 000 万股,新增 5 000 万股由苏州市基础设施投资管理有限公司和苏州新区经济发展集团总公司 2 家新股东分别认购 3 000 万股和 1 000 万股,并由老股东苏州工业园区经济发展股份有限公司认购 1 000 万股。扩股后具体的股本结构如表 3-1 所示。

表 3-1　2001 年 3 月增资扩股后苏州工业园区股份有限公司的股本结构

股东成员	持股数额	持股比例
苏州工业园区经济发展股份有限公司	3 680 万股	28.3%
苏州市基础设施投资管理有限公司	3 000 万股	23.1%
江苏省国际信托投资公司	1 000 万股	7.7%
苏州新区经济发展集团总公司	1 000 万股	7.7%
中国华能集团公司	600 万股	4.6%
中国粮油食品进出口总公司	560 万股	4.3%
中国远洋运输集团总公司	560 万股	4.3%
中国东方信托投资公司	400 万股	3.1%
中国农业银行香港农银财务有限公司	400 万股	3.1%
中国化工进出口总公司	360 万股	2.8%
中国技术进出口总公司	360 万股	2.8%
中国长城工业总公司	360 万股	2.8%
中国节能投资公司	360 万股	2.8%
中央电视台	360 万股	2.8%
合　计	13 000 万股	100%

资料来源:李巨川. 苏州工业园区志 1994—2005. 南京:江苏人民出版社,2012:158.

对于园区的中方管理者来说,**比收购新加坡股权的资金需求更大的,是后续投资建设的资金需求**,尤其是宏观、微观两方面的原因都加剧了园区的融资困境。

按照国家开发银行对此给出的说法,一般的开发区都是先融资、再建园的"自下而上型"开发模式,而**苏州工业园区在 2001 年转股之后,却是先建园、再融资的"自上而下型"开发模式**;言下之意:通常的情况是,融不来资,则没有可能投资建开发区,有多少资金干多大事! 诚然,园区在新方主导的上一个阶段确实是先融资再建设的,然而在 2001 年 1 月 1 日中方正式接盘之际,在园区的存在已经是既定事实的情况下,融资就成了一个倒逼过来的刚性任务。

这个任务本来应该用"艰难"来描述。

虽然当年年末数据出人意料达到新高。从下文以及图 3-1、图 3-2 中我们看到,

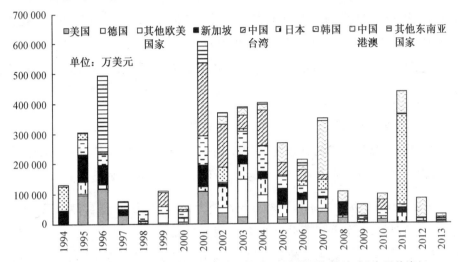

图 3-1 1994—2013 年苏州工业园区引进外资规模的周期性波动(合同外资)

资料来源:苏州工业园区经济发展局(以下数据图表如无特殊说明,均来源于此)。

注:1996 年、2001 年、2007 年和 2011 年苏州工业园区的外资流入有四个尖峰。1996 年是印度尼西亚金光集团两个项目共 25 亿美元的投资;2001 年中国台湾和舰集团通过英属维京群岛的子公司对苏州工业园区投资逾 20 亿美元;2007 年美国次贷危机发生后在人民币升值的预期下,大量外资借道中国香港进入大陆,总计超过 18 亿美元;2011 年韩国三星集团在苏州工业园区投资显示器生产,合同外资 30 亿美元。实际外资的流入的年度分布则相对均匀得多,但仍可以看出周期性波动。

图中,"其他欧美国家"是指美、德之外的欧美国家。"东南亚国家"是指除新加坡以外的东南亚国家。

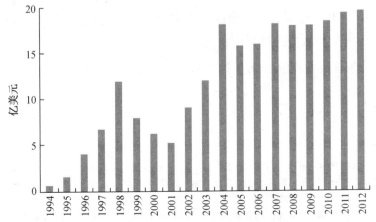

图 3-2 1994—2012 年苏州工业园区引进外资规模的周期性波动(实际外资)

2001年苏州工业园区事实上进入了一轮外资集中签约的新高潮,区域经济发展同时创造历史新高,据2002年年初发布的2001年度董事会报告公布:

苏州工业园区去年招商引资创历史新高,2001年共引进企业182家,吸引合同外资44.7亿美元,实际到账外资5.30亿美元。中新苏州工业园区开发有限公司(CSSD)2001年当年实现利润累计达到760万美元。整个园区实现国内生产总值180.2亿元,同比增长38%,财政收入24.3亿元,同比增长49%;工业销售产值367.5亿元;自营进出口总额达到37.88亿美元,其中出口额16.5亿美元。①

但这都是事后的数据。2001年年初的经济大幕刚刚拉开的时候,整个中国经济尚在1998年开始的4年"通货紧缩"期内;而园区面对的当然也是1997年以来持续4年的引资低谷。2001年2月,园区管委会所做的年度发展计划是谨慎的:

去年(2000年)苏州工业园区新增合同外资10亿美元,新增实际利用外资6.3亿美元,今年,园区将加大招商引资力度,实现新增合同外资15亿美元,实际利用外资力争达到8亿美元。更主要的是,园区将有可能落户一批"旗舰"项目,加速半导体、生物制药等高科技产业的聚集,商业等三产项目也有望获得突破。以前园区较受欧美、日本等客商青睐,今年开始,将力促台资更大规模地进入。

苏州工业园区实际利用外资已达38亿美元(累计数),大批项目投产,去年(2000年)实现国内生产总值130.5亿元,同比增长75.4%,其中高新技术产业占的比重超过七成。②

在计划中,2001年新增合同外资的目标只有15亿美元,不仅大大低于2001年年终实现的约45亿美元,而且还被认为是要"加大招商引资力度"、"力促台资更大规模进入"才能达到的。就园区经济来说,因为前几年进来的企业陆续开始投产,所以国内生产总值增长速度很快,已经形成一定税收,但基数仍然很低(见图3-3)。园区管委会谨慎提出引进外资目标,表明当时对输入型波动是自觉认知的。

---

① 苏州工业园区. CSSD确定2002年工作目标. http://www.sipac.gov.cn/tbtj/fx1/200402/t20040223_4756.htm. 访问时间:2014-10-15;苏州工业园区网站. 园区区域经济创历史新高. http://www.sipac.gov.cn/sipnews/jwhg/2002yqdt/200411/t20041128_8558.htm. 访问时间2014-10-15.

② 苏州工业园区. 苏州工业园区铆足劲上新台阶. http://www.sipac.gov.cn/sipnews/jwhg/2001yqdt/200409/t20040927_7680.htm. 访问时间2014-10-15.

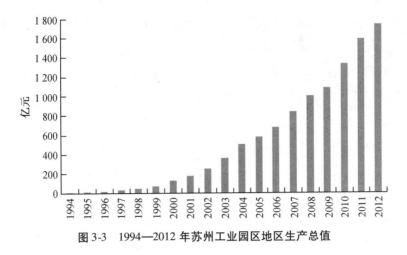

图 3-3　1994—2012 年苏州工业园区地区生产总值

21 世纪的经济景气周期来临前的 2001 年年初,正可谓"黎明前的黑暗"。此时,中国的宏观经济仍然处在低谷中,图 3-4 表明了 1999—2000 年的经济萧条情况:消费增长贡献率下降,出口增长贡献率微乎其微,中国只有靠国债投资显著增加来稳住经济增长。2000 年最终消费支出对经济增长的贡献度为 5.5 个百分点,资本形成的贡献度为 1.9 个百分点,净出口的贡献度为 1.0 个百分点,这表明经济增长的主要力量还是国家财政性和政策性投资,社会投资和外资投资还处在低谷中。

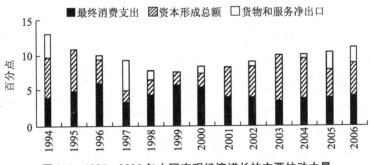

图 3-4　1994—2006 年中国宏观经济增长的主要拉动力量

资料来源:中国统计年鉴 2007.

就当中国处在这个被经济理论界称为"四年通货紧缩(1998—2001 年)"而普遍遭遇经济困难的时候,苏州工业园区却陡然进入高增长,值得认真关注。不过,这要放到第二节去分析,下文仍将继续分析园区在 2001 年年初的困境。

2001 年国内普遍遭遇融资难、投资低的另一方面原因,在于国有银行商业化改革进程中暴露出高比例的不良资产——1997 年 11 月中央金融工作会议下了"壮士断腕"的决心促使银行改制,到 2001 年时,中国的银行系统正在商业化改革的"深水区",最关键的一步是如何剥离不良资产。

故事的缘起是:20世纪80年代,中国开始的地方工业化进程中①,各地国有银行干部的任免和管理权附属于地方政府,在地方政府公司化竞争的驱使下,各地政府凭借权力直接干预银行的资金投放,要求银行服务于本地的经济发展,这使得单个项目的投资质量很难得到保证,大量项目都是跟风上马,一旦项目失败,就沉淀为银行的呆坏账——也就是说,**国有银行事实上成为地方工业化风险的集聚地**,这个风险单靠银行的风险准备金是很难覆盖的。②

于是,当中央政府1997年在金融危机的巨大风险面前启动强制性制度变迁——**银行商业化改制的时候,国家所承担的巨额不良贷款,实际上是国有银行系统替地方政府承担工业化的制度成本的货币表现**。

当时,中国银行业的不良资产率,即使与东亚金融危机爆发前的东南亚国家相比,也是远远超出的。**在金融危机爆发之前,马来西亚商业银行的不良资产比率为6.4%,泰国为7.9%,不良资产比率最高的印度尼西亚也不过为17%**③,而**2000年年末中国国有独资商业银行不良贷款占全部贷款的比例为29.18%**,2001年年末不良贷款虽较2000年有所下降,但也达到25.37%。

也因此处置不良资产成为银行业改制的首要任务。1997年年底国家召开全国金融工作会议,1998年发行2 700亿元特别国债补充国家国有商业银行资本金,同时对贷款进行分级。1999年相继成立信达、长城、东方和华融四家金融企业,分别对应建设银行、农业银行、中国银行和工商银行,收购处理他们的不良资产,将其从相关银行剥离出来。

2002年对于不良资产的处置是历年来最快的一年。按照中国人民银行的要求,工、农、中、建四大国有商业银行必须在2005年之前将平均不良资产率降至15%,每年下降3~5个百分点,这并不是一个轻松的任务。中国银行上半年通过拍卖收回现金157.03亿元,使不良率下降了2.28个百分点。根据央行提供的数据,**到2001年年底,四家国有独资商业银行贷款为7万亿元,不良贷款为17 656亿元,占25.37%**,

---

① 温铁军.百年中国,一波四折.读书,2001(3);温铁军等.专题报告二:"从中央政府公司主义"到"地方政府公司主义".解读苏南.苏州:苏州大学出版社,2011.

② Roland(1998)认为,在政府职能尚未实现成功转型之前,地方政府的财政体系往往无力继续承担国有企业软预算约束支持体的角色,也不足以提供弥补计划经济时代地方基础设施、公共服务体系严重不足所需的建设资金。巴曙松等(2005)认为,在地方治理与银行改革方面,突出地表现为地方政府在自身改革的不同阶段,从自身利益出发,利用银行改革中的制度缺陷,不断改变对银行金融资源的争夺方式,由初始的直接行政干预到对银行决策施加影响,对货币政策的有效传导和金融微观主体的经营产生了深远的影响。参见刘牟伊阳.国有银行商业化改革及未来趋势.对外经济贸易大学硕士论文,2012.

③ 王丽娅.关于国有商业银行产权改革模式的思考.金融与保险,2001(11).

这其中有 6 000 多亿元已经成为实际损失。而这还是在剥离 1.4 万亿元不良资产①给四大资产管理公司之后的数字。②

从国内金融体系不良资产比重远甚于东亚金融风暴发生时各国银行水平、国家主导的**银行改革正在改革深水区且风险意识加强的情况看,苏州工业园区本来与国内其他地区一样,也几乎没有进入高增长的可能性。**

但当年的园区却在中国宏观经济总体上还处于通货紧缩的时候,出现了超乎寻常的高增长。

任何人都会问:原因何在?

(二) 政策性开发金融的进入与操作机制

1. 无巧不成书的"信用替代"

在上述形势下,信誉虽然很好但缺乏有效质押资产的苏州工业园区,显然难以按照一般的融资方式,从国内的商业性银行获得贷款;而处于以实体经济为主的发展中国家,客观上还很难复制新加坡的方式到国际资本市场上去融资。诚然,按照一般信贷标准,大多数发展中国家和国内欠发达地区都存在信贷瓶颈的限制。

就在这个当口,国家政策性银行的进入,对于苏州工业园区来说诚可谓"雪中送炭"。说到具体过程,还有一点"无巧不成书"的感觉。

说巧,是因为课题组注意到,在标志着国家开发银行启动对苏州工业园区授信的金鸡湖贷款签字仪式的新闻报道中,有这样一个细节介绍:"国家开发银行副行长杨晓堂……"(见专栏 14)在课题组做苏州工业园区发展历程的梳理中,这个名字不止一次这样被提到——"中共江苏省委常委、江苏省副省长、苏州市委书记杨晓堂……"在查阅资料后得知,杨晓堂 1998 年离开苏州后,出任国家开发银行党委副书记、副行长,2002 年出任中国电子信息集团董事长,并在电子信息集团董事长任上退休。而苏州工业园区得到国家开发银行金鸡湖项目贷款的 2001 年,正是杨晓堂担任国开行副行长。

不过,无论杨副行长是否在国开行对园区的贷款上真正起过桥梁纽带作用,**这个开发性基本建设贷款的运作,客观上具有助力园区改出"小规模、慢增长"的同时**,

---

① 张杰. 中国国有金融体制变迁分析. 北京:经济科学出版社,1998.
② 资料来源:徐铸. 我国国有银行商业化改革研究. 辽宁师范大学硕士论文. http://www.doc88.com/p-4827071198102.html;刘牟伊阳. 国有银行商业化改革及未来趋势. 对外经济贸易大学硕士论文,2012.

促进"总地租"在园区形成的双重作用。

对于这个经验过程怎么评价都不过分,它的确值得后人学习借鉴。

专栏 14

国家开发银行金鸡湖环境治理项目贷款签字仪式

2001年4月29日,国家开发银行金鸡湖环境治理项目贷款签字仪式在苏州工业园区国际大厦举行。国家开发银行副行长杨晓堂,苏州市委书记陈德铭,市委常委、副市长、园区管委会主任王金华等出席了签字仪式。根据协议,国家开发银行将为金鸡湖环境整治项目提供5亿元人民币的长期贷款。

金鸡湖环境治理工程是园区城市基础设施建设的重要项目之一,由世界著名景观公司美国EDAW公司进行设计,建成后,将成为一个集旅游、水上运动、文化娱乐、调蓄排水等综合功能于一体的高标准、现代化的城市公园型湖泊。

金鸡湖水面面积7.38平方公里,比杭州西湖大1.8平方公里。治理工程水陆总面积为9.43平方公里,其中陆地面积2.05平方公里。主要内容一是以整治环湖区域环境为主的陆地环境治理工程,二是围绕改善水质为目标的水环境治理工程。工程项目力争在三年内完成,总投资估算为10.26亿元。

目前工程已取得阶段性成果,其中八大功能区之一的"湖滨大道"已基本完成并形成景观,"城市广场"也于去年(2000年)年底启动建设;其他功能区进入设计阶段。金鸡湖环境治理工程项目的实施,对于改善沿湖区域环境、推动园区二、三区开发建设、促进园区快速发展和全面繁荣具有十分重要的意义。在此工程的带动下,园区的房地产市场兴旺,房产销售率超过95%,沿湖地价不断攀升。

签字仪式前,陈德铭、王金华分别向杨晓堂一行介绍了苏州市和园区建设发展的情况。

资料来源:苏州工业园区网站.国家开发银行向金鸡湖项目贷款5亿元. http://www.sipac.gov.cn/sipnews/jwhg/2001yqdt/200409/t20040927_7638.htm. 访问时间2014-10-15.

客观来看,这件事情中也有很强的必然性:苏州工业园区项目启动时,就是依托举国体制进行股份筹资;当建设融资的重任落到中方肩上时,**在宏观经济萧条而不良贷款占比过高的商业性银行又不得不以降低不良率为首要任务时,由国家开发银行这样为国家战略性投资提供融资支持的政策性银行**(见专栏15)给园区以信贷支持,也是势所必然。

亦即,面对宏观经济进入通货紧缩时期和东亚金融危机新加坡撤资的双重压力,也只有国家政策性金融机构以长周期的大额贷款投入于园区的基本建设来体现国家信用对市场信用的替代作用,才能帮助苏州工业园区熨平经济波动,维持园区初创时期以"举国体制"形成的"高制度"路径。

专栏15

国家开发银行的成立与使命

1993年夏,面对经济过热的局面,朱镕基副总理制定的"铁血十六条"宏观调控措施中,其中一条就是成立政策性金融机构,与商业性金融机构分开。国家开发银行就是经国务院批准于1994年成立的政策性银行之一。

国家开发银行注册资本500亿元人民币,主要职能是向符合国家经济发展和产业政策的重点项目提供融资。业务范围包括:向国家基础设施、基础产业、支柱产业的大型基本建设和技术改造等政策性项目及其配套工程发放政策性贷款业务;建设项目贷款的评审、咨询和担保业务;外汇贷款业务;承销有信贷业务关系的企业债券及经人民银行批准的其他业务;等等。①

自1994年成立以来,国家开发银行有力地支持了国家基础设施、基础产业、支柱产业等重点领域建设,在支持经济社会发展中发挥了重要作用。开发性金融运作的主要特点有:促进投融资体制改革,积极开展金融创新和金融合作;构造信用结构,积极"铺路"、"搭桥",引导社会资金投向;把融资优势与政府的组织优势相结合,专注于长期、基础性投资,用建设市场的方法实现政府的发展目标,弥补短期放贷的结构性不足。②

以2013年为例,国家开发银行全年发放城镇化贷款9 968亿元,占当年人民币贷款发放的65%,发放铁路贷款1 139亿元,发放保障性安居工程贷款1 628亿元,同业占比60%,其中棚户区改造专项贷款1 060亿元;新增中西部和东北老工业基地贷款3 943亿元,发放新疆、西藏及四省藏区贷款773亿元;发放战略性新兴产业贷款2 417亿元,文化产业贷款444亿元。积极促进民生领域发展,发放农业贷款345

---

① http://www.cnstock.com/ssnews/2003-07-16/wuban/t20030716_437845.htm.
② 百度百科.国家开发银行. http://baike.baidu.com/view/34061.htm?fr=aladdin. 访问时间:2014-10-15.

亿元;发放水利贷款683亿元;发放扶贫贷款2 221亿元;发放助学贷款125亿元,支持家庭经济困难学生221万人次;发放中小微企业贷款1 038亿元;发放应急贷款80亿元,有力地支持了芦山、雅安抗震及其他救灾工作。

截至2013年年末,国家开发银行总资产8.19万亿元,不良贷款率0.48%,连续35个季度控制在1%以内;实现净利润799亿元,资本充足率11.28%,可持续发展和抗风险能力进一步增强。

资料来源:百度百科.国家开发银行.http://baike.baidu.com/view/34061.htm?fr=aladdin;2003年苏州工业园区地产经营管理公司企业债券发行公告.http://www.cnstock.com/ssnews/2003-07-16/wuban/t20030716_437845.htm;国家开发银行网站.2013年经营情况综述.http://www.cdb.com.cn/web/NewsInfo.asp?NewsId=78.访问时间:2014-10-15.

从2000年到2006年,国开行先后向园区承诺了四期贷款,累计承诺额194.11亿元,累计发放额134.5亿元,占此期间园区基础设施建设累计投资的1/3(见专栏16)。

专栏16

2001—2006年国家开发银行对苏州工业园区的四期贷款

第一期贷款——介入金鸡湖治理,恢复信心

金鸡湖治理是园区开发的一道难题,没有直接的经济效益,但是环境的改善对促进园区招商引资和持续发展、培育长期资金流,具有极大的推动作用。于是,2000年国开行在园区发展的"关键时期、关键领域、关键项目"上贷款4.9亿元①,经过环湖截污、引水排水、生态治理、湖周绿化、湖底清淤、湖水净化等各项治理措施,使金鸡湖成为全国最大的城市湖泊公园,提升了园区整体形象,为园区的长远发展奠定了基础。

第二期贷款——园区二、三区基础设施建设,形成融资平台

2000年,园区计划进行二、三区基础设施建设,但此时没有一个接受贷款、推进建设和履行还款的商业性机构。经过双方反复研究,最终创造出一种崭新的制度安排:政府设立商业性借款机构,使借款方获得土地出让收益权,培育借款人"内部现金流";同时通过财政的补偿机制,将土地出让收入等财政性资金转化为借款人的

---

① 作者注:贷款于2000年发放,签字仪式在2001年举行。中新双方股权转让协议签订后,中方就开始在对外合作和招商引资中担任比较积极的角色。

"外部现金流",使政府信用有效地转化为还款现金流。2000年,园区"地产经营管理公司"成立,下设苏州工业园区土地储备中心。2001年国开行向地产公司承诺20亿元贷款,园区二、三区在30平方公里建成区达到"九通一平"的国际水准,使滚动开发顺利展开。

第三期贷款——配套功能园区的建设,实现效益的综合平衡

在基础设施全面建设的同时,园区土地开发、产业引进、招商引资等各项事业全面发展。2003年,国开行向园区承诺贷款102亿元,分别用于独墅湖高教区、国际科技园、现代物流园、商贸区以及高科技创业投资等领域,全面支持园区形成"一区多园"的开发体系,完善了功能配套和科技服务的软环境,增强了园区的科学发展能力和国际竞争力,推动园区内各功能区的效益综合平衡,协调发展。

第四期贷款——提升园区整体功能效应,实现可持续发展

为缓解苏州南部交通紧张状况,提升园区城市整体功能效应,增强城市集聚辐射能力,2006年园区实施南环快速路东延工程项目,国开行承诺贷款15亿元。2007年实施了阳澄湖区域基础设施工程项目,国开行承诺贷款30亿元。

国家开发银行2001—2006年四期贷款的汇总表如下。

表3-2 2001—2006年国开行对园区的融资支持情况

单位:亿元

阶段	年份	项目名称	承诺额	2006年末余额	存在问题	解决措施
第一阶段	2000	沪苏口岸项目	1.41	0.9	项目没有任何直接的经济效益,投资前景不确定	充分论证,培育长期资金流
	2001	金鸡湖环境治理工程	5	0		
		园区二、三区基础设施建设项目	20	10.9		
第二阶段	2003	高科技创业贷款项目	20	11	不具备一个接受贷款、推进建设和保证还款的规范的商业性机构	设立融资平台
		园区二、三区基础设施建设增贷项目	35	30		
第三阶段	2004	独墅湖高等教育区基础设施项目	9.7	7.5	园区功能不完备,招商困难	帮助园区形成了"一区多园"的开发体系
		国际科技园二、三区基础设施项目	7	4		
		现代物流园区基础设施项目	2.5	2.5		
	2005	基础设施完善工程	48.5	35.543		

续表

阶段	年份	项目名称	承诺额	2006年末余额	存在问题	解决措施
第四阶段	2006	南环路东延工程	15	7.5	苏州南部交通紧张状况	推进苏州工业园区城市化进程
		阳澄湖基础设施项目	30	0		
		贷款合计	194.11	109.843		

资料来源：国家开发银行.苏州工业园区融资建设模式案例——评二局案例〔2007〕016号,内部报告.

课题组继往对于中央—地方关系的研究指出,公司化的**地方政府只能承担有限责任,宏观风险只能上交**。园区第二次"化危为机"还是要靠国家信用的经验过程再次证明这一点。内含国家主权信用的国家开发银行客观上替代了遭遇东亚经济危机而撤走的新加坡外资,成为名副其实的园区开发建设的主力银行①。

我们的分析,被调研中搜集到的资料所证明——国家开发银行的信贷部门在后来的案例总结中很有政治高度地写道：

国开行的进入,代表了中国政府对中新合作的努力,增强了各方对园区建设前景的信心,迅速破解了基础设施建设的资金"瓶颈",有力地支持了园区的持续发展。②

课题组依据对以上投资内容的分析认为,国家开发银行"**代表中国政府对中新合作的努力**"而与苏州工业园区的结合,使园区在**20世纪90年代后期面临短暂的地方政府争相压低地价吸引数量有限的外资的恶性竞争之后,又回到了"举国体制"的发展路径上**。作为国务院直属的政策性金融机构,国家开发银行在资本市场上为融资所发的债券,信用级别等同于国债。

随着国家开发银行的信贷进入,园区二、三区基础设施建设的项目得以迅速展开,为接下来的外资大规模进入提供了充足的场地。自2002年以后,园区实际利用外资总量在全国所占的比重开始上升,于2004年达到2.99%的峰点(见图3-5)。这一比重刚好等于苏州工业园区土地面积占全苏州市面积的比重。

有关数据清晰地表明,园区从2001年即走出低谷。这比一般开发区早了一年。

---

① 资料来源：http://www.mip-yk.com/detail.jsp?article_millseconds=1226636774109&column_no=060105.

② 国家开发银行.苏州工业园区融资建设模式案例——评二局案例〔2007〕016号,内部报告.

随后是随着中国宏观经济进入复苏和高涨而搭便车地实现了连续3年的高增长,直到2004年中央针对经济过热再度提出宏观调控。

图 3-5　1994—2009 年苏州工业园区实际利用外资占全国的比重

2. 依托总地租的"银园合作"创新

诚然,园区前后两种依托"举国体制"的重大差别也需要指出。

在中央直接出面组建园区开发公司的中方财团中,**央企类似于中央政府的"第二财政"**①,**央企出资持有苏州工业园区的股份,对园区来说,属于不以投资回报为衡量依据的财政性融资**。而与国家开发银行的合作,则属于金融融资,尽管贷款周期比较长,但仍然需要满足资金回流的要求。

也就是说,**与新加坡面向国际资本市场进行"直接融资"不同,园区面向国有银行的"间接融资"需要还本付息**,即使政策性的国开行也不例外。因此,金鸡湖环境治理工程贷款并不是公益性贷款。但这样一个基础性市政工程,拿什么来还本付息呢?

国家开发银行在案例报告中的解释如下②:

园区的基础设施建设规模大、周期长、周期性风险大,比如园区二、三区基础设施建设总投资约180亿元,投入期为3~5年,回收期为10~15年。从项目现金流看,初期投入很大,后期通过土地出让、政府税收等进行平衡和弥补,呈现"现金流前低后高、收益不在当期、当期损益性不平衡"的特点。由此可以看出,园区开发成功的关键在于具有完整的融资规划和融资操作平台。

---

① 重庆市市长黄奇帆曾说,重庆能够大量投资于基本建设和民生工程,是因为有八大国有投资建设集团("八大投")作为重庆市政府的"第二财政"。苏州的机制与此相当,故借用这一说法。

② 国家开发银行.苏州工业园区融资建设模式案例——评二局案例〔2007〕016号,内部报告.

作为主力银行,国开行巨资为园区提供中长期信贷,是基于以科学发展观为指导,在长期的探索中,总结了园区公共设施融资的规律,并找到了基于土地升值的现金流覆盖信贷的风险控制方法,这一原理如图3-6所示。

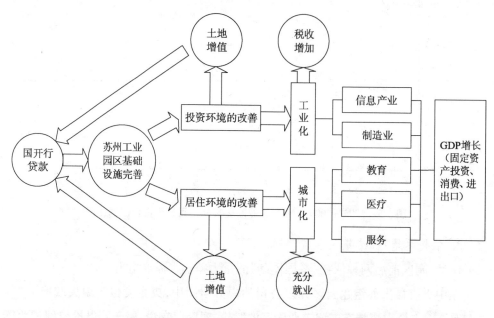

图3-6　国家开发银行信贷创新原理:基于土地升值的现金流覆盖

依据这一原理,国开行详细测算园区发展中的财力变化,据以制定可行的融资规划;在融资总规划的基础上,每年定期对园区的信用能力和意愿进行评审,对财力增长、土地增值、税制变化等因素进行充分调研及预测,不断调整园区的总体授信额度。将总体贷款规模控制在总授信额度之内,实现了业务发展与风险控制的协调统一;未来园区财力能够很好地覆盖应收贷款本息,确保了其在高速发展的同时不会受到归还银行贷款的掣肘。

同时,国开行严格控制政府性负债规模。目前较为通用的检测标准主要包括负债率(反映一个地区国民经济状况与政府性债务相适应的关系,警戒线为10%)、债务率(反映一个地区当年可支配财力对政府性债务余额的比例,警戒线为100%)、偿债率(反映一个地区当年可支配财力所需支付当年政府性债务本息的比例,警戒线为15%)。从表3-3可以看出,园区近年来在国开行信贷支持下,各项财政负债指标均保持了较好的水平。

表 3-3　2003—2006 年苏州工业园区的三项财政负债情况

年份	负债率	债务率	偿债率
2003	1.5%	25.3%	0.6%
2004	3.2%	62.1%	0.6%
2005	6.0%	73.8%	0.4%
2006	5.4%	65.2%	1.7%

按照国开行采用的这三项指标,园区应该是国开行的优质客户。

国开行的如上解释,可以从各种资料中得到广泛的观点支持。比如,关于金鸡湖治理的介绍文字中就指出:"在此工程的带动下,**园区的房地产市场兴旺,房产销售率超过 95%,沿湖地价不断攀升**。"从其他资料得知,这个项目并非是 2001 年得到国家开发银行的贷款才开始进行,早在 1999 年年初就开工建设了;到 2001 年春,投资 6 500 万元的湖滨大道段工程已经基本完工。如果这一工程就已经使得沿湖地价上涨的话,那么,预计总投资 10 亿元的全湖治理工程,预期能带来的地价上涨收益该有多大?①

但这样的土地增值可以被预期,却难以被一般商业银行所接受和认可。即使现在,银行也往往只承认地价"已经并将继续升值"的土地作为抵押品,而不接受地价只是"预期将会升值"的土地。

国有银行与财政分家的同时推进商业化改制,以及中国的国有银行按照海外资本市场的制度要求去上市融资,都属于中国金融体系与全球金融化制度接轨的做法,本身的确无可厚非。但必须看到其改制之后按照西方制度监管追求风险管控造成的制度成本,不仅递次向下转嫁,并且势必带来严重后果——大多数只能依靠商业银行贷款搞基本建设的地方政府融资平台负债越来越重。同理,这也是强行征地、官员贪腐与群体性暴力事件三者同步增加的根源!

由于大多数地方政府只能低价征占农民土地去银行抵押套现用于本地基本建设、楼堂馆所和形象工程,而已经是高成本的土地却在招商引资的府际竞争中被迫低价,甚至无偿交给外来产业投资者;遂使政府与银行交叉负债,地方可用财力与银行可用头寸同步不断下降,银行不得不依赖影子银行等第三方融资来推高借贷利率;遂有实体经济被高利贷压迫而倒闭,反过来增加银行坏账的恶性循环……各地土地高价出让进行房地产开发而将普通民众带入高房价时代,只是为了支付银行的贷款利息而根本不可能还本……

---

① 苏州工业园区网站.金鸡湖环境治理工程进展顺利.http://news.sipac.gov.cn/sipnews/jwhg/2001yqdt/200409/t20040927_7681.htm.访问时间:2014-10-06.

因此，我们格外看重国开行对园区的介入，人们一般都会认同有经验比较才能鉴别高下的看法。

国开行从 2001 年起对苏州工业园区的系列贷款，被国开行内部当作一个金融创新的经典案例，也被一些致力于产业综合体开发的大型综合投资项目奉为"工业地产"的经典。

课题组认为，这个金鸡湖贷款项目中，国开行之所以敢打破一般银行业所认为的"项目没有任何直接的经济效益，投资前景不确定"的放贷约束，在几年内对园区进行了 100 多亿元的信用支持，秘密正在于：其贷款所参与分配的，并不是单个项目体的投资收益，而是园区的"总地租"。

"总地租"的概念在马克思的《资本论》(第 3 卷)中就已经被详细讨论。将总地租与政府的公共政策相结合的思想火花，最早可见于美国 19 世纪末的知名社会活动家和经济学家亨利·乔治的"单一土地税"主张，并由 2001 年诺贝尔经济学奖获得者斯蒂格利茨在讨论城市公共品供给的文章中予以证明。在中国，"总地租"的政治经济思想在一百多年的时间跨度里两度被热议，一是孙中山据此提出"土地涨价归公"作为其"民生主义"的重要支柱，二是 2010 年前后国内学者崔之元拿来讨论重庆开发中的土地问题(见专栏 17)。

专栏 17

崔之元：沧白路，亨利·乔治定理，土地财政两重性

孙中山多次坦言，他的民生主义中的"涨价归公"思想，直接来源于亨利·乔治的"单一土地税"理论。(国民党左派廖仲恺出生于美国旧金山，是美国土地改革理论家和实践家亨利·乔治《进步与贫困》一书最早的中译者。)孙中山对土地"涨价归公"思想的最生动论述如下：

"兄弟最信的是定地价的法。比方地主有价值一千元，可定价为一千，或多至二千；就算那地将来因交通发达价涨至一万，地主应得二千，已属有益无损；赢利八千，当归国家。这于国计民生，皆有大益。少数富人把持垄断的弊窦自然永绝，这是最简便易行之法。……中国行了社会革命之后，私人永远不用纳税，但收地租一项，已成地球上最富的国。这社会的国家，决非他国所能及的。"

在孙中山看来，土地价值上升，是社会集聚效应(特别包括公共基础设施投资)的结果，因此应返还社会，实现地租社会化。而有了地租社会化，"私人永远不用纳(别

的)税",这就是亨利·乔治的"单一土地税"思想。2001年诺贝尔经济学奖获得者斯蒂格利茨在《总地租、公共物品支出和最优城市规模》一文中证明了"亨利·乔治定理":"在一个简单的立体经济中,如果经济活动在空间上的集中度是由于纯地区性公共物品,并且人口规模是最优的,那么总地租等于对纯公共物品的支出"——"因为对地租征收一个充公性质的税收不仅是有效率的,而且也是纯公共物品融资所必需的单一税。"

用通俗的话讲,"亨利·乔治定理"就是:如果土地涨价归公,"私人永远不用纳(别的)税";这对效率和公平都是有利的。当然,斯蒂格利茨证明"亨利·乔治定理"是有条件的,如"人口规模最优",中国现实中的城市都不满足。

资料来源:崔之元.沧白路,亨利·乔治定理,土地财政两重性.http://www.aisixiang.com/data/38694.html.访问时间:2014-10-06.

事实上,从古典经济学的地租理论开始,经济学界关于地租问题以及更一般的"租理论",都有持续的关注和研究。**本课题组在园区20年经验总结中也一直在进行着将"租理论"与中国实践经验相结合的努力,将"制度租"、"组织租"等概念与公平问题和乡村发展问题相结合,深化和拓展了"租理论"的研究域。**[①]

在这个项目调研期间的理论学习和探讨的过程中,课题组也同时开展了对中国若干区域发展的实践经验较为系统的调查研究。在不同区域发展经验的比较研究中,我们感到:**中国的区域经济发展恐怕很难用本源于人类在个别地区特定条件下形成的发展经验的古典经济学和新自由主义经济学的以追求利润最大化为核心所构建的理论逻辑来解释;却在某种程度上支持了"追求总地租最大化"的理论假设。**

这一假说在更大范围内是否成立,仍然有待进一步讨论。但就园区自2001年以来第三阶段的努力来说,无论是金鸡湖环境治理工程,还是在**引资中坚持单位面积的投资强度要求等,都可以被认为是以"追求总地租最大化"为重要目标的。**

园区第三阶段靠引入国家信用替代外资、得以再次"化危为机"逆势而起的实践经验也表明,在不触动国家税收制度框架的前提下,**地方政府可以通过机制创新,实现"公司化政府以规模投资提高总地租→土地涨价规模化提取增值收益→政府再投资提高总地租"的良性循环。**

---

① 董筱丹,温铁军.致贫的制度经济学研究:制度成本与制度收益的不对称性分析.经济理论与经济管理,2011(1);温铁军,董筱丹.村社理性:破解"三农"与"三治"困境的一个新视角.中共中央党校学报,2010(4);董筱丹,杨帅,李行,曾天云,温铁军.村社理性:基于苏南工业化经验的比较制度经济学分析.制度经济学研究,2012(1).

园区接下来的发展经验表明：除非外部宏观条件发生根本变化，例如地产泡沫崩溃造成金融危机爆发等，正常条件下园区形成总地租的良性循环能够持续。

诚然，园区的这个外部条件发生根本变化的可能性很小。因为，我们在研究中归纳的所谓"高制度"，其核心在于国家把能够"集中力量办大事"的举国体制下放到园区，由此使园区提升总地租收益之循环运作的微观机制，内在地与国家宏观体制高度相关——**主要得益于国开行所代表的那个由于对全民承担无限责任而不可能破产的中央政府信用。**

在国开行偏于微观的经验总结中，虽然没有明确提出总地租理论，只是表述为"充分论证，培育长期现金流"，但国开行要在内部"充分论证"，隐含着的就是园区总地租是否有提升的前景，以实现风险管控；要"培育长期现金流"，隐含着的是园区未来总地租的增加如何才能与按期偿付本息的要求相结合。

对于苏州工业园区来说，这个阶段与新方主导时期相比的一个重要转变，是随着园区治理结构改变为"政府公司化（政企合一）"而来的：收益来源由单一的土地盈利性出让的商业性目标转变为"土地出让金＋园区财政税收"的总地租内涵。园区管委会坦言，即使土地出让的价格比开发成本低，但企业入驻后上缴的税收是增加的，这可以弥补土地的收支缺口。

从园区自我发展能力的视角，课题组对其与国开行的"银园合作"信贷模式形成了自己的理解，如图3-7所示。

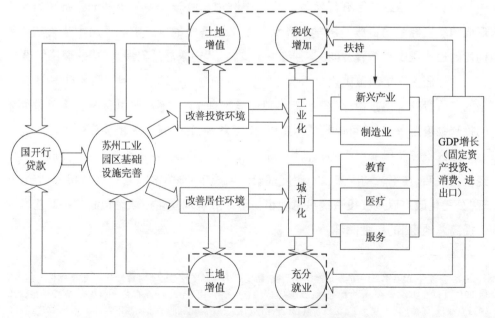

图3-7　国家开发银行信贷创新的总地租原理

园区在国家信用投入于基本建设极大地增加了以土地为中心的总资产规模的条件下,进一步把园区公司化政府的操作工具坐实。具体做法是:

2005年2月,园区管委会再次对园区的国有资产进行重组,进一步明确了**两大国有资产主体:苏州工业园区国有资产控股发展有限公司和苏州工业园区地产管理公司(成立于2000年)**,简称"国控"、"地产"。

国控作为园区国有资产的投资主体和监管主体,由苏州工业园区国有资产经营有限公司和苏州工业园区经济发展股份有限公司经资产重组成立,并受托管理地产公司60.68亿元的长期股权投资。公司下属企业14家,包括中新苏州工业园区置地有限公司、中新苏州工业园区创业投资有限公司、苏州工业园区建屋发展集团有限公司、苏州工业园区教育发展投资有限公司、苏州工业园区市政公用发展集团有限公司等。至2005年年底,公司控股、参股的企业为38家,管理的资产规模达100多亿元。

地产公司仍然作为园区基础设施建设主体、国有资产的母体企业和对外融资的核心平台。

至2005年年底,园区国有资产总规模达506.08亿元,净资产170.46亿元;固定资产总额115.08亿元,占全社会固定投资比重的32.27%(最高时占比将近一半)(见图3-8);分布于基础设施开发、房地产、公用事业、投资管理、电子与信息、风险投资、教育文化科研、仓储物流、商业旅游、人力资源管理等行业。①

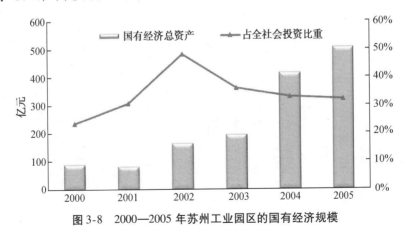

图3-8 2000—2005年苏州工业园区的国有经济规模

资料来源:李巨川.苏州工业园区志1994—2005.南京:江苏人民出版社,2012:179.

我们在借助总地租理论对园区经验的归纳和讨论中,可以清晰地看到国有资本

---

① 李巨川.苏州工业园区志1994—2005.南京:江苏人民出版社,2012:179.

在与园区地产规模化开发结合中保值增值的轨迹。

毋庸讳言,无论国资、外资、民资,任何资本都是追逐资本积累和收益的——正是通过一系列"套期套利"的制度安排,仅仅4年时间,园区国资就取得积累起170多亿元的净资产、撬动总规模500余亿元总资产的成就。

图3-8也表明了园区国资占比的变化过程:在1997年东亚金融风暴之后的宏观经济萧条阶段恰与银行商业化改制并行而造成**4年通缩的严峻挑战下,国资起到了以国家信用为主要动力维持投资拉动的作用**;随之,是自2002年达到高位之后伴随经济复苏和2003年重新进入高涨阶段而连续下降——**国资投入的逆周期调节作用是清楚的**,至少在园区是这样表现的。

这个归纳也适用于**2008—2009年金融海啸引致全球危机爆发以来园区国有资本逆周期投入的规律性表现**。

截至2012年年末,园区国企资产总额1 375.38亿元,比上年增长14.76%;净资产达438.67亿元,其中归属于母公司的净资产达371.52亿元,分别比上年增长16.63%和16.60%;国企全年实现销售收入170.22亿元,净利润16.22亿元(归属于母公司的净利润9.58亿元),净资产收益率达3.98亿元(归属于母公司的净资产收益率达2.78%),国有经济在引导园区产业转型的同时逆势增长,稳中有升。①

如图3-9、表3-4所示,与国有资产的迅速增值同步,园区的基础设施形成能力也不断提升,公共服务日益完善,实现了社会效益与经济效益的双赢。

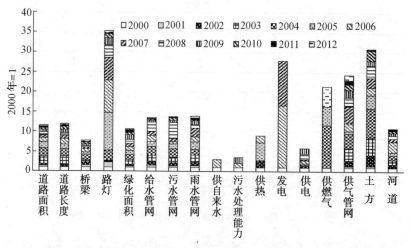

图3-9　2000—2012年苏州工业园区基础设施形成能力(年末)

---

① 资料来源:苏州工业园区网站.2012年苏州工业园区国资年度报告. http://www.sipholdings.gov.cn/gzgk/zrzc/201312/P020131211608462408544.pdf.

表 3-4 2000—2012 年苏州工业园区基础设施形成能力（年末）

指标	单位	2000	2001	2002	2003	2004	2005	2006	2007	2008	2009	2010	2011	2012
道路面积	万平方米	177	245	321	662	1 006	1 284	1 475	1 598	1 721	1 845	1 928	1 983	2 040
道路长度	公里	50	58	83	187	279	334	404	441	478	521	558	576	595
桥梁	座	60	90	130	172	254	283	336	362	378	406	432	442	465
路灯	盏	3 144	7 000	7 744	8 500	16 480	46 415	71 949	90 000	100 000	105 482	108 702	109 371	111 096
绿化面积	万平方米	314	414	552	916	1 316	1 622	1 920	2 200	2 500	2 861	3 061	3 261	3 333
给水管网	公里	55	83	140	219	341	413	494	549	680	705	723	735	746
污水管网	公里	53	74	112	187	297	365	393	437	650	680	714	724	732
雨水管网	公里	81	116	185	337	452	601	702	882	955	1 030	1 059	1 092	1 130
供自来水	万吨/日	15	15	15	15	15	15	45	45	45	45	45	45	45
污水处理能力	万吨/日	10	10	10	10	10	10	20	20	20	35	35	35	35
供热	吨/小时	40	40	110	110	110	290	360	360	360	360	360	360	360
发电	千瓦	19 200	19 200	19 200	19 200	19 200	19 200	319 200	535 200	535 200	535 200	535 200	535 200	535 200
供电	兆伏安	480	480	675	675	840	960	1 320	1 440	2 160	2 820	2 820	2 820	2 820
供燃气	万立方米/日	7	7	7	7	82	115	115	115	115	115	115	115	150
供气管网	公里	27	36	76	159	259	276	329	444	506	555	595	620	658
土方	万方	413	584	1 737	3 587	6 587	7 987	8 737	9 764	11 045	11 545	12 605	12 684	12 779
河道	公里	34	36	65	102	142	167	257	285	311	333	350	368	370

除了以上园区借助于国开行代表的国家信用走出危机、并且顺势形成地方国有资本、发挥了本来就应该起到的逆周期调节这些一般性的归纳之外，课题组还需要指出的一点是总地租与区位优势的关系。

对苏州工业园区来说，总地租的增加，最终仍来源于入驻企业的各种业务经营所形成收益总量的增值，因此，国开行的基本建设贷款仍然只是一个总地租增加的**撬动者**，而不是生成者。换言之，国开行通过信贷支持，分享园区总地租增加的收益，与一般商业银行分享产业资本平均利润，在道理上有所可比。

这也解释了为什么国家开发银行自成立以来，一直支持并不能获得产业短期收益回报的国家"两基一支"工程（基础设施＋基础产业＋支柱产业），而仍能维持95％以上的贷款回收率。因为国开行通常选择与地方政府或者大型国有企业合作，而这两类机构都能够将投资收益所产生的总地租增量，再通过政府性的强制性措施，如税收、财政预算外收入或者其他方式，相对集中地以现金方式收回，从而履行对国开行的还本付息责任。

然而，对于中西部欠发达地区来说，由于缺乏区位优势，因此，总地租增加缓慢，国开行自2001年以来也尝试"以东养西"，即通过东部地区的信贷收益支持西部的"两基一支"项目的发展。不过，国开行的这个策略难以孤立实现，要在国家确立生态文明战略、把"效率优先"原则调整为"公平与效率并重"的条件下，才能把总体上鼓励中西部资源要素"一江春水向东流"的东部先富方针，改革为综合性可持续发展的方针，才可能有区域平衡的实现条件……

（三）园区内部基于"总地租"的金融运作机制创新

人们常会听闻，某些成长性企业盈利性前景可观，却由于缺乏可抵押的质押品而被银行拒之门外。其实，这种结构性矛盾在中观和宏观层面都广泛存在。鉴于微观层面的金融创新是本书下一篇的重要分析内容，本节将要呈现的，主要是中观区域经济层面的园区内部信贷机制的一系列创新实践。

1. 面向土地一次开发的金融创新设计

2000年，苏州工业园区计划进行二、三区基础设施建设，但此时，承诺给以贷款支持的国家开发银行却认为，园区"没有一个接受贷款、推进建设和履行还款的商业性机构"。双方经过反复研究，最终创造出一种当时是崭新的、但在当今已经滥觞为地方政府债务陷阱的制度安排——地方政府土地融资平台。国开行的总结报告中这样介绍：

> 政府设立商业性借款机构，使借款方获得土地出让收益权，培育借款人"内部现金流"；同时通过财政的补偿机制，将土地出让收入等财政性资金转化为借款人的"外部现金流"，使政府信用有效地转化为还款现金流。①

上文中的商业性"借款人"，其实就是园区于 2000 年成立的"地产经营管理公司"，简称"地产公司"，下设苏州工业园区土地储备中心。其成立和增资过程如下：

2000 年，经园区管理委员会批准，在原"苏州新加坡工业园区配套房地产一公司"的基础上，增资更名成立了苏州工业园区地产经营管理公司。该公司为苏州工业园区管委会直属国有企业，主要业务包括政府授权范围内的土地收购、开发、储备、出让、工程管理及基础设施、市政建筑和实业投资等。

自 2001 年开始，园区管委会先后将评估价为 52 亿元的土地使用权作为实收资本投入地产公司，作为地产公司的注册资本。相对应地，园区管委会又将园区土地一级市场的出让权和土地出让收益分配权益赋予地产公司，使地产公司获得其他地块（资本金地块以外）的土地收益权，以便于土地出让收益转化为地产公司的现金流。为和当时刚开始推行"招"、"拍"、"挂"为主要内容的全国土地管理法规相一致，园区管委会批准该公司同时兼挂"苏州工业园区土地储备中心"牌子，作为园区管委会直属全民事业单位。②

地产公司成立后，国开行 2001 年向其承诺 20 亿元贷款，帮助园区的二、三区在 30 平方公里建成区达到"九通一平"的国际水准。

之所以能以 20 亿元的投资撬动 30 平方公里的基本建设，**秘密之一在于：在这种运作模式下，地产公司能够以土地出让收益权作为质押，获取国开行或其他机构的外部现金流**；地产公司以此外来现金作为启动资金，一方面，对园区土地进行"九通一平"的一次开发，以有吸引力的价格吸纳优质企业入驻；另一方面，对一些规划商业和住宅区进行景观建设或者更深入的二次开发，借此直接获得较大幅度的土地增值收益，用于贷款的还本付息和二、三区的基础设施建设滚动开发。另一个秘密在于苏南地方政府在农村具有"强政府"的体制优势，将在后文分析。

课题组初步梳理了园区地产公司的土地使用权拍卖会案例，从中可知其"第一桶金"是如何炼出来的：

---

① 资料来源：国家开发银行.苏州工业园区融资建设模式案例——评二局案例〔2007〕016 号，内部报告.
② 资料来源：国家开发银行.苏州工业园区融资建设模式案例——评二局案例〔2007〕016 号，内部报告.

2001年10月28日,苏州工业园区举办了第一届国有土地使用权拍卖会。24家中外客商参与竞拍,经激烈角逐,3宗土地全部拍出,成交价比起拍价增加74%。具体情况是:

拍卖会所拍卖的第一宗土地苏园(2001)03号地块为商住用地,起拍价3 700万元,24位竞拍者每次按规定的至少50万元一次的加价,经80多个回合竞争,最终被苏州市新型建筑材料房屋开发有限公司以8 100万元拍得。

第二宗土地苏园(2001)01号地块为金鸡湖西岸别墅用地,起拍价9 600万元,15位竞拍者以一次超过50万元的加价幅度"跳跃式前进",结果很快由园区中诚住宅建设有限公司以11 600万元拍得。

第三宗土地苏园(2001)02号地块为住宅用地,起拍价6 500万元,19位竞拍者竞争激烈,最大一次加价高达2 000万元,最后被苏州中天房地产有限公司以14 850万元拍得。①

可以认为,这次公开拍卖为园区土地市值提供了一个新的评估参照标准,增强了各界与园区合作的信心。据介绍,拍卖前,园区的土地估价为120美元/平方米,而本次拍卖单位面积土地所实现的价值为328.8美元/平方米。② 单从数字上算,上涨幅度为174%。按照规划,70平方公里的中新合作区内将建各种档次的商品房1 500~2 000万平方米;而拍卖时园区商品住宅的均价为2 800元/平方米③——按照这个市值,用园区的房产收益来支撑二、三区的基础设施建设,显然是不成问题的。

8个月之后的2002年6月27日,园区举行了第二次土地拍卖。此时园区商品住宅房市场上的均价已经涨到了3 400~3 500元/平方米,在此涨势的带动下,土地拍卖单价从328.8美元/平方米上涨至481美元/平方米,上涨幅度为46.3%。

值得注意的是,**此次土地拍卖出现了苏州土地拍卖以来第一块流标地块**,这块01号地块位于金鸡湖边,虽然受众人追捧,但由于最高竞价17 650万元未达到保留价18 200万元,而被收回。

---

① 资料来源:苏州工业园区网站. 园区首次拍卖"热土"场面火爆. http://www.sipac.gov.cn/sipnews/jwhg/2001yqdt/200409/t20040927_7545.htm. 访问时间:2014-10-03.

② 资料来源:苏州工业园区网站. 土地拍卖抬高园区地价 浙江开发商看好苏州. http://www.sipac.gov.cn/sipnews/jwhg/oldnews/200406/t20040621_6300.htm. 访问时间:2014-10-03. 课题组认为,这里面也许未考虑不同土地用途的价格差异,前一个土地价格也许是指全部土地(既包括工业用地、规划绿地,也包括商住用地)的平均估价。

③ 资料来源:苏州工业园区网站. 土地拍卖抬高园区地价 浙江开发商看好苏州. http://www.sipac.gov.cn/sipnews/jwhg/oldnews/200406/t20040621_6300.htm. 访问时间:2014-10-03.

据园区有关负责人说,这个措施主要是为了保证地块的价值。

但在课题组看来,这恰恰显示了园区财政局以财政收入为地产公司覆盖现金流的关键作用,地产公司不必在现金流压力下将地块以低于预期的价格出让,也就使得土地增值的收益得以最大限度的实现。

另有一个相对低价之案例,更值得看门道的内行们做分析:

2002年9月30日,园区金鸡湖北部玲珑湾一块38.4公顷的住宅开发黄金地块苏园土挂(2002)01地块,以总价12.825 48亿元人民币成功拍卖,拍得者为浙江南都房产集团有限公司。表面上看,这宗土地的成交单价为1 518元人民币/平方米(建筑楼面价),略低于此前几宗拍卖,但**后续操作饶有新意——拍得此地块使用权的浙江南都集团,与苏州工业园区的建屋发展有限公司,共同投资组建了注册资本3亿元的苏州南都建屋有限公司,以超过30亿元的总投资,共同将这一黄金住宅地块开发成超大型住宅区**。①

不难看出,这种操作既可以吸引社会资金来增加园区的总体现金流,又能够通过合作获得土地二次开发的巨大收益——园区人的智慧,不得不让人叹服。

而媒体报道中对于园区建屋公司的介绍,也帮助我们从侧面了解,与一般地区着力于将土地一次开发后高价出让不同,**园区至少是同样强调自主地实行对于土地的二次开发,这就能够将土地的增值收益最大限度地内部化**。

据介绍:

截至2002年10月中旬,园区建屋发展有限公司已成功缔建园区规模最大的成熟社区,如新城、新加花园;园区最大的涉外生活区加城花园;园区新馨花园、万杨服务公寓等;2001年斥资倾力打造苏州首座组团式海派涉外小高层社区"万杨香樟公寓";2002年再倾力打造占地87.8公顷,规划人口2万人的康居新城"东湖大郡",拉开了园区二期房产开发的序幕。②

另据资料显示,园区商品住宅的购买者,并不像新加坡方面初始设想的那样先有工业化、后有人口集聚自发形成的城市化,而是约有一半卖给了苏州其他区县的人口,以及少部分的外地人口,尽管园区的房价要高于市区平均价。③

---

① 资料来源:苏州工业园区网站. 南都建屋:引领"大盘时代". http://www.sipac.gov.cn/sipnews/jwhg/oldnews/200406/t20040629_6466.htm. 访问时间:2014-12-07.

② 资料来源:苏州工业园区网站. 南都建屋:引领"大盘时代". http://www.sipac.gov.cn/sipnews/jwhg/oldnews/200406/t20040629_6466.htm. 访问时间:2014-12-07.

③ 据统计,2001年1月至8月时,园区平均房价为2 379元/平方米,全市平均房价为2 001元/平方米。

这也表明,得益于国家开发银行大规模投入于金鸡湖治理等多项基础设施建设工程,形成的直接效果是极大地提高了园区土地的级差地租,进而提高了园区的总地租。恰好,这又与21世纪之初园区的城镇化进程相辅相成:一方面,园区外的就业人口支撑了园区的城镇化建设;另一方面,园区的城镇化进程吸引了更多的人口前来聚居。据2002年园区管委会对园区首期开发区的购房调查显示:园区公积金会员购房占总购房数的43.6%,非园区公积金会员购房占总数的43.3%,两者旗鼓相当,另外13.1%的住宅由外来人口购得。①

可见,超过绝对比重的是外来投资购房者,他们看中的是改造过的金鸡湖地区生态化环境条件。

总之,园区得天独厚地在国内通货紧缩和新加坡撤资、外资进入明显下降的2000—2001年得到国开行的国家投资,遂有藉通货紧缩之机顺势吸纳优质土地资源、建立起地方政府土地融资平台的条件。

究其真实经验,还是园区在无形之中借助了反周期规律做"反弹琵琶"——规模化的国开行投资作为杠杆,撬动了园区乘低吸纳地产资源建立土地储备,随之,园区自身的资本化开发得以在2003年经济过热之中乘势而起。园区管委会对土地一级和二级开发都能够把控住,就直接内部化地占有了总地租。

到2003年,已经拥有一定的资本实力和市场信用的园区地产公司,得以作为负债主体在资本市场上发行债券直接融资。与银行贷款相比,这更是一种低成本的筹资方式。2003年第一次发行债券,总额为10亿元,期限为十年期,利率4.3%,比现在银行的一年期贷款利率还低;国家开发银行来主承销,并提供"无条件不可撤销的连带责任保证"(见专栏18)。

专栏18

2003年苏州工业园区地产经营管理公司企业债券发行公告(节选)

本期债券募集资金10亿元人民币,用于苏州工业园区基础设施开发项目。该项目是苏州工业园区当前的重点项目,主要内容为基础设施工程,包括二、三区53.16平方公里范围内分阶段实施的道路、供电、供水、燃气、供热、排水、排污、电信、有线电视和土地平整等"九通一平"工程,达到与首期开发区基本相同的基础

---

① 资料来源:苏州工业园区网站.园区住宅半壁江山卖给东迁户.http://www.sipac.gov.cn/sipnews/jwhg/2002yqdt/200409/t20040927_7423.htm.访问时间:2014-12-07.

设施标准。

苏州工业园区二、三区基础设施开发项目工程方案包括道路152.4公里、桥梁130座、驳岸总长154.73公里、给水管线83.08公里、雨水管线273.75公里、污水管线89.82公里,含污水泵站5座、220千伏变电所3座、110千伏变电所9座、20千伏开闭所120座、架空/电缆转换站1座、集约化信息管线156.2公里、燃气管线106.77公里和供热管线49.5公里,同时对区域内21条河道进行清淤,清淤土方85.7万立方米,对53.16平方公里范围进行场地平整,填土土方约4 430.41万立方米。

项目建设期4年,总投资1 095 393.6万元。资金来源为:项目资本金425 393.6万元,申请长期借款670 000万元(含企业债券),目前全部项目资本金及45亿元长期贷款已落实。

资料来源:2003年苏州工业园区地产经营管理公司企业债券发行公告.上海证券报,2003 - 07 - 16,第5版.http://www.cnstock.com/ssnews/2003 - 7 - 16/wuban/t20030716_437845.htm.访问时间:2014 - 10 - 06.

公告中对地产公司资产经营的介绍是:

注册资本138亿元,总资产456亿元。公司作为园区二、三区基础设施建设主体和投融资主体,十年来累计投资400多亿元用于"九通一平"基础设施建设,打造了园区一流的基础设施建设成果。同时,公司积极开展多元化的股权投资,对外投资总量达100多亿元,行业遍及金融、房地产、科技、会展、物流等。目前,园区地产公司正大力实施战略转型,立足于园区CBD综合开发,相继开发了星海生活广场、月亮湾国际中心、苏州国际财富广场等商业物业,通过独有的一、二级综合开发模式,积极营造"双主业格局",将公司打造成为中国一流的城市综合建设运营商。①

其中,"独有的一、二级综合开发模式"一语高度凝练!

一级是指"累计投资400多亿元用于'九通一平'基础设施建设","打造了园区一流的基础设施建设"。二级是指借助"多元化的股权投资",与其他投资者对园区的金融、房地产、科技、会展、物流业基本建设进行投资开发,从而成为"城市综合建设运营商"。

园区的地产公司之所以取得上述经营成就,主要归因于它具有"园区二、三期基础设施建设主体和投融资主体"的多重身份。

---

① 资料来源:2003年苏州工业园区地产经营管理公司企业债券发行公告.上海证券报,2003 - 07 - 16,第5版.http://www.cnstock.com/ssnews/2003 - 7 - 16/wuban/t20030716_437845.htm.访问时间:2014 - 10 - 07.

须知,公司是园区管委会的直属国有企业,**不仅获得贷款是以园区财政为担保,而且贷款本息的偿付也由园区税收帮助其覆盖贷款的现金流**,这种公司化政府的内部化机制,能够熨平一般地产开发收益在时间上的不均衡性。

亦即,园区在第一阶段获得了优质企业入驻后,在第二阶段得以其作为"无风险资产",支持商业性地产通过市场化方式获得高收益,反过来再回馈园区更大面积的开发。

以上这些运作,就是国开行报告中所说的"培育地产公司自我运作的内部现金流,从而解决园区基础设施建设投资规模大、周期长带来的资金瓶颈"。

同理,这也是上海浦东开发区探索成熟、被由浦东开发区管委会主任改任重庆市常务副市长的黄奇帆带到重庆去的"滚动开发"模式,是为"重庆经验"的一个重要经济基础。

综上所述,园区土地相关主体之间的相互关系如图 3-10 所示。

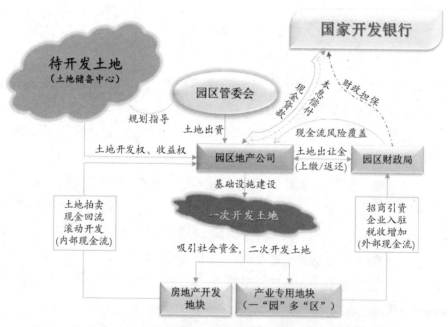

图 3-10 国家开发银行对苏州工业园区基于现金流的信贷模式创新①

1994 年以来,园区的土地出让和房地产开发情况如图 3-11、图 3-12 所示。

---

① 本图制作中参考了国家开发银行内部报告《苏州工业园区融资建设模式案例——评二局案例[2007] 016 号》,特此致谢。

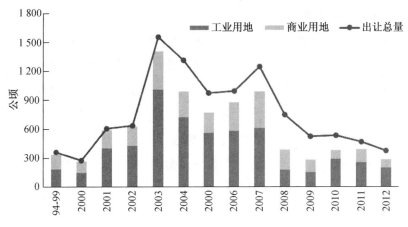

图 3-11　1994—2012 年苏州工业园区的土地出让情况

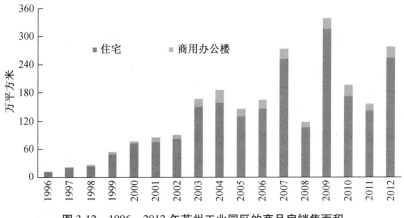

图 3-12　1996—2012 年苏州工业园区的商品房销售面积

如图 3-12 所示,2003 年园区商品房销售面积 150 万平方米,按每平方米 2 500 元的价格计算,总市值也达到 375 000 万元。除掉建安成本和相关环节费用,也有可观的盈利,足以支持基本建设的开支。更何况,园区的商业用地开发严格遵循先周边后中心的原则,即**先按规划在四周布点招商,使中间地块不断升值,再适时引进相关企业和机构,以保证开发的最高回报率。**

也就是说,园区规划不仅在设计思想上体现了推升级差地租的策略,而且在操作上也恰恰是把最适宜三产开发的地保留到高价时期才变现,越往后中心的地块升值就越多。

值此,我们得以透过园区经验分析,深入地看到了**中国工业化发展经验的真谛——国家战略通过地方政府公司主义承接国有金融资本得到创新性贯彻。**

从而,也使我们在园区经验总结过程中有了更为丰富的理论内涵:当发展目标和建设规划都已经明确的地方政府与国家金融资本直接结合时,确实是能够降低二者的交易成本,减少"租值消散"①。

2. 园区土地信贷创新经验的滥觞:淮南为橘,淮北为枳

(1)地方紧财政、中央宽信贷下的"土地融资"普遍化

2002年中国通货紧缩结束。从下半年开始,随着中共十六大召开标志着的领导集体顺利完成换届,中国宏观经济迅速从复苏进入过热区间;**就在这同一年,"银行商业化改制"基本告一段落,苏州工业园区的融资渠道亦开始拓展。大型国有商业银行的庞大信贷资源,开始通过各种方式流入园区**。比如,与教育界机构客户素来有良好合作关系的工商银行,2002年就对园区的"苏州研究生城"进行了一笔30亿元的授信;2003年农行对园区建屋公司授信8亿元;2002年中行对建屋提供10亿元贷款(详见专栏19)。

专栏19

2002—2003年苏州工业园区信贷渠道的拓展:以工、农、中行为例

工行。2002年10月24日,中国工商银行苏州分行与苏州工业园区教育发展投资公司举行30亿元银企合作签约仪式,以支持苏州研究生城的建设。位于园区的苏州研究生城是苏州市发展高等教育、经济强市和科技强市的重大举措。据悉,总占地面积10平方公里的苏州研究生城自8月29日奠基以来,进展顺利,正在进行土地平整和道路建设,至11月1日研究生城将打下第一根桩。目前,研究生城的总规划已经出台,其中3平方公里辟为研究生教育基地,将吸引8~10所国内外著名大学在城内设立研究生院或分支机构,主要从事研究生教育;3平方公里建设创业园地,吸引研发机构,探索创新人才培养模式以及产、学、研一体化新机制;2平方公里为苏州大学的新校区,建设苏州大学理工学院;其余建设教学科研和生活服务配套设施。首期2.8平方公里的苏州大学新校区以及综合楼、图书馆、体育馆等设施建设将到2004年年底竣工。

资料来源:苏州工业园区网站.苏州研究生城获工行支持. http://www.sipac.gov.cn/sipnews/jwhg/2002yqdt/200409/t20040927_7432.htm.访问时间:2014-12-07.

农行。据农行房贷部消息,(2003年)3月中旬,苏州农行批准了中新工业园区

---

① 张五常认为:"土地、矿物、树木、人力等皆资源,由上苍赐予,这些资源不通过人的脑子发展起来不值钱,而资源的升值就是租值。所谓的租值消散,是指在没有约束的竞争下,竞争的人够多,有价值的资源或物品会因为竞争的费用或成本的提升,或因为资源或物品得不到善用,其价值会因为竞争下降,原则上可以下降至零。"引自:张五常.科斯定律与租值消散,制度的选择:第二章第三节.北京:中信出版社,2014.

置地有限公司8亿元的授信申请。这是2003年苏州农行继苏州南都建屋有限公司之后,对房地产开发公司的又一笔大额授信业务。中新工业园区置地有限公司具有房地产开发二级资质,主要从事房地产开发和标准厂房的开发与投资经营等活动。该公司自2001年成立以来,先后开发了澜韵园、湖左岸、苏虹工业厂房、苏春一期厂房及代建的冠鑫光电、三星家电的标准厂房等一系列房地产项目,现是园区房地产开发中的领先企业。这次,公司根据企业的长期发展规划,提出了8亿元的特别授信申请。苏州农行经过审慎的调查论证,批准该授信申请。据苏州农行房贷部负责人介绍,苏州农行将大力支持园区二期开发建设,加大对苏州优质房产项目的支持力度。

资料来源:苏州工业园区网站.农行8亿元授信再次支持园区建设. http://www.sipac.gov.cn/sipnews/jwhg/2003yqdt/200411/t20041102_8056.htm. 访问时间:2014 – 12 – 07.

中行。(2002年)8月28日"建屋—中行10亿元银企合作"举行签约仪式。今年上半年,中新联合协调理事会第六次会议明确了加大金鸡湖东岸开发力度的目标。根据规划,园区未来在100平方公里范围内,将有60万人居住,金鸡湖一带将成为园区的中心。园区建屋发展有限公司作为园区管委会的直属企业,曾成功建设新城花园、新加花园等住宅,这次借园区二、三区开发的契机,打响了湖东岸住宅开发的第一炮。而中国银行作为第一家进驻园区的金融机构,向园区建屋提供了10亿元的贷款,给予湖东岸开发资金上的支持。据悉,东湖大郡的价位要低于湖西岸,开盘价将在3 000元以下。

资料来源:苏州工业园区网站.园区住宅向湖东延伸. http://www.sipac.gov.cn/sipnews/jwhg/2002yqdt/200409/t20040927_7445.htm. 访问时间:2014 – 12 – 07.

因此,随着2003年以后经济过热、商业金融投资增长速度加快,在苏州工业园区的总体融资盘子中,国家开发银行的贷款在总融资存量中占比逐渐下降,但仍然占有重要的位置;同时,国开行在对园区的信贷业务也在"与时俱进"地不断创新,到第四阶段,则以设立国创母基金的方式对研发创新提供金融支持,留待后叙。

然而,无论是国开行一家独大还是多家银行共同进入园区合作开发,在本质上都属于园区用地方化的土地资产与中央化的金融系统结合,来拓展在地化产业经济,带动本地区产业资本的有机构成提高和产业集聚。

诚然,在园区工业遭遇外资撤出导致资金短缺条件下发生的这个经验过程——国家金融资本与园区地产的资本化(中央金融 + 地方土地)相结合形成总地租,成为园区可持续发展的基础,在2003年宏观经济进入新一轮高涨阶段以后,迅速在国内具有了"普遍性"。但宏观经济过热同期在各地普遍发生的类似"中央金融+地方土地"、同样实现土地资源资本化的现象，却演化为"南橘北枳"。

要解释苏州工业园区的"南橘"何以在其他地区成为"北枳"，就需要理解，起于2002年的本轮经济高涨与上一轮投资热潮相隔大约10年，但中央与地方行为机制发生了很重要的改变。

自1994年"中央地方分税制"改革和1998年"国有银行商业化"改制以来，中国的中央政府和地方政府日益呈现为两极分化的局面。

中央财政和金融本质上是国家政权信用在经济领域的派生物，为中央政府贯彻一系列国家战略——包括1999年的西部大开发、2001年的东北老工业基地振兴、2003年中部崛起、2005年建设新农村、2009年危机救市——提供着显著的功能性支持，这也是国际上的普遍经验。

而地方财政和金融的运作空间在财税和金融这两大宏观体制改革之后则相对逼仄。其中最重要的转折点是，随着2003年银行体系改革从剥离不良资产进入保证新增贷款质量的新阶段，银行业及其管理当局的风险意识明显增强；随着经济景气度的回升而进入升值通道的土地成为银行最为认可的抵押品，遂使地方政府的土地融资平台的信用获取空间有了空前规模的扩张，纷纷拿土地资产做抵押来获取银行信贷，亦即"以地套现"（见专栏20）。

专栏20

地方资本短缺下的融资行为："土地金融"

1997年东亚金融危机爆发，直接导致了中国国有银行的商业化改革。改制的客观结果是四大国有银行重新收归中央控制，中央的财政金融力量得到双增强，由此导致中央政府和地方政府的财力与经济发展开始出现分野：中央层面在21世纪进入以经营垄断性金融收益为主的"白领政府"阶段；仍然停留在产业资本阶段的地方政府，则由于金融部门在利益导向的市场化改革中异化于产业经济的普遍规律，而陷入了严重的资本短缺。

世界银行的研究指出：在增加财政收入动机的驱动下，地方政府2002年以后对于土地开发、基础设施投资和扩大地方建设规模的热情空前高涨。

加快城市化一方面需要大量资金，另一方面地方政府却是赤字缠身，并且由于金融资本已经"独立"而难以直接满足地方政府的资金需求，只有土地可以作为银行贷款的抵押品。于是,政府以低价从农民手中征收土地,然后再通过土地储备中心、各种城投公司及开发区管理委员会等融资主体,以土地作为抵押套取银行贷款投入基础设施建设。

据蒋省三、刘守英等的研究:在东南沿海的县市,基础设施投资高达数百亿元,其中财政投入仅约占10%,土地出让金占30%左右,60%靠土地融资;而在西部,银行贷款占城市基础设施建设投资的比重高达70%~80%。

地方政府"以地套现"加快了城市扩张,首先带动的就是房地产业的暴利,其已经"成为政府偿还城市基础设施投资巨额贷款和实现土地出让收入的通道",也成为过剩资本争先恐后涌入的安乐窝。继而,在基本建设和房地产的带动下,相关的产业投资也如火如荼,蒸蒸日上。这样,**以地方政府"以地套现"为肇端,便逐渐形成了21世纪以来"高负债+高投资=高增长"的发展模式**;再加之,中央层面的过剩金融资本在投机市场上推动繁荣,便带来了中国经济21世纪的红火。

周飞舟通过对几个市、县的财政收入结构考察后指出,一般预算内的财政收入仅能维持正常的行政开支,开展城市基础设施建设的财政支出很大程度上依靠土地出让金。通常,具有普遍意义的做法是,地方政府以土地出让金为基本资产成立地方国有开发和建设公司,这些公司成立的目的不仅仅是开展城市建设,更重要的目的在于利用政府划拨的土地为城市建设进行融资。也就是说,政府注入公司的土地出让金并非直接用来进行开发建设,而是用来作为资本金,获取银行贷款,进行初期必要的基础设施建设后,通过发行城投债券进行直接融资。有的是以地方政府下属的土地储备中心的名义收储土地,既包括原本的城市建设用地,也包括征用的农业用地——后一部分从农民手中低价征用的土地增值收益往往更大,然后土地储备中心以土地抵押去套取银行贷款。

这就是在金融权力上收中央政府之后,地方政府为了获取银行信贷所采取的变通手段——从"土地财政"转向"土地金融"。

据国土资源部的相关数据,1998—2003年间,全国耕地年均净减少110.37万公顷。这也是中国城市化最快的阶段。我国城市建成区面积由2.14万平方公里增加到3.25万平方公里,年均增张6.18%。而到2005年时,各类开发区达6 866个,规划用地面积就达3.86万平方公里;经过整顿以后还有1 568个,规划面积1.02万平方公里。

由于在这一轮由地方政府和金融资本联合推动的征地高潮中,土地增值收益的分配更加不均衡,也直接引起了更多问题。土地增值部分的收益分配,只有20%~

30%留在乡以下,其中农民的补偿款占到5%~10%。而且往往由于暗箱操作、征地补偿分配混乱,乡镇、村、组、农民之间缺乏可操作的分配方法,导致了大量的上访、对抗事件。国土资源部数字显示,仅2002年上半年群众反映征地纠纷、违法占地等问题的,占信访接待部门受理总量的73%,其中40%的上访诉的是征地纠纷,这其中87%是征地补偿与被征地农民安置问题。

资料来源:杨帅,温铁军.经济波动、财税体制变迁与土地资源资本化——对中国改革开放以来"三次圈地"相关问题的实证分析.管理世界,2010(4).

（2）对比:财政放权下的"以地兴企"、"以地兴市"

以土地撬动区域发展的投资,着实不是21世纪的新创造;而最早见于1980年中国最早成立的深圳特区。当年因为资金紧缺,深圳开发区的第一桶金依靠的就是"地皮财政"——比中国正式建立土地有偿使用制度早了将近10年①(见专栏21)。

专栏21

以地兴市:深圳特区1980

"特区"这个经济名词是中国人的一个新发明。据《深圳的斯芬克斯之谜》一书记录,它的发明人也是邓小平。在1979年4月,他与广东省委第一书记、省长习仲勋商讨开放事宜,提出在深圳建立一个新的开放区域,全力引进外来资本,实行特殊的经济政策,并且建议这个开放区域就叫"特区"。在邓小平提出"特区"这个概念的时候,袁庚已经奔赴南方去启动他的蛇口工业区了。

"特区"一词既出,心领神会的习仲勋马上加快了开放的速度。很快,到7月15日,《中共中央、国务院批转广东省委、福建省委关于对外经济活动实行特殊政策和灵活措施的两个报告》就形成了,报告明确提出:"在深圳、珠海和汕头试办出口特区。特区内允许华侨、港澳商人直接投资办厂,也允许某些外国厂商投资设厂,或同他们兴办合营企业和旅游事业……三个特区建设也要有步骤地进行,先重点抓好深圳市的建设。"

深圳特区的创办思路渐渐明确下来,它被明确定义为"经济特区"。深圳由一个

---

① 课题组同时指出,和前面述及珠三角"小盘承小珠"的分析对比,可以发现:这个深圳案例在一定程度上解释了为什么深圳的经济社会发展相比珠三角其他地区起点较高,恰恰因其第一桶金来自于对垄断性区位优势的价值变现。

县级城市一跃而升格为正地级市。这回,特区的手笔还是要比袁庚的蛇口大很多。深圳市的总面积2 020平方公里,划为经济特区的总面积有327.5平方公里,东西长50余公里,南北平均宽度为6公里多。从飞机上鸟瞰特区全貌,仿佛是一条狭长的海带漂浮在山脚下、大海边。其中可规划开发的有110平方公里。

面积大则大矣,但国家只拿出3 000万元贷款,"专供开发深圳经济特区"——这个微不足道的数字,还不够搞2平方公里的"三通一平"。开发者百思之下唯有一计可施,那就是出租土地,用地金来换现金。这个想法在当时国内可谓"大逆不道"。反对者的理由很简单:共产党的国土怎么可以出租给资本家?当时一位叫骆锦星的房地产局干部翻遍马列原著,终于在厚厚的《列宁全集》中查出列宁引用恩格斯的一段话来:"……住宅、工厂等,至少是在过渡时期未必会毫无代价地交给个人或协作社使用。同样,消灭土地私有制并不要求消灭地租,而是要求把地租——虽然是用改变过的形式——转交给社会。"骆锦星查到这段话后一阵狂喜,当晚就奔去敲市委书记张勋甫的家门。据说,当时的深圳干部人人会背这段语录,有考察和质问者远道前来,他们就流利地背诵给那些人听。

深圳的第一块土地出租协议,便签订于1980年1月1日。第一个吃螃蟹的香港商人名叫刘天竹,跟他谈生意的就是那个在《列宁全集》中找到了恩格斯原话的骆锦星。据骆日后回忆,当时的谈判对话是这样的,刘说:"只要划出一块合适的地皮就行。由我组织设计,出钱盖房,在香港出售,赚得的钱中方得大头,我得小头。"骆说:"东湖公园附近,可以划出一块地方来,如何?"刘说:"那好,所得利润,你拿七,我拿三。"骆摇摇头:"你拿得太多了。"刘笑道:"你拿八,我拿二,如何?"骆说:"我拿八点五,余下的是你的!"刘说:"我们初次打交道,往后要做的事还很多,这次就依你的!"这样的对话果然已经是在谈生意了。

刘天竹开发的这个楼盘叫"东湖丽苑",第一期共有108套新房,他把房子的图纸设计出来后就开始在香港叫卖,仅三天,108套还在图纸上的房子就一售而空了。

"东湖丽苑"的一炮成功,让深圳人大大开窍,他们很快拿出新方案,提出了收取土地使用费的思路,每平方米收土地使用费4 500港币,这个地价仅相当于河对岸的香港的1/11。其后,深圳用收进的数亿元钱削掉土丘、填平沟壑,开通公路,通电、通水、通邮政……

资料来源:吴晓求. 1980年告别浪漫年代. http://finance.qq.com/a/20071228/002377.htm. 访问时间:2014 - 09 - 02.

深圳特区创办之初以外资直接进入做土地开发、收益主要用于城市基础建设的经验，可以归纳为"以地兴市"。

然而在**20世纪80年代初**，在全国的大多数地方，地方土地资本化的主要途径并不是深圳利用特区地位直接与海外资本跨境结合的房地产开发，而是农村社区以自己村社的土地、劳动力和资金资源来兴办乡镇工业，是谓"以地兴企"；土地是处于资本原始积累阶段的乡镇企业收益来源的重要组成部分。

80年代末至90年代初经济危机条件下，以**1988年**出台《土地管理法》、**1992年**启动执行为标志的土地制度变迁，将农村土地非农化的权力和实现途径转移到地方政府手中。其与1992年邓小平南方谈话之后全国出现的"开发区热"，直接造成全国出现了地方政府征收土地、开发土地的高潮步调一致。

接着，在1994年的"分税制改革"之后，由于地方政府能够从央地两级的财政分配中得到的财政收入大为减少（地方税收占比从73%下降到约50%），土地就成为地方政府最便捷也是最主要的收入来源，于是，对土地利用的机制就变成了遭人诟病的"以地生财"。以地块开发换取地方财政收入，也就从80年代初的特区试点变成了全国范围内遍地开花。

但其可以称为南橘北枳之最为关键的差别在于：在财政全线紧张的条件下，除了少数特别个案，如苏州工业园区有条件获得中新两国联合投资逆势而上继续其工业建设而外，大部分地区的土地财政收入都被拿去补足中央地方重新分配财权事权后的地方政府开支不足，或在预算软约束条件下投入楼堂馆所等消费性建设，很大程度上并不具有培育地方经济发展的能力。

无论是80年代的"以地兴企"，还是90年代的"以地生财"，都是在地方政府以组织或行政手段直接掌控金融、地方融资环境相对宽松的条件下展开的。直到1998年在银行信贷不良率超过1/3的压力下、不得不推出金融权上收中央的改革，这种地方直接行政性使用银行资金的阶段才告一段落。

国有银行商业化改制之后，尽管很多地方土地出让金一度占到了地方财政总收入（预算内+预算外收入）的将近一半，但大多数案例是：地方政府融资平台将完成征收手续的土地作为质押品换取银行信贷的现金流入，再进行二次开发和招商引资，而不是直接拿到土地市场上出让使用权来获得收入；尽管很多地块的单宗出让价很高，但就一个区域的全部开发土地来说，地方政府花在征收和开发土地上的总成本要大得多。[①]

---

① 以上三次土地资本化机制的分析，参见杨帅，温铁军.经济波动、财税体制变迁与土地资源资本化——对中国改革开放以来"三次圈地"相关问题的实证分析.管理世界，2010(4).

以上分析揭示出了不同年代的三次圈地运动的本质差异,主要在于:第一次圈地运动是生产性的;此后则除了园区等少数特例之外在大多数地区是政府消费性的圈地。地方虽然高调唱和中央的激进发展主义取向,但其追求非生产性政府消费的内因未改。只不过**资金来源从 90 年代直接行政性占有银行资金,转变为直接占有土地融资平台套现的银行资金**。

这才是过去的银行高坏账演化为当今地方高负债的本源……

(3)园区经验难以异地复制的原因:经济基本面的差异

金融是对未来预期收益的套现。当地方政府对土地的利用方式,变成以土地的未来预期收益换取银行给付的现金流时,就派生出了一个问题:如何保证大规模借贷投资的财务可持续性?

在这点上,苏州工业园区与一般地区的差异是显著的,或者说,是根本的。

对这个问题的讨论还是要回到对经济基本面的认识上来。

课题组认为,**园区与 2003 年以来一般地区日益加速的"以地套现"做法的最大不同在于发展的阶段性差异,亦即区域工业化所必须的资本原始积累完成与否**:

园区是在 1994 年以来通过近 10 年的高资本投入+高产业入驻,完成了产业资本原始积累内生的"强制度"构建,形成了相对超越于一般区域同质性竞争的产业层次;2003 年以来,借全国经济进入高增长的机会进入高速扩张时期,用不断上升的**地产收益和税收收益就能够支持园区土地的一、二级开发**,同时,也能够用土地一、二级开发所获得的现金流覆盖全部信贷风险,并且出现了园区成立以来的第一次正收益(2003 年)。

与其形成鲜明对照的是,**一般地区由于尚处于资本原始积累阶段**,以城投债或银行贷款作为主要融资手段形成地方政府大量负债;开发区建成后在地方政府之间日益激烈的发展竞争中,工业用地基本都是零成本甚至垫钱出让,并且,即使这样割肉也**很难吸引足够优质的企业入驻形成长期的在地化税收**(大多数地方在引资之后将企业的本级税收返还),高地价+高房价的商业用地收益仅能维持地方政府的资金链不断裂——能够足额付清建筑安装成本和工人工资、按期给付借款或贷款的利息就已属不易,其本金则只能靠银行不断"展期"才能不被作为呆坏账。

由此,派生出土地财产属性的两种变迁过程:

在苏州工业园区这样早已完成资本原始积累的工业化地区,由于资本的溢出效应,**一般动迁农户可以顺势从小土地所有者变成小房产所有者**,动迁获得的两到三套住房,除了给农户提供房产增值的预期收益以外,对外来劳动者的出租收入也弥补了原来土地上的农业产出以及乡镇企业所提供的现金流的不足。因此,土地动迁过程基本上属于成本较低的"诱致性制度变迁"。

而在其他资本原始积累尚未完成的地区,农民既难以建立基于不动产的财产性收益预期,也因地方政府财力不足而难以获得足够的现金赔偿。因此,**土地征占成为一种强制性的财产关系的制度变迁,并且是农村冲突的最主要来源**。[①]

综上分析,可以理解为何一个制度的"藤"上会结出两个不同的"瓜":

21世纪初,苏南地区以"新苏南模式"吸引了各地前来取经的步伐,但这一模式往往被粗浅的主流意识形态归纳为地球人都知道的"招商引资"、"亲商服务",**各地政府在产业基础和时空条件几乎完全不同的条件下邯郸学步**,客观上招致了巨大的社会成本——从全局情况看,由于中国在世纪之交产业资本早已进入过剩阶段,任何投资都在追求机会收益,而不是产业的稳定收益,因此,这种盲目照搬教条化所谓经验的做法,只会导致社会成本有增无减。

同理,本书写作前后,正逢各地为实现"社会管理创新"而一蜂窝地大学"新加坡经验"。诚然,如果罔顾新加坡所处的国际地缘政治特殊环境背景与借助冷战立国的经验基础,则很难对新加坡经验去芜存菁,很难真正辨别出哪些经验可学,哪些不可轻易模仿……

(四)小结

发展经济学指出,发展中国家普遍存在着"低水平均衡",由于历史和收入预期形成的不利的外部环境,初始阶段的投资往往难以取得满意的投资回报,遂将发展中国家"锁定"在低水平状况。

应该进一步强调的客观规律是,在先发国家已经形成对全球基本政治经济秩序主导的格局之下[②],任何发展中国家要打破这类低水平均衡,就必须进行持续而量大面广的投资,使之形成产业纵向和横向之间协调发展并取得收益。

考虑到西方国家早期通过数百年的殖民化大量掠夺海外财富才完成工业化的资本原始积累这个过程,后发工业化国家在不能重复殖民化路径的前提条件下,能否通过内部积累形成规模投资,从而破解"低水平锁定"的魔咒,尚需历史检验;但至

---

① 关于农村问题,这里只是作为逻辑关系的延伸顺带提及,具体分析见后文。
② [埃及]萨米尔·阿明对于二战后发达国家和发展中国家"中心—依附"关系的分析指出,发达国家通过"五大控制"使发展中国家的工业化处于依附和从属的地位。参见[埃及]萨米尔·阿明.世界规模的积累——不平等理论批判.北京:社会科学文献出版社,2008.

少能够肯定的是,这个任务远非放开市场和鼓励私人投资就可以担当得起。

据此可知,这也是 20 世纪 80 年代以后中国进入高增长时期的同时,大多数按照西方主导的"私有化 + 市场化"的制度安排开展转轨的发展中国家发生经济破产、政治失败的根本原因。

与主流发展理论所强调的制度变迁方向完全相反,中国还有很多像苏南这样的地方"强政府"能够实现政府信用对资金信用的替代,集中全社会资源、优先发展基础产业,既降低了资本与政府之间的交易成本,也减少了资源配置中的无效耗散。

可见,被园区经验所充实、丰富了的苏南模式,是中国能在短时期内完成工业化的原始积累的核心经验之一。

这也确实为发展中国家和地区的政府扮演经济主体角色、积极介入本地产业发展提供了经验支撑。

本书接下来要分析的是,园区如何借势 21 世纪的新一轮全球化大潮扩张自己的产业资本,提升辖域内土地的价值,以及如何借力村社理性降低这一过程中的交易成本。

如果说前者是如何增加总地租,那么后者则是如何减少总地租的耗散。

在对以上国有资本逆周期调节和推升总地租、使园区形成第二财政等方面的经验总结中,课题组形成的观点总体上还是积极的。

但任何客观事物都有正反两方面经验。

我们对园区经验教训的理性讨论指出,园区国有资本内生性的消极因素并非一般社会舆论热衷的"对私人资本的挤出效应",而在于:**政府收益越多来源于地产开发,内在形成的路径依赖就导致越少的技术研发投入,致使园区如同大多数沿海开放地区一样,在全球化大潮中随波逐流地从一般贸易转向以加工贸易为主,高新技术和新兴产业出口八成以上被外资掌控。**

就是这个实质性变化,使我们这个制造业第一大国在全球产业链中的收益,也堕入微笑曲线的低端……

本书第四篇将对园区如何走出这个局面做进一步分析。

二、美国 IT 泡沫与园区外资经济兴起

21 世纪刚开端,新一轮跨国公司主导的产业资本全面过剩、新经济的 IT 泡沫又在 2001 年破裂压力下的全球产业重新布局大潮,便以前所未有的势头奔涌而来。

20世纪80年代以来中国30多年的所谓发展机遇期,确实是历史性的。每一次化危为机,客观上都有西方在后殖民主义时期内在矛盾规律性的作用为国际背景……如果说1991年8·19苏联解体,以美国为首的西方世界藉此顺势改变其主导的全球地缘战略格局——从以"软实力"为主的冷战转向更多借助"巧实力"的"后冷战";那么,在10年之后的2001年美国遭遇9·11恐怖袭击,则是再度被迫改变地缘战略——从全面施加压力遏制"最后一个共产主义大国"的意识形态化的"后冷战"围堵中国,转向为了打击恐怖主义而联合中国构建所谓"战略伙伴关系"。

从政治与经济本来就互相嵌套难以分割的方法论来看,中国恰在2001年奥萨马·本·拉登针对金融资本经济核心发动的"9·11恐怖袭击事件"、迫使西方主导国家再度改变其地缘政治格局之后,加入世界贸易组织,其与21世纪以来全球产业资本流动实现重新布局的客观需求①之间,终于至少是在名义上形成制度障碍相对降低的对接机会。

这对于中国大部分追求产业结构升级的区域来说,都被认为是历史性机遇。

这也是21世纪以来苏州工业园区增长的"三驾马车"中的第二匹马从"拉套"改为"驾辕"——新一轮外资企业入驻高潮、形成产业集群的宏观背景。

下面先从与"三驾马车"看似风马牛不相及的美国IT泡沫说起。

(一)美国IT泡沫与FDI"此消彼涨"

此前很多人都分析道,2001年国际产业资本在全球重新布局,与2003年中国进入以重化工业为主的发展阶段、开启新一轮宏观经济景气周期密切相关;但迄今为止的研究却很少有人如本书这样清晰地指出,这个全球产业转移过程与美国IT泡沫崩溃的相关性。

以这一期间FDI的变化为例。**1990年至今,全球FDI的流动量经历了三个快速变化的时期,**第一个快速变化的时间点是1993年开始大幅增加,且从1997年起陡然加快攀升;第二个快速变化的时间点是2000年到顶,遭遇2001年新经济泡沫崩溃后陡然下降;第三个快速变化的起始时间点是2004年,一路增长到2007年到顶,2008年遭遇华尔街金融海啸后陡降(如图3-13所示)。②

---

① 一般认为,西方产业在整体性长期化过剩的压力下在全球重新布局中,产业转移的流向,主要受到两个因素的影响:一是寻找要素低谷;二是寻找市场潜力。这两个因素中国都具备。

② 资料来源:朴昌模.韩中外资政策的演变及其效应的比较研究.对外经济贸易大学硕士论文,2010.

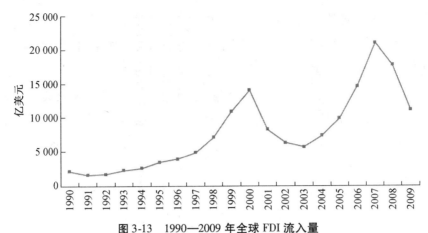

图 3-13　1990—2009 年全球 FDI 流入量

数据来源：UNCTAD, FDI inflows, by region and economy,1990—2009.

注：1993 年的形势变化，与 1992 年以来美国减息与国内资本大规模外流密切相关。而到 1997 年 FDI 大量增加，则与美国 IT 业崛起催生大量金融投资直接相关。关于资本大量回流美国成为东亚金融风暴的主要原因，本书已在第二篇进行了分析。

本部分着重考察 21 世纪开端几个年头的全球资本流动造成全球产业重新布局，实际上与它的重要驱动力量——IT 泡沫的繁荣与破灭直接相关。①

1. 美国 IT 泡沫与全球产业格局新变化

1995 年，Web 的出现和网景公司上市标志着互联网时代的到来，也随之导致了网络股泡沫的出现和对光纤电缆的过度投资，在欧美及亚洲多个国家的股票市场上，与科技及新兴的互联网相关企业股价高速上升，在 2000 年 3 月 10 日 NASDAQ 指数到达 5 048.62 的最高点时到达顶峰，连带其他产业和房地产业都步入繁荣。

这就是当年被很多主流经济学家激动地说成改写了经济学的"新经济现象"。

接下来必然发生的一件大事，就是 IT 泡沫的崩盘。它不仅在 2000 年 3 月到 2002 年 10 月间抹去了技术类公司约 5 万亿美元的市值，还引致了实体经济大范围、大幅度的衰退。

诚然，海内外有关新经济的多种热议，也随之噤声。

尽管这**不过是资本主义文明阶段经济周期性的表现之一**，可以类比于 19 世纪 40 年代的铁路，20 世纪 20 年代的汽车和收音机、50 年代的晶体管、60 年代的分时共享计算机以及 80 年代早期的家用电脑和生物技术②，却实实在在地给了亚洲国家一个逆势而上搭乘 IT 业快车的机会。

---

① 详细内容参见附件 1。
② 百度百科."互联网泡沫"词条. http://baike.baidu.com/view/780.htm？fr = aladdin. 访问时间：2014 - 12 - 26。

正是在互联网泡沫时期巨额投资建造的互联网基础设施，使得以此为基础的各种虚拟空间软件有了广阔的市场，既缩短了发达国家与发展中国家的数字鸿沟，也缩短了二者之间的产业鸿沟——互联网泡沫巅峰时期投机资本向 IT 以外的其他产业外溢，并与房地产业紧密结合，极大地拉升了互联网泡沫核心国家实体产业的运营成本，反过来迫使这些国家的产业资本向发展中国家转移；而缩短了的数字鸿沟则强化了此举在经济上和技术上的可行性。

"离岸经营"一词应势而出。它与"服务外包"共同解释了 2001 年以来全球 FDI 的流向变化。

如果说，印度是过去 10 余年离岸服务外包或海外服务外包（offshore service outsourcing）快速发展的最大承接者①，那么，中国就是全球离岸产业经营的最大接受者（见专栏 22）。

专栏 22

中国加入 WTO 后离岸经营业务的大发展

离岸经营是指这样的一种经营方式：如果一家公司将它在俄亥俄州坎顿的工厂通过离岸经营的方式整个转移到中国的广州，这就意味着广州工厂将以同样的方式生产出完全相同的产品，只不过劳动力更为低廉，税收、耕地、能源能得到补贴，医疗成本也更低。就像 Y2K（指千年虫）将印度和世界带到了一个全新的外包水平上一样，中国的入世将中国和世界带到了一个全新的离岸经营水平上，更多的企业将进行离岸经营，共同汇入全球供应链。

从 20 世纪 80 年代起，很多外国投资者，特别是一些华侨，考虑这样一个问题：如果我们不能向中国出售那么多的产品，为什么不利用中国廉价的劳动力在当地生产加工，然后进行出口呢？这正迎合了中国当时的需要，中国希望吸引外资和外国先进的生产技术，这不光是要生产 10 亿套在中国销售的内衣，还要向世界其他地方出售 60 亿套利用中国劳动力生产的产品，这些产品的价格要远远低于欧洲、美国，甚至墨西哥的同类产品价格。

一旦离岸经营开始在纺织、电子、家具、眼镜架和汽车零件等行业开展，其他行业的企业也开始跟进，或者也到中国进行离岸经营，或者寻找东欧、加勒比，或其他

---

① 据 IDC（国际数据公司）统计，全球外包服务方面的开支从 1998 年的 990 亿美元、2001 年的 1 500 亿美元增长到 2004 年的 3 000 亿美元，复合年增长率为 12.2%，亚太地区增长率则为 15.1%。参见邹全胜，王莹. 服务外包：理论与经验分析. 国际贸易问题，2006（5）.

地区作为生产中心。

中国2001年入世让外国公司相信,如果他们将工厂离岸经营到中国,他们将受到国际法和国际统一规则的保护。中国同意逐步实现对外国企业和公民的国民待遇,这意味着外国公司可以在中国的任何地方出售他们的产品。中国还同意对所有世贸成员实行最惠国待遇,这意味着对各成员将实行相同的关税和规则。它还同意在和任意国家或外国公司发生贸易争端时,接受国际仲裁。与此同时,政府官员也变得更为和善起来,投资程序大为简化,各个部委的网站内容日益丰富,这些都是为了方便外国投资者在华的投资。

此后,跨国公司开始主导着新一轮的全球产业布局,形成全球范围内的产业价值链分工。

资料来源:[美]托马斯·弗里德曼.世界是平的(第2版).长沙:湖南科学技术出版社,2006:82-90.

如上所述之产业转移趋势,部分地解释了21世纪以来全球FDI的流动格局所发生的巨大变化。**2001—2003年,全球FDI流入量分别比上年减少了41.1%、17.0%和17.6%。**一般说来,当全球宏观经济陷入低迷时,FDI都会出现这样的变化。

但是,这一次的情况有所不同。主要在于:1995—2001年美国IT产业由兴盛到泡沫化再到萧条的过程,对于世界经济的影响是分区域的——不同区域不仅所受影响的机制不同,结果也可能完全相反。

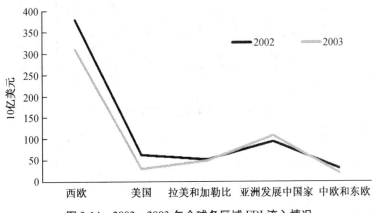

图3-14 2002—2003年全球各区域FDI流入情况

资料来源:辛洁.全球FDI向服务部门转移的趋势分析和对中国的政策建议.南开大学硕士论文,2005.

由图3-14可见,各区域的外商投资呈现出有涨有落的分化态势:从区域流入总量来看,亚洲地区2003年恰好经历了一次外资流入的高潮,而发达国家、中欧和东欧的 FDI 流入则大幅减少,发达国家的 FDI 流出则有不同程度的增长。

具体看:2003 年,发达国家的 FDI 流入整体上比 2002 年减少了 25%,为 3 670 亿美元;FDI 的流出增长了 4%,达 5 700 亿美元。其中,美国 FDI 流出量增加了近 1/3,达到 1 520 亿美元;流入美国的 FDI 减少了 53%,从 630 亿美元下降到 300 亿美元,处于 12 年来的最低水平;二者相抵出现了前所未有的 1 220 亿美元的净流出额。流入欧盟的总量下降了 21%,降到 2 950 亿美元。

发展中经济体 2003 年 FDI 流入量增长了 9%,从 1 576 亿美元上升到 1 720 亿美元。其中,亚太地区的 FDI 流入量比上年增长 14%,达 1 073 亿美元。

亚太地区中,34 个经济体的 FDI 流入量增加,21 个经济体的 FDI 流入量减少。FDI 流入量集中在东北亚和服务业,其中中国成为 2003 年全世界除卢森堡以外(多为转口投资,故不可比)最大的 FDI 吸收国,FDI 流入量为 535.1 亿美元。东南亚的 FDI 流入量上升了 27%,达 190 亿美元;南亚获得了 60 亿美元,增长 34%;中亚 61 亿美元,增长 35%;西亚 41 亿美元,增长 14%;太平洋诸岛 2 亿美元。①

中国历年 FDI 流入及增长情况如图 3-15 所示。

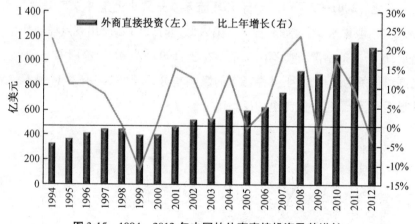

图 3-15　1994—2012 年中国的外商直接投资及其增长

资料来源:中国统计年鉴 2013.

总之,我们认为 2001 年美国 IT 泡沫崩溃对金融和实体产业的影响是全局性的。在其诱发的**西方产业整体性的长期化过剩矛盾再一次集中爆发的压力下,跨国公司为了降低成本压力而寻找要素低谷的调整动作,主导了新一轮的全球产业重新布局**,所有产业——不仅仅是信息产业——的格局都进行了大调整。相对而言,亚太地区这个时期 FDI 流入量显著高于包括发达国家在内的其他地区。

---

① 辛洁.全球 FDI 向服务部门转移的趋势分析和对中国的政策建议.南开大学硕士论文,2005.

这也是苏州工业园区 2001 年年初预计外资进入缓慢、实际上却发生外资大举进入这个现象的国际背景。园区 2002 年新增的 47.26 亿美元合同外资中,IT 产业超过 27 亿美元,占比高达 57%。①

2. 产业模块化分解和在地化集群

离岸经营与产业的模块化相辅相成。

20 世纪 90 年代以后开始的国际产业转移浪潮,在极大程度上受到产业模块化发展的影响。**21 世纪以来,国际产业转移出现产业供给链整体搬迁的趋势。**

所谓"模块化",就是将产业链中的每一个工序分别按照一定的"模块"进行调整、分割,模块各自独立运行,然后依据统一的规则与标准连接成整体。②

这在全球电子信息产业中体现得更为明显,早在 20 世纪 80 年代末,原来一体化的 IC 产业结构逐渐解构,形成了 IC 设计、IC 制造、封装测试独立成行的局面,向高度专业化的方向发展。其中,IC 设计是整个产业价值链的上游部分,投入资金成本最低,但行业利润率最高,属于知识密集型产业;IC 制造是整个价值链的中游部分,投入成本最高,具有中等的行业利润率,属于资本与技术密集型产业;封装与测试是整个产业价值链的下游部分,属于资本投资大且偏重劳动密集型的产业。③

21 世纪以来,随着竞争的加剧,**国际产业转移出现了产业供给链向某些区域整体搬迁和集中的趋势。**

由于跨国公司社会化协作程度高,横向联系广,一家跨国公司的投资往往会带动一批相关行业的大量投资。随着竞争的加剧,跨国公司不再遵循传统的产业转移的阶段进行投资,而是主动带动和引导相关投资,鼓励其海外供货商到东道国投资,加大零部件供给在地化战略的实施力度,发展配套产业并建立产业群,将整条产业供应链搬迁、转移到发展中国家。

另外,为了充分利用东道国的各种资源,同时使自己的生产充分适应全球市场的不同需要,**跨国公司除了转移传统的制造业外,对其他生产经营环节,如研究与开发、设计、中试和公司总部等**,也开始向其他地区转移。例如,自 2000 年以来,赴中国大陆投资设厂的台湾地区半导体厂商,从上游的 IC 设计,到中游的 IC 制造,到下游的封装测试,再到 IC 的通路模组,关联产业都已相继投资大陆,形成了完整的产业链和供应链体系。这种新的产业转移趋势是伴随企业规模的不断扩张以及区位条件

---

① 程培堽,刘郁葱. 外商直接投资、产业聚集和区域经济发展. 生产力研究,2008(4).
② 潘悦. 国际产业转移的四次浪潮及其影响. 现代国际关系,2006(4).
③ 朱瑞博. 价值模块的虚拟再整合:以 IC 产业为例. 中国工业经济,2004(1).

的变化而出现的,它将有利于提高企业的资源配置效率,提升整体企业的竞争力。①

(二)外资进入与园区的外资经济发展

1. FDI 流入与国内区域经济格局的分化

全球资本的流动从来都是区域不均衡的。这种全球性的不均衡,又进一步内化为中国区域发展之间的不均衡,即区域差别。

中国在 20 世纪 80 年代初,也就是在巨大内外债压力之下启动的改革开放之初,施行的是"沿海地区先行一步"的发展战略,沿海地区作为一个整体概念,依托区位差异而获得的制度红利是显著的。

有关研究指出,全球化条件下的 FDI 流入与中国的区域发展差异之间存在一定的相关性,外资和开放程度的地区间差异大约占地区不平等总量的 1/4,国内资本的地区间分配不均是导致地区差距的主要原因。② 但实际上二者之间具有高度的相关性——实事求是地看,在资本要素极度稀缺的压力下,无论中央政府还是地方政府,几乎势所必然地内在具有"亲资本"的政策导向,外资进入往往"乘数效应"地放大了国内配套投资分配的区域差别。

如图 3-16 所示,东部地区的 FDI 流入量和 GDP 增幅均远远高于中西部地区;越是不具有沿海开放的区位优势的西部地区,其 GDP 增长越少地倚重外资。东部地区则是在两次经济危机期间,一次是 1997—2001 年东亚金融危机,一次是 2008—2009 年华尔街金融海啸引发全球经济危机,其经济增长才显示出对于外资的"去依附"性。

本书认为,需要对东部地区和长三角区域进行更细致的析分。虽然很多研究都将长三角作为一个内部无质性分别的整体性的研究对象③,但沿海的各个区域,确实由于本身的资源禀赋、政策条件、工业化基础以及由此派生的制度安排等原因,而呈现出巨大的差异,它决定了一个地区与规模化主体进行交易的平滑程度,也就决定了 21 世纪以来外资在中国沿海地区的分布格局。

---

① 原小能. 国际产业转移规律和趋势分析. 上海经济研究,2004(2).
② Xiaobo Zhang and Kevin H. Zhang. How Does Globalization Affect Regional Inequality within a Developing Country? Evidence from China. Journal of Development Studies,Vol. 39,No. 4,April 2003:47 - 67.
③ 有的研究则走到了另一个极端,近乎意识形态地对此区域进行划分。比如,一些关于乡镇企业发展和改制的分析就将苏州模式和温州模式作为两种意识形态的代表,其实二者不过是因资源禀赋等初始制度条件不同而形成了不同的制度安排。参见温铁军等. 解读苏南. 苏州:苏州大学出版社,2011.

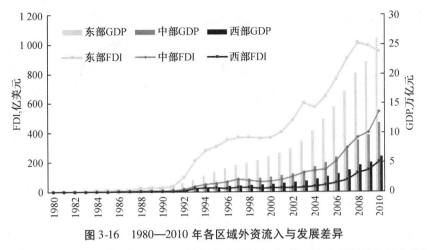

图 3-16　1980—2010 年各区域外资流入与发展差异

数据来源:《新中国六十年统计资料汇编》及各省统计年鉴,转引自中国经济与社会发展统计数据库.

首先是苏南和浙南内生的区域差别。

如本书在前两篇所分析的,苏南地区因国家工业化布局和以集体经济为主的乡镇企业发展,而形成了"一插到底"的强政府治理,其与浙南在制度路径及后续演化上的差别是客观并且显然的——21 世纪初苏南相比浙南,在单个项目和总量上都吸引了较大规模的外资。

不论中国内部的意识形态化的理论界如何评价苏南和浙南,外资,特别是**较大规模的外资几乎不进浙南,确实是一个时期以来的客观现象。**

我们的研究认为,这个现象本身无可厚非,在很大程度上取决于内因:

其一,浙南地方政府过去就属于"弱政府",虽然改革以来也转化为"地方政府公司化"性质,并且也热衷于做"亲资本"制度安排以招商引资;但任何"弱政府"缺乏"信用替代"条件,缺乏对当地资源的有效调控、形成集合谈判的能力,这些都远逊于"强政府"。不过,这个原因还不是主要的。

其二,主要原因是**浙南外向型经济长期以个体化私有制的中小企业为主**,虽然在地域上可以相对集中,但通过自由竞争兼并为大型企业的交易费用过高;又恰因此类制度变迁成本不可克服而得以保持着"一般贸易"的特质。此外,**其主要收益不仅留在本地的产业链之中,而且大致形成了产业内部平均收益率**,遂在客观上使得以跨国公司为主体的大型外资进入浙南的交易费用及制度成本都大大高于苏南。

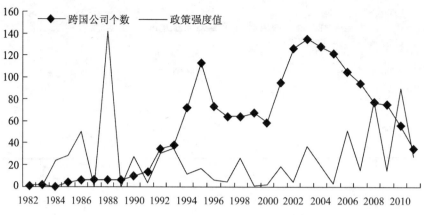

图 3-17 1982—2011 年长三角跨国公司成立个数及政策强度值

资料来源:刘可文,曹有挥,牟宇峰,孙小祥.长江三角洲区域政策变迁与跨国公司布局演变.地理科学进展,2013(5).

人们常说,历史是分 A 面和 B 面的,人们常常不经意间将过多的注意力放在其中的一面而忽略另一面;诚如斯言,历史的"A 面"——在 21 世纪之初外资大举进入苏南而谱写"新苏南模式"为人们津津乐道,而"B 面"——**外资几乎不进浙南却很少被人们认真讨论**。但如果不做这种对比,苏南作为地方"强政府"在区域发展中的作用则很难被真正理解,尤其是 **21 世纪以来的外资大举流入是以跨国公司投资为主要方式的,截然不同于 90 年代以前的以政府借债为主**①;随之,苏南地方"强政府"的功能,也内涵性地从本地资源的自主资本化转变成了亲外资——致力于提供各种优惠政策以帮助跨国企业降低生产转型的成本。

值得特别关注的是,图 3-17 给出的**政策强度曲线的几个峰值分别为 1987—1988 年、1992—1993 年、1997—1998 年、2002—2003 年、2008—2009 年**。除了几乎都是中共历届三中全会召开的年份,表明中央政府确有提振经济的需求之外,也几乎都是遭遇经济危机的年份。由此可见宏观波动周期的规律性作用。

其次,还要看苏南区域内部既竞争又合作的产业集群的结构及变化。

专栏 23 中介绍了长江三角洲地区 20 世纪 80 年代以来的跨国公司布局演变历程。如果说,长江三角洲地区过去曾与上海形成以上海为龙头、主要城市为节点、苏南为腹地的梯次空间结构;那么**进入 21 世纪以后,梯次结构的顶点则日渐被海外的跨国企业总部所占据,上海以其长三角金融和研发中心的地位成为次顶点**;随着各

---

① 以苏州市为例,1990 年苏州市实际利用外资 6 954 万美元,其中对外借款 2 409 万美元,占 34.6%。到 1995 年,实际利用外资 237 779 万美元,其中对外借款 5 032 万美元,占比下降到只有 2%;98% 为外商直接投资,投资总额为 232 747 万美元。参见温铁军等.解读苏南.苏州:苏州大学出版社,2011:153-154.

地在招商引资上的同质化竞争,大部分城市的地位趋于下降,各梯级之间的距离上端拉长、下端压扁,从埃及"金字塔"变成了法国"埃菲尔铁塔"(见图3-18)。

由此可见,由于**21**世纪之初外资对中国沿海的大举进入,导致在这个超大型大陆国家内部体现了沃勒斯坦"世界系统论"中所分析的核心—半核心—边缘化的结构。诚然,沃勒斯坦的理论在中国主流理论界也是被边缘化的。

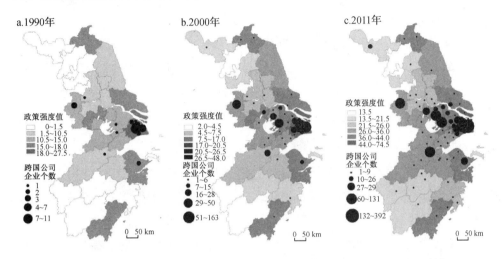

图3-18 各政策阶段典型年份的长三角区域政策强度值与跨国公司企业个数

资料来源:刘可文,曹有挥,牟宇峰,孙小祥.长江三角洲区域政策变迁与跨国公司布局演变.地理科学进展,2013(05).

专栏23

长江三角洲地区跨国公司布局演变

刘可文等人分析了长江三角洲的区域政策变迁与跨国公司布局的时空演变历程,将二者的变迁分为3个阶段:① 初始阶段,跨国公司布局与区域政策关联较弱,集中在区域中心上海;② 集聚阶段,跨国公司在生产成本低、政策强度高的沪宁沿线城市集聚;③ 网络化阶段,跨国公司在生产成本低、政策强度高、早期集聚的区域形成区域性生产网络,并向长三角的边缘区扩散。

(1)初始阶段:20世纪80年代

这一时期国家实施沿海开放战略,尽管1986年国家《关于鼓励外商投资的规定》和1988年扩大沿海开放区范围及鼓励外商投资的一系列政策形成了两个政策高峰,但跨国公司由于缺乏对中国社会、政治、经济、文化等背景的认识而面临"外来者劣势",为规避这一风险,跨国公司以谨慎渐进的方式进入中国,其布局主要集聚于上海(占85%以上),在南京、杭州、苏州、宁波等城市也有零星分布。将近90%的跨国公司是制造业企业。此外,当时政策偏向于鼓励以出口创汇为导向的外向型经济发展,利用外资主要以外债为主,外商直接投资乏善可陈。

(2) 集聚阶段:20世纪90年代

1992年邓小平南方谈话后,出现了省级开发区设立的第一次高潮,涉及长三角所有城市。

跨国公司的设立高峰出现在1995年,滞后政策高峰1~2年。这一阶段进驻企业约为610个,是上一阶段的将近20倍。由于沪宁沿线城市的产业基础和交通条件较好,减少了跨国公司的生产成本,且在政策、文化以及企业体制上易于和跨国公司展开合作,因此跨国公司的布局主要集聚在沪宁沿线城市,在上海布局的企业占比仍高达65%;苏南地区占26%,其中苏州、无锡、南京布局较多;浙北地区占6%;在江苏沿海、沿陇海线地区和浙江的温台地区也有少量跨国公司布局。

分产业来看,生产制造型企业约占65%,并呈现出扩散趋势,主要布局在政策热点区域及发展条件较好的区域。随着国家在服务贸易领域开始对外商逐渐开放,服务业企业比重相比上一阶段显著提高,占到27.5%,商贸零售业和以物流、金融、商务、信息服务为主的现代服务业分别占6%和21.5%。服务业企业和总部在空间上高度集中,特别是上海。其中,商贸零售业主要集中在上海及沪宁沿线城市;现代服务业集中在上海(90%)、苏州、南京等城市。有28家企业在长三角设立了区域性总部(有3家同时设立了研发中心),均位于上海市中心城区和浦东新区;9家设立了研发中心(除一家位于苏州外,其他均在上海);5家设立了财务公司、采购中心等职能型总部。

(3) 网络化阶段:2001—2010年

从2001年开始,长三角内部的落后地区开始受到关注,江苏加快苏北经济发展、浙江实施"山海协作"工程、上海推进郊区发展等促进区域协调发展的政策相继出台;与此同时,随着中国加入WTO,江苏、浙江分别出台了扩大开放的政策,中央也将上海设为综合配套改革试点城市。2008年金融危机爆发后,上海建设为国际金融和航运中心、江苏沿海开发、浙江海洋经济示范区等地方战略上升为国家战略。总之,这一阶段区域政策强度更高,在空间上形成了更为平衡的态势。

随着国际环境、政策环境、区域硬件建设等条件的改善,跨国公司布局出现了第二次高峰,布局企业近1 050家。2008年后,由于受全球金融危机的影响,新布局的跨国公司大幅减少。

这一阶段,区域政策在空间演变上呈扁平化趋势,跨国公司为获得成本上的优势也进一步呈扩散化布局。在上海布局的企业个数已降至52%,苏南地区升至30%,浙北地区为11%,在苏北、浙江的金衢丽等欠发达地区也有一定的增加,但温台地区布局的企业仍较少。有23家企业在长三角设立地区总部,全部位于上海市中心城区和浦东新区;研发中心增至49家,上海市区有36家,其他分布在南京、杭州、苏州、无锡等城市。财务公司、采购中心、物流中心等职能总部也达到9家,8家在上海,1家在南京。

在新一轮布局中,生产制造型企业与服务业企业各占46%左右。制造型企业布局从沪宁沿线城市逐渐向苏中、苏北地区扩散,宁波增长也较快;随着跨国公司在华功能组织演进和本地化程度的加深,沪宁沿线逐渐形成区域性生产网络。在服务业中,商贸服务业呈扩散趋势,现代服务业企业占总数的27%,主要集聚在区域中心城市,上海占比下降至70%,苏州、杭州、南京等城市的现代服务业企业增长较快。

资料来源:刘可文,曹有挥,牟宇峰,孙小祥.长江三角洲区域政策变迁与跨国公司布局演变.地理科学进展,2013(5).

2. 在区域经济中获取垄断竞争地位:园区外资"高进低出"的"中介"特性

上述区域经济布局演变中,苏州市凭借其独特的区位优势和良好的基础,在长三角地区激烈的竞争中仍然吸引了大规模的国际产业资本向这一地区转移,并形成了产业集聚的规模效应,可谓引进外资战略最成功的区域之一。[①]

其中,苏州工业园区不仅也随之水涨船高,而且更演化为以外资企业为主导造成的园区进出口的"高进低出",园区由此成为外资掌控国内产业链的"中介"。

从行业分布来看,2001年以来,苏州的外商直接投资主要集中在IT、IC和机械等高新技术产业,工业行业集聚倾向显著。

2006年,外商在苏州的投资中,电子通信、机械设备、电气器材、医药、化工五个行业实际利用外资合计约38.68亿美元,占63.36%。其中,电子通信、机械设备、电气器材和医药化工实际利用外资占比分别为25.7%、21.1%、6.2%和10.3%,对苏州初步形成以电子信息、生物医药、机电一体、精细化工和新材料等高新技术为主体、产业关联度大、配套性强的现代制造业基地起了很大作用。[②]

[①] 花俊.经济全球化条件下FDI流动机制及其跨国公司在苏州投资的产业和空间特征研究.中国软科学,2004(7).

[②] 数据来源:苏州市财政局外金处.进一步提升苏州外资利用质量的思考.内部报告,2008. http://www.szcz.gov.cn/szczj/InfoDetail/? InfoID=138454ed-d90e-4fb6-81dd-92740a751825&CategoryNum=009003.

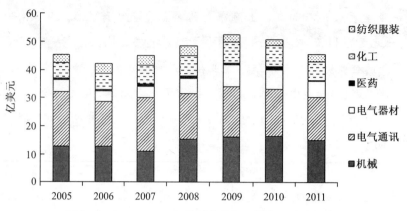

图 3-19　2005—2011 年苏州市分行业的实际外商投资

数据来源：苏州市统计年鉴 2006—2012.

上述进程中，**园区吸引外资规模占苏州全市的 1/5 左右**，相比于园区总面积在全市占比而言，单位面积的引资强度不可谓不高（如图 3-20 所示）。

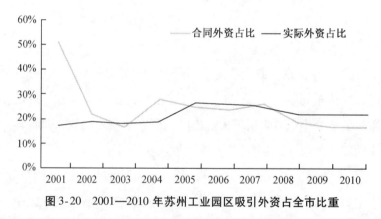

图 3-20　2001—2010 年苏州工业园区吸引外资占全市比重

数据来源：苏州市统计年鉴 2006—2012.

到 2004 年年底，园区累计吸引合同外资 199 亿美元，实际利用外资 86 亿美元，全区共批准外商投资项目 1 400 多个，投资上亿美元项目 55 个，其中 10 亿美元以上项目 6 个，区内项目平均投资额超 3 100 万美元，**每平方公里工业用地投资强度达 14.8 亿美元**。投资规模的增长在 2004 年表现得尤其明显，是年，苏州工业园区的新增合同外资、实际利用外资分别比上年增长 96% 和 50%。

到 2008 年，园区累计合同外资达 347.04 亿美元，实际利用外资达 152.46 亿美元，入驻外资企业达 3 460 家。[①]

图 3-21 是苏州工业园区进出口总额在苏州全市的占比。2004—2010 年，园区

---

① 苏州工业园区统计办. 十五年辉煌　十五年成就. 内部资料，2009.

进口占全市总额的 30% 以上,而出口的占比不仅比进口份额低 5 个百分点左右,在外资经济最鼎盛的几年这一差别还出现了扩大趋势。

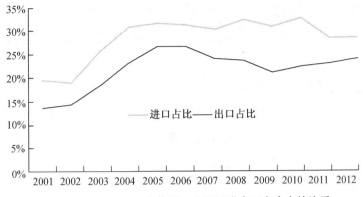

图 3-21 2001—2012 年苏州工业园区进出口占全市的比重

从进出口绝对数量上来看,园区以净进口为主,大多数年份为贸易逆差(见图 3-22、图 3-23)。

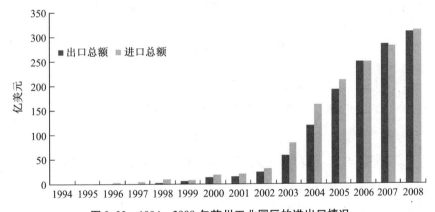

图 3-22 1994—2008 年苏州工业园区的进出口情况

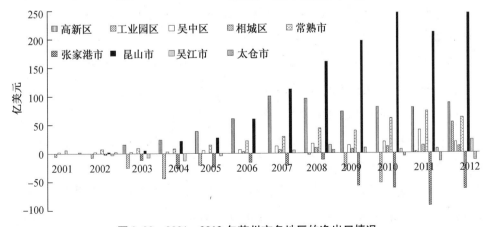

图 3-23 2001—2012 年苏州市各地区的净出口情况

为什么以制造业为支柱产业的园区,在以高新技术产业加工贸易为主的苏南地区,会出现与整体数据"格格不入"的情况呢？**原因就在于,园区的很多加工制造品作为中间材料和器件,销售到了其他地区去组装。**在一般加工贸易区"进口—本地加工/组装—出口"的模式之外,园区还有一种"**进口—园区加工—其他地区组装—出口**"的模式。

随着产业集群的形成,跨国企业产品配件的在地化比例提高,**苏州工业园区的外资企业由进入初期的"大进大出"变成了"高进低出",所生产的大部分产品内销到长三角的其他地区进行最终产品的加工组装**。无论是机械行业还是电子行业,园区的很多企业都是从国外的母公司或总部进口精密配件或精密原材料,其制成品虽然由位于海外的集团总部营销,但相当大部分在长三角地区就完成了销售(见专栏24)。

专栏24

园区外资企业的进出口特点

三星电子(苏州)半导体有限公司

三星电子(苏州)半导体有限公司(以下简称三星电子)是苏州工业园区第一家自行购地建厂的外资企业。20世纪90年代的外资企业大多把中国当成一个廉价劳动力市场,进入21世纪以后,更多地把中国视为一种人才基地和消费者市场。外资企业的这种重大战略转移也体现在三星电子主要产品结构的变化之中。比如,公司成立之初,生产的产品相对比较初级;直到2003年以后,才开始生产主力核心产品动态随机存取存储,主要是先从韩国总部进口晶圆,在园区的工厂完成切割,再生产成最终产品。

整个三星电子在内存市场的世界份额大约为42%,而园区工厂的产量约占整个三星电子的60%。也就是说,世界内存市场的25%是由园区工厂来进行生产的。其中的核心技术环节线路设计,一定是放在韩国总部。由于技术的原因,核心部分的主材料还是由韩国总部提供;当然与园区本地的产业也有一定的配套关系,辅材料国产化率可以达到80%以上,这些企业大多数在园区,主要有8家,包括机板、线路板、包装箱、包装产品用的材料。此外,还有几十家小的供应商,同样是日资、韩资、中资都包含,中资不超过一半,最多的还是韩资的供应商。这些小供应商大多位于园区周边的乡镇等地。

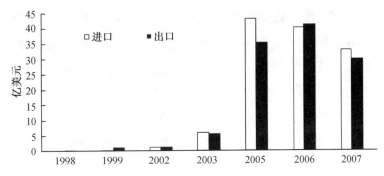

图 3-24　1998—2007 年三星半导体的进出口额

资料来源:中国经济与社会发展统计数据库.

从理论上说,其三星电子的产品 100% 是出口,但实际上 40% 左右的需求来自于中国,尤其是组装电脑的中心地带,比如江苏昆山等地。公司生产的产品由上海的销售公司统一销售,需要先出口,然后再进口进来。三星半导体副总经理李成春表示不理解中国的税收政策,他认为公司这样做的原因是可以享受相关的免税政策,尽管这个过程中需要收取增值税,但相比之下,还是更为合算。三星半导体的进出口情况见图 3-24。

AMD

AMD 苏州工厂是第一批进驻苏州工业园区的 13 家企业之一,一开始生产 flash memory(闪存),之后,企业组织架构和产品线也不断升级和调整,目前主力产品为 CPU,现在苏州工厂与马来西亚工厂共同承担 AMD 企业内部国际分工体系中的 CPU 封装测试职能,是 AMD 全球最大的测试封装工厂。

企业所使用的机器设备是最主要、最昂贵的材料,是以不作价的方式从海外进来的,原材料也基本依靠进口。而且,有很多设备都是定制的,不是标准生产的。2004 年,大约 90% 的供应商在国外。而现在(2013 年),70% 的供应商在国内,大部分在园区的中新合作区。因为企业落户园区之后进口有利差,所以相关的配套商分布在周围是最好的方式,很多企业会跟着到这边来。公司需要的配套商主要是做机器和机器维护的,机器和机器维护成本支出最大,占总成本的一半以上。

AMD 苏州工厂与公司总部签署销售合同,初期产品都是 100% 外销,全部空运出口,出口地区包括欧美、台湾地区、新加坡等地。但是,从物流上来看,由于客户的工厂(如 PC、笔记本电脑工厂)其实都分布在昆山、成都等地,AMD 苏州工厂的 CPU 实际上是直接运输到国内这些地方的。

资料来源:除注明外,均来自课题组实地调研.

使园区在区域竞争中处于相对较高地位的,除了上一阶段打下基础、本阶段仍然延续的高水准基础设施建设,产业层次较高的外资企业,以及从新加坡引进的高效率的"亲商"服务等因素以外,还有一项**垄断性竞争优势——虚拟空港及保税物流园**,这是园区依托中新理事会所进行的重要制度创新之一。

就沿海地区竞争着承接跨国企业离岸经营来说,能否实现"全球化采购"、"零库存管理"和"及时生产",变得越来越重要,物流要求也是越快越好。"时间就是金钱,效率就是生命"是对其最真实的写照。由此,自然派生出加快货物流转、缩短通关时间的需求。然而,园区所在的苏州市的通关速度却开始成为制约发展的瓶颈。尽管此前园区已经进行了非同一般的制度创新,使得园区成为全国首批"没有港口的海港",但由于苏州没有机场,空中高值品即时运输的瓶颈限制越来越突出。这最终催生出了在全国范围内属于首创、独创的园区"虚拟空港",大大提升了上海到园区间的空运进出口货物的通关速度,不仅使得空运货物从飞机落地到进入工厂由1~3天缩短为5~7个小时,还帮助企业节省了场地、货物存放费用等营运成本,物流费用节省了30%,使园区成为名副其实的"没有跑道的机场"。

虚拟空港的诞生过程如专栏25所示。

专栏25

"虚拟空港"——源自一杯咖啡的重大制度创新

1996年年初,园区第一家经国家海关总署批准设立的专业报关公司苏州工业园区报关公司成立。在此基础上,1997年8月,苏州工业园区唯亭海关监管点成立,成为全国首批三家直通式陆路口岸之一。从此以后,园区成为"没有港口的海港",企业的海运集装箱抵达上海港后,可以直接运到园区陆路监管点完成进出口通关手续。这种"海运沪苏直通"的监管模式,圆了苏州工业园区"虚拟海港"的梦,亦为日后的"虚拟空港"埋下了伏笔。

真正的契机出现在2002年。当时,随着国际制造业,尤其是IT业在园区大量聚集,作为高科技产业,必须"全球化采购"、"零库存管理"和"及时生产",要求物流越快越好。这使通关速度日益成为制约发展的瓶颈。2002年年初,园区酝酿的改进方案是转关模式:将上海海关的监管仓库延伸到已具有口岸功能的园区来转关。此举可将通关速度缩减至36小时。2002年4月,苏州物流中心副总经理姚武陪同园区管委会副主任徐明到上海海关做货物进出口业务调研,就是为了实地了解货物从进关到运至园区的全过程,以便进一步充实、完善转关方案,使之在 36 小时通关水平的基础上再提速至 24 小时。他们的方案将提交到下月举行的第六次中新联合协调理事会审议。

徐明和姚武来到上海海关,巧遇全球知名跨国企业丹莎货代的中国地区总经理王梅林。在海关休息厅的咖啡间里,王梅林的一席话,点亮了两位园区人的思想火花,进而引发了园区一项现代物流管理的重大创新。

从事 20 多年国际货代的王梅林,承担着园区多家外企的货代业务,在多年的交道中,也非常欣赏园区政府的创新精神。在咖啡厅里,王梅林向两位园区人介绍,在欧洲被称为"虚拟空港"或"卡车航班"的"中转模式",最适用苏州这样的自身不拥有空港的内陆城市:货物下飞机后,由印有该城市航空代码的监管卡车定时发班,送往该市物流中心"中转";而货主在此"空陆联程"的运输期间,可办妥出关手续,直接到物流中心提货。如此,等于将空港延伸到了城市。这种模式实际上使用卡车代替航空器运转,延伸空港功能,货物只需在一个海关内部中转,而不是在两个海关之间转换,显然比原先设想的将监管仓库延伸过来但仍需二道转关的模式更简洁、更便捷、更高效。

徐明和姚武眼睛一亮:我们为什么不能尝试向国家申办一个"虚拟空港"呢?尽管第二天是周末,但园区管委会经发局和物流中心全面动员,园区海关积极参与,大胆舍弃原已基本就绪的方案,重新准备新的中转模式的申报材料。两天后,一份融会着众人激情和想象力的"虚拟空港"方案就初稿成型了。

徐明和姚武揣着新方案前往北京,先是征求中新联合协调理事会成员单位中国家海关总署的意见,他们一听就认为这种模式先进、超前,当即表示支持这项改革创新。于是,在接下来的一个月里,徐明、姚武和同事们上下奔走,汇报请示、商量,光北京就跑了五六次……最终,"虚拟空港"方案及时提交当年 5 月底在新加坡召开的第六次中新理事会,并获通过;10 月中国海关总署批准园区实施"空陆联程中转";11 月首票该模式的货物出口运行成功,一种新的通关模式由此诞生,它的国际代码是"SZV"。

"虚拟空港"模式依托上海的国际机场,使得上海到园区间的空运进出口货物的通关速度大大提升,不仅极大地缩短了物流时间,空运货物从飞机落地到进入工厂由 1~3 天缩短为 5~7 个小时,还帮助企业节省了场地、货物存放费用等营运成本,物流费用节省 30%,使园区成为名副其实的"没有跑道的机场"。这等于是苏州不花钱,建了一个无跑道货运机场。

得益于"虚拟机场"的建设,苏州市政府在2002—2003年上海虹桥国际港澳航班东移浦东机场、长三角争建国际机场之际,对外公开宣布:苏州5年内不建机场,现阶段以尽量利用周边特别是上海现有的航空资源为主。

资料来源:国际商务区发展历程介绍. http://iftz. sipac. gov. cn/ZoneIntro/Detail. aspx? CategoryID = 4CD180CB‐DA4B‐4414‐B4B5‐C42F99D67528&contentID = 0;李巨川. 苏州工业园区志1994—2005. 南京:江苏人民出版社,2012:403‐404,1299‐1301;姚武. 苏州工业园区物流创新启示录(一)——SZV空陆联程,打造苏州"虚拟空港". 中国储运,2006(3);苏州工业园区年鉴编撰委员会. 苏州工业园区年鉴2012. 上海:上海社会科学院出版社,2013:132‐133.

通过这一垄断性的制度创新,苏州工业园区不仅为入驻的跨国企业节约了交易成本,加快了园区内部的区域产业聚集,也巩固了园区对周边"次区域地区"的产业整合。

"虚拟机场"开通后,其辐射范围从园区逐步扩大至苏州高新区、市区、昆山、吴中区、吴江、太仓、常熟、张家港、无锡、常州乃至青岛、北京等地,与其对接合作的机场和业务范围也在不断拓展(见专栏26)。

专栏26

"虚拟机场"的范围扩展与业务创新

继2002年园区"虚拟机场"通过"SZV"空陆联程模式与上海浦东国际机场进行对接后,园区"虚拟机场"又先后于2003年9月、2004年11月、2005年7月,与南京禄口机场、杭州萧山机场、香港机场启用这一模式,有效实现了机场口岸功能的延伸。

至2005年年底,园区"SZV"空陆联程中转运输业务有国航、上航、东航和德国汉莎、日本全日空、新加坡航空、美国美西北、英国维珍、法国航空、芬兰航空、荷兰马丁、韩国韩亚、以色列航空、奥地利航空、中国台湾长荣、中国香港港龙等26家国内外航空公司加盟,参与企业378家。2005年,"SZV"空陆联程中转货运量达2 500吨。

2007年9月,苏州工业园区开始试行"SZV"返程,即陆空联运模式。中外航空公司可以根据自身业务的需要,在符合法律法规以及政府间双边航空运输协议等相关规定的前提下,在苏州设立代表机构,销售本公司航班舱位,填始发地为苏州(SZV)的航空货运单,开展陆空联运业务。此后,"SZV"空陆联运和陆空联运规模不断扩大。截至2011年,进口方面已有42家航空公司参与,1 200家企业使用该模式,航线遍及世界67个国家的200个城市;出口方面已有7家航空公司开展"SZV"反向出口业务,服务企业超过 115 家。

资料来源:苏州工业园区国际商务区发展历程介绍. http://iftz. sipac. gov. cn/ZoneIntro/Detail. aspx? CategoryID = 4CD180CB – DA4B – 4414 – B4B5 – C42F99D67528&contentID = 0;李巨川. 苏州工业园区志 1994—2005. 南京:江苏人民出版社,2012:403 – 404,1299 – 1301;姚武. 苏州工业园区物流创新启示录(一)——SZV 空陆联程,打造苏州"虚拟空港". 中国储运,2006(3);苏州工业园区年鉴编撰委员会. 苏州工业园区年鉴 2012. 上海:上海社会科学院出版社,2013:132 – 133.

作为园区"虚拟空港"这项重大制度创新的关联产物——"苏州工业园区国际商务区"也获得江苏省商务厅批复,正式命名设立。

国际商务区以综合保税区和现代物流园等为核心,全面发展金融贸易、公共平台、电子商务和仓储物流四大体系。其中苏州工业园综合保税区(简称"综保区")可以综合开展口岸通关、保税加工、保税物流、进出口贸易和检测维修等业务,**是目前国内政策最全面、开放程度最高的海关特殊监管区域之一**。区内已建成各类厂房 150 万平方米、仓库近 100 万平方米、配套设施 45 万平方米,为全国近 5 000 家生产企业提供保税物流服务。

为了更好地服务于"虚拟空港"的功能升级,2011 年由苏州工业园区管委会牵头,联合海关、国检、工商、外汇管理等多部门在综合保税区设立全市首个口岸通关服务大厅。**大厅整合园区现有的各类口岸职能,为企业提供从进驻时的注册审批到进出口业务办理及后续的收付汇、银行结算相关服务,在苏州地区首次实现进出口业务的"一站式"办结**。至此,苏州现代物流园成为国内较为少见的保税与非保税无缝连接的物流园区,是服务于工业园区及省内乃至全国的重要功能载体和贸易、金融、通关、物流服务平台,由此形成与上海的错位竞争①(见专栏 27)。

专栏 27

综合保税区的区域功能定位与园区内企业的业务延伸

据有关负责人介绍,综合保税区相当于"境内的关外",主要表现为:

◇ 国外货物入区实行保税,国内货物入区视同出口、实行退税;

◇ 企业在区内不仅可以进行货物的保税仓储和加工、制造业务,还可以开展对

---

① 苏州工业园区国际商务区主页. 区域介绍. http://iftz. sipac. gov. cn/ZoneIntro/Detail. aspx? CategoryID = 54F57946 – DFF2 – 4868 – BD0C – 2B50C6701F2F&contentID = 0. 访问时间:2014 – 09 – 25.

外贸易等业务,国外货物入区保税;

◇ 货物出区进入国内销售按货物进口的有关规定办理报关手续,并按货物实际状态征税;

◇ 区内可设厂进行出口加工,区内企业之间的货物可自由流动,交易不征增值税和消费税等。

这些功能对于企业来说可以在货物流转和税收方面节省大笔开支,有利于资金流管理,节约经营成本。

对于该区域未来的转型升级,该负责人说道:

我们正在由原来的纯加工制造逐步向贸易功能转变。区内的加工制造企业自身也是这样,他们原来只是单纯地从事加工制造业务,原料多依赖进口,产品需要出口;但是后来他们发现,如果他们不发展贸易这一方面,也不符合现在的发展趋势。于是,他们在公司内部成立一个贸易部门或是子公司来发展贸易,专门为企业做贸易配套服务。

"另外,我们还在考虑如何与上海对接,给它做配套服务。上海按照金融中心、航运中心去发展,苏州不可能也照这个路走,但我们可以发挥加工制造、贸易等优势,错位发展我们的优势项目,避免与上海形成竞争。"

资料来源:课题组实地调研访谈.

基于以上情形,我们可以认为,**在区位上居于上海+苏南腹地所形成的"埃菲尔铁塔"的塔头和塔身之间的苏州工业园区,通过制度创新维持了一定程度的差异化竞争的优势,从而与其他与之形成"垄断竞争型"关系的城市、开发区一起形成"塔颈"上的一串项链。**

从这个在中国沿海地区发生的符合沃勒斯坦"世界系统论"的实际案例演化过程中,不仅可以清晰地看到 **21 世纪发生的全球产业重新布局客观上在中国发生了体系化的结构复制**,而且也能够借助萨米尔·阿明归纳发展中国家提出的"依附论"来一斑全豹地洞悉中国百年近代史上从"去依附"到"再依附"的转化。

在这一阶段的尾声,我们看到,随着外资进入中国的增多及至地方政府激进发展主义竞争的白热化,不仅坐拥区位优势的苏南内部竞争持续加压,中西部地区也卷入战团中;同时,中国加入产业链全球分工的成本也逐渐显化。这些问题将在下一篇中进行分析。

3. 产业集群与区域经济格局的演变：竞争同质化，优势弱化

从产业结构来看，苏南地区大多侧重于 IT 业引资，并且注重形成产业集聚效应。在这种新苏南经济的发展趋势之中，苏州工业园区也不例外。

对此，园区主管招商工作的管委会人员有较为系统的回顾：

园区初期招商主要分三个门类，精密机械制造、生物医药、精细化工、电子信息、电子电器；逐渐过渡到"3+5"模式招商，即电子、机械和服务业，外加环保、纳米、动漫、软件和生物医药；现在则采用"2+3"模式，即电子信息、机械制造，加上生物医药、云计算和纳米技术。1994—1997 年间，园区承接了欧美转移的一批产业，1998—2000 年主要是来自亚太地区的投资，2000 年以后内资企业也逐渐强大，但相对于外资还处于弱势地位。

从招商角度来说，前 10 年主要是制造业，且多数属于高端制造业，有品牌效应；后 10 年制造业和科技研发型企业并重，研发中心和物流中心逐渐建立。科技园从 2000 年开始招商，小型的科技型企业和外资企业的研发中心等都可以入驻科技园。

同时，随着园区的发展和人气的不断提高，招商开始注重第三产业，金融、百货、基建性的三产项目等逐渐增多，CBD 招商中心主要招内资银行，也引进外资银行，比如，2004 年、2005 年以后汇丰、渣打等外资银行开始入驻园区。①

产业集聚对于降低企业的市场交易成本，实现区域内产业经验的外部规模经济，具有重要作用。以 IT 行业为例，园区在几年的时间内打出了一套"组合拳"：打造完整的 IC 产业链，吸引 IT 业上下游厂商入驻，发展光电等 IT 相关产业和 IT 终端产品制造业。

到 2007 年前后，苏州工业园区已经形成了一条以"IC 设计—晶圆制造—IC 封装测试"为核心，IC 设备、原料、软件研发及服务业为支撑，由数十家国际知名企业为龙头的完整的 IC 产业链，形成了明显的产业集聚效应（见专栏 28）。

专栏 28

苏州工业园区的 IC 产业链与产业集聚效应

IC 产业链的最前端，是世宏科技等 20 多家集成电路（IC）设计单位。作为 IT 产业的尖兵，这些企业的作用是将逻辑电路绘制成可供生产的线路板图形。

---

① 来源：课题组实地调研访谈。

第二道晶圆制造是 IC 产业链的龙头,在这一环节集成电路线路图变成了半导体材料。苏州工业园区引进的和舰科技(苏州)有限公司是江苏省首家 8 英寸晶圆制造工厂,可实现 0.18~0.25 微米工艺,在中国大陆 8 英寸晶圆制造工厂中处于技术领先地位。

第三道是由三星、瑞萨、飞索、快捷、美商、飞利浦等世界知名半导体企业组成的封装测试企业群。

从第四道开始,IC 产业链进入支撑层面。诸如工业用气洁净设备、表面喷涂等设备、材料、服务企业围绕龙头企业集结成一条完整的产业链。

IC 设计是 IC 产业链的最前端,但设计工具的高昂价格是那些中小型企业自身无法承受的,为了壮大园区自己的 IC 设计企业,完善 IC 产业链,园区与中国科学院计算所合作在科技园造了一个非营利性 IC 公共设计平台(苏州中科集成电路设计中心)。中小型 IC 设计企业使用它们只要支付低价租金,这一措施使得园区的 IC 产业链更趋完善。

这条完整的 IC 产业链对于 IT 厂商来工业园区投资产生了巨大的向心力,IT 企业在园区内形成了明显的产业集聚效应,能够显著降低企业的交易成本。主要机制有:

(1) 对于 IT 上游厂商来讲,这意味着巨大市场,来园区投资意味着缩短了与巨大市场的距离;

(2) **对于 IT 下游厂商来讲,在苏州工业园区及周围 25 公里范围内可达到 95% 的配套率,所需零配件半小时内即能送达,一些企业已经能够做到零库存。**由于 IT 产业是一个变化极其快速的产业,因此这种高配套率对潜在下游厂商的吸引力极大;

(3) 运输成本低;

(4) 谈判成本低,由于同一种 IT 零部件或半成品往往有多个企业生产,竞争较完全,下游企业可以在园区层面上以最低交易成本进行合作与生产;

(5) 信息成本低,技术人员、管理人员之间经常开展正式的或非正式的信息交流;

(6) 不确定性低,由于已形成共同的价值观和产业文化,上下游产业能保持较稳定的合作关系而降低成本;

(7) 由于大量 IT 企业集聚,园区已形成规模较大的 IT 专业人才市场,企业搜集 IT 人才较便利。

资料来源:程培堽,刘郁葱.外商直接投资、产业聚集和区域经济发展.生产力研究,2008(4).

在 IC 产业链的发展带动下,园区的光电产业也逐渐形成了由液晶面板、偏光膜、背光模组、光电材料和光电专用电子元器件等多个产品构成的较为完整的光电产业链。随着世界液晶面板市场巨头日本日立(第五)、中国台湾友达(第三)和韩国三星(第一)相继在园区投资液晶面板项目,东和光电(苏州)有限公司等一批配套供应企业也纷纷进驻园区,园区液晶面板产业形成了包括显示材料、面板及组件、产品应用在内的产业链。至 2005 年,园区液晶面板产业总产值达 178 亿元,集聚液晶面板相关企业 40 多家,成为世界上仅次于日本、韩国、中国台湾之外的最大液晶面板制造基地。①

此外,还有很多企业从事 IT 最终产品的生产,其中,诺基亚生产的 GSM 基站及相关蜂窝传输产品、TCL 阿尔卡特生产的移动电话、志和电脑和大将科技生产的笔记本电脑、虹光精密生产的影像扫描仪、码捷科技生产的条形码扫描仪等产业在国内外市场都占据了一定的份额。

至 2008 年年末,通信设备、计算机及其他电子设备制造业利用外资占全部实际利用外资的 35.2%,成为占比最大的行业。②

2008 年,园区 IT 产业产值为 1 300 多亿元,其中集成电路为 220 亿元左右,光电产业占 330 亿元,包括电子零配件、中间体生产等在内的电子制造业产值达 750 亿元。③

由于园区"高进低出",单从园区的出口情况来看产业运行是有偏差的,但园区出口一年上一个大台阶的增长速度仍然令人吃惊。2003 年,园区出口总额首次超过 50 亿美元,2004 年就超过了 100 亿美元(同年进口则超过了 150 亿美元),2005 年将近 200 亿美元,2006 年 250 亿美元,2008 年 300 亿美元。到 2012 年已经超过了 400 亿美元……

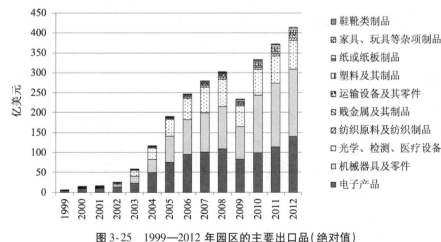

图 3-25 1999—2012 年园区的主要出口品(绝对值)

---

① 李巨川. 苏州工业园区志 1994—2005. 南京:江苏人民出版社,2012:297 - 298.
② 苏州工业园区统计办. 十五年辉煌 十五年成就. 内部资料,2009.
③ 徐国强. 解读洋苏州. 苏州:古吴轩出版社,2009:58.

如果仅看这些数据,那么毫无疑问是令人兴奋的。但如果将政治经济学"一切经济关系都最终体现为分配关系"的视角纳入,考察园区高增长背后的分配关系,就会发现其中包含的深刻矛盾。宏观领域的"从一头牛身上剥下好几张皮"的分析,课题组在4年前付梓的《解读苏南》中已给出了系统的数据图表,此次《再读苏南》,重点给出该矛盾在中观和微观层面的表现。以下是两点主要矛盾,这也是此期国内几乎所有开发区的共性问题。结合国际金融危机背景所做的分析将在第四篇详细展开。

第一,由于在各种离岸经营中,**外资企业只是将"加工制造"的产业环节向中国大陆转移,寻找的是同类要素在海外高价格与中国低价格之间的超额收益,而不是将整个产业进行转移**,因此,中国在这一过程中不仅得到的收益非常有限,而且已经形成的制造业基础也受到挤压。苏州市政府的一份报告指出:在苏州的 FDI 企业拥有高技术者不多,**其高技术产品的核心技术并不在苏州,也不会向中方转移。目前,全市99%的高新技术产品来自于外企,80%的外企属于加工配套型企业**,即使属于高新技术产业,也只是众多产业链中微小的部分。① 苏南作为曾经拥有相对完整的制造业产业布局的地区,与几乎没有制造产业基础的岭南地区,新世纪以来在发展模式上开始"趋同"。课题组此前曾经做过分析,不再赘述。②

第二,中国内部各区域之间的竞争越来越同质化,区域经济体的收益不断趋薄。"**国内招商模式出现一些新动向,最突出的就是从'招商引资'到'招商出资',即'投资招商'**。为规避风险,分担投资压力,一些大项目在选择落户地点时,往往将地方政府参与投资或提供融资担保作为谈判条件。如目前国内液晶面板高世代线项目,都有政府参与的身影。这种模式是优是劣,还有待观察和实践的检验。"③这种竞争格局,对于土地资源有限又一直走高端产业路线的苏州工业园区来说,尤为不利。

---

① 苏州市财政局外金处.进一步提升苏州外资利用质量的思考.内部报告,2008. http://www.szcz.gov.cn/szczj/InfoDetail/? InfoID = 138454ed - d90e - 4fb6 - 81dd - 92740a751825&CategoryNum = 009003.
② 课题组在以前的研究中指出:"苏南由于在发展外向型经济前区域内形成了完整的产业结构,且随着上海成为国际金融中心不断向外进行产业转移而有机会不断地进行产业升级,因此,在一般制造业领域,贸易方式以一般贸易为主。产业利润在上下游产业间和在产业内部各环节中仍然可以形成相对均等化分配。这本是苏南和岭南最显著的相异之处,但苏南的多数新兴产业——这些产业规模越来越大,在苏南经济中所占的地位越来越重要——正越来越多地呈现出加工贸易的模式特征。在产业类型上,岭南本来以低端制造业加工贸易为主,与苏南存在着较大差距,但由于21世纪以来广东借国际重化工产业全球范围内重新布局之机而使产业结构升级,产业价值链的分工延续了以往形成的'微笑曲线'机制,因此也呈现出产业层次越高、企业的内部产业链整合能力就越低的特征。**由此,在全球产业重新布局大潮之下,苏南与岭南殊途同归!**"参见温铁军等.解读苏南.苏州:苏州大学出版社,2011:163.
③ 天津经济技术开发区管理委员会政策研究室调研组.昆山、苏州、无锡新型产业发展及启示.决策参考(内部报告),2009(7).

这些从20世纪80年代设立经济开发区起就已存在、一直延续了30多年的问题,至今仍在大多数地区延续着。苏州工业园区在这一阶段也不例外。对于这个共性的问题,我们很难苛责哪个地区单独为其负责。**在全球化进程中,一般发展中国家和地区都会陷入初始的发展路径锁定而难以超越低端产业结构。**

然而,课题组在调研中发现,苏州工业园区却能在 2008 年华尔街金融海啸爆发之后的最近几年表现出跳出"微笑曲线"的趋势!那么,需要重点思考的是,其条件和机制是什么?对其他地区有什么启示?这些问题还是留给第四篇来回答。

三、地方政府公司主义的乡土基础:村社理性

如前所述,苏州工业园区所体现的苏南工业化超越一般发展理论的实质性经验,主要在于地方"强政府"条件下的"政府公司化"。通过这次对园区20年的总结,我们认为,园区的快速发展更为丰富地验证了这个经验层次的归纳。本节主要讨论园区"强政府"制度特征在乡土社会的表现。

我们先来看一个农户 A 的故事,后文再详细分析其中内含的各种机制及其制度和功能特征。

莲花四社区居民 A 原是娄葑镇庙坊村人,于 2002 年接到村里的搬迁通知后搬离原居住地,在外租房过渡一年后于 2003 年搬入莲花四社区。动迁前,A 家中共有 4 口人:奶奶、父母及 A;有耕地和菜地 1.7 亩。当时家中收入有两部分,一部分是种地的非货币收入:耕地种一季小麦(产量 300~400 斤)和油菜(产量 100~200 斤),一季稻谷(1 000 斤左右),收获的米、面、油、菜均供自家食用;另一部分是货币收入:父母及 A 三人都在私人工厂上班,月工资 700~800 元。

按苏园管 2000(47)号文件规定,A 家分得 140 平方米的新房,加上溢价购买的 10 平方米(1 200 元/平方米),共有 150 平方米,一大(90 平方米)一中(60 平方米),均获得房产证和土地证,他家原有 200 平方米主房和 50 平方米辅房,政府补偿换算为:他家在一层选择 90 平方米的大户房,376 元/平方米,在三层选择 60 平方米的中户房,每平方米是 432.4 元,平均是 398.56 元/平方米,共计 59 784 元。其原宅基地中,有 200 平方米是楼房,因装修较好,评估公司的估价为 440 元/平方米(没有装修的基价为 264 元/平方米),另外对辅房(养猪等)的补价是 80 元/平方米,则因为其宅基地面积大于获得的补偿房的面积,多余面积按评估价的两倍计算,因此动迁后他们家获得的住房补偿为:$(440-398.56) \times 140 + 440 \times 2 \times (200-150) + 80 \times 50 -$

10×1 200＝41 801.6元。另外,青苗补偿费是1.7亩×1 200元/亩＝2 040元,A家因征地动迁面积而获得的总补偿为43 841.6元。大户型自家居住,中户型出租。搬入新居后,A迎娶了妻子,并生有一个孩子。

现在A户家庭收入来自于四个部分:工资收入、生活补助金、房租以及社区分红。工资收入情况为:A在独墅湖高教区物业部门工作,月工资1000多元;A的父亲在园区外资企业做保洁工作,一个月接近1 000元工资;A的妻子在企业工作,月工资也是1 000多元;因此家庭工资收入共3 000多元;生活补助金情况为:A一个月200元,A的奶奶、父亲、母亲每人每月429元,此项收入共有每月1 487元;房租收入每月800元;此外,A家共有4股东景公司的股份,2009年每股分红150元,共600元。现在的住处是生活费每月1 000元。①

(一) 农村土地资本化问题的一般讨论和园区制度经验

"土地资源的资本化",是中国各地开发区(不论何种名义、何种层级)形成收益的主要途径。

资本化开发农村土地的第一步,主要是实现人地分离——土地和以土地为生产与生活资料的人的分离。诚然,大多数开发区的第一步都难免矛盾重重;即使勉强跨出去,也留下后患无穷,并且引发海内外对中国这种主要由政府强制性推进"资源资本化"而使人地分离的增长方式的强烈批判……

因为,即使按照一般的市场化思维,要让农民与他的土地分离,便要先具有充足的资本才能给农民足够的补偿,以通过市场来完成对农民土地财产权的交易。但这种制度模式,显然并不适用于一直处于资本稀缺之下的地方政府;更何况在开发区建设之初的困境,并非简单化地用"要素相对稀缺性"这个作为市场调节的前提条件就可以解释得了！在资本极度稀缺的压力下,各地招商引资中的政府过度竞争,反过来改变了包括土地在内的其他非资本要素的稀缺性,也大大压缩了土地一级开发的盈利空间。②

因此,现代产业资本与分散的小土地所有者之间,要么是由于交易成本过高而

---

① 资料来源:课题组实际调研.
② 在土地开发整体供大于求的格局下,不能指望"招拍挂"形成合理的出清价格,因为整个土地链条中各方的交易地位是不对等的,《土地管理法》赋予亲资本的地方政府作为制度供给者长期形成垄断土地一级市场的格局并不是基于比较优势的"竞争",而是各项制度成本向弱者群体几无底限地转嫁所形成的"竞劣"(race to the bottom)。

无法达成共同推进土地资本化的稳定契约,双方都无法获得资源资本化的收益;要么是资方和地方政府结合,强行征占土地,即使当期可以取得进展,也为后来埋下了社会冲突的隐忧。

在一些地区,**政府为吸引资本入驻而包揽了土地空产出让的所有责任,却没有足够的财力对失地农民进行充分补偿,土地问题不仅成为当前引发农村冲突的最重要原因,也成为地方干群矛盾较大的根本原因。**

换言之,如果仅以政府强权推进土地资本化,则势必因制度收益与制度成本的不对称导致征地问题,引发大量的社会冲突,如图3-26所示。

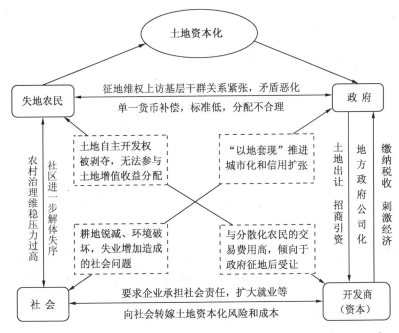

图3-26 一般征地补偿模式下土地资本化的收益与成本的不对称分配①

图3-26归纳的只是符合我国《土地管理法》规定的一般开发区制度成本过高的土地开发模式。**恰恰由于这个法律内容具有剥夺农民作为小有产者财产权利的亲资本内涵,才造成制度成本过高的代价**;也才造成很多地方发生农村自发的"以土地为中心的社区股份合作制"改革,那些地方的政府自80年代以来就没有刻板地执行过这个偏向于外部资本的一厢情愿的法律。②

规范的法律在地方政府作为执行主体自身实际上抗拒执行的情况下,**各地的土

---

① 周鹏辉. 社会冲突视角下的土地资本化与失地农民保障. 中国人民大学硕士论文,2010.
② 温铁军等. 解读珠三角:广东发展模式和经济结构调整战略研究. 北京:中国农业科学技术出版社,2010.

地资本化充满着多样的"突破",以及在交易内容和方式上的"创新"。

其中,可以归纳为制度经验的是:凡属于能够大致满足社区精英作为利益代表、农民作为小有产者,维持二者财产关系和基本利益需求的土地资本化,就很少发生对抗性冲突。

相比之下,苏州工业园区在21世纪土地资本化的进程中,**由于在早期以集体经济为载体的农村工业化中具有重要作用的村社理性持续地发挥重要作用,而使得这种本质是对抗性的矛盾基本上不演变为对抗性冲突**——虽然现金补偿不高,但极少转化为对抗性冲突。其中的具体经验,值得课题组认真总结。

从客观立场看园区经验的理论意义[1],首先需要理解的是:**金融表达的只是一种能够工具化使用的信用**。而在当代中国政府就是货币发行人和国有金融资本的最大出资人的体制下,**金融信用的唯一来源只能是政府信用的赋权,因此,政府承诺是一种信用表达**。

据此,我们在以往的区域比较研究中看到:**在资本极度稀缺条件下,"强政府"的信用可以直接替代资本投入于本地经济发展,并占有和分配收益;"弱政府"的信用则不能替代,而只能配合服务于外来资本,对资本收益则没有征税之外的权力;在招商引资的压力下,甚至税收也是残缺的**。

据此再看园区经验,在经济资本稀缺条件下,只有"强政府"条件下的政府公司化才能**实现该地方以"政府信用替代极度稀缺资本",亦即,地方政府直接以公司化手段来全面整合本地社会资源和经济资源,使之完成"资本化"进程**,并因有获得制度收益之便而形成构建"高制度"的起点。随之,则是在这种"高制度"层次上自主地、创造性地落实具有引领性质的国家战略。

在调研中,园区负责人对我们谈道:

我们在转型升级,同时也在做资源整合。**最显著的是我们撤镇建街道。镇不再是一级政府,没有自主权,而是我们财政全额列支的一个单位**。原来……有一个城市规划和城乡规划的差异。现在我们把乡镇取消以后,实行统一规划,产业重新处理,实现产业一体化、招商服务一体化和医疗卫生教育等公共服务一体化,包括今后的服务业发展也要整体布点。整个园区行政管理体制扁平化了,以此来整合乡镇丰富的资源,尤其是土地资源,节约规划土地利用,形成产业优势,又为服务业发展和

---

[1] 此处强调的客观立场,是出于去意识形态化偏向做经验总结的科学研究需求;这种客观讨论所使用的经济理论,也只是人类在资本主义文明这个历史时期形成的一般经济规律,并非作者及其所属团队在主观上就认同涉及财产及收益分配关系的任何资源资本化进程。

科技创新的进一步提升形成了一种更加集约发展的模式。①

不过,即使在当代中国已经彻底实现"西学为体"的学术体制,那就应该知道强调上帝和真理都具有唯一性的西学之中关于任何事物都有两面性的常识。倘若将此类西学哲理应用于本书,则可知:一方面是本书在对发展经验的客观归纳之中所强调的是"资本替代"和形成"高制度"起点;另一方面是我们在《解读苏南》一书中曾经指出的问题:既然"强政府"的实质是"地方政府公司化",那么**一般也都因其资本内化于政府导致的"政企不分"而易于发生内涵性的政府"亲资本"和难以遏制的制度性腐败**。诚然,这也是中国在高速增长时期社会失序、大面积发生对抗性冲突的体制根源。

当代史在苏南故事多多,有个因国家危机而直接赋权的改革值得关注——在1971—1977年期间连续大规模进口西方设备造成外汇严重赤字的压力下,**国家允许创汇能力较高的江苏省先一步试行国家财政体制改革**,遂有了地方政府财政自主性的"激励",也就有了其农村工业化的起步历史性地得益于当年特有的时空条件:一是以能够内部调整资源及其收益分配的高度集体化组织为空间条件,实现乡镇企业低成本高速度的原始积累;二是在时间条件上也先于1984年中央政府"一刀切"地在全国推行的以"大包干"为名、以去组织化为实的农村基本制度变迁。

据此可以说,苏南依托农村集体经济的工业化起步,比全国其他地区早了至少5年。亦即,苏南得以于20世纪70年代末至整个80年代,在地方政府出于本级财政增收考量的大力扶持下,依托乡土社会各种关系与资源,蓬勃兴办农村社区实体产业,形成以农村社、队为企业兴办主体的集体经济——社队工业/乡镇企业,从而形成了著名的"苏南模式"。如果让后人归纳其最主要的经验,那就是在这个农村工业化高速增长时期,从上而下苏南地区"强政府"特征都是鲜明的。②

据此客观地看,其他地方政府几十年学习苏南模式难免"东施效颦",苏南虽然出干部,可一旦调往中西部便业绩平平,也主要在于这种历史性的时空条件不再具备。

在"强政府"条件下,乡土社会的基层微观运作基础,本课题组在之前的研究中归纳为"村社理性"。③

---

① 来源:课题组对园区有关负责人的访谈.
② 有关苏南经验中的农业工业化和地方政府公司化,参阅温铁军等.解读苏南.苏州:苏州大学出版社,2011.
③ 课题组注:人性假设是西方社会科学各学科体系的方法论基石。**西方经济学所有研究体系都以所谓"理性经济人"假设为基本前提,但也因此决定了这些西方经济学的理论,无论是基于个体主义方法论,还是基于集体主义方法论,都并不产生于东方社会以村社为主要行为主体的经验土壤,也就很难对中国现实的农村问题进行有效解释。**因而,如果中国经验研究邯郸学步于按照西方在工业化阶段所形成的人文社科理论,所得出的结论只能是对于西方经验的盲目复制,而且随即又陷入不具备复制西方制度路径的外部"临界条件"的尴尬。

简言之:"老苏南模式"的农村工业化="强政府"+村社理性,关键在于构成了苏南地方政府对辖域内各种资源(尤其是农村的土地资源)进行配置调度时节约交易成本的能力。

正因为苏南地区这一能力显著高于一般地区,因此,才能在苏州工业园区这个宏大的中新合作项目中,以极低的社会成本与外部投资相对接。

简单算一笔账读者就会一目了然:

新方主导园区开发时商议的土地成本是:首期 8 平方公里地价①为 10 美元/平方米起价,按照中国政府公布的通胀率递增,递增至 26 美元/平方米的时候重新谈判商定地价。其中,为减轻企业负担,首期 8 平方公里中的 2 平方公里启动区地价按照 8 美元/平方米出让。实际情况是,1997 年东亚金融危机爆发后,地价停留在 16 美元/平方米。

即使按 10 美元/平方米这个价格算,2001 年之后中新合作区其他 70 平方公里的开发,光土地成本就得 7 亿美元,合人民币将近 60 亿元。而国家开发银行对苏州工业园区二、三区基础设施建设的总贷款也不过 60 多亿元,如果按照上一阶段"一切明码标价"的做法来支付对农户的土地补偿金,则支付之后所剩无几!

园区人在这个问题上,仍然延续着早期的"老苏南模式"的办法,**用地方"强政府"在乡土社会的政治信用替代了资本信用**,不仅实现了资金成本的最小化,而且实现了伴随土地性状、用途转变的社会转型的总成本较低;从那个时期形成的各方面调研资料看,**政府替代资本信用的总体过程显得比较温和**。

为什么园区地方政府信用能"替代"资本?原因何在?

(二)宅基地动迁中的村社理性

园区土地资本化过程中村社理性机制按原土地用途的不同而有不同的操作模式,但核心机制大同小异。囿于本书篇幅,这里只是对主要机制进行概括和归纳,行文难免抽象,喜欢阅读故事的读者可以直接跳到后面的专栏。

根据调研,农民宅基地资本化过程中的主要机制有:

其一,农民宅基地的资本化收益由农户占有,一般人家可以(至少)获得两套动迁房,不仅满足居住需求,还能获得稳定的现金收入,相对于个人的劳动能力来说特

---

① 指空产出让地价,即苏州工业园区政府将土地使用权不附带任何第三方权益地出让给合资公司的价格。

定性风险较低,补偿了原承包田对农户家计的收入贡献。

不仅如此,**动迁房作为一项长期资产,业主还能享受到资本溢出效应**。这在任何贪腐不严重的城镇化进程中都会发生。

实质上,动迁房面积按人口核算,意味着土地资本化之中的农民像当年大包干那样,**最后实现了一次财产的公平分配,而且仍然是社区"成员权"财产共有制的体现**。这对于弱化冲突、促进公平具有重要意义。

其二,在动迁过程中,**村集体对村民的动迁次序是有组织安排的,实现了村民的有序过渡**。动迁后,在园区提高补偿之前,是村(对大多数农村居民来说,还是原来的村的关系)这级的福利补偿弱化了社会成本。而村级福利主要来自于村集体经济的"吃租经济",这最终来源于村民从前劳动积累的不断增值运作。

其三,动迁后的社会治理,也体现了村社的内部化功能。

对于园区来说,维护基层稳定是开发区顺利建设的前提;对于村社基层干部来说,**维护社会稳定和保持动迁、改制过程中的"精英连续性"相得益彰**。因为这些村级精英在村社工业化时期积累了高于一般社区成员的社会资本和人力资本,内在具有获取高于一般劳动者报酬的要求;而**这些社会资本若是完全脱离了本地的社区环境,其被认可的程度必然降低(不是制式教育的标准化所培养出来的通用型人力资本,因此也就缺乏流动性),因此,当地有关制度安排一定要使其在本社区内实现这种"超额"收益**。

否则,土地资本化作为一种内生于制度变迁的"交易",就根本无法完成。

园区成立之初,依托农村组织化的制度优势启动农户动迁和乡镇开发区建设,这时期的村社理性内涵在整个苏南地区都具有普遍性,这已经在前面进行了介绍。**本部分重点阐述的是:在乡镇企业大面积改制和地方政府竞相降低地价招商引资的大环境下,园区仍能够借助村社理性降低土地开发过程中的交易成本**。其主要机制有①:

第一,由于20世纪80年代和90年代上半期以集体经济为主的乡镇企业高速发展给苏南农村带来的巨大收益,苏南农民"尝过跟着集体走的好处",地方政府和基层组织的"强信用"降低了财产关系转变中的交易成本。在访谈农民对于耕地补偿的看法时,很多农民都认为"土地是集体的",认同集体在资源配置中的优先地位,这

---

① 就一般地区来说,在经历了刻意坚持近30年的农村去组织化改革之后,农村社会已经高度原子化,任何外部主体——无论政府还是产业资本——想要进入农村获取必需的土地资源,都必将面临与分散小农之间畸高的交易成本,急功近利往往欲速则不达,严重者还可能导致大规模的社会冲突。

与很多传统农区的土地某种程度上接近于"私有化"形成了鲜明的对比。

第二，乡镇企业大面积改制之前，**园区的土地扩张是通过"就业换土地"实现的**，凡耕地被列入园区开发规划的，镇政府负责为失去耕地的农民提供乡镇企业的工作岗位，大大节约了初始阶段的资金支出。**由此节省下来的就业补助资金和非就业人口的土地补偿金，集中在园区、乡镇和村级经济组织手中进行再投资，村民享受分红收益**。这一机制直到2009年实行城乡一体的公积金保障时，还在发挥作用。

就业机会对于货币补偿的替代，以及基于村社理性的政府主导资源配置，是当地政府和产业资本能以较低成本进入农村的两个重要机制，而这对于其他地区来说，却几乎是不可复制的。

第三，无论是早期的社队工业、乡镇企业还是后来的货币补偿，在收益分配上都兼顾成员权和要素收益权，很多情况下，**由村社成员身份而决定的分配额度在总分配当中占比更高**。比如，耕地补偿和宅基地的拆迁补偿方案，都首先是以人头作为基本的测算依据，其次再考虑各人的年龄、性别和家庭结构等因素进行微调。这样做一是降低了补偿方案执行中的交易成本，二是村社成员身份的平等性内含了社区公平，而很多农村地区在确定"增人不增地、减人不减地"之前，都是"三年一小调，五年一大调"，来维持村社资源在村社成员间的平均分配。

第四，由于政府能在新的社区治理结构中维持村社原有精英的收益格局，使得制度变迁的交易相对平滑。在土地资源资本化的过程中，原来散落而居的传统村社转变为集中居住的现代社区，基层的组织和治理结构也会发生巨大的变迁，但**社区精英的收益格局得到了维持。一是通过组织的平滑迁移，原有基层组织——村支部和村委会——基本都被安排到新社区的居委会班子中；二是基层政府集中运作土地资本化过程中的增值收益，使其可以从容地安排出供新社区组织运转的费用，并维持社区精英在新的治理组织中的收益**。

总之，园区的经验表明，建设高水平的现代产业开发区和产城一体化的过程中，从传统社会延续、发展下来的"小农村社制"从经济基础到上层建筑的一系列制度安排，仍然具有重要的作用，可以在节约现金支出的同时维持社会稳定。

但园区在土地资本化总体上稳定的趋势下，也有两个问题值得关注：

一是**在那些没有把社区股份合作制作为收益分配基础的地方，由于物理状态的动迁房产不可能随人口的增减而调整，造成村社理性不再有扎实的运作基础**；遂使动迁较早的核心家庭（3人）补偿标准偏低，现在添人进口，全家要么居住面积紧张，要么无法获取房租收益，"相对剥夺感"较强，意见较大。

二是 1994 年第一批动迁时,村内土地使用上对于集体建设用地还没有清晰的界定,村集体企业用地主要利用"三边地"开发①。**园区征地,打断的是这些村对本地土地资源低成本自我资本化的进程**。动迁前产业层次和集体经济实力不同的村,动迁后由于更加强化了规模化资本的作用,而导致发展水平差异更加明显。

通过以上土地资本化的正反两方面经验归纳可知,这个被课题组概括为"村社理性"的规律,能够发挥作用的前提是村社外部的产业发展为村民提供持续的收入来源和财产增值预期,村社内部仍然维持着对村民的基于社区成员身份的分配。舍此,村社理性将成为无源之水。附件 2 提供了园区某镇的集体经济如何支撑村社理性的生动案例。

诚然,越是对园区经验的深入研究,就越是使我们对已经客观地发生了的阶段性的重要变化保持相对谨慎态度。

事实上,21 世纪以来的情况已经完全不同于 20 世纪 80—90 年代。其制度演变过程已经清晰地表明,坚持亲资本的制度供给所起的决定作用,愈益重于村社理性。

人们都看得到,随着园区国有资本和产业资本的实力日益雄厚,逐渐具备了按照市场上的出清价格与村社进行财产交易的条件,村社理性在资源分配中的作用逐渐淡化。

农村宅基地拆迁补偿机制的演变就是这样的一个例子(见专栏 29)。

专栏 29

苏州工业园区农村宅基地拆迁补偿机制的演变

从 1994 年到 2008 年,苏州工业园区累计动迁民房 52 861 户,动迁企事业单位 4 517 家,拆除民房建筑面积 1 034 万平方米,拆除企业建筑面积 423 万平方米,动迁房开工面积 1 112 万平方米,动迁房竣工面积 908 万平方米,回迁入住居民 41 754 户,已建成居民小区 88 个。

和耕地相比,农村宅基地明确属于村社集体所有,但在使用上又具有更高的私人属性。随着社会经济的发展,园区对于农村宅基地拆迁的补偿标准也历经了两次大的变化,共有 3 个版本:1994(2)号文件、2000(47)号文件和 2006(24)号补充文件。

---

① "三边地"是指林边、路边、田边废荒等未计入耕地总量的地块。

3个补偿标准文件都是以人头作为计算补偿面积的最基本依据,延续了村社理性以成员权为基础的公平内涵;2006年以后,以旧房面积换新房面积的"产权交换",客观上承认了拆迁前的社会分化结构,算是对已经形成的社区经济精英既有收益的一种让步。

1994(2)号文件和2000(47)号文件是这样规定的:如果一户3个人,就能补偿到120平方米动迁房;一户4个人每人得到35平方米,就是140平方米;5个人可总共补偿到160平方米;6个人可补偿到210平方米;7个人可补偿到230平方米。

2006年,由于动迁工作越来越难,苏州工业园区出台了新的动迁补偿标准——2006(24)号补充文件,在补偿标准中考虑了更多的因素,一是用农民居住的主房的建筑面积换动迁房建筑面积的"产权交换";二是补偿费的计算范围和动迁的过程管理更为细致:

计算范围调整为:私有楼房、平房的评估价+场地+房屋基础+租金补贴+灶头+围墙+井等补偿款以及奖金+搬迁费+过渡费等,其中,如果安置面积小于原先的主房房屋面积,则剩余面积的补偿费用为政府评估价格的两倍。

在实际动迁中,政府出台了奖金及补助、补偿措施:

- 综合补助费:每人500元。
- 搬家补助费:三人以内(含三人)每户400元,五人以内(含五人)每户500元,五人以上每户600元。
- 煤气费:每户补贴400元。
- 住宅电话移动费:每台208元。
- 空调移动费:每台150元。
- 太阳能热水器:每台150元。
- 搬迁奖励:基数6 000元,在抄告单的规定期限内签订协议出让旧房的,提前一个月搬迁额外奖励1 000元。超过抄告单的规定期限签订协议让出旧房的,每延迟一个月,扣除搬迁奖励1 000元。
- 过渡费:考虑到高层、小高层建设周期较长,由所在村给予12个月以及24个月之后,每人每月增补150元过渡费,即过渡期第一年、第二年每人每月300元,超过两年每人每月450元。
- 房租补偿:凡在安置高层、小高层动迁区域内,动迁出租户按时动迁的每年奖励10 000元(两年一次性支付),延迟动迁的,每延迟一个月扣除奖励总额的20%,以此类推。

● 房屋基础:按政府批准的宅基地的面积,低洼地可以3米计算地下基础,每立方米补偿20元。宅基地面积及地下基础由所在村动迁办确定。不过实际执行过程中以每户12 000元来补偿。

动迁户需要向政府支付的费用根据动迁户的人数、结构而不同。具体如下:2006年政策规定,每人40平方米(426元/平方米)。政府还可以2 000元/平方米的价格卖给每户20平方米。

一些特殊情况是:

● 如果是新婚夫妇,但是没有生育,可以多补40平方米,再加上政府优惠价给的20平方米(2 000元/平方米),一家可以得到140平方米。如果是独生子女之家,除了正常的每个人40平方米(426元/平方米)以外,还给照顾独生子女的40平方米(852元/平方米),此外还以优惠价格给20平方米(2 000元/平方米),而这个政策不管独生子女有没有达到结婚年龄。

● 安置人口426元/平方米基价、安置面积超过原房屋面积部分567元/平方米基价、独生子女未达婚龄照顾安置852元/平方米基价、每户20平方米的照顾安置2 000元/平方米基价。

● 求购复合式阁楼,不享受"乙方因支付的欠款于协议之日起一个月内付清可优惠10%"的规定,但可按顶层销售价的80%计算,并不做产权交换。

● 此外,乙方(动迁户)应支付的欠款于协议之日起一个月内付清可优惠10%。

通过以上房产转换,农民只需花400~900元/平方米的购入成本,就可以买到市场价格为6 000~8 000元/平方米的商品房。农民以能负担的成本获得了部分土地开发的增值收益。一般每户农户征地动迁后都可以得到2~3栋商品房,坐收地租即可获得稳定的收入。

资料来源:课题组实地调研.

2009年以来,园区对1994—2004年失地农户的补偿政策调整,以及旨在对村民反哺土地和资本投资收益的"富民公司"的成立与分红反哺,某种程度上是对"只有维持农户收益同步增长,才能不使社会成本同步增长"的客观要求的回应,也是对"地方政府公司主义"内涵的丰富——"强政府"的确可以实现对社会资源"高强度"而低成本的动员,而将总成本分摊到一个相对长的时期。

我们特别关注深化改革带来的趋势性变化:这个内涵性的收益递增的调整意味着"强政府"只能是继续维持"承担无限责任的经济基础及相应地建之于其上的承担

无限责任的上层建筑"的基本体制①，否则，如果下一步改革是全面搬用西方的所谓"先进体制"，从根本上改为"**承担有限责任的公司作为经济基础，及相应地建于其上的承担有限责任的政府作为上层建筑**"；那么，获得好处的可能是甩掉社会责任的企业和政府。

不得不提示：如果真要**按照这个制度取向深化改革，其制度成本将会是倍加的、爆发性的，**并且一般都是社会大众承载代价的。

因为在深化此类改革期间，**不仅是上一阶段的制度收益将在下一阶段反转为极高的制度成本；**而且，由于下层社会不再有村社理性运作基础，而使得制度成本无从转嫁，**危机代价也只能在资本聚集的城市硬着陆。**其后果，一般是被西方称为"颜色革命"的破坏性极高的社会动乱……②

由此可见，中国上层精英及其相关利益集团需要审慎评估政治改革的深水区，一旦中国照搬西方的政治体制，在发展中国家大量发生的转轨成本也会或迟或早地在中国爆发。

（三）征地的"组合补偿"与失地农民社会保障机制

从 1994 年成立到 2008 年，苏州工业园区累计批准设立的外商投资企业达 3 460 家，累计引进注册外资 277.19 亿美元，平均每天引进注册外资超过 500 万美元。其中，投资上亿美元项目达 100 个，79 家世界 500 强企业投资设立了 126 个项目，累计批准设立内资企业 1.19 万家，累计注册资本 1 345.27 亿元。

在投资推动经济增长的背后是工商业用地需求急增和城市化快速扩张。园区从 1999 年按规划建成首期 8 平方公里扩展到 2005 年的 80 平方公里以及下辖三镇，滚动开发模式下需要不断地向农村征占耕地和拆迁宅基地。但在全国各地普遍出现的大规模冲突事件并没有在苏州工业园区的征地运行过程中出现。

课题组以实地调研为依据，认为**园区在征地补偿和失地农民社会保障机制上的制度创新**主要体现在：

---

① 课题组在对中国经验的比较研究中，依据"经济基础决定上层建筑"的基本理论指出：无限责任的经济基础，在城市是指"全民所有制"的，或全民公平持股的企业；**在农村则是基于村社地缘关系界定基本财产关系的社区成员权共有的企业。被这种经济基础所决定的无限责任的上层建筑，就是对全民承担福利义务的社会政治体制。**

② 作为一种最终由投资人占有收益因而内在具有有限责任公司特点的媒体产业掌控的社会主流舆论，对中国政治改革的期许偏向西方模式的"有限责任政府"。实质上，**这种模式内在地体现资本收益归精英阶层占有而制度成本甩给弱者群体的制度取向。**

与传统的土地补偿费+安置补助费的补偿模式相比,园区目前采用的是一些发达地区试行的**"财产存量+财产性收入流量"的组合补偿方法**,因比较完整地替代了土地在经营收入和社会保障两方面的作用,而相应地减少了因征地而引发的社会冲突事件。

所谓财产存量,是指农户以人头为基本单位而获得的房屋补偿,农民由小土地所有者变成小房产所有者,这个在其他地方也普遍存在;**农户的收入流量有几个来源:一是农民第二套房产出租的收入;二是社区内或者园区内就业的工资收入;三是镇属公司对于社区成员的分红**①;**四是园区管委会提供的社会保障**。除二以外都属于财产性的收入流量。

其中相对不同于其他地方的,主要是公司化政府对社区成员的分红。

相当大比重的财产性收入,仍然还得归功于村社理性的制度优势在苏南地区得以保留和延续,虽然其运作基础已经弱化。

从1994年至今,耕地征占和宅基地拆迁补偿的政策经过了两次大的调整,但这一核心思想一直没有改变。前面介绍了宅基地的补偿标准,专栏30以娄葑镇②为例,对耕地征占的补偿政策变化进行了说明。

专栏30

娄葑镇耕地征占补偿政策的演变

老娄葑镇位于苏州城郊。1994年,苏州工业园区首期启动开发的8平方公里,全部位于娄葑镇,涉及7个行政村。由于娄葑镇集体经济实力雄厚,乡镇企业众多,对被征地农民实行劳动力就业安置的补偿政策。1998年乡镇企业开始转制,至2002年转制完成,乡镇企业消化安置劳动力的能力下降,这期间征地补偿安

---

① 例如,娄葑镇镇属企业创投公司把各个社区集体土地的土地补偿金集中起来组建实业公司并投资新建厂房用于出租,获得稳定的房租收入。由创投公司主导组建的富民公司允许全镇的失地农民以户为单位现金入股,每户人2股,每股3 000元,并承诺每年以不低于10%的回报率给农户股民分红。另外一个镇属企业东景工业坊也以类似模式给土地集中过程中的失地农民分红。这些以农户为股东的社区实业公司本质上是一个"村社法人",它的存在无疑降低了资本与高度分散的小农的交易成本。

② 娄葑镇原为娄葑乡,1994年5月12日苏州工业园区成立之后归园区管辖。2002年2月23日,苏州市政府撤销苏州工业园区斜塘镇,将其原辖区域并入娄葑镇,实行镇管村体制,镇政府驻娄葑。2003年以东环路为界,东环路以西划给苏州市古城区,以东归娄葑镇。2004年原吴中区车坊镇的一部分划归娄葑镇。现在的娄葑镇包括原来娄葑乡的绝大部分、斜塘、车坊镇的一半、城区新区的一部分居民区,面积70平方公里,常住人口15万,外来人口15万,总共大约30万。娄葑镇政府现管辖斜塘、娄东(北面和市里划来的)、车坊3个办事处,9个行政村,30个社区居委会。

置以货币安置为主。不论是就业安置还是货币安置,园区成立的前10年中,土地财产权与补偿物之间都属于"包干制"的一次性交易。2004年后,土地价值显化,园区开始实行土地换长期社会保障的政策。2009年,将被征地农民纳入城镇社保医保体系。

(1) 1994—2003 年:就业安置和货币安置相结合的包干制

1998年以前,苏南集体经济还比较发达,乡镇企业吸纳劳动力的能力强,娄葑乡按苏府〔95〕31号文件对剩余劳动力进行就业安置。政策的要点是实行包干制,由政府支付给乡镇企业6 500元/人的安置费,用于为员工购买社会保险。通过这种方式共安置5 000~6 000人。

在实际操作中,有不少劳动力原本已是乡镇企业员工,只是在征地后通过办理相关手续直接转变为正式的产业工人。另有一部分被征地农民选择自主择业的,劳动关系挂靠在社区居委会,由居委会垫付一半的社保金。

在未安排就业前,每人每月发给生活费180元。此外,对保养人员发放每月136元保养费;对被抚养人不予安置补偿。①

1998年,乡镇企业开始进行"能私不股"(能私有化的就不采取股份制和股份合作制)的改制。改制后的乡镇企业大部分都不再具有集体经济属性,也就不具有配合园区降低土地开发成本的就业安置功能。2000年,苏州市政府出台新的安置政策,娄葑镇根据苏府〔2000〕41号、苏园管〔2000〕48号文件对失地农民进行货币安置。由园区一次性支付被征地农民13 000元/人的安置补偿。这一政策共安置了5 000多人。

被安置人口通过多种形式自主择业,但是政策规定,对女性30周岁至35周岁、男性40周岁至45周岁年龄段的剩余劳动力,由征地服务机构负责向保险公司投保,给予约定的医疗保险费用至60周岁。并且,对保养人员实行每人不超过3万元的投保,每月发放每人160元的保养金,并给予约定的医疗保险费用。关于被抚养人,与〔95〕31号文件不同的是,2000年的政策规定,对被抚养人实行货币补偿,补助费按人均标准减半执行,即给予每人6 500元的一次性货币补偿。

(2) 2004—2008 年:土地换保障安置政策

2004年11月24日,苏州市政府出台了《苏州市市区征地补偿和被征地农民基

---

① 注:2004年以前,苏州市对需要安置的被征地农业人口根据年龄段,划分为三种安置对象:年龄在16周岁以下(不含16周岁),确定为被抚养人;女性16周岁以上至35周岁以下,男性16周岁以上至45周岁以下确定为剩余劳动力;剩余劳动力年龄以上的人员以及肢体残疾等确属无劳动能力的农业人员确定为保养人员。

本生活保障实施细则》。该细则比较系统地阐述了包括工业园区在内的苏州市征地补偿安置、基本生活及社会保障政策。该文件规定,耕地补偿标准提高为20 000元/亩,每个被征地农民的安置补助费标准为20 000元。

不同于2003年以前将土地补偿款由镇、村两级统筹的政策,2004年的土地换保障政策的要点是用80%的土地补偿费和全部安置补偿费及土地出让金的一部分资金(每亩13 000元的标准)建立失地农民基本生活保障基金专户(包含个人账户和社会统筹账户),对新划分的不同年龄段①失地农民分别按月发放失业补助费、生活补助费和征地保养金。此外,将第二年龄段(劳动力年龄)的失地农民纳入城乡社区基本养老保险体系中,配之以医疗保险和社会救济及最低生活保障等构建园区新型社区社会保障体系。具体政策内容如表3-5所示。

表3-5 2004年园区失地农民基本生活保障及社会保障政策要点

保障对象	基本生活保障	社会保障
第一年龄段 (16周岁以下)	一次性支付每人7 000元生活补助费	不纳入基本生活保障范围
第二年龄段 (女性16~35周岁, 男性16~45周岁)	每人每月160元的失业补助费;最长期限两年②	被征地农民在园区企业就业后,政府将其基本生活保障个人账户扣除失业补助费或生活补助费的余额,按一定方法换算基本养老保险缴费年限和个人账户,纳入城镇企业职工社会保险体系,并享受城镇职工基本医疗保险。未就业的,自愿参加纳入城乡(农村)社区基本养老保险体系和城乡(农村)社区基本医疗保险体系。
第三年龄段 (女性36~55周岁, 男性46~60周岁)	每人每月180元的生活补助费;到达养老年龄次月起,按月领取第四年龄段人员标准的征地保养金	
第四年龄段 (女性55周岁以上, 男性60周岁以上)	每人每月220元的征地保养金	征地保养金不低于城镇居民最低生活保障水平

在园区开发过程中,政府不断提高对失地农民的基本生活保障标准,逐步建立了与城镇居民最低生活保障标准相适应的被征地农民基本生活保障水平调整机制。2007年出台的苏府〔2007〕128号文件将被征地农民第一年龄段人员每人一次性领取生活补助费的由7 000元调整至7 500元;第二、第三年龄段人员每月领取的失业

---

① 2004年以前划分三个年龄段,2004年之后调整为四个年龄段。
② 娄葑镇政府提高补偿标准,失业补助费为每人200元/月,且苏州工业园区政策规定该补助仅发放两年,但实际操作中,由于区划调整后各地区的经济发展水平不同,基于稳定考虑,镇政府怕两年之后停止发放补助会引起失地又失业农民的不满,所以该项补助一直发放至今。但如果这部分劳动力找到社区保安、保洁等工作后,该补助费就会停发。

补助费、生活补助费由160元/月调整至180元/月(园区实际以200元/月的标准发放);第四年龄段人员每月领取的征地保养金统一调整至280元/月,并通过分步调整,使养老年龄段人员领取的征地保养金不低于苏州市城镇居民最低生活保障标准水平。被征地农民安置补助费标准由每人20 000元提高至25 000元,转入个人账户;从政府土地出让金等土地有偿使用收益中提取的金额由现行规定13 000元/亩提高至20 000元/亩,转入统筹账户。另外,将被征地农民纳入居民医疗保险体系,被征地农民第三、第四年龄段人员的住院医疗保险费,调整为包括住院医疗保险和门诊医疗补助的居民医疗保险费,标准由每人8 000元提高到10 000元,列入征地成本。

这一阶段对失地农民基本生活保障及纳入社会保障体系的实质是在乡镇企业改制的背景下改变过去一次性货币安置的补偿方式,开始探索以"土地换社保"为中心的组合补偿新机制。

(3) 2009年至今:纳入园区公积金制度,城乡社保并轨

由于乡镇企业改制和物价上涨等因素,到了2009年,第一阶段"包干制"安置的遗留问题逐渐暴露,许多安置了就业的农民在乡镇企业改制后失去了工作,同时因为年龄原因难以找到新的工作;货币补偿和土地增值之间的落差迅速拉大,很多失地农民的生活水平相对偏低,2004年前被征地的失地农民还只能享受农村低保。为加快园区城乡社保并轨,提高园区被征地农民的社会保障水平,2008年10月,苏州工业园区管委会出台苏园管〔2008〕38号文件,将被征地农民全部纳入园区统一的公积金制度,实现城乡社保并轨,使"土地换保障"机制进一步规范化,具体政策要点如表3-6所示。

苏州工业园区借鉴新加坡中央公积金制度的经验,实施有别于我国国内社保模式的公积金制度。**这一制度将原来分散在部门的社保项目集中起来,由公积金中心统一管理、统一操作,形成一种集养老保险、医疗保险、住房保障、失业救济为一体的综合性社会保障制度。**

从基金模式看,采用预筹积累方式,较现收现付方式保障更为可靠;从保障机制看,以会员个人账户为主,比社会统筹机制更具激励作用;从保障内容看,一揽子实现基本社保目标,比传统保障方式更便利。

城乡并轨的公积金制度体系提高了被征地农民的生活保障力度。

表 3-6 苏州工业园区失地农民纳入统一公积金制度政策要点

保障对象	保障方法	保障待遇
待安置人员①	在用人单位就业参加园区公积金的,对用人单位和个人各按公积金 B 类或 C 类下限的 25% 进行补贴 自谋职业参加园区公积金的,对个人按公积金 B 类或 C 类下限的 50% 进行补贴,补贴资金由区、镇财政承担,补贴时间最长为 15 年	原城乡社区基本养老保险个人账户和缴费年限可以按规定办理转移手续。达到退休年龄后按规定享受养老保障,现在的标准是 560 元/月
第二年龄段	被征地基本生活保障个人账户换算为园区公积金个人账户和缴费年限,余额不足部分个人全部承担	
未达养老年龄的保养人员②及第三年龄段	经自愿选择申请纳入园区公积金制度。按补缴当年园区公积金 C 类的缴费基数下限和 28% 的缴费比例一次性补缴 15 年。一次性补缴资金由个人承担 28%,区、镇财政共同承担 72% 民政部门认定的低保人员、低保边缘人员、五保人员、重症残疾人等各类人员个人免缴费,全部由区、镇财政承担	达到退休年龄后按规定享受养老保障。在一次性缴纳社保后可以参加城镇医疗保险③,享受小病以在 55~70 岁间每年 800 元、70 岁之后每年 950 元,大病以住院 90% 的报销待遇

注:根据实地调研资料和苏园管〔2008〕38 号文件整理。2009 年,园区公积金 B 类缴费基数为 1 633 元,缴费比例为 25%;C 类的缴费基数为 1 200 元,缴费比例为 26%。B 类综合社会保障计划主要适用于园区中新合作开发外各类用人单位及与之形成劳动关系的员工,含员工基本养老、医疗、失业、工伤和生育等五类社会保障项目。C 类综合社会保障计划主要适用于园区中新合作开发区外私营企业、个体工商户及其员工、自谋职业人员,包含员工基本养老、失业、工伤、大病住院医疗四类社会保障项目。

可见,城乡并轨的公积金制度的支付成本,是由个人和政府共同分担。政府的补贴资金来源于两部分,一是从政府土地出让金等土地有偿使用收益中按每亩 13 000 元标准④提取的金额;二是 80% 的被征土地补偿款和全部的安置补助费。而个人承担的成本也并不高,一次性向前补缴社保公积金(上限为 17 000 元),即可享受城镇退休工人的同等待遇,在此基础上再补缴 15 年的大病统筹基金,即支付个人

---

① 作者注:2004 年 1 月 1 日以前被征地(拆迁)农民中的待安置人员:女 16 周岁至 35 周岁、男 16 周岁至 45 周岁人员。

② 作者注:2004 年 1 月 1 日以前被征地(拆迁)农民中女 35 周岁以上、男 45 周岁以上人员中至政策实施时未达养老年龄的保养人员。

③ 作者注:达到法定退休年龄,医疗保险缴费年限符合女满 25 年、男满 30 年或进行补缴后女满 25 年、男满 30 年的,可享受公积金退休会员医疗保险待遇。若不符合或不补缴,应参加苏州工业园区城乡社区基本医疗保险。

④ 苏府〔2007〕128 号规定,从 2007 年 10 月 1 日起,从政府土地出让金等土地有偿使用收益中提取的金额由现行规定 13 000 元/亩提高至 20 000 元/亩。

承担部分的3 000元,能享受小病以在55~70岁间每年800元、70岁之后每年950元,大病以住院90%的报销待遇。但若不参加园区社保下的公积金医疗保险,则只能享受城乡社区基本医疗保险下的每年每人交60元,每年报销300元的待遇。这对于养老年龄段的被征地农民而言,能以较低成本分享到社会保障的收益,切实提高了其生活水平。

资料来源:课题组实地调研.

21世纪以来,中国宏观经济形势的最大不同,在于货币超量增发形成的资金要素相对过剩。这就带来了**园区征地拆迁政策的新变化:从90年代的"财产补偿+就业安置"为主到"货币化安置"为主。**

一个地区的经济发展肯定会涉及土地征用拆迁,失地农民怎么办?这是一个棘手的问题。苏州工业园区具有地理区位优势,吸引了大批企业入驻,虽然大部分是高新产业,但也产生了大量的就业机会,吸引全国各地的人都来到这里工作,不但促进了当地商业零售的发展,房屋出租也成为一个很大的产业,成为当地老百姓重要的收入来源。

园区当地老百姓想找工作基本上都能找到,访谈的情况是当地有些老百姓不工作,尤其以年轻人为甚,他们"吃房租"就行。所以,引进相关合理的产业,促进本地拆迁户的就业以及增加他们的收入,则在客观上可以减少拆迁的阻力。这也是苏州工业园区征地拆迁发展过程中的经验之一。

从农户动迁前后的收入对比来看,**由于园区开发的资本溢出效应,农民收入和支出都在增加,但收入的增加高于支出的增加,生活水平有所提高。**

通过以上机制的详细介绍和分析可以得出:

苏州工业园区以"土地换社保"和"房产置换"为中心的征地动迁"组合补偿"方式的制度创新,因满足了失地农民的货币补偿、社保、住房、就业等多层次需求而从根本上消除了大规模征地冲突爆发的主要诱因。

这种制度安排下的土地资本化利益分配虽然没有完成扭转倾斜于资本的格局,但因政府用一部分土地资本化收益满足了失地农民多层次的需求和支付社会转型的制度成本而使得征地冲突的根源弱化,社会实现平滑的转型(见图3-27)。

苏州工业园区征地的组合补偿机制得以实现的背后,仍然是苏南模式中政府长期理性和村社理性等制度经验在发挥作用。

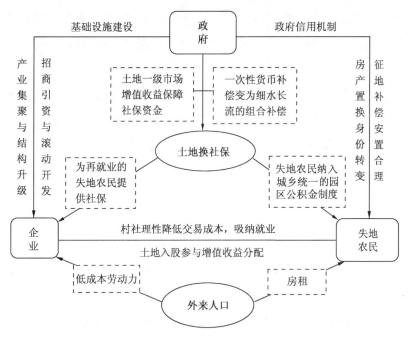

图 3-27　苏州工业园区开发过程中征地补偿与失地农民社会保障模式

众所周知,在中国城市化、工业化的过程中伴随着大量的土地征用以及房屋拆迁,由于补偿标准不合理,造成了群众利益受损,进而引起了大规模的上访事件,群体性事件时有发生。据统计,**各类上访事件中涉及土地问题的占了上访案例总数的 80%,由此可见,征地拆迁稳妥与否关系着一个地区的社会稳定。**

苏州工业园区成立 15 年以来,由首期的 8 平方公里扩大到 80 平方公里,但总体上社会成本保持在较低水平,这是值得欣慰的事情。动迁居民小区——社区在基层治理中仍然发挥着重要作用。苏州工业园区进行规划的时候,大部分村都是实行就地安置的政策(除了核心工业园区的农民要搬到外围居住以外)。政府修建了漂亮的住宅小区,住宅小区设施的规划尽量贴近农村习俗,比如有婚丧大厅、各种文化娱乐设施、零售市场,这在一定程度上减少了农民适应城市生活的时间。再加上社区治安环境、居住环境比较理想,这些措施对后来的动迁户也有吸引作用。社区还提供了很多就业岗位,比如保安、清洁等职位,当地老百姓从事这些工作也可以得到一定的收入。

此外,园区政府部门在维护社会稳定的压力下,不得不在土地用途转化和开发过程中产生的巨额增值收益中,分出一部分用来补偿失地农民的收入。

随着园区经济高速增长和产业集聚不断产生资本溢出效应,园区的补贴水平也会不断调整。否则,即使是一次性的以就业或者货币补偿来安置的失地农民,仍可能通过信访系统反映问题,要求政府调整其补偿水平,提高基本生活保障金或纳入更高水平的社保体系。一位在信访办工作的受访者说:"如果你每年不加(社会保障金),老百姓也会闹的。"

这恰恰说明:园区对于失地农民补偿标准的不断提高,是政府与农民不断博弈的结果,由于地方政府的"强信用"内含着"无限责任政府"的性质,地方政府与失地农民之间不可能是"有限责任"式的一次性交易,而必然是多重博弈。

(四)对村社理性思考的拓展

园区早在拟议成立的时候,就曾遭到以原有公社干部为代表的强烈反对,他们的看法是"外资能做的,我们乡镇企业也可以做"。他们所代表的实际上是乡土社会农村工业化所形成的乡土资本的力量。而且,第一批被规划进项目开发区的乡镇,因具有位于苏州城郊的区位优势,集体工业的经济实力确实非常强。

调研中了解到:由于园区是分阶段开发的,因此园区内现有五个乡镇加入园区的时间节点不同;而乡村集体经济的资本存量不同、所有者结构不同,融入园区开发步伐的时间不同,其土地资本化的结构和方式也大不相同,由此形成的基层治理结构和方式也有很大差别。

可以大致归为两类:一类是在乡镇企业大面积私有化改制之前就纳入园区规划范围的,可以依托集体经济基础对镇域产业重新布局,依靠"开放红利"强化集体经济实力和村社治理能力,实行"块状"治理;而另一类则是在乡镇企业私有化改制之后才正式纳入园区规划范围的,则因缺乏统筹、整合资源的能力,而与园区管委会之间实行收支两条线的交易方式,镇、村两级对基层的治理能力弱得多。好在此时园区自身已经在整体上完成了资本原始积累,有足够的财力来支撑现代化的高成本治理体系在后一类乡镇中运作。

按下这些内部细致的比较研究不表,我们还是将有限的篇幅集中到更高层次的比较研究中。课题组认为,只有从这些与园区发展形成互动的乡土社会经验的归纳分析出发,才可以对园区发展的第二阶段新方"退出"进行更深入的反思。

有人认为,从商业角度评价,新加坡的投资没有取得预期的投资回报折本铩羽而归可算是中新合作的失败;还有很多人认为,主要原因是新加坡小国缺乏回旋余地,经不起危机打击;对中国中央和地方政府的关系与政治生态缺乏足够的了解;不注重文化因素和地方潜规则……这些理所当然的一般推理式的分析,我们都可以借鉴。

本书与一般分析有明显不同,认为:新加坡方面遵从西方市场制度,把所有的要素都变成货币化的交易,相对于人们普遍认同的市场经济体制而言本来无可厚非;但也**由此形成无法化解市场经济的外部性的制度局限,遂最终使成本高到自己都无法正常支付,不能说是外部资本在一般发展中国家往往一败涂地还找不到败北的基本原因。**大多数笃信自由市场理论的外部投资人从一开始就因市场本身不可能排除外部性而为自己埋下了巨大的风险。这个风险只有在构建巨大的盈利预期、"搭金融资本虚拟化扩张的便车"的条件下,才能支付得起;当东亚突然发生金融危机时,累积风险就随着盈利预期的轰然坍塌而爆发了。

一般说来,在完全市场化条件下,一国如果发展程度高,往往意味着资本存量高;并且,资本存量高往往意味着资本流量大、资本化程度深;而资本深化势必导致资本运行中各项成本同步增加,也一定会反过来对资本积累构成制约。

深入看去,**这个资本深化的负反馈链条,的确有助于资本利润的社会化分配,不过,却不利于全球化条件下以民族国家为基本单位的资本竞争。**

无论信奉何种20世纪遗留下来的西方意识形态,我们都必须理解,更为尴尬的麻烦还在于资本全球化对发展中国家的裹挟:**对于任何处在资本全球化阶段的民族国家来说,几乎没有选择地只能推行以经济产业化和金融主权化为实质内容的资本扩张,否则就无法为保持完整的国家主权(上层建筑)提供起支撑作用的经济基础。**

本课题首席专家曾在大量国际比较研究的基础上,提出两个"没看见":第一,发展中国家可有成功的城市化?没看见。第二,发达国家可有成功的农业现代化?也没看见。

这里借题发挥地提出第三个"没看见":世界范围内,尚未看见有完全依靠市场化机制完成的工业化!

甚至不妨对此再推而广之——世界上哪个国家能够完全凭借自身力量完成产业资本原始积累,进入产业扩张形成完整的产业门类、推进不断的产业升级,并实现国家财政和社会事业、社会福利的可持续?

众所周知,先发工业化国家是靠向外转嫁代价来完成资本原始积累和产业扩张的。而在发展中国家之中,能够靠内向型积累实现工业化的是中国……

本课题团队在新近出版的著作中指出,新中国成立以来的工业化进程中共发生了八次危机,凡是制度成本能向农村转嫁的,就能实现危机"软着陆",原有的制度框架可以维持基本不变;反之,危机的制度成本刚硬地砸在城里,就只能"硬着陆",引发重大的制度变迁，工业化也就难以按照先前的路径继续下去。①

本书对此的补充是，**在国家信用较弱的资本原始积累阶段，危机成本之所以能向农村转嫁，因为那时的农村基层因高度组织化而大抵属于"强社区"**，并因国家政权通过土地革命和各种运动客观上形成对基层组织的赋权，而使得基层社区也具有"强政府"的色彩；在农村工业化中形成的社区公共财产，进一步强化了对社区成员福利承担基本责任的农村组织载体。

历史地看，这种基层"强政府"对于国家"弱政权"的支撑，与中国几千年来形成的相对稳态的小农村社制，与土地革命时期大规模的基层民众动员并且新中国建立之后即均分土地从而形成基于村社成员权的财产权，都有着密切的关系，因而确实属于独特的"中国经验"……

可见，中国的工业化得以完成资本原始积累并进入产业扩张，依凭的基础恰恰是工业化和现代化的相对面——乡土社会！

苏南农村工业化的普遍性价值还在于，它经验性地表明了中国最著名的独立思想者梁漱溟在 20 世纪 20 年代提出并且毕生为之奋斗的论点，即农村不仅可以作为现代工业的哺育者和牺牲品，而且传统农村同样可以步入现代工业的快车道。可以告慰梁漱溟在天之灵的事实，本来在 20 世纪 80 年代到 90 年代他还在世的时候就出现了——**子在苏南曰：工业增长、城镇扩张与农业增产、农民增收可以同步发生**——尽管其他地区的经验更支持很多学者基于理论逻辑的观点，认为工业化和城市化必然导致三农衰败。

只不过，苏南模式于 90 年代后期随着苏南乡镇企业的改制而逐渐淡出了只会庸俗地"以成败论英雄"的官员和学者们的视野，这些一度有效的经验也被低俗化的研究者们冠以意识形态帽子之后束之高阁②。

苏州工业园区的历程表明，至少截至目前，村社理性在园区土地的低成本开发中仍然具有重要作用，它使得过去 20 年中园区虽然总体扩张速度很快，但土地拆迁的现金成本和社会成本相对较低，社会阵痛相对温和。反过来说，乡土社会腹地也是园区的"无风险资产"，这是被迫从马来西亚独立出来的新加坡所无法比拟的。

---

① 温铁军等.八次危机：中国的真实经验 1949—2009.北京：东方出版社，2013.

② 乡镇企业改制并不是乡镇企业自身的问题，而是 **20 世纪 90 年代末中国在严重危机局面之下一系列激进制度变迁、向三农转嫁危机代价的产物**。课题组曾在以前的研究中指出，20 世纪 90 年代中后期，苏南乡镇企业改制的**本质是经济危机条件下政府在不经济的情况下"退出"**——宏观经济萧条时乡镇企业债务风险爆发，地方政府从被转嫁了制度成本的乡镇企业退出，转而与享受国际国内各种制度红利的外资寻求合作，遂有 21 世纪以来的"新苏南模式"。参见温铁军等.解读苏南.苏州：苏州大学出版社，2011.

附件1　美国IT业发展与全球FDI流动

当代IT技术的前身是现代情报技术,发端于19世纪末,而广泛应用于冷战时期。下面择要述之。

19世纪末,美国H.霍勒里思发明的穿孔卡片,是现代情报技术与情报处理结合的最初应用。1946年2月,美国宾夕法尼亚大学莫尔学院制成世界第一台ENIAC电子计算机,为情报技术的发展奠定了基础。1954年,美国海军军械试验站图书馆利用IBM701电子计算机建立了世界上第一个情报检索系统。1959年,美国H.P.卢恩利用IBM-650电子计算机建立了世界上第一个定题情报提供(SDI)系统。这个时期的情报输入输出设备为卡片穿孔机和纸带穿孔机,存储设备为磁带存储器,因而建立的情报检索系统为脱机批处理系统。60年代以后,磁鼓、磁盘开始用作主要的辅助存储器,中、小型计算机发展迅速,许多文献工作机构利用计算机建造文献数据库磁带,并利用计算机编辑出版情报刊物。1962年,美国麻省理工学院的M.M.凯塞利用IBM709电子计算机和IBM2741多通道控制台进行了世界首次联机情报检索试验。①

20世纪70年代以来,各类计算机的性能迅速提高,全数字通信网开始应用,以文字、数值、图形图像、声音等信息为载体的各种文献型、事实型、数值型、图像型数据库大量产生,个人计算机技术快速发展。

1977年,史蒂夫·乔布斯(Steve Jobs)和史蒂夫·伍茨尼亚克(Steve Wozniak)发明了著名的苹果Ⅱ型家用电脑;1981年第一台IBM私人电脑投入市场;1985年第一个版本的Windows操作系统问世——这些发明,使得每个人可以用数字化格式处理、写作、掌握和传播比以往多得多的信息。②

1995年8月9日,Web的出现和网景公司的上市标志着互联网时代的到来,人类从此可以极低的成本进行全球沟通。其技术发明的演进过程是:

英国物理学家蒂姆·伯纳斯·李1991年创造了万维网(World Wide Web)并建

---

① http://baike.baidu.com/view/4402048.htm.
② 本段及以下关于IT产业发展脉络的梳理,如无特殊标注,均摘引自[美]托马斯·弗里德曼.世界是平的(第2版).长沙:湖南科学技术出版社,2006.

立了第一个网站,使因特网(Internet)活跃起来——万维网创造了一个魔术般的虚拟世界,每个人都能把自己的数字化信息传到网上,其他人可以很容易地接触这些信息;各种搜索引擎出现了,人们可以在网站上方便地寻找各种网页。

1999年6月14日的《时代》杂志在其人物简介中认为,伯纳斯·李是20世纪最重要的100位人物之一。《时代》杂志这样总结他建立的万维网:

"万维网可是伯纳斯·李独一无二的创造。他设计出了万维网……并且,他……努力让万维网保持开放、非私人专有和自由浏览。"他普及了"一个相对易学的编码系统——HTML(超文本标识语言)……他设计了一个网址分配方案,或者说统一资源定位器(url, universal resource locator),为每一网页分配一个特定的位置。他还创建了一套规则,允许通过因特网把这些文件连接到各台计算机上。他把这套规则称为超文本转换协议(HTTP, HyperText Transfer Protocal)。……伯纳斯·李把万维网的首批(但不是最后一批)浏览器拼凑在一起,这使得任何地方的用户都能在他们的计算机屏幕上看到他的创新。1991年,万维网首次粉墨登场,立刻为混乱的电脑空间带来了秩序和透明。从那时起,万维网和因特网合二为一,用户通常以指数幂的形式递增。就在5年之内,因特网的用户数量从60万人上升到4亿人。这表明,平均每隔53天用户数量就会翻一番"。

和伯纳斯·李的发明一样重要的是那些安装和使用都很方便的商业浏览器。第一个流行起来的浏览器是美国加州芒廷维尤市的一家新公司——网景创建的。网景的迅速崛起是因为有上百万台电脑已经配有调制解调器,这是基础;网景所做的就是给这些电脑再加一个新的应用软件——浏览器,让电脑对人们更加有用。这反过来也导致对数码产品需求的猛增和因特网的繁荣。网景在1995年8月9日上市,正式宣布了互联网时代的到来,也导致了网络股泡沫的出现和对光纤电缆的过度投资。正如网景公司前首席执行官巴克斯代尔说的:"我们发起了网络泡沫。"

在欧美及亚洲多个国家的股票市场中,与科技及新兴的互联网相关企业的股价高速上升,在2000年3月10日NASDAQ指数到达5048.62的最高点时到达顶峰。

接下来发生的一件大事,是IT泡沫的崩盘。

这个"过山车"一般的过程,见专栏31。

专栏 31

美国 IT 业"过山车":1995—2001

1994年,Mosaic浏览器及万维网(World Wide Web)的出现,令互联网开始引起公众的注意。初期,人们只看见互联网具有免费出版及即时世界性资讯等特性,但人们逐渐适应了网上的双向通信,并开启了以互联网为媒介的直接商务(电子商务)及全球性的即时群组通信。

这种可以低价在短时间内接触世界各地数以百万计人士,可以即时把买家与卖家、宣传商与顾客以低成本联系起来的新的媒介与技术,改变了传统商业信条包括广告业、邮购销售、顾客关系管理等的运作方式。互联网带来了各种在数年前仍然不可能实现的新商业模式,并引来风险基金的投资。

一个规范的"DOT COM"商业模式依赖于持续的网络效应,以长期净亏损经营来获得市场份额为代价。公司期望能建立足够的品牌意识,以便收获以后的服务的盈利率。"快速变大"的口号诠释了这一策略。在亏损期间,公司依赖于风险资本,尤其是首发股票(所募集的资金)来支付开支。这些股票的新奇性,加上公司难以估价,把许多股票推上了令人瞠目结舌的高度,并令公司的原始控股股东纸面富贵。

一小部分公司的创始人在Com股市泡沫的初期,公司上市时获得了巨大的财富。这些早期的成功使得泡沫更加活跃,繁荣期吸引了大量前所未有的个人投资,媒体报道了人们甚至辞掉工作专职炒股的现象。

正如苏广平所说:

股市对经济的敏感、放大和反馈功能,为投机性人为炒作留下了足够的空间。股市上只要有好题材,就会有人炒,而且有人信。IT高科技,特别是网络的概念很新颖,没有可比性,正是投机者炒作的最好题材。于是,有人鼓吹"网络经济3年等于工业经济70年",有人甚至说"互联网颠覆了一切经济规律"。在风险投资抢先注入的带动下,国内外资本在短期内涌入盈利模式尚不清楚的互联网领域,同时带动其他IT企业的股价也急剧上涨。投机炒作使越来越多的人因上涨预期而入市抢购,而抢购又使股价进一步上涨并再次增强上涨预期,于是就形成了股价飙升的"大牛市"。

但是,过度膨胀的股市泡沫不可能长期维持。当互联网企业连续亏损的事实一旦形成强烈的利空预期,离谱股价止升回跌,立即就出现了下行的反馈振荡,导致股市"崩盘"。

"崩盘"以后，股价下跌的速度和幅度同样放大了实体经济衰退的程度。网络经济泡沫的崩溃在2000年3月到2002年10月间抹去了技术公司约5万亿美元的市值。

有人认为，网络经济泡沫的破裂促成了美国房地产泡沫的产生。耶鲁大学经济学家罗伯特·希勒2005年说："一旦股市下跌，房地产就成为股市释放的投机热潮的主要出口。还有什么地方可以让冒险的投机者运用他们新吸收的商业奇才。大房子所展现的实利主义也已成为自尊心受挫的失望的股票投资者的奴隶。这些天来，整个国家在痴迷程度上唯一与对房地产的痴迷度相同的东西只有扑克。"

资料来源：http://baike.baidu.com/view/780.htm? fr = aladdin；苏广平.关于IT经济泡沫的反思(中).2004 - 07 - 21. http://www.eepw.com.cn/article/27.htm.

2001年，美国IT股市泡沫破灭，却使亚洲国家获得了一个逆势而上搭乘IT业快车的机会。原因在于：

IT泡沫繁荣期那些超前的投资，从经济意义上讲固然是充满了风险，但从技术意义上讲，"即使是过度投资也能带来意想不到的积极效果。正如我们在铁路行业和汽车行业的发展过程中所看到的……网络股的繁荣导致光纤电缆公司的过度投资，这些公司在陆上和海底铺设了大量光纤电缆"……"光缆一旦铺设下去就很难再挖出来，所以通信公司破产后，银行通常会把他们接管过来，把原来1美元铺设的光缆以10美分的价格出售给新公司"……"极大地降低了拨打电话和传送数据的成本"。①

一个典型的例子是网络建设。在IT经济泡沫膨胀时期，对互联网通信量增长的预测是每100天翻一番。据统计，1999年美国投向网络的资金即达1 000多亿美元，超过以往15年的总和。1998年到2001年期间，埋设在地下的光缆数量增加了五倍。当互联网泡沫破灭时，美国地下已延绵铺设光缆约6 240万公里。②

股市繁荣意味着投资资金是免费的。在5～6年的时间内，通信公司共投资了大约1万亿美元用于铺设各种光缆，而且没有人对未来的需求发生过怀疑。③

同时，技术进步提高了每根光缆的传输能力，美国光缆网络的总传输能力在短短几年间增加了数十倍。而需求的增长则滞后而缓慢得多，即使在高速成长前期，

---

① ［美］托马斯·弗里德曼.世界是平的(第2版).长沙：湖南科学技术出版社，2006.
② 苏广平.关于IT经济泡沫的反思(中).2004 - 07 - 21. http://www.eepw.com.cn/article/27.htm.
③ ［美］托马斯·弗里德曼.世界是平的(第2版).长沙：湖南科学技术出版社，2006.

互联网通信量的增长也只能达到每年翻一番,后期的增长速度还要下降,2002年全球互联网容量的增长不到40%。①

另一个典型是半导体产业。20世纪末,由于电子设备生产高速增长带动半导体市场大幅增长,各半导体厂商争相投入巨资,建设新一代芯片生产线,先是竞相建设每条约需10亿美元的8英寸生产线,后来又抢先建设每条需20~30亿美元的12英寸生产线。②

正是互联网泡沫时期巨额投资建造的这些互联网基础设施,使得以此为基础的各种虚拟空间软件有了广阔的市场,**既缩短了发达国家与发展中国家的数字鸿沟,也缩短了二者之间的产业鸿沟**——或者说,互联网泡沫巅峰时期投机资本向其他产业外溢,并最终与房地产业紧密结合,极大地拉升了互联网泡沫核心国家实体产业的运营成本,迫使这些国家的产业资本向发展中国家转移,而缩短了的数字鸿沟强化了此举在经济上和技术上的可行性。

"离岸经营"和"服务外包"应势而出。与20世纪60年代发达国家制造企业把部分业务外包到国外的经历相类似,过去10余年离岸服务外包或海外服务外包的快速发展,已成为服务外包的又一特征。据估计,2001年所有离岸服务出口的市场规模约为320亿美元,其中主要的出口提供者为爱尔兰、印度、加拿大和以色列。据IDC(国际数据信息)统计,全球外包服务方面的开支从1998年的990亿美元、2001年的1 500亿美元增长到2004年的3 000亿美元,复合年增长率为12.2%,亚太地区增长率则为15.1%。其中,软件服务跨境外包市场平均每年以29.2%的速度增长。IT带动的离岸服务增速最快,据UNCTAD估计,2002年,IT带动的离岸外包大约有13亿美元,占全球外包总量的1%左右。③

"离岸经营"与"服务外包"共同解释了2001年以来全球FDI的流向变化。**2001—2003年,全球FDI流入量分别比上年减少了41.1%、17.0%和17.6%**。但将全球FDI流动进行分区域考察会得到更有意思的发现:

发达国家减少的FDI流入并没有均匀地流向发展中国家。尽管发展中国家作为一个群体出现了复苏,FDI流入量增长了9%,达1 720亿美元,但分区域看,非洲和亚洲及太平洋出现增长,而拉丁美洲则持续下降(见表3-7)。

---

① 苏广平.关于IT经济泡沫的反思(中).2004 – 07 – 21. http://www.eepw.com.cn/article/27.htm.
② 苏广平.关于IT经济泡沫的反思(中).2004 – 07 – 21. http://www.eepw.com.cn/article/27.htm.
③ 邹全胜,王莹.服务外包:理论与经验分析.国际贸易问题,2006(5).

表 3-7　1992—2003 年全球各区域 FDI 流入量

单位:10 亿美元

区域/国家	1992—1997（年平均）	1998	1999	2000	2001	2002	2003
发达国家	180.8	472.5	828.4	1 108	571.5	489.9	366.6
西欧	100.8	263	500	697.4	368.8	380.2	310.2
日本	1.2	3.2	12.7	8.3	6.2	9.2	6.3
英国	60.3	174.4	283.4	314	159.5	62.9	29.8
发展中经济体	118.6	194.1	231.9	252.5	219.7	157.6	172
非洲	5.9	9.1	11.6	8.7	19.6	11.8	15
拉美和加勒比	38.2	82.5	107.4	97.5	88.1	51.4	49.7
亚洲	74.1	102.2	112.6	146.1	111.9	94.4	107.1
太平洋地区	0.4	0.2	0.3	0.1	0.1	0.1	0.2
中欧和东欧	11.5	24.3	26.5	27.5	26.4	31.2	21
全球	310.9	690.9	1 086.8	1 388	817.6	678.8	559.6

资料来源：辛洁.全球 FDI 向服务部门转移的趋势分析和对中国的政策建议.南开大学硕士论文,2005.

2003 年,亚太地区的 FDI 流入量比上年增长 14%,达 1 073 亿美元。其中,34 个经济体的流入量增加,21 个经济体的流入量减少。流入量集中在东北亚和服务业,其中**中国成为 2003 年全世界除卢森堡以外(多为转口投资故不可比)最大的 FDI 吸收国,FDI 流入量为 535.1 亿美元**。东南亚的流入量上升了 27%,达 190 亿美元;南亚获得了 60 亿美元,增长 34%;中亚 61 亿美元,增长 35%;西亚 41 亿美元,增长 14%;太平洋诸岛 2 亿美元。[①]

2003 年的截面数据也给出了中国相对地位的变化。如果将中国的纵向数据加入进来,可以发现**中国 FDI 的流入规模有一个马鞍形变化:从 1998 年遭遇东亚金融风暴陡然下降,自 2001 年再度开始向上攀升——恰是美国 IT 泡沫破灭发生的同一年**(见表 3-8)。

---

① 辛洁.全球 FDI 向服务部门转移的趋势分析和对中国的政策建议.南开大学硕士论文,2005.

表 3-8 1983—2012 年中国实际利用外资统计

单位：亿美元

年份	对外借款	外商直接投资（FDI）	外商其他投资	FDI 相当于 GDP 的比重	实际利用外资总计
1983	10.7	9.2	2.8	0.3	22.7
1984	12.9	14.2	1.6	0.5	28.7
1985	25.1	19.6	3.0	0.6	47.7
1986	50.1	22.4	3.7	0.8	76.2
1987	58.1	23.1	3.3	0.7	84.5
1988	64.9	31.9	5.5	0.8	102.3
1989	62.9	33.9	3.8	0.8	100.6
1990	65.3	34.9	2.7	0.9	102.9
1991	68.9	43.7	3.0	1.1	115.6
1992	79.1	110.1	2.8	2.3	192.0
1993	111.9	275.1	2.6	4.5	389.6
1994	92.6	337.7	1.8	6.0	432.1
1995	103.3	375.2	2.9	5.2	481.4
1996	126.7	417.3	4.1	4.9	548.1
1997	120.2	452.6	71.3	4.8	644.1
1998	110.0	454.6	20.9	4.5	585.5
1999	102.1	403.2	21.3	3.7	526.6
2000	100.0	407.2	86.4	3.4	593.6
2001		468.8	27.9	3.5	496.7
2002		527.4	22.7	3.6	550.1
2003		535.1	26.4	3.3	561.5
2004		606.3	34.4	3.1	640.7
2005		603.3	34.8	2.7	638.1
2006		630.2	40.6	2.4	670.8
2007		747.7	35.7	2.3	783.4
2008		924.0	28.6	2.1	952.6
2009		900.3	17.7	1.8	918.0
2010		1 057.3	30.9	1.8	1 088.2
2011		1 160.1	16.9	1.6	1 177.0
2012		1 117.2	15.8	1.4	1 133.0

数据来源：中国统计摘要 2013.

发达国家吸收 FDI,主要缘于投资者对于资本市场高收益的预期。而**中国吸引的发达国家的投资,则 2/3 左右集中在制造业**。从 1999 年到 2002 年,投资于第二产业的 FDI 占中国 FDI 总额的比重持续上升,在 2002 年达到了 74.8%,而后直到 2005 年大致稳定于 74% 左右。在第二产业中,FDI 大多集中于工业部门,而在工业部门中,FDI 又多集中于制造业。这一分布特征主要与中国低廉而充裕的劳动力、原材料供应有关。制造业可以获得长期稳定的投资回报,再者,中国的税收优惠政策有利于外商降低成本,在提高竞争力的同时获得广阔的市场。① 2001 年以后的这一轮投资,重点集中在 IT 产业。由于 IT 产业在互联网的拉动刺激下,生产逐渐形成了标准化、模块化的特征,因此,发达国家或经济体往往将 IT 产业中的设备制造环节转移到中国来。

值得注意的一个变化是,在 2005—2008 年期间,第三产业吸收 FDI 占中国 FDI 总额的比重从当年的 24.74% 跃升至 41.72%,短短的三年期间提高了 16.98 个百分点。与此同时,第二产业 FDI 比重则由 74.07% 降至 56.66%,降幅达 17.41 个百分点。截至 2008 年年底,中国在第一、二、三产业中实际利用 FDI 占当年利用外资总规模的比重分别为 1.29∶56.66∶41.72。②

更需要注意的是,中国大量吸引 FDI 并未拉动国内产业按照预期进行升级和结构转换,中国不过是以一种"加工制造"转向另一种低附加值的"加工制造"。FDI 的投资收益之高,既加速了美国资本市场的繁荣,帮助美国迅速走出 IT 泡沫崩灭引发的金融危机;也加剧、加速了资本市场对产业的挤出效应和产业空心化,从而酝酿下一场危机。

附件2 集体经济与村社理性的关系

一、集体经济对村社理性的影响:以娄葑镇为例

(一)娄葑镇的经济发展历程

1994 年苏州工业园区建立,娄葑乡划出 8 平方公里作为苏州工业园区首期开发用地,在划定的 8 平方公里内的原有工厂全部搬迁。娄葑乡人民政府借机对全乡的

---

① 资料来源:彭曈,梁爽.外商直接投资在三次产业中的分布及评价.中国科技投资,2010(4);李文晶.中国 FDI 与经济增长的产业分析.http://ems.nwu.edu.cn/economic/26/lianjie/papers/3.htm.
② 彭曈,梁爽.外商直接投资在三次产业中的分布及评价.中国科技投资,2010(4).

乡办、村办工业进行调整,重新规划南部星红工业小区和北部洋板泾工业小区。1994年9月15日,娄葑乡人民政府开始建造星红、洋板泾两个工业小区,占地分别为665亩和500亩。1995年5月底在8平方公里内的乡、村办企业开始向南北两个工业小区迁移。① 1997年,娄葑乡的乡村办企业搬迁就绪,并先后投入生产,**所安置的企业既包括原有的村办工业和乡办工业,也包括新引进的外商投资企业。这些外商投资企业以苏州工业园区的产业配套为主。**

耕地的资本化收益在镇、村两级的分配主要是:

镇政府获得了资金要素——成规模的土地补偿款(全部补偿款的85%)的资本化权利,并将增值收益作为集体资产滚动开发,对于增加社区内就业(如保洁等)、解决失地农民的就业安置问题发挥了积极作用;部分收益以再分配方式直接用于社区居民福利;最近开始将部分收益以股份分红形式返还给农户。

原村集体建设用地的资本化权利随行政村集体转入新的居住小区。园区根据发展规划,在新规划的镇级开发工业区范围内另征一块地,按70%的比例对原村集体建设用地进行土地实物补偿,并转入动迁后新集中居住小区的居委会(形成了新的地缘关系,但仅有居住上的相邻),由居委会或镇里开发运作。**这块资产也享受到了园区不断提高的资本溢出效应。**

这种土地指标空转的现象在长三角普遍存在,称为"飞地"。

1997年9月23日,娄葑乡建立娄葑示范区,洋板泾工业小区划归娄葑示范区管理。入驻有苏州怡丰种苗有限公司、苏州米兰花卉有限公司、苏州欣厚塑胶有限公司等22家外商(包括境外)投资企业。② 至1999年,星红工业小区建成标准厂房15万平方米,新增外商(包括境外)投资企业16家。

在此过程中,娄葑镇的乡镇企业也陆续开始改制,**两个工业小区原有的村办和乡办工业被转换成个体、私营、股份合作以及有限责任公司。**至1999年年底,全镇共有民营企业596个(其中私营企业413个,有限公司171个,股份合作企业6个,合资企业2个,联营企业4个)。③

为了对客观事物进行清晰的呈现,本部分在对娄葑镇的经验历程进行分析的时候,引入了一个比较对象——斜塘镇。

娄葑镇和斜塘镇都是苏州工业园区下辖的乡镇,两者由于开发的时间不同,治

---

① 吴万铭.娄葑镇志.北京:方志出版社,2001:125.
② 吴万铭.娄葑镇志.北京:方志出版社,2001:126.
③ 吴万铭.娄葑镇志.北京:方志出版社,2001:126.

理结构的变迁表现出鲜明的差异。娄葑镇地处苏州老城区东郊、金鸡湖西侧,位于苏州工业园区首期8平方公里的范围内;斜塘镇地处金鸡湖和独墅湖东侧,2001年以后,该镇斜塘河以北的区域被纳入苏州工业园区开发规划之中。

娄葑镇(乡)的集体经济实力较为雄厚,80年代的发展就基本形成了纺织、电子、化工、医药、建材、机械等多个工业门类,1993年全乡实现工业总产值超过20亿元,工业已经取代农业占据了全乡经济的主导地位。① **在苏州工业园区落户苏州之初,娄葑镇(乡)能够依托业已成型的集体经济实力,利用苏州工业园区优越的对外开放条件**②,**对镇域产业分布格局进行调整,在镇南、镇北分别建立了星红和洋板泾两个工业小区,从无到有地大力发展外向型经济**。到1999年年底,全镇(乡)外商投资企业87个,累计引进合同外资2.9亿美元,实际到账外资1.1亿美元。③

斜塘镇1996年开展以产权制度改革为重点的企业转制、改制工作,经过两年时间彻底完成。改制之初,镇办企业21个,村办企业103个,至1998年10月,保留集体经营的企业6个,其中镇办企业2个:斜塘建筑公司(于2000年6月停业,公司资产全资拍卖)、斜塘房地产开发公司;村办企业4个:姚墓村的电镀厂、化工厂和东长村的塑料厂、纸箱厂;实行股份制的2个:旺墓村的苏光一分厂、光学仪器厂;实施租赁的83个,其中镇办14个,村办69个(其中动产拍卖12个)。④

亦即,2001年苏州工业园区扩展到斜塘镇时,其乡镇企业已基本完成私有化、民营化改制,集体经济实力严重削弱,全镇缺乏整合镇域内资源的能力,也就不能如娄葑镇(乡)那样借机进行产业结构升级,而直接纳入园区垂直的土地资本化开发;因为缺乏以自有财政反哺社区的能力,而与园区管委会形成"收支两条线"的财政关系。

动迁最早的一批村是以村集体更名的居委会为单位进行土地资产的开发(当时园区的经济实力也弱,没有那么大的开发能力);也有的镇(如斜塘)是将各村的建设用地集中开发,下辖的各居委会往里招商引资。两镇比较可知差异,娄葑镇的村集

---

① 吴万铭. 娄葑镇志. 北京:方志出版社,2001:3-4.
② 一位受访者指出,园区对外开放对于乡镇企业的带动作用表现在:一方面,20世纪90年代时苏南乡镇企业还比较厉害,而城市经济因为制度原因,正处于不改革就无法走下去的境遇,这时外资企业的进入就给苏州本地的产业提供了提升机会,很多需要改革的企业被跨国公司收购,人员就业问题解决了,机器设备和厂房重新利用起来了。另一方面,由于跨国公司的产品面对的是全球性的市场,对配套产业的要求也是国际标准,这就带动了配套企业的升级,"新加坡就像一个中间人,让我们与国际对接"。也就是说,园区通过引入在产业链上比较有拉动作用的企业,带动园区内企业与本地企业在产业链上的合作,促进本地产业发展,解决了农村工业化的转型升级问题。
③ 吴万铭. 娄葑镇志. 北京:方志出版社,2001:3-4.
④ 俞文浩. 斜塘镇志. 北京:方志出版社,2001:170.

体经济比较强,前 12 个村的财政收入占全镇的 40%。

总之,娄葑镇和斜塘镇乡镇企业的**产权结构不同,集体经济实力不同,被纳入苏州工业园区的时间点不一样,形成了二者不同的制度起点**,对其后的发展变迁产生了不同的路径依赖。

(二)镇属国有公司的经营及对村社的反哺机制

在苏州工业园区经济和社会发展的过程中,娄葑镇一级政府发挥了非常重要的作用,其作用主要在于协调和处理拆迁过程中遇到的一系列问题,而**发挥作用的关键点在于娄葑镇以集体经济为基础而形成的雄厚的财政实力**。

经济发展和财政实力的增强是通过娄葑镇直属的六大公司进行的,这六大公司都与土地开发直接相关,工作重点是打造引进外资的配套环境,包括土地拆迁和动迁房的建设等基础设施建设,娄葑镇的企业也进一步向外向型经济转型,原有的一般贸易企业转变为加工贸易型。此外,这六大公司还承担着对镇内商业资源和土地资产进行开发和升级改造的任务,以提高镇域内的土地收益。

2007 年,全镇实现地区生产总值 195 亿元,地方一般预算收入 17.5 亿元;2008 年,娄葑镇主要经济指标年均增幅达 30% 左右,农民人均纯收入超过 1.4 万元。① 娄葑镇先后获得了江苏省农村社会经济综合实力第一镇、江苏省外向型经济第一镇、全国千强镇排名第 5 等荣誉称号,这与下面的六大镇属公司的经营运作是分不开的。

- 建发公司——主要负责动迁房的建设——即解决征地之后失地农民的住宿问题;
- 高新公司——负责基础设施的建设和改造(路面、水、汽等工程);
- 创投公司——主要负责老娄葑镇的工业用地的开发;
- 东景公司——主要负责原先斜塘镇一块工业用地开发;
- 东坊公司——主要负责车坊镇并过来的那一块工业用地的开发;
- 商业旅游经济发展有限公司(后并入富民公司)——主要负责商业街的开发,现在主要的业务都划给了富民公司。

1. 商旅公司对于娄葑镇三条商业街的改造

娄葑镇原有三条商业街,一条为葑谊商业街,另两条为斜塘莲花商业街和东振

---

① 资料来源:课题组实地调研访谈。本部分以下文字如无特殊说明,数据均来源于课题组实地调研访谈。

路商业街。莳谊商业街原来是由开发商建好后卖给私人业主,私人业主再将店面出租,都是一些油漆店、摩托车修理店等较脏乱差的铺面,产业的层次比较低。2003年,政府决定调整原来的业态,组建了商旅公司①,由高新公司拓宽街道路面,重新规划,打造新的餐饮休闲娱乐项目,然后由商旅公司进行店面租赁的流转——原来业主租出的租金为25元/平方米,商旅公司以30元/平方米的价格从业主手中租入,再以40元/平方米的价格重新租出,一年差额为100多万元。

斜塘莲花商业街和东振路商业街分别于2005年和2006年由建发公司开发建好店面,然后由商旅公司招商(2006年12月成立富民公司后,商旅公司的这两条商业街作为优质资产被划入富民公司名下)。这两条商业街原来所在地为绿化用地,无法向外拍卖,政府利用动迁小区的配套建筑面积不足的政策空间将其利用开发。2009年的收益在1 000万元左右,主要用来对失地农户的入股进行分红回报(每股3 000元,每户最多2股)。这个分红由政府兜底——政府承诺不低于一年10%的回报率,若经营收益率低于10%,则由政府补足其与10%的差额部分(银行一年期活期存款利率为2.25%)。

2. 富民公司对村社成员的社会化收益分配

值得一提的是,镇属公司通过对失地农民安排就业和股份分红,对社区成员进行社会化的收益分配,**延续了村社集体在农民收入分配中的部分角色,客观上也就延续了村社理性的机制**,降低了失地农民由分散的村庄居住转向小区集中居住的社会成本。

以娄莳镇的富民公司为例:

富民公司是由创投公司和金益(社区)经济发展有限公司这两大股东于2006年12月16日共同投资5 000万元注册成立的,其中创投公司出资金额为3 000多万元,金益公司为1 000多万元。金益公司是金益社区的集体资产,现已从富民公司退出,创投公司增加货币投资至10 637.9万元。

股份合作制的建立。富民公司成立的初衷是让被征地农民入股参与分红,但农民个体分散且现金流不稳定,因此富民公司以全镇28个村或社区为单位作为股民代表,每个社区有10万元的干股(政府出钱挂名,设置干股的原因是考虑农民的闲散资金不稳定,若急用时可由社区垫资周转,本镇失地农民入股后只能在社区内部转让,不面向全社会,操作时一般是村民转让给社区,社区再进行处理),农民到社区入

---

① 商旅公司、文体中心和富民公司为一套班子,商旅公司于2003年组建,股东为高新、建发和经济发展有限公司三大公司,都是政府的全资公司。

股作为股民，社区再面向农民发放股金分红。至2010年3月，富民公司注册资本达1.5亿元，其中各村、社区注资280万元，农民入股11 359户共6 661.8万元（每户按2股共6 000元现金入股，农户总数为31 996户，入股户数约达1/3），垫本股1 930股共57 900元（垫本股是指政府为残疾人每人垫资1股，分红为正常的一半）。2006年刚开始操作时，只有几十户农民入股，因为农民有戒备心理，认为政府是缺钱才来集资的，2007年看到有收益后才有人不断加进来，而且呈现出加速度的态势。

资产与经营情况。富民公司拥有资产建筑面积23 826平方米，其中斜塘莲花商业街10 800平方米，东振路商业街13 026平方米，该资产投资8 478万元，其中：土建造价估算3 678万元（斜塘莲花商业街1 400万元，东振路商业街2 278万元），土地估算4 800万元。目前，该项资产不在公司账面反映，须经审计后由镇财政转入，这些土建是建发公司造好后转过来的。

小店铺的租金为50~60元/平方米，大店面为30元/平方米。2009年房租收入1 025.80万元，其中斜塘莲花商业街469.53万元，东振路商业街556.27万元。2009年总支出270.51万元，其中维修及建造112.56万元，工资福利59.62万元，房产、营业税、所得税等税金39.67万元，水电费27.16万元，审计费8.44万元，房屋检测费7万元，增资印花税6万元，垃圾清运费5.7万元，公积金1.11万元，办公设施折旧费1.1万元，电话费0.91万元，保洁用品0.77万元，办公费0.23万元，保险费0.15万元。公司账面上显示利润为321.84万元。另按正常开票须补交房租税107.43万元，补交所得税167.06万元。2009年股金分红433.45万元，因此净利润为47.35万元。

如果要考虑到全镇农户319 996全部入股，按照10%的回报率分红，再加上集体股和垫本股，预计要建设12万平方米的厂房，年收入达5 000万元，可分配利润2 000万元，可维持10%的入股分红。

政府有47.6万平方米的商业地在建。2010年在东振路商业街旁边的农贸市场附近建一个中心，有52间店面，因为外来很多小商小贩脏乱差，政府就建一个中心把这些小商小贩规范进去，这块资产政府已明确交由富民公司来招商。招商时考虑定位在中档的餐饮休闲娱乐以及银行、邮政等便民的服务配套；招投标时优先考虑本地农民。

商旅公司还有三个农贸市场，有三四百个摊位。

吸纳劳动力情况。斜塘莲花商业街和东振路商业街上的本地人和外地人的比例约为50:50，一开始还是本地人多，政策也向本地人倾斜，即在同等条件下优先租给本地人。但本地人没有外地人吃苦，一段时间后还会转给外地人经营，因此现在外地人较多。莲花商业街47户人家（128平方米一个门面），东振路商业街6户（一幢房子一个业主),总共25户本地人。本地年轻人在动迁补偿时有多余的一套房子可以出租,在找工作的时候首先问公司是否能上市,不能上市的话是否要三班倒,工作吃不吃力,三班倒的不上;还有很多岗位本地人做不来——四五十岁的人没文化没技术,没有适合岗位,只能做保洁、家政、环卫工人等。

公司采用收支两条线,农民交股金给公司,公司交给镇政府,收入也每月全部给镇政府;镇政府给公司下拨包括股金分红的预算支出,有每年预算、季度预算、月预算。所有会计都是镇里的委派会计。富民公司和富民合作社是不一样的,富民公司为富民投资公司,富民合作社有两个,其中一个是专业合作社,发展生态农业,还有一个原来是东景公司的8 000元干股分红的运作。富民合作社是面向社区的,富民公司是面向全镇农民的。

除前面介绍的富民公司(含商旅公司)和无法进行访谈的高新公司外,其他镇属公司的基本情况如下。

3. 娄葑建发房地产公司

苏州工业园区娄葑建发房地产有限公司始建于2000年7月,注册资本2亿元人民币,是苏州工业园区娄葑镇政府下属的一个大型房地产公司。虽然公司叫作房地产公司,但主要从事工业园区娄葑、斜塘、车坊地区的动迁房的开发建设工作,主要建成的小区为莲花新村、荷韵新村、金益新村、东振小区、泾园新村等,总竣工面积达315万平方米、公建配套设施15万平方米,总投资达34亿元人民币。

建发公司的前身属于供销社管理,主要业务是建工程,有几百名职工,是镇办企业。到2000年7月转制时,以前公司的品牌转给了私人,然后新建了建发公司。新的建发公司职能发生了改变,负责招投标管理,不负责具体的建设。业务范围在整个娄葑镇,早期1993年的时候是园区负责建设动迁房,公司只是做其中很小的一部分;2000年之后公司全部负责动迁房的建设,也包括斜塘和车坊的一部分(在区划调整的过程中,斜塘和车坊的一部分划给了娄葑)。

建发公司负责整个动迁过程中的动迁房建设时段,是拆迁办拆迁之后、社区居民入住之前的这一段时间。在动迁居民入住的时候,配合动迁办和社区交钥匙给社区动迁居民。**公司不存在盈利的考量,因为资金都是通过镇财政划拨的,公司通过负责动迁房的招投标和监控管理来控制造价**,建发公司主要承担的是镇里的项目①。

---

① 按规定,镇里的项目50万元以上的必须通过园区招标办来招标。政府的采购等也都有招标的规定。一般新农村建设的项目,在50万元以上的比较少,可以由镇里自行负责,如新农村建设中新居的改造,这些项目以前是建发公司做,现在交给高新公司了。公司现在的项目一般会超过50万元,低于50万元的项目比较少。

建发公司大的项目有2亿多元,小的项目也有4 000~5 000万元。动迁房的建设现在比较少了,主要集中在2005年到2008年。斜塘镇是2002年、2003年拆迁的,动迁的农户在动迁房没有建好之前得先找房子住,政府会给过渡安置费。建发公司项目一般的建设周期是6~7个月,大的项目要2年,主要负责建四层楼和五层楼的多层。2003年总共盖了29万平方米的建筑面积,全是小高层,一共有23栋。公司建的是毛坯房,不负责装修。出现漏水和房子开裂时,公司要负责检修等,当然这些问题在验收的时候会进行检查。公司有剩余的动迁房进行买卖要交税。

在动迁时有多少动迁户,有多少动迁房,是需要提前上报给园区一级的,因此,园区一级给建小区的地是有规划的,不会多给地。但是在可以多造的情况下,公司会尽量利用机会。增建的房屋只要满足基本的要求就可以,比如通风、采光以及居住的整个环境。一个大的社区动迁房能达到150栋,小的社区也有10栋。在实际操作的过程中,因为动迁是分批的,有时候出现的情况正好是一户或者两户农户没有地方可以安置,那么还必须去另找一个单元安置。正常来讲,一个单元8户,这样就多出了六七户。公司只有把动迁户安排完之后,多出来的才是商品房,一般多余的动迁房大概在10%左右。公司现在动迁房越来越少,剩余的动迁房都卖了。前几年虽然做过一个房地产项目,为东港新村一栋4层的多层和一栋11层的小高层,但是现在给动迁户来用,毕竟动迁房只有剩下的才能拿去卖。

建发公司的工程资金使用,一般是在工程竣工时支付65%的工程款,余下的工程款分2~3年付完。按月支付的工程,建发公司不付启动资金,承包公司要自己先垫付启动资金,最后在完工之后有一个审计过程,审计合格后款付清。娄葑镇没有由承包企业预先全部垫付的,都是建发按照工程进度来付。如果审计中发现问题的话,按照文件和招标的规定来处理。

所用的动迁建设资金是从镇里来的,但是在整个运营过程中要做账。对于每个月的工程量、每个施工队伍,建发公司都核实之后才能付款。比如,这个月公司需要3 000万元,就把这3 000万元上报,批准以后打过来,打过来以后公司按照工程量给各家发钱。公司要加工程款必须打报告,上边核实后拨款,公司再付款。

建发公司的考核指标,由镇里规定。今年开工多少平方米、完成多少都是硬指标,所以公司的主要任务就是两个:一是今年要开工多少,二是今年要竣工多少。公司在建工程有3个。工程2~3年之后完成。

公司职员将近100多人,5个指挥部和一个总部。总部里设有财务、规划、档案、审计等办公室,有两个总工程师,还有一个售楼处,其有20多个人,既有公务员编制的、镇管干部编制的,也有企业编制的、事业编制的。各个指挥部负责人都由一个副经理兼职。公司的支出都由镇政府开支,管理费每年用多少都有规定。

4. 娄葑镇创投公司

娄葑创业投资发展有限公司成立于2003年5月,是苏州工业园区娄葑镇政府直属的集体制公司。当时注册资本金5 000万元,娄葑高新出资2 000万元(娄葑镇土地整体补偿款),校办公司资产经评估划入娄葑经发公司后作为3 000万元出资。公司成立后,根据政府有关会议精神,将中拓大厦划归创投公司所有。2005年8月,根据镇有关会议精神,将原创诚、创信和阳澄置业公司一同合并给娄葑创投公司,合并后的创投公司的注册资本金达111 144.60万元。合并后的创投公司股东情况见表3-9。

表3-9 创投公司股东构成①

股东名称	股本(万元)	股份
娄葑经济发展总公司	69 258.89	62.31%
新苏实业公司	6 859.36	6.17%
倪庄经济发展公司(板泾)	2 085.48	1.88%
洋泾实业公司	2 101.87	1.89%
金益经济发展公司	2 379.78	2.14%
葑塘实业公司	3 466.14	3.12%
群力实业公司	5 192.36	4.67%
团结经济公司	4 649.75	4.18%
独墅湖实业公司	10 741.90	9.66%
娄葑交通管理所	1 421.42	1.28%
其他	2 988.05	2.7%
合　计	111 145	100%

股东按所入股资金每年获得7%的年金,不与公司的经营状况挂钩,政府保底支付;股东不干涉公司经营,公司也不干涉村集体股东的年金去向。

创投公司主要资产如表3-10所示。

---

① 表中从新苏实业一直到独墅湖实业这些公司都是由原来村委会拥有的集体资产成立的公司。

表3-10 创投公司拥有和经营的不动产面积

	建筑面积(平方米)	占地面积(亩)
娄葑北三期厂房58幢	334 581.07	637
娄葑北三期打工楼8幢	38 138.16	35
东区厂房9幢	42 898	119
一斗山路厂房3幢	5 779.91	8.7
合 计	421 397.14	799.7

注:另有创投办公室面积998.10+605.47=1 603.57平方米。

除表3-10所列资产外,公司另有注册用地7块,土地总面积420.91亩(其中19.48亩为商业用途,其余均为住宅用地);2009年3月回收22034号地块,实际土地面积358.68亩。公司共有土地面积1 158.38亩,房产面积421 397.14平方米。

出租情况是:①

北三期出租291 474.14平方米,空余43 106.93平方米,厂房出租率为87%。

东区出租39 818.5平方米,空余3 079.5平方米。

一斗山路出租2 122.74平方米。

其余娄东办事处等打工楼出租1 020间,空余844间。

租金收入:厂房一层的租赁价格是16~17元/平方米·月,二层是12~13元/平方米·月,平均出租价格为15元/平方米·月,按照这个价格水平,全年租金收入估计在4 985万元。主要的开支项是水电费(含路灯),约36万元/年。

此外,公司也将部分资金投入小额信贷公司以获得分红收益。据悉,2009年公司从小额信贷获得的分红利润率高达12%。

目前,创投公司正投入1万多平方米商业基地的建设,计划建成商业基地收取租金,预期价格是45~50元/平方米。

2009年一年创投公司的营业额约为4 800万元,上交房产税和营业税共955万元,包括物业、工资在内的各项管理支出约为700万元,股东年金支出1 700万元,最后一项开支是正在建设的厂房的工程款。对于工程款,创投公司按总款项首付20%开工,并按工程进度逐额拨款,一般竣工后支付总额的60%~80%,剩下的20%~40%两年或三年后付清。②

---

① 此处的数据截至2009年4月。

② 由于收支两条线的管理机制,创投公司董事长的绩效考核与公司的利润率无关,只有厂房的出租率和公司每年的营业额两项指标,因此课题组没能获得创投公司具体的利润率情况。

创投公司实行收支两条线,公司只能保留500万元的账面金额供日常开支和工资发放,每月超出部分由财政(镇财政)划拨走;公司若需大笔开支,由董事长向财政报告请求划拨。

公司有4.9亿元的流动负债,其中一年期以内的短期负债有1.99亿元。流动负债绝大部分是政府通过公司的平台向银行的贷款,由政府支付银行贷款利息,贷款方式包括房产抵押、找其他公司担保和信用贷款三种。

目前,公司有镇管理干部24人,物业管理人员11人,保安18人(另有保安公司30人),保洁人员27人,其他(食堂、协管等)14人,合计94人(不含保安公司人员)。

5. 娄葑镇东景公司

东景公司主要是负责斜塘镇的工业建设用地的开发,其实体为东景工业坊。东景工业坊于2004年3月开始规划建设,占地面积650亩,总建筑面积42.5万平方米。其中标准厂房70栋,计33.5万平方米,便利中心公寓楼及商用楼计9万平方米。目前,入住的企业达80家,厂房出租率为98%,形成了以精密机械制造电子电器及信息技术、轻工业为主的产业群。便利中心同时融酒店、餐饮、商业、金融、文化娱乐于一体,功能设施齐全,宿舍楼出租率为86%,入住人口已达9 000多人。全年物业收入达5 500万元人民币。

随着工业园区开发建设的不断加快,娄葑镇斜塘地区原有的33个村已全部动迁完毕,分别住进7个社区。2006年11月,娄葑镇党委政府将7个社区的账面资产、土地补偿金及拆迁的补偿金共3.68亿元,置换成娄葑东景工业坊的标准厂房,资产全部量化给33个行政村的所有社员,组建成苏州工业园区娄葑镇斜塘股份合作社。该合作社有三个显著的特点。一是规模大。总资产3.68亿元,涵盖33个行政村动迁建成的7个社区。二是受益面广。合作社共有3.6万名社员,涉及农户1.3万家。三是资产质量好。合作社净资产3.55亿元,占总资产的比率超过96%,且主要是东景工业坊内的标准厂房等物业资产,资产收益率高,为繁荣稳定斜塘地区经济及社会各项事业发展起到了一定作用。2007年已实现第一次分红632万元,2008年分红760万元,2009年分红1 313万元。三年累计分红2 705万元。

6. 娄葑镇东坊公司

东坊公司于2006年刚成立,包含有20万平方米的标准厂房;出租平均价格12元/平方米(分楼层),出租对象为各种各样的企业;2.2万平方米商业店面房,主要是优惠出租给失地农民用的,租金一个平方米30元左右,高低楼层的价位有所不同。使用者原则上是当地的老百姓优先,解决他们的就业问题。此外,还有一个

7 000平方米的农贸市场,一个17平方米的幼儿园和9万平方米的职工宿舍。

东坊公司是集体资产的组合投资,定位为"动迁老百姓的富民载体"。主要的资金来源分为两个部分:一部分是土地补偿款入股,还有一部分是原来各个村的厂房。人均8 000元。注册资本4.5亿元,其中2.5亿元来自原来8个村和1个居委会,2亿元来自政府财政投入。股份平均分配到老百姓,每个人都不吃亏。分红由政府托底,至调研时已进行了2年,每人200元。

公司2009年的营业额是1 500万元,主要是厂房的租金收入。主要业务不涉及房地产开发。纳税130万元,主要是租赁税。公司没有负债,主要是靠政府的财政扶持,一般不和银行打交道。公司现在累计的固定资产是6亿元。其中政府在里面有3亿元投资,公司建厂房要通过园区公开招标;公司是按工期付款,中标的不一定是本地公司,外地公司和本地公司都有。

职工包括5个领导,16个职工,合同工30人,主要为保洁保安等。领导之外的职工工资每年3.5~4万元,按照工龄每年再增加;合同工工资2.5万元一年。在这其中,招商部部长和董事长是苏州公务员,总经理一年的工资是20万元,董事长的工资是25万元。公司一年的工资支出总共为100多万元。总的办公费用和招待费用为25万元。随着公司资产的增加,员工的工资也会逐渐增加。正式人员要通过镇里招聘,董事长没有权力招聘任何一个员工,员工聘用的决定权在党委那一级。

(三)斜塘镇的变迁过程比较

斜塘镇的乡镇企业早在20世纪70年代初就已初具规模,并作为先进典型在全县介绍经验。80年代初,全社共有社队办企业200多家。1996年11月20日,斜塘借助工业园区的辐射优势,在苏虹机场路两侧,首创民营工业区。该民营工业区由苏州工业园区苏州财团提供60%注册资金,斜塘分区经济发展有限公司提供40%的注册资金,注册资金3 000万元,是一个以高新科技为先导、现代民营工业为主体的高水准工业小区。基础设施建设由斜塘镇投资4 000万元,很快实现"六通一平"(六通:通道路、电力、供水、通信、有线电视、污水处理,一平:土地平整)。①

斜塘民营工业区的企业涵盖机械电子行业、轻工工艺行业、针织服装行业、化工行业、贸易公司等,其中以机械电子行业和轻工工艺行业为主。机械电子行业主要

---

① 俞文浩. 斜塘镇志. 北京:方志出版社,2001:170.

是给苏州工业园区中的中新合作区内的外资企业做产业配套,大多是精密器械、电子行业。机械电子行业的企业达 92 家,均为 1997 年后创办的民营企业,注册资金人民币 8 300 万元和美元 842.4 万元,分别占注册资金人民币、美元总数的 18.6% 和 85.3%。主要生产精密机械、电子电器、复塑钢板、模具、传动链条、非标轴承、点钞机、网络科技等产品。①

苏州工业园区原来的轻工业基础较为雄厚,因此斜塘民营工业区的轻工业占比较高,大多是转制后的企业。轻工工艺的企业达 118 家,均为 1997 年后创办的民营企业,注册资金人民币 18 396 万元和美元 74.9 万元,分别占注册资金人民币、美元总数的 41.30% 和 7.6%。主要生产塑料(胶)制品、塑钢家具、装潢设计、医疗保健、彩印制版、复合材料、建筑装饰、包装材料、丝织工艺、艺术制品、净化设备、自动门窗、办公用品、五金制品、阳光能源、压铸件、喷塑、锁具、木制品、啤酒麦芽、工程技术开发等。②

斜塘镇虽然产业发展很好,但现存的集体经济基础形式比较单一,主要体现在斜塘房地产开发有限公司上。该公司创办于 1996 年 10 月,属于斜塘镇的镇农工商总公司的下属单位,主要从事镇区内房地产开发经营。公司初创时无资金投入,无自有资产,无技术人员,只有 7 名员工(其中 5 名党员)。截至 2000 年,公司重点开发一号街坊区。一号街坊区南连淞江路,北至塘南街,西起华新路,东到莲葑路,原为宅前村的村镇接合部,均为废弃河浜、泥潭、丘墩及宅基地,环境脏,布局乱,开发条件差,并影响镇区总体形象。③

一位比较倾向于"自上而下"的开发方式的受访者,这样解释娄葑镇与斜塘镇的经济结构差异,兹录于此供读者参考:

老娄葑的模式和斜塘不一样,老娄葑是 1994 年时最早开发的,村内拥有集体资产保留权,村自己开发。但各村村干部能力参差不齐,有些村资产亏损,开发不成功。到 2001 年斜塘开始动迁时吸取老娄葑的经验,由镇政府统一将各村的集体土地和资产进行规划,开发工业坊建设厂房并租赁,再由镇政府给各村下拨预算支出。除了政府的全资公司,也有私人拍到土地建设后再卖出商铺,比如莲葑广场就是联合创投公司投资的。这种私人公司投资的商业街在娄葑镇有四块,有永旺商业广

---

① 俞文浩. 斜塘镇志. 北京:方志出版社,2001:204.
② 俞文浩. 斜塘镇志. 北京:方志出版社,2001:204.
③ 俞文浩. 斜塘镇志. 北京:方志出版社,2001:207-208.

场、莲荷广场等,园区里面更多,拍下来后商业用地的使用权是40年。①

不同的发展模式,从经济发展的角度,也许是仁者见仁、智者见智,但在这种开发方式下社区治理的变迁很大程度上依赖于下文要讨论的"精英连续性"。

二、社区治理变迁中的精英与村社理性

这里的社区治理变迁,是随着社区变迁——从传统村落到现代小区的形态变迁——而发生的,有几重意思:一是传统乡村社区宅基地和耕地的动迁过程;二是传统村社就地安置后形成的新社区的治理;三是指农村社区向现代居民小区的变迁。

(一)从传统村社向现代小区的治理平滑转化

1994年中新合作开发园区至今,园区公司化政府主导土地资本化,形成的是对地产资本的经营管理体制,相应的,传统村社被拆,农民全部迁入动迁社区。**这不仅仅是居住空间位置的平移,更重要的是以村社为主体完成的是对劳动力及农民人口的所谓市民化管理。在园区政府主导农民变市民的过程中,动迁社区的人口规模为50万人**,其中本地居民约为20万人。由于在征地拆迁过程中,坚持先安置、后拆迁,多数拆迁农户都补偿到2~3套房子,至少1套可用于出租。园区进行规划的时候,除了核心工业区的农民要搬到外围居住,大部分村都是按照就地安置的政策搬迁的。原有的村级组织和村一级的治理结构发生变化,村委会组织被社区居委会取代。**这类住宅小区在空间形态上具备了现代城市社区的基本结构,但在文化传统、生活习俗上也保存着一定的农村社区特征,设施的规划尽量贴近农村习俗,比如建立了婚丧大厅、一些地方性的文化娱乐设施、零售市场等,很大程度上是继承和发扬了原有苏南的村社理性制度优势。**

另一类随着人口和产业聚集发展起来的社区是新型城市社区。

这类商品房住宅小区规模一般为2 000~3 000户,居民结构复杂多元,突出表现在:外籍人士多(约占10%)、高学历人才多(大专以上学历居民约占60%)、外来人口即新苏州人多(约占67%)、年轻居民多(平均年龄约为32岁)。

进入21世纪后,随着经营城市热潮的兴起,园区的房产开发也进入了高峰时期。

---

① 来源:课题组实地调研.

为了集约用地,园区大部分房型以小高层为主。这一时期,园区商品住宅成为苏州市的高端住宅区,房价也引领全市。

与国内其他城区不同,苏州工业园区在中新合作区不设街道,实行以"社区工作委员会"(简称"社工委")为基层行政组织的社区管理体制。**社工委没有经济职能,专心致力于开展社区基层组织建设和提供社区公共服务,直属于园区管委会领导,工作经费由园区财政全额拨款**。2001年以来,先后成立了3个社工委、43个社区居委会。而在商品房住宅小区,从"小区"到"社区"的转变过程,实际上意味着业主从刚刚进驻时原子化的陌生人群体转化为一种新型的社会关系。

从动迁小区的治理结构看,园区的动迁社区基本形成了以下**三种社区类型**:一是兼具管理职能和经济职能的社区;二是以管理职能为主、经济职能为辅的社区;三是只有管理职能,经济职能完全剥离的社区。在由乡村聚落变为集中居住社区的过程中,村委会组织被社区居委会取代,园区基层的治理结构也在发生变化,但基本上属于平滑转化。当地政府也有意识地利用原有的治理资源,原有的村级组织和村一级的治理结构得以保留。

这个延续村社理性实现低成本社区治理的经验,值得重视。

动迁社区的治理结构仍然是原有村社三位一体的低成本特色:保持以党组织为核心,党政一体、集中统一的管理架构。如果有集体资产的,一般也是几块牌子、一个机构。例如,本次调研的泾园北社区,设立了党委、社区居民委员会、经济发展有限公司,但仍然是集中统一的治理架构,所有管理人员在党委书记领导下各自分工,三个机构人员互有交叉,**党委书记兼经济发展有限公司总经理,党委副书记兼居委会主任**。

变化比较大的是,警察进社区参与公共事务管理成为一个常态。社区设立了"一站式"服务中心,主要职责是办理各类手续,提供便民服务,服务中心工作人员由上级有关部门分派。

原有农村社区的乡村精英基本都得以留用,或者妥善安置,这个体现了"精英连续性"的治理结构安排,是弱化制度变迁成本的一个重要方面。

课题组对苏州工业园区娄葑镇莲花一社区[①]村干部的变迁情况进行了考察,发现原有的农村精英包括村干部、村民小组长和党员基本都得到了合理的安排,仍然在社区的治理中发挥着重要的作用。详细情况如下:

---

① 莲花一社区于2003年6月筹建,2004年3月挂牌成立,整个社区涉及原来的斜塘地区的16个行政村。区内共有住户2 333户,在册人口8 506人,外来租住人口13 000人,总计人口21 506人。社区设立党总支部,下设4个分支部,10个党小组,共有党员224名;设立居委会1个,下设16个居民小组,还有团总支、治调会、妇代会、民兵等群众团体,这些团体既要对现在的居委会负责,也要与镇里的上级机构开展的工作保持一致。

莲花一社区现有21个干部,分为三种类型,分别为镇管干部、条线干部和工作人员。其中7个是镇管干部,1个书记、1个主任、2个副书记、1个会计、1个招商经理、1个出纳,工资待遇都是镇里统一定的。条线干部为妇女主任、团支部书记、民兵营长、治保主任等。此外,还有9个工作人员。工作人员和条线干部的工资由社区居委会决定。

社区居委会共有保安人员42人,保洁人员30人,维修人员3人,绿化人员35人。

现在社区居委会的主要干部由原来三个村的干部演变而来,分别为南旺村、联合村和周丰村。在筹建社区的时候,南旺村一共来了8个村干部,周丰来了5个,联合村来了2个。其中南旺村是由南施村和旺灯村合并而成。在一社区的居民中,有非常多的人来自这三个村,因此将三个村的干部调来进行管理。

南旺村主要村干部的变迁情况是:

1999年,南旺村由南施村和旺灯村合并为南旺村。在合并之前,两个村的主任都兼副书记,南施村的民兵营长兼团支部书记和治保主任,旺灯村的妇女主任兼团支部书记和出纳。在合并的时候,会计要进行统一的考试,考试分笔试和面试两轮,然后再由镇统一分配到各个村。合并之后,南施村和旺灯村村干部的变动情况见表3-11。

表3-11 南施村和旺灯村合并为南旺村干部变迁表

村庄	书记	主任	副书记	会计	妇女主任	团支书	民兵营长	治保主任	出纳
南施村(4人)	成为南旺书记	成为社区副书记	由主任兼任	没考上下岗	村里卫生室当卫生员		成为南旺民兵营长兼任南旺治保主任		工作人员
旺灯村(3人)	书记调到镇上	成为社区主任	由主任兼任	考上(面试没通过)当出纳	妇女主任兼任		治保主任调到镇资产办		妇女主任兼任
南旺村(南施4人,旺灯3人,委派会计1人共计8人)	南施书记	旺灯主任	南施(南施主任调任副书记)	从外面分配来	旺灯妇女主任兼团支部书记		南施民兵营长兼任治保主任		旺灯会计 原南施会计为工作人员

在合并之后,南施村和旺灯村的村委组成,大部分由原来的村干部组成,村干部都得到了比较合理的安置。

莲花一社区主要村干部的变迁情况是:

2004年4月,并村以三个村的干部为主体组成莲花一社区的居委会干部,村干部这时对村民的管理仍然是属于哪个村就到哪个村的干部手里办事。在这期间,三个村的干部在一起办公对社区进行了入户调查。统计在册人口、外来人口和常住人口,将资料输入电脑。2005年6月之后,实行属地管理——即有事情可以直接到居委会办理。三个村的干部也进行了调整,形成了莲花一社区的居委会干部。

联合村不是合并村,因此主任兼副书记,周丰村和南施村是合并村,有一个副书记。周丰的民兵营长兼团支部书记,联合村的民兵营长兼治保主任。周丰村过来5个人,主任,妇女主任,民兵营长,其他两个工作人员(会计和出纳)。联合村过来两个人,主任和会计(会计考上调走了)。三个村的干部变动情况见表3-12。

表3-12 三个村干部组成莲花一社区干部的变迁情况

村庄	书记	主任	副书记	会计	出纳	妇女主任	团支部书记	民兵营长	治保主任	招商经理
南旺村	成为社区书记	调任社区副书记	调到二社区工作	年纪大,下岗	成为招商经理	成为妇女主任			成为团支部书记	
周丰村	到建发当总经理	调到东景公司	成为社区副书记	考上之后调到其他社区	成为出纳	协助妇女主任工作		成为民兵营长	调到二社区	
联合村	到商旅去管理河运公园	成为社区副书记		考上之后调到其他社区	妇女主任兼出纳调到二社区	调到另外一个社区	调到另外一个社区		调到二社区	
莲花一社区	南旺书记	河运调来的主任	南旺主任,周丰副书记,联合副书记	镇里外配过来	周丰出纳	南旺妇女主任		周丰民兵营长	外调过来	南旺出纳

注:2004年到2006年,莲花一社区的书记调到娄葑创业投资有限公司当董事长。由于原来南旺的副书记生病去世,在2005年社区的妇女主任及原来南旺的妇女主任成为副书记,2008年11月成为一社区的书记。来自联合村的副书记也退休了,来自周丰村的副书记继续做社区副书记,但是年龄也大了,不管实事,享受条线待遇。联合村的副书记退休之后,从莲花二社区换来一个副书记,后来又调回莲花二社区做主任。而调回来的一个副书记是原来南旺的副书记。后来,由于周丰的副书记不管实事,又从外面调来一位书记,于是现在就有一个书记、两个副书记。妇女主任的空缺则由河运调来一个妇女主任填补。

(二) 社区动迁中存在的问题

任何政策制度的实施,都不可避免地存在一些问题。园区动迁过程中存在的如下问题,可以用来"反证":如果在和村社打交道的过程中不注重"精英连续性"和村社理性的机制性规律,工作中往往会事倍功半,陷入"越吃力越不讨好"的恶性循环。

1. 信息不对称引发的动迁难题

虽然苏州工业园区制定了按人头补偿的原则,照顾了相对公平,但也存在一些弊端。比如,为了多得到补偿,后期动迁过程中出现了一些假离婚和乱装修等现象,加大了现在动迁的难度。由于园区规划较早,耕地在十几年前已经征用完毕,所以大多数矛盾都是由房屋搬迁引起的。在拆迁量最高的2003年,动迁上访案件占总上访数量的45%,近几年上访随拆迁量的减少而降低,截至2009年6月比例是27%[①]。

这种行为在全国具有普遍性,在园区具体表现如专栏32所示。

专栏32

动迁过程中的抢建、抢装修、假离婚

抢建房屋是拆迁中常见的现象。由于此处对房屋的补偿是按户籍人口分配的,而不是按面积置换,或是按面积实价补偿,所以引起的抢建并不严重。园区规定在通知为动迁区后,要建新房必须通过土管所和村镇建设办公室的审批,否则为违章建筑。对违章建筑的评估只是补偿建房的成本,不按正常的补偿标准计算。而且村里有建设方面的执法队,发现有抢建迹象的都给予控制甚至强拆。

但这种补偿方式也促使许多农户抢装修以获取补偿利差。在房产交换的计价中,对原宅基面积大于安置面积的部分,按评估价的两倍进行补偿,而装修的房子的评估价一般在500元左右(2006年的情况),不装修的房子基价仅为264元,因此存在部分农民抢装修的现象。因抢装修曾引发过农户与拆迁工作人员的激烈冲突,2002年,当时的拆迁办主任被300人围困在面包车里8个小时,最终由20个干警从人群中将其抢救出来。

按人口补偿安置房的模式存在一些漏洞,部分农民出现假离婚。按2006(24)号文件的规定,一家只有一对已婚未育的夫妇2人,可以获得的安置房面积为140平方米,如果他们原宅基的主房面积也为140平方米,则他们没有额外的补偿;但若他们假离婚,且如果他们都是独生子女,每人能获安置房面积为100平方米,且有60平方米的原宅基可获补偿,按1 000元/平方米计算,可多获赔偿6万元;如果他们假离婚后,再分别假结婚,且新的结婚对象带有一两个小孩,则他们能获得的赔偿就更多了。**此类假结婚以多得房屋和货币补偿的现象已成为园区后期拆迁遇到的最大阻力**。[②]

资料来源:课题组实地调研.

[①] 数据源于对原镇拆迁办主任、镇党委书记及镇信访办主任访谈。娄葑镇政府设有信访办公室,由一位党委副书记分管、一位党委委员专职管信访。镇政府下辖的每一个办事处均设有信访办,每一个社区均有专管信访的人员。除此之外,创投、东景、建发等几大镇政府下属公司、事业单位也有管理信访的人员,目的是如果哪个单位有信访问题,由该单位的信访人员协助信访办的工作。**全镇共有104名信访工作人员。**

[②] 据拆迁办、信访办有关负责人介绍,对抢建建筑进行强拆发生的上访大多是诬告,即上访人称在强拆过程中家里的贵重物品被偷了,但公安、干部、执法队都会在强拆现场,并且进行录像,因此对于诬告之词可以推翻。抢装修的人家用三夹板钉上钉子,就算门衣橱,走进这些人家,房间里是条条弄堂都是衣橱。他们在评估时按每家每间房间2个衣橱认定。而对抢装修的行为,拆迁人员的处理措施是参照正常家庭的装修程度,在不改变补偿政策的前提下稍加较小比例的提高作为评估认定的标准。

2. 动迁与补偿的时空差异引发的矛盾

在苏州工业园区实行动迁补偿标准的过程中,由于社会经济的发展,动迁补偿标准先后有3次变化,造成前后政策不一。由于政策变化涉及不同时段搬迁的农民的个体利益分化,所以有些农民表现出心里不平衡、不满意的情绪。

以老娄葑镇的动迁为例。老娄葑镇的7个行政村原本为苏州市郊区,区位优势最强,以种植水生蔬菜为主,是苏州市的粮食基地,且在20世纪80年代开始发展工业的过程中,相对于交通不便利的原斜塘镇的村而言,具有工业发展的强势。但是在园区动迁之后,园区发展的区位开始向斜塘地区倾斜,早期动迁的老娄葑镇的村,现在属于苏州市的城乡接合部,发展水平远低于原先较落后的斜塘。区位优势的反差直接表现在园区开发的溢出效应上,对于被征地农民而言,更直接地表现于房屋出租的收入差异上。以调研中涉及的三个社区作为比较,同样面积的出租房,位于城乡接合部的梅花社区房租为500~600元/月,位于园区开发区的莲花社区为700~800元/月,而靠近娄葑镇政府的繁华地段的葑谊社区为1 000~1 300元/月,这直接影响着被征地农民对动迁的满意度。

特别是在城乡交接处,由于农村宅基地和城镇住房补偿标准不同,两边居民对比之后,容易因心理上的落差而产生矛盾。访谈中了解到两次因此而引起的上访。

第一次是2003年下半年至2004年,鸭蛋浜村的6户村民集体到北京上访。鸭蛋浜村是一个自然村,分布于东环路的东西两侧。2002年,由于行政区划调整,东环路西侧划归沧浪区,东侧仍属于原来的娄葑镇。沧浪区执行城市拆迁标准,即"拆一还一",而娄葑镇执行农村宅基地的拆迁标准,只按户籍人口补而不按原宅基地面积补。因此原本同一个村的农民,因行政区域的合并拆分在拆迁中被执行了不同的拆迁标准。当时镇政府对领头的上访户施行行政强拆,其余上访户通过干部和亲戚进行劝说。强拆之后按农村宅基地的标准进行安置,但为平衡动迁户的补偿落差,仍给予了额外的微调处理,即对比原住房少的面积部分,允许按4 200元/平方米购买(当时正常商品房市价是7 000元/平方米)。当时没有形成大规模的群体性冲突事件。

第二次是2006年4月,分散位于东环路两侧的群力村和星湾村也是以补偿标准的不同为由上访,并引发了大规模的群体性冲突事件①。这两个村共有1 800户

---

① 据解释:"拆一还一"的补偿标准差异只是引发群体性事件的直接原因。2006年后的拆迁工作的困难在于那时农民对房产价值的认识和法律意识都增强了,且随着外来人口的增多,农民的房租收入高的一年有15~16万元,低的有2万~3万元,农民的既得利益高,不愿搬迁。

8 000 人,冲突发生时每天集中数百位村民,高峰时多达 2 000 人,同时到镇政府、园区管委会及市政府上访,连续集访 31 天,当时镇政府的其他工作也因此中断。集访在后期发展为暴力事件,一些人将中新合作园区的外资企业的面包车掀翻。

由于城区周围房产的升值,农户对旧有的补偿标准不满;加之现在安置房变为高层建筑,容积率提高,居住质量有所下降。因此在 2006 年的上访事件之后,园区对安置补偿标准进行了大的调整,2006 年出台的 24 号文件与之前的政策有三大不同:第一,原规定是已婚未育的夫妇照顾 40 平方米的标准,改为无论是否达到婚龄,凡是独生子女都每人照顾 40 平方米;第二,随着外来人口的增多,对农民原有的出租收入损失进行补偿,在拆迁过渡时期,每户每年补 1 万元;第三,对原先在低洼地建房的,给予每户 8 000 ~ 10 000 元的地基补偿费。

动迁的补偿标准以园区下达的抄告单时间为准,因此在 **2006 年冲突事件后出台的新政策,由于前后补偿标准差异大,不仅引起了正在拆迁中的农户的不满,还引起了已拆迁完的农户的不满**。本课题组成员对于 2006 年以前动迁的部分农户进行访谈的过程中发现,他们普遍对前后补偿标准的差异表示不满,但只是"后悔,也无可奈何",没有上访。

虽然整体上因动迁而带动经济发展,提高了被征地农民的收入水平。但是,因为政策调整和区位因素的影响,在娄葑镇的不同区域之间,存在发展水平的不平衡,造成被征地农民的相对被剥夺感。一方面,补偿政策的刚性,后期政策的调整不改变前期已动迁农民的待遇,就业安置、货币安置和 2004 年之后的土地换保障安置的政策不同,以及 2006 年前后动迁的农户所获的安置房面积和补偿的差距,使不同时期的动迁农民所获补偿有差异。另一方面,动迁后园区发展的区位优势的变化,造成不同时期动迁农民的更大程度的相对被剥夺感,也较大程度地影响被征地农民的生活水平。

3. 外部经济和政策环境变化引起的补偿后续问题

这个期间,政策前后的调整主要表现在两个方面:一是安置房的补偿面积计算,造成的差异在前文已提及,这也是现在大部分动迁农民存在相对被剥夺感的主要原因;二是补偿方式的不同造成的社会保障水平的差异。

2000 年到 2003 年阶段实行以货币安置为主,但当被征地农民将获得的一次性支付的 13 000 元使用完后,不可持续的生计压力显现。于是,从 2004 年开始实行土地换保障的政策后,园区政府对实行货币安置的人员,予以重新调整,将 13 000 元按每月 200 元的生活补助进行倒扣计算,扣满后从 2006 年开始享受土地换保障的政策。但是,1994 年至 2000 年间,园区对被征地农民主要实行的是就业安置,**从 1998**

年乡镇企业开始转制,消化过剩劳动力能力下降后,原先被就业安置的人员面临重新择业,而没有获得额外的生活补助。在部分村民上访的压力下,园区于 2009 年 1 月实行园区公积金制度城乡并轨的新政策下,才开始对实行就业安置的人员发放生活补助。因此,对于早期的动迁农民而言,他们享受的政策优惠力度相对最小。

在行政区划的调整过程中,不同年次、不同项目的拆迁的房产补偿标准和社保标准都有所微调。2008 年 11 月开始,园区推进《苏州工业园区关于完善被征地农民的社会保障》政策,其中规定对保养人员(男 60 岁以上、女 55 岁以上)一次性向前补缴 15 年的社保公积金约 17 000 元,可享受城镇退休工人的同等待遇,在此基础上再补缴 15 年的大病统筹基金(男 4 500 元、女 3 000 元),能享受小病以 55~70 岁每年 800 元、70 岁之后每年 950 元、大病住院费用以 90% 的比例报销。但是若不参加园区社保下的公积金医疗保险,则只能享受城乡社区基本医疗保险下的每年每人交 60 元、每年报销 300 元的待遇。

因此,**园区新社保和城乡社区医保两套标准下的医保水平的差异导致了一些农民上访:**上访的类型包括:第一类是市区拆迁也想享受园区的政策;第二类是由于在早期征地时只发给农民每人 13 000 元的征地补偿费,没有为被征地农民购买社保,当时部分农民自己购买了城乡社区基本医疗保险,但现在的新社保政策中对城乡社区基本医疗保险不做重复承认;第三类是关于社保对象的界定,园区失地农民是指拆迁当年具有农村户口的人群,而不被纳入社保的人包括了 6 种类型:一是读大学迁出去的,迁出时是农民,迁回时非农;二是当兵的退伍军人,回来时政府已经一次性给安置补偿了,不能像农民一样再补偿;三是买户口的,20 世纪 90 年代时花 8 000 元或 10 000 元钱可以转为城镇非农户口的;四是中级教师、工程师及中级职称的家属;五是知青配偶享受政策转为城镇户口的;六是 60 年代下放的,后来转为城镇户口的。这六类都不能享受园区社保。

根据苏州工业园区的动迁安置方案,动迁安置房根据户籍人口分配,而非根据原住宅面积置换补偿;而按照园区的安置标准,**一般家庭获得的安置房面积会低于原居住面积**。动迁前,娄葑当地农民一般都是居住"三上三下"的房型——两层楼房、每层三间住房,大多有 200~300 平方米的住房面积;当地较普遍的父母子女合住的 5 口之家,在 2006 年以前依据 2000(47)号文件,按人口可获得的安置房面积为 160 平方米,这比老宅的 300 平方米房子相差甚多。并且,原居住面积相等的但人口不等的家庭获得的新房面积也不相等。

这样,无论与自己以前的住房面积相比,还是与人口较多的家庭相比,许多农民便觉得新房子面积少了,吃亏了①。

苏州工业园区先后出台了1994(2)号文件、2000(47)号文件以及2006(24)号补充文件。其中2006年出台的新文件,与前两份相比有较大变动。仍以5口之家计算:2006年以前,根据2000(47)号文件的规定,这家只能获得160平方米的安置房;而2006年之后,根据2006(24)号补充文件,共能获得260平方米的安置房②。前后可获得的面积相差100平方米,以当前娄葑镇商品房市价每平方米6 000~7 000元计算,则2006年以前动迁的农户认为自家损失了几十万元。这引起了部分农民的相对被剥夺感,从而上访。

从访谈中得知,这类上访较多是个体性的,集体上访的较少③。

如果人口多但原宅基地少,可分配的安置房面积比原宅基地面积大,则需要向政府溢价购买不足以抵减新房面积的部分安置房④。部分农户在动迁时,因为没有足够的钱,或者没有意识到房屋未来的价值而放弃购买不足部分的房屋,后来有钱了又想按原来的标准购回,但政府不允许⑤。因此引起了相关家庭的不满。

4. 农民转市民的文化连续性问题

由于村民在拆迁后被安置在集中的居民住宅小区,农民的生活习惯和城市化的生活方式的差异,在社区管理中也引发了一些新的矛盾。例如,**一是老人在绿化的草坪中挖地种菜,捡木材余料、砖块回家,生煤炉做饭,在楼道堆积木材等引起年轻人的不满。**二是此前的动迁房设计与现在经济的发展不完全适应,因私家汽车的数量增多,原设计的车库面积不足,停车空间有限,而挤占绿化带和消防通道。政府提

---

① 访谈中,信访办主任认为农民并不亏,因为政府在产权交换中实行"低出低进"的原则,按2006年以后的标准,若原宅基地面积大于安置房面积的,相同面积抵减部分按426元/平方米计算,多余部分按评估价格的两倍,即1 000元左右补偿给农民。并且,这些安置房的升值空间很大,苏州东环路的小高层商品房价达8 000~9 000元/平方米,一般的高层房价达6 000~7 000元/平方米,"农民在动迁后都成了百万富翁"。

② 2006年以前,3口之家安置120平方米,4口之家安置140平方米,5口之家安置160平方米,6口之家安置210平方米,7口之家安置230平方米;2006年之后,每人分配40平方米,另未达婚龄的独生子女可照顾40平方米,每户还能以优惠价多购20平方米,共能获得260平方米的安置房。

③ 对2002年、2003年动迁的部分农户访谈中,农户对补偿标准的调整表示情绪上的不满,但并没有因此有强烈的上访意愿。

④ 2006年以后的标准是安置面积超过原房屋面积部分以567元/平方米基价购买。

⑤ 信访办有关负责人的解释是,2003年、2004年因为钱不够而放弃的人家确实存在,但是这类人群多位于原来的斜塘镇,当时工业园区以湖西为主要发展对象,湖东地区只是建设道路等基础设施,而斜塘就在湖东,因此当时斜塘的商品房市场较为低迷,市场价是700~1 000元/平方米,而动迁房按照造房和绿化等基础设施的成本价定价是1 200元/平方米,而且当时外来人口并不多,多拿的房子很难出租,因而有些农民选择买价格更低的商品房,但是随着园区的发展,斜塘现在的房价上升到6 000多元/平方米。另外,当时动迁办还有一条规定,允许先欠着动迁款,拿到按人口分的足够的房子,但不发房产证和土地证,很多人多房少的农民只考虑当时短期的利益而放弃了。

出铺绿化地砖的改造建议,既能保证绿化面积,又能增加停车空间,但居民反对把这样的停车场建在自家附近。三是在交接动迁房时,一些农户因安置房有小裂缝等问题而强化不愿搬迁、要求赔偿的情绪①。

(三) 建议:用在地化的村社理性解决社区变迁中的矛盾

以上问题虽然表现迥异,但都可以归结为,因为没有村社理性作为抓手,而使园区在乡村的工作堕入一个具有高度普遍性的"现代化陷阱":现代政府面临的治理难题之一是,**科层体系的政府机构作为乡土社会的外来者,与社会中原子化的个体成员之间的交易成本畸高**,甚至高到交易无法进行。

发挥村社理性的内部化处理交易成本的功能,需要将乡村的精英阶层问题与普通小农的财产关系问题,同时纳入考虑。

一般来说,**乡村精英是在某些方面拥有比一般成员更多的优势资源(经济资源、政治资源、社会资源和文化资源),并能利用资源取得成功,为社区的发展做贡献,能够对其成员乃至社区治理结构产生影响**。乡村精英在村庄层面上主要为村里的村干部、村民小组长和党员骨干等。

课题组曾经指出,外部主体进入乡村势必会因为交易成本问题而遭遇到"精英俘获"。大量的农村观察表明,"精英连续性"前提下的精英治理作用,与其他情况中的精英"谋利型"行为(比如,上访、闹事等),构成一个问题的两个方面:一方面,如果没有这些乡村精英作为缓冲和发挥内部化处理交易成本的作用,政府无法直接面对原子化的个人实施治理;在处理房屋拆迁问题、土地征用等问题上,社区精英往往有着外人无法通晓的地方性知识和底层智慧去处理这些难题。另一方面,**如果制度变迁中乡村精英在原有利益分配格局中的地位得不到延续,就可能会利用自己在社区的影响力和资源,动员普通村民抵制制度的变迁**,将制度变迁的成本推到畸高,甚至无法进行交易。课题组在以往的调研中发现,农村地区的很多矛盾和冲突都与乡村精英没有得到合理的利益安排有关。

诚然,乡村精英在社区的管理、发展和变迁中,发挥着非常重要的作用,他们对村级事务的影响力比普通村民大得多;但在农村社区地缘解体和社会重构的过程中,**必须要以村社理性为基础,作为与精英交易的杠杆,才能收事半功倍之效**。

---

① 信访办有关负责人认为,这些质量问题的上访中有70%是不成立的,属于一般商品房的常见问题,一般采用维修和给予适当比例赔偿的处理方式。

附表

表 3-13 1996—2012 年苏州工业园区商品房建设情况

单位：万平方米

年份		1996	1997	1998	1999	2000	2001	2002	2003	2004	2005	2006	2007	2008	2009	2010	2011	2012	历年累计
商品房开工面积	合计	34	17	24	58	87	92	102	200	281	315	364	312	252	210	270	434	500	3 551
	住宅	28	15	21	50	74	78	82	172	236	217	234	211	201	151	182	282	364	2 598
	商用办公楼	6	2	3	8	13	14	20	28	45	98	130	101	51	60	88	152	136	954
商品房竣工面积	合计	13	33	13	52	47	44	56	77	128	223	270	260	210	272	313	365	309	2 684
	住宅	12	30	12	46	42	34	43	59	100	156	206	177	164	214	232	313	261	2 102
	商用办公楼	1	3	1	6	5	10	13	18	28	67	64	83	46	58	80	51	48	582
商品房销售面积	合计	12	21	27	54	76	85	90	167	186	145	165	273	117	339	196	156	278	2 387
	住宅	12	20	23	49	72	75	81	150	158	129	146	251	106	316	172	142	253	2 155
	商用办公楼	0	1	4	5	4	10	9	17	28	16	19	22	11	23	24	14	25	232

资料来源：苏州工业园区"一站式"服务中心。下同。

表 3-14 2003—2012 年苏州工业园区分行业固定资产投资规模

单位：万元

行　业	2003	2004	2005	2006	2007	2008	2009	2010	2011	2012
全社会固定资产投资	2 025 152	2 818 580	3 570 846	3 953 813	4 164 047	4 550 128	4 920 518	5 502 463	6 662 803	7 405 305
农、林、牧、渔业	0	0	0	298	432	500	134	4 800	0	14 155
制造业	988 868	1 247 791	1 517 162	1 677 928	1 695 115	1 698 635	1 315 078	1 380 580	1 438 882	1 486 902
电力、热力、燃气及水的生产和供应业	1 000	63 409	191 341	50 159	18 721	26 650	76 620	59 260	38 473	134 705
建筑业	406	38 540	6 631	425	6 375	1 825	880	4 967	8 286	14 878
交通运输、仓储和邮政业	0	35 600	20 465	15 798	21 758	7 000	23 833	35 112	25 231	27 351
信息传输、软件和信息技术服务业	2 342	2 860	5 090	1 130	951	258	3 102	21 383	49 569	33 598
批发和零售业	2 362	85	13 427	20 150	18 589	138 399	111 175	7 064	68 845	172 491
住宿和餐饮业	1 401	23 668	25 117	50 068	173 930	113 396	70 360	121 788	149 466	196 315
金融业	0	0	0	0	0	0	28 782	120 471	146 068	168 833
房地产业	280 000	621 257	1 001 013	1 102 119	1 249 447	1 571 714	1 616 648	2 116 867	2 871 547	2 735 479
租赁和商务服务业	38 407	138 180	87 144	20 845	59 989	248 592	221 839	462 029	624 565	919 213
科学研究和技术服务业	7 451	29 923	48 369	62 447	99 351	110 310	106 893	202 905	480 641	649 363
水利、环境和公共设施管理业	574 305	512 789	402 925	799 738	614 876	436 791	1 095 427	661 846	466 304	593 351
居民服务和其他服务业	3 500	5 000	0	0	0	1 300	2 620	7 900	3 465	2 048
教育	117 360	70 234	122 839	62 015	74 074	118 857	181 466	236 076	185 438	90 888
卫生和社会工作	750	5 159	34 196	5 116	0	1 079	3 089	2 341	30 320	62 929
文化、体育和娱乐业	7 000	0	47 473	51 920	112 610	60 492	48 655	38 438	50 477	65 599
公共管理、社会保障和社会组织	0	24 085	47 654	33 657	17 829	14 330	13 917	18 636	25 226	37 207

表 3-15　2003—2012 年苏州工业园区制造业固定资产投资按行业分类

单位：万元

行　业	2003	2004	2005	2006	2007	2008	2009	2010	2011	2012
制造业固定资产投资[1]	988 868	1 247 791	1 517 162	1 677 928	1 695 115	1 698 635	1 315 078	1 380 580	1 438 882	1 486 902
农副食品加工业	1 993	1 350	1 050				588	3 617	1 554	1 201
食品制造业	3 548	4 314		15 697	15 593	39 376	168 267	71 928	9 237	2 965
纺织业	2 530	480	20 777	60 714	13 286	37 912	28 812	9 429	23 053	6 212
纺织服装、鞋、帽制造业	9 387	5 575	1 701	3 768	10 457	3 529	1 177	10 723	154	1 303
皮革、毛皮、羽毛（绒）及其制品业	675									6 732
木材加工及木、竹、藤、棕、草制品业	0	1 020	1 001	0	0	0		2 009		
家具制造业	0	0	300	3 117	6 649	2 752	266		3 750	903
造纸及纸制品业	34 672	16 260	45 988	55 857	56 003	72 535	36 997	25 656	37 028	4 136
印刷业和记录媒介的复制	5 858	19 768	8 481	15 381	17 378	7 174	6 329	9 975	6 680	39 307
文教体育用品制造业	0	1 760	4 145	2 728	8 990	100	3 275	400	220	17 506
石油加工、炼焦及核燃料加工业	0	0	0	4 733	0	0	0			3 075
化学原料及化学制品制造业	33 431	26 542	33 841	38 347	22 159	67 139	40 966	35 667	40 862	46 575
医药制造业	2 600	4 214	26 138	7 877	8 840	26 985	35 646	33 618	25 328	36 010
化学纤维制造业	643	2 534	0	628	2 734	7 229	12 712	961		13 004
橡胶制品业	5 673	1 633	6 317	6 897	12 642	11 453	17 631	6 007	1 545	53 535
塑料制品业[2]	44 301	6 938	28 871	17 241	38 425	25 890	14 413	20 366	9 140	
非金属矿物制品业[2]	6 497	17 529	51 975	72 880	41 967	39 072	51 281	28 951	18 326	9 043
黑色金属冶炼及压延加工业[3]	2 000	0	500	0	0	2 000	465		3 846	1 418
有色金属冶炼及压延加工业	608	2 008	28 934	15 346	14 931	12 178	2 142	65 562	9 435	8 419

续表

行　　业	2003	2004	2005	2006	2007	2008	2009	2010	2011	2012
金属制品业[4]	8 643	1 484	173 842	145 058	176 505	156 525	16 622	15 336	21 791	42 132
通用设备制造业[5]	24 007	76 417	84 615	36 418	60 604	71 674	56 491	56 285	65 697	237 490
专用设备制造业	78 170	19 151	39 523	55 882	83 720	108 172	83 786	73 054	120 224	125 840
交通运输设备制造业	28 833	39 896	76 210	83 696	79 748	104 622	63 084	73 614	81 833	
电气机械及器材制造业	24 891	72 038	113 657	80 244	101 713	84 326	91 591	122 203	147 178	102 627
通信设备,计算机及其他电子设备	639 519	892 834	703 355	882 538	841 264	697 804	512 970	665 155	792 131	632 512
仪器仪表及文化、办公用机械制造	26 640	34 046	19 899	12 540	52 136	42 655	40 086	23 625	20 602	
工艺品及其他制造业	3 249	0	46 042	59 336	29 371	76 533	29 111	26 439	3 114	6 390
废弃资源和废旧材料回收加工业	500	0	0	1 005	0	1 000	370			386

注:由于行业分类标准在2012年进行了调整,所以2012年为新口径数据,大部分与2011年相同,少部分特殊情况如下:
1. 同比口径2011年为1 428 458万元。
2. 2012年合并为橡胶和塑料制品业。
3. 2011年旧口径数据不可得,表中为新口径数据。
4. 该数据2012年的新口径比原通用设备制造业口径略大。
5. 该数据2012年的新口径比原通用设备制造业口径略小。

表 3-16　2001—2010 年苏州市分地区引进外资情况

单位:亿美元

年份	2001		2002		2003		2004		2005		2006		2007		2008		2009		2010	
	合同外资	实际外资	合同外资	实际外资	合同外资	实际外资	合同外资	实际外资	合同外资	实际外资	合同外资	实际外资	合同外资	实际外资	合同外资	实际外资	合同外资	实际外资	合同外资	实际外资
全　市	72.30	30.22	100.66	48.13	124.96	68.05	147.02	95.02	153.40	60.05	159.23	61.05	183.63	71.65	163.90	81.33	158.40	82.27	169.20	85.35
园　区	36.88	5.30	22.10	9.11	20.90	12.10	41.00	18.00	38.10	15.80	38.30	16.00	47.70	18.20	30.00	18.00	26.95	18.05	28.59	18.50
高新区	10.24	4.01	7.20	4.97	10.14	7.01	12.20	4.00	16.50	6.57	20.00	8.00	21.00	8.00	17.28	8.50	—	8.50	14.06	7.65
吴中区	8.31	2.82	14.50	5.20	12.73	7.00	12.50	8.30	12.00	5.00	11.00	4.50	11.23	4.77	11.00	4.80	11.10	4.50	11.20	4.50
相城区	4.65	0.81	6.46	2.04	8.40	4.00	8.20	5.60	10.10	6.47	6.48	2.57	7.11	3.21	8.00	3.70	5.00	2.60	6.30	3.70
张家港市	8.10	3.60	12.69	5.71	11.87	6.02	13.20	6.40	15.70	3.28	16.45	5.20	17.90	6.00	—	6.70	—	8.80	—	10.00
常熟市	6.03	3.08	32.40	5.00	36.20	9.51	15.70	10.50	16.00	6.50	16.00	6.44	16.24	6.96	16.03	8.52	13.73	8.15	20.90	8.69
昆山市	16.12	7.51	30.65	10.18	22.50	12.00	25.60	12.20	25.02	11.20	25.05	11.72	29.91	14.38	13.90	7.35	31.51	16.65	32.01	17.25
太仓市	6.99	2.47	8.00	4.00	12.18	6.02	9.30	7.20	9.33	3.00	11.96	4.50	16.00	6.00	30.50	16.03	14.10	7.50	15.30	8.10
吴江市	7.10	2.10	16.60	4.20	12.30	5.40	12.20	5.50	12.10	6.00	13.70	6.80	17.30	7.90	19.20	9.80	20.30	10.10	22.50	10.20

数据来源:苏州市统计年鉴 2001—2012.

表3-17　1994—2012年苏州工业园区引进外资情况

	单位	1994	1995	1996	1997	1998	1999	2000	2001	2002	2003	2004	2005	2006	2007	2008	2009	2010	2011	2012	历年累计
新批外资项目数	个	21	75	46	51	53	78	111	164	314	326	445	443	435	461	359	382	367	369	241	4 818
其中:中新合作开发区	个	5	50	27	32	22	38	36	81	143	141	169	158	147	196	125	116	109	128	100	1 820
投资总额	亿美元	2.52	14.02	23.80	10.93	9.85	8.90	10.08	37.88	48.36	58.27	100.78	77.48	75.12	95.34	59.24	49.33	63.53	79.78	29.91	855.70
其中:中新合作开发区	亿美元	2.34	13.38	23.52	10.39	8.66	7.48	6.74	30.83	32.28	33.15	58.18	41.95	38.55	55.38	23.54	11.69	28.40	50.16	12.90	489.19
合同外资	亿美元	1.84	13.03	23.01	10.66	9.50	8.22	9.73	36.88	17.69	20.87	40.81	38.09	38.29	47.66	30.20	26.95	28.59	29.60	14.52	446.65
其中:中新合作开发区	亿美元	1.72	12.64	22.80	10.31	8.51	6.94	6.56	30.22	11.20	11.01	20.70	16.67	14.22	24.12	8.27	5.72	10.77	16.31	7.03	245.67
实际利用外资	亿美元	0.70	1.62	4.11	6.81	12.00	8.00	6.32	5.30	9.11	12.05	18.12	15.81	16.00	18.18	18.00	18.05	18.50	19.35	19.60	227.96
其中:中新合作开发区	亿美元	0.65	1.62	4.04	6.69	11.68	7.55	5.72	4.13	6.56	6.70	10.14	11.50	9.68	10.58	9.59	9.59	10.04	11.53	12.11	150.09

表 3-18 1999—2012 年苏州工业园区的主要出口品

单位：万美元

产品名称	1999	2000	2001	2002	2003	2004	2005	2006	2007	2008	2009	2010	2011	2012
电子产品	38 988	97 569	102 966	132 086	232 791	502 156	752 233	952 932	1 007 436	1 090 085	831 354	993 455	1 134 177	1 402 236
机械器具及零件	3 048	12 713	16 994	54 374	173 963	326 634	657 630	872 238	980 520	1 062 830	819 398	1 444 230	1 604 469	1 688 405
光学、检测、医疗设备	4 525	10 124	14 190	36 773	145 888	286 732	420 898	533 258	648 468	685 637	516 270	642 347	676 012	718 518
纺织原料及纺织制品	6 609	9 130	8 808	9 277	14 160	20 405	25 220	29 033	38 223	42 142	40 136	47 693	59 291	63 700
贱金属及其制品	2 650	2 894	1 900	3 719	5 270	9 988	12 655	22 016	35 856	37 790	30 547	44 201	59 967	70 720
运输设备及其零件	427	1 942	2 421	1 780	2 660	3 871	4 766	15 493	26 238	36 097	34 249	54 505	67 186	70 354
塑料及其制品	310	1 088	948	1 442	3 061	8 905	10 834	17 360	20 980	21 552	23 119	38 533	45 326	53 742
纸或纸板制品	1 692	10 031	11 161	9 000	7 234	8 225	12 005	16 308	20 743	32 405	33 321	41 239	48 687	49 431
家具、玩具等杂项制品	905	1 359	1 470	1 355	2 244	4 099	4 403	8 965	16 831	15 044	11 393	18 000	18 567	22 290
鞋靴类制品	920	1 214	1 113	911	1 021	1 262	1 548	1 251	1 892	2 492	2 651	4 256	6 241	6 349

第四篇　两大创新:政府管理创新与企业技术创新

人类对客观事物的认识是以不规则的螺旋形上升的,每一次反复甚或倒退,都不可能仅仅回到原点。因此,即使在形式上看似"循环往复以至无穷",在哲学意义上也是历史进步。

在全球资本化大潮借冷战结束而兴起之初的20世纪90年代,学者大多乐于跟风做"弄潮儿"状;但在经历了很多次"市场失灵"后,人们也会在潮起潮落的沙滩上不断试图表现"我思故我在"而提出有一定积极意义的理论创新。美国诺贝尔经济学奖得主斯蒂格利茨曾担任世界银行首席经济学家,直面那些发展中国家陷于激进发展主义陷阱不能自拔而产生的看法,虽然只不过是向人间常识的回归,却还是比至今还在跟随弄潮儿们做鼓与呼状的邯郸学步理论家们要深刻些。针对蕴涵于西方社会科学理论中的二元对立,他强调说,因为现实中的市场经济充斥着"不完全的昂贵信息、不完备的资本市场、不完全的竞争",所以人们应该在市场和政府之间找到"恰到好处的平衡",而不要把二者对峙起来。①

本书归纳的**苏州工业园区发展经验的第四篇,在大量关于全球危机的随波逐流表达中还可以算是寻找二者之间"平衡"的一种创新探索**。恰因园区政府管理与技术平台的这两个创新,生成在资本市场再一次爆发严重的失灵危机——2008年华尔街金融海啸诱发2009年全球大危机、连带影响中国首先在沿海外向型经济带发生输入型危机之际,而使园区的经济发展呈现出的创新带动的结构变化,值得认真归纳。

---

① [美]约瑟夫·斯蒂格利茨.社会主义向何处去——经济体制转型的理论与证据.长春:吉林人民出版社,2003.

一、2008 年国际金融危机的挑战与园区困境

自从 20 世纪 80 年代美国主导西方资本主义经济"升级"进入金融资本阶段以来,在短短的 20 年间美国资本市场竟然"创新"出 2 000 多种衍生品,极大地促进了"低成本"的金融经济的全球扩张;同期,与之相应的巨大制度成本,也势必因金融资本大量进入虚拟经济而累积着,并且不断表现为从边缘逐渐走向核心的金融危机爆发。

这个过程地球人已经都知道了:金融危机从 20 世纪 90 年代开始,先多次发生在边缘国家,如 1997 年东亚金融风暴;再渐次向金融资本的核心区演进;终于在全球金融投机最集中的华尔街爆发为"金融海啸"……

地球人大多还不知道的是,在资本主义高级阶段占据统治地位的金融资本,更因被占据单极化全球霸权地位的国家掌控而具有对下转嫁制度成本的条件和能力;并且,为维护此类国际政治经济秩序而构建了作为软实力的"制度权"及与其配合的作为意识形态巧实力的"话语权"。这后两者互为依存、伴随全球化滥觞于世,成为大多数发展中国家本来应该承担知识生产责任的理论界在 20 世纪 90 年代以来金融风暴向金融海啸演进之中羁绊于邯郸学步而普遍失语的根源。① 下面两个小节关于全球危机与中国应对的相关性描述,是为了说明课题组作为理论依据的"成本转嫁论"。对所谓"宏大叙事"了无兴趣的微观研究者,或只对具体操作过程或名人轶事有兴趣的读者,尽可以略过,直接看第三小节。

(一) 华尔街金融海啸和国内应对

2008 年 9 月 15 日,当美国第四大投资银行"雷曼兄弟控股公司"正式宣告破产、美林公司同时被美国银行收购的消息传出后,全球股市暴跌:华尔街遭遇自"9·11"以来最惨的一天,道琼斯指数狂泻 500 点,跌幅达 4.42%;一些主要欧洲股票指数曾一度下跌 5%;亚太地区的金融类股普遍走低,中国台湾证交所加权指数跌幅达 4.1%,为近 3 年来最低收盘水平;俄罗斯由于股市遭遇重创,政府于 9 月 17 日下令停止所有交易所交易。作为全球股市遭遇重创的恶果,仅 10 月全球股市就蒸发了

---

① 本课题组在归纳园区经验时,深感发展中国家理论界面对全球危机的荒唐失语为害甚巨。因为,如果仅仅是学者们失语也就罢了,问题更在于某些官方部门之尤甚——这种以其昏昏使人昭昭的失语症因长期配合外部"巧实力"有功而竟然鸡犬升天、甚嚣尘上,搞得中国应对危机的有效经验因不合西方之无效制度而被主流话语生硬地扭曲成在改革中必须摈弃的体制弊病。

5.79万亿美元。金融危机爆发以后,短期内仅美国就有14家银行倒闭,世界主要金融证券市场受到沉重打击。

这一场爆发于资本主义核心区的核心部门危机,在不到一个月的时间里,就扩展为总体的经济危机并传递到其他发达经济体。2008年10月23日,美国白宫发言人佩里诺表示,尽管联邦政府采取了大刀阔斧的措施救援金融机构,但是美国的经济增长依然面临困难;日本政府公布的10月份月度经济报告认为,日本经济"正在衰退";英国政府10月24日公布的数据表明,英国国内生产总值比前一个月下降了0.5%,是1992年以来英国经济首次出现收缩;欧元区经济基本面的恶化速度也在加快,其中德、法、意、西等国制造业的萎缩程度均超预期。

世界金融环境、经济环境和贸易环境恶化,使得依靠扩大出口等战略迅速崛起的新兴市场国家经济面临贸易下滑、资金抽离等挑战。作为世界第一出口大国的中国,也遭遇了外贸出口的剧烈下滑,连带发生了严重的国内经济危机。

从上一轮对中国经济高增长具有重要贡献的外商投资来看,尽管2008年中国的外资流入仍然有一个较大幅度的提高①,但2009年全球危机爆发之后,外资的流入显然受到发达国家资金回流的影响而出现了明显波动(见图4-1)。

图4-1 1984—2013年中国实际利用外商投资总量及国家、地区来源

资料来源:中经网统计数据库.以下如无特殊说明,皆来源于此.

---

① 在2008年以前,周边区域对中国吸引外资流入客观上构成竞争态势。"2006年、2007年、2008年中国FDI继续增加,但FDI流入量占整个世界的比例却有起伏,2005年开始持续下降,到2008年才有较大的提升,一个重要的原因是其他越南、泰国和印度等新兴发展中国家也通过国内低廉的劳动力成本优势与优惠的FDI政策开始和中国吸引外资进行竞争。此外,中国工人工资的迅猛增长、劳动制度的完善、土地价格的上涨,以及人民币的升值压力和通货膨胀等因素,使得中国的投资吸引力有所下降。"而在2008年金融危机中,中国的投资环境相对较好,吸引了以前流向其他国家的FDI转而流入中国;同时,中国的FDI流出量也呈稳步上升态势。2008年FDI流入量同比增长率:世界14.2%下降,发展中国家17.3%上升,中国29.7%上升,发达国家29.2%下降,转型经济体25.9%上升.资料来源:朴昌模.韩中外资政策的演变及其效应的比较研究.对外经济贸易大学硕士论文,2010;贸发会议.世界投资报告,2009,2012.

从图4-2可以看到,外资下降加上外贸受到海外需求下跌的影响,使得这二者带动的"对冲货币增发"在中国货币供给总量变动中的占比,从2008年的高达60%降到2009年的不足20%。如果仅从这个角度看,这个比例数的骤跌,毫无疑问可以定义为一场有实质性影响的"量化紧缩"。

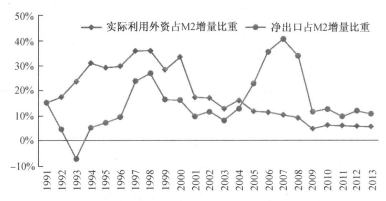

图4-2　1991—2013年外资流入和外贸出口对中国货币增发的贡献率

图4-1、图4-2的年际变化趋势图,不仅客观地再现了90年代资本全球化以来的**海外投资流入对冲作用下中国自身加快金融化**的进程,而且表明全球化之下的中国经济波动本身是符合一般性的周期规律的。

事实上,如果不爆发华尔街金融海啸,中国过高依赖国际市场出口实现高速经济增长的道路,也日益艰难了。

根据2011年《商务周刊》关于"入世十年"的专题回顾,中国以促进出口为主的外向型经济面临着几个具有制约性作用的重要问题,包括反倾销调查、知识产权保护、国内脆弱行业被迫放开准入等。① 入世10年,中国的外向型经济走到了十字路口(见专栏33)。

专栏33

入世十年看入世:成就斐然　成本赫然

1. 反贸易倾销调查

WTO秘书处统计显示,2008年,全球新发起反倾销调查208起、反补贴调查14起,中国分别遭遇73起和10起,占总数的35%和71%。中国连续15年成为全球反

---

① 商务周刊.世贸十年:入关,过关. http://finance.ifeng.com/news/20110321/3711209.shtml. 访问时间:2014 – 10 – 27.

倾销调查的重点,每年涉案损失达300多亿美元。在受金融危机冲击,全球经济最为低迷的2009年,中国的出口占全球的9.6%,而遭遇的反倾销案占40%,反补贴案占75%,遭遇的贸易调查数占同期全球案件总数的43%。

世界银行2009年3月出版的一份研究报告指出,在2008年11月G20金融峰会后不到3个月的时间里,二十国集团中有17个国家,在峰会上做出"防止贸易保护主义"的承诺后,先后出台了47项贸易保护措施。这47项贸易保护措施中,有很多都是针对中国的。比如,印度禁止进口中国玩具;阿根廷对纺织品、电视机、玩具、皮革制品等实行非自动进口许可证等。这份报告还指出,2008年最后几个月,反倾销、反补贴案例明显上升。比如,世界各国普遍提出对汽车工业进行补贴,总额高达48亿美元左右,多数是在高收入国家(占42.7亿美元)。

2009年2月,在布什政府推出救援计划4个月后,奥巴马的新政府又通过了总额为7 870亿美元的"美国复兴和再投资方案"。该计划中包括了"必须购买美国货"条款,要求在由刺激基金支出的公共建筑和公共工程中使用美国生产的钢材、铁和制成品,当基于公众利益的考量,或无法获取或成本不合适时,可以例外;要求美国国土安全部购买美国生产的纺织品和服装。

尽管迫于来自欧洲的压力,"必须购买美国货"条款最终做出了修改,但美国重塑制造业的决心没有变,因为这已被奥巴马政府当作美国"经济再平衡"的必要举措。

2. 知识产权纠纷分割中国出口收益

进入21世纪后,中国成为DVD的最大生产和出口国,但DVD的核心技术和标准全部为国外企业掌握,在国内只是进行简单的组装。当DVD市场和中国DVD企业的实力均迅速增长时,DVD领域中的外国专利拥有者也相继组成了若干同盟,包括6C(由东芝、三菱、日立、松下、JVC、时代华纳六公司组成,以后IBM也加入该联盟,习惯称呼仍旧是6C)、3C(由飞利浦、索尼、先锋三公司组成,后由LG加入而成为4C)、1C(汤姆逊公司)和MPEG-LA(16个专利人组成的专利收费公司)几个专利收费组织,并开始"行使知识产权"。2002年4月19日,中国电子音响工业协会经过两年多时间的多轮谈判,最终与6C签订协议,规定中国厂商每出口1台DVD播放机向其支付4美元的专利使用费。随后,该协会又与3C签订每出口1台DVD播放机向其支付5美元的专利使用费协议。其他专利使用费支付情况是:1C收取每台售价的2%(最低2美元)的专利使用费,杜比每台收取1美元的专利使用费,MPEG-LA每台收取4美元的专利使用费(2002年调整为2.5美元)。然而,随着DVD国际市场销售价格的持续下跌,到 2005 年时美国市场上的 DVD 机零售价仅为 30~40 美元,但中国企业每出口一台 DVD 机就至少要缴纳约 12 美元的专利费,几乎无利可图,有不少企业已不再生产 DVD 产品或者倒闭。

受 DVD 事件的启发和影响,外国厂商对中国的电视机、U 盘、光盘、光盘刻录机、数码相机、摩托车等生产厂家也提出了征收专利费的要求。2004 年,中国科技促进发展研究中心的一份调研报告显示,2002 年中国机电产品出口企业因专利赔偿的损失近 200 亿元人民币,占机电产品出口总额的 1.5%,约占机电产品出口利润的 30%。加入世贸组织以来,中国企业因知识产权纠纷引发的经济赔偿累计超过 10 亿美元。

3. 进入国际产品市场以国内产业被"斩首"为代价

随着 2005 年入世过渡期的终结,发达国家纷纷将"要求进一步开放市场"作为重要的对华贸易策略。

后过渡期时代,中国出台了限制农业补贴、取消部分产品进口关税配额、关税逐年大幅降低,甚至直接取消等市场开放政策。此外,2002 年中国颁布的《利用外资改组国有企业暂行规定》,让引进外资除了具有"引进资金技术、促进经济发展"的作用外,还被赋予了"优化结构、推进国企产权改革"的意义。不久,"外资斩首"——跨国公司并购中国产业排头兵企业——成为一时风潮。

国务院研究发展中心 2006 年 7 月发表的研究报告中提及:在中国已开放的产业中,每个产业排名前 5 位的企业几乎都由外资控制。中国 28 个主要产业中,外资在 21 个产业中拥有多数资产控制权。玻璃行业、电梯生产厂家已经由外商控股;18 家国家级定点家电企业中,11 家与外商合资;化妆品行业被 150 家外资企业控制;20% 的医药企业在外资手中。

2006 年 9 月 8 日,为了缓解"斩首"风潮,国家出台了《关于外国投资者并购境内企业的规定》,对过去过度宽松的并购案审批进行了紧缩。

美国商务部长骆家辉 2011 年 1 月在中国国家主席胡锦涛访美之前不同寻常地公开表示:"中国过去数十年执行的贸易政策和做法,已不足以处理双方今后的经贸关系。发达国家负债消费的时代已经结束了,中国不能再依赖出口。"

资料来源:商务周刊.世贸十年:入关,过关. http://finance.ifeng.com/news/20110321/3711209.shtml. 访问时间:2014 - 10 - 27。

上述情况表明,如果中国人在全球化进程中没有制度权与话语权,那就只能做被牧师们驯化之后牧领着的羊,亦即位于食物链底端的"经济动物"。

中国自90年代以来在全面纳入全球化的历史进程中,通过不断被动接受教训的学习逐步建立了应对能力。其中,最为有效的应对,就是以内部市场需求代替外部市场需求。这个经验,既是课题组近年来强调的"外部性风险内部化处置"理论的基础依据之一,也是全球化竞争中拥有广大地理纵深的大国所特有的主要竞争优势。

众所周知,中国人在 **10** 年前应对 **1997** 年东亚金融危机时,就积累了通过国家财政信用扩张应对"输入型危机"的经验。而中国应对此次 2008 年金融危机的经验,还凸显了全球化竞争中民族国家以国家资本为主导参与全球竞争的制度优势。

2008 年 10 月,就在美国提出"救市政策"的同一时期,中国中央政府紧急启动了为期 2 年、总额将近 4 万亿元的一揽子国债项目。财政信用扩张带动信贷扩张,经济刺激效应通过乘数效应被不断放大(见图 4-3)。

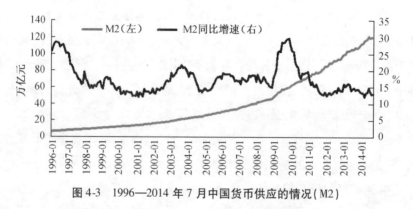

图 4-3　1996—2014 年 7 月中国货币供应的情况(M2)

图 4-3 数据显示,中国遭遇 **2009** 年全球金融危机打击下 **M2** 的增速高达 **28.42%**,创下历史新高。在此后的财政与金融双重信用连续扩张之中,M2 以 15% 的平均速度逐年增长。

另有数据显示,从 **2008** 年金融危机发生到 **2012** 年年末,中国信贷的投放总额达 **30 万亿元**。其中,金融机构存款和贷款增长的速度最为明显,2012 年年末的 M2 相当于 2008 年的 2 倍。

在强有力的政策刺激下,中国在世界上一枝独秀地在 2009 年中期就走出了危机低谷,实现了宏观经济在半年之内的 V 形反弹(见图 4-4)。

图 4-4　1991—2013 年国内生产总值指数（上年＝100）

（二）"后金融危机"与国内经济的结构性矛盾

不过，诚如很多政策研究者指出，全球金融危机下中国经济的一枝独秀是表象。随着国内的积极财政和货币政策拉动国内投资从恢复性增长迅速进入井喷式增长，宏观经济在 2010—2012 年一度出现过热，但"生产过剩"的长期化这种实质性矛盾并不可能随着经济过热而得到根本解决；**新增固定资产投资并无缓解，反而在某些方面加剧了产业资本的困境。**

值得注意的是，2009 年之后，国家救市投资表现出很强的"服务业主导制造业"的特征。在实体产业中，除了与基本建设相关的领域快速发展、资源型产业可以"搭便车"在国际金融资本主导的基础商品价格大幅波动中实现超额收益以外，**大部分行业发生了因行业平均利润率下降而被金融资本排斥、异化的现象。**

这个趋势不仅是对位于苏州的园区，而且对于几乎所有以实体经济为主的沿海工业开发区都是新的冲击。

因为，金融资本全球化的经验早已证明：**不论在何种体制下，一旦金融资本异化为独立利益集团的趋势不能克制，则其追求流动性获利的寄生性本质必然反作用于实体经济，使之衰败势如破竹！**

据此看，大凡难以进入金融资本阶段的国家和地区，都难免遭遇此类规律之巨大挑战……

1. 美国 QE 政策及金融资本主导的制度调整

金融危机爆发后，为了补充资本市场上的流动性，2008 年 11 月 25 日美联储宣布启动第一轮量化宽松货币政策，不仅购买政府支持企业房利美、房地美、联邦住房贷款银行与房地产有关的直接债务，还将购买由"两房"、联邦政府国民抵押贷款协会所担保的抵押贷款支持证券。到 2010 年 6 月底第一轮量化宽松货币政策结束时，在一年半多一点的时间里,美国的基础货币从 9 364.85 亿美元上升到 20 151.99 亿美元,增长了 115.19%,增量为 10 787.14 亿美元,是国际金融危机之前同一时间长度(2006 年 1 月—2007 年 8 月)基础货币增量 379.57 亿美元的 28.4 倍。①

接下来,则是金融资本主导国家路径依赖地启动了第二轮、第三轮量化宽松政策,以及制造局部战争迫使海外资本回流美国资本市场的币缘战略"巧实力"频繁运作②……

直到 **2013 年 10 月 31 日美国达成与其他 5 个西方主要金融资本经济体通过多边货币互换协议来熨平任何短期流动性不足的协议,使得核心区不再有金融危机爆发的可能性,才明确了逐渐退出 QE 的政策考虑。**而且,是在这个金融稳定机制运行一年之后,才于 2014 年 10 月 30 日正式结束了总量高达 3.8 万亿美元的 QE 政策(见专栏 34)。

华尔街金融海啸发生以来的 6 年里,东西方几乎所有金融资本经济体普遍发生贫富两极分化更趋严重造成的社会乱象,遂有一系列或多或少地指向金融资本寡头政治的"代表 99%"的占领运动;但中国人却在上文所说的"普遍失语"的尴尬之中难免延续着被"软实力"利用的尴尬……

这个金融资本危机在核心区爆发、最终通过核心区倡导的制度创新予以化解的全过程,再一次验证了我们提出的"成本转嫁理论"所揭示的、内在于金融资本阶段的制度运作机制——核心国家能够顺畅地对外转嫁成本,而边缘国家只能承载核心或半核心国家递次对外转嫁的成本……

专栏 34

美国量化宽松政策的简要回顾

第一轮量化宽松货币政策(QE1)

量化宽松货币政策是一种非常规货币政策,它是指货币当局通过回购国债等中长期债券,从而增加基础货币供给。为了强化宽松货币政策的效果,在联邦基金利率几乎降至无可降之际,美联储在 2008 年 11 月 25 日宣布启动第一轮量化宽松货币政策,将购买 5 000 亿美元的抵押贷款支持证券和 1 000 亿美元的债券,不仅包括政

---

① 资料来源:鑫干线点金.美国量化宽松的历史与展望.http://www.cnforex.com/comment/html/2014/10/21/db9b8128858fa254a76f43887060e7.html.访问时间:2014 - 10 - 27.

② 兰永海,贾林州,温铁军.美元"币权"战略与美国霸权体系.世界经济与政治,2012(3).

府支持企业房利美、房地美、联邦住房贷款银行与房地产有关的直接债务,还将包括由"两房"、联邦政府国民抵押贷款协会所担保的抵押贷款支持证券。2009年3月18日,美联储宣布,为了向抵押贷款信贷和房地产市场提供更多的支持,决定最高再购买7 500亿美元的机构抵押贷款支持证券和1 000亿美元的机构债来扩张美联储的资产负债表。2009年11月4日,美联储再次决定购买总计1.25万亿美元的机构抵押贷款支持证券和价值约1 750亿美元的机构债。到2010年6月底第一轮量化宽松货币政策结束时,在一年半多一点的时间里,美国的基础货币从9 364.85亿美元上升到20 151.99亿美元,增长了115.19%,增量为10 787.14亿美元,是国际金融危机之前同一时间长度(2006年1月—2007年8月)基础货币增量379.57亿美元的28.4倍。

第二轮量化宽松货币政策(QE2)

虽然第一轮量化宽松货币政策向市场投放了庞大的流动性,但美国的投资和消费并没有相应地扩张,经济仍然十分疲软。为了刺激经济复苏、提高经济增速,在经历了两个月的量化宽松货币政策真空期后,2010年8月美联储主席伯南克提出实施第二轮量化宽松货币政策:美联储每月投入约750亿美元购买国债,以宽松的流动性来刺激不景气的经济。该政策于2010年11月启动到2011年6月底结束,持续时间为8个月,总计规模达6 000亿美元。在第二轮量化宽松货币政策实施期间,美国的基础货币也出现了快速扩张。美联储的数据显示,在第二轮量化宽松货币政策实施前的2010年10月,美国的基础货币为19 985.44亿美元,到第二轮量化宽松货币政策结束的2011年6月,美国的基础货币达26 715.63亿美元,增量为6 730.19亿美元,说明第二轮量化宽松货币政策实际投放的货币量已超出了美联储最初预计6 000亿美元的规模。

第三轮量化宽松货币政策(QE3)

2012年9月13日,美联储宣布开始以每月400亿美元的规模购入机构抵押贷款支持债券,此举标志着美国第三轮量化宽松货币政策正式实施。随后在2012年年底随着"扭转操作"的结束,美联储又将QE3规模扩大到850亿美元,也就是400亿的抵押贷款支持证券和450亿的长期债券。

QE3的主要内容包括三个方面:一是美联储承诺每月购买400亿美元的抵押贷款支持证券,直至就业市场及经济形势出现实质性改善;二是美联储将继续实施"扭转操作",使用到期的短期债券收入来购买长期债券;三是美联储将继续维持目前0~0.25%的中央银行基准利率至2015年中期,这将使两年期债券收益率保持在接近于零的水平。美联储第三轮量化宽松政策与此前两轮量化宽松政策(QE1、QE2)的主要区别是:QE3 的规模没有被限定、QE3 的结束时间没有被标明。其一,QE3 的规模未定。美联储新增加每月 400 亿美元 MBS 的购买,与每月 450 亿美元的"扭转操作"相加,每月需要购买债券的总规模达 850 亿美元。如果美联储购买 MBS 的计划维持 3 年,则 QE3 的规模可能与 2008 年 QE1 的规模相当,超过 1 万亿美元。其二,QE3 结束期未明确。美联储的资产购买计划将持续到美国就业市场和经济增长真正恢复。其三,QE3 购买的全部是抵押贷款支持证券,而不是国债,其目的是直接刺激美国房地产市场,将高企的抵押贷款利率降下来,以消除经济复苏的障碍。

2014 年 10 月 30 日,在多边货币互换协议以及欧洲地缘战略格局重大变化之下,美国正式宣布结束 QE 政策。

资料来源:鑫千线点金.美国量化宽松的历史与展望. http://www.cnforex.com/comment/html/2014/10/21/86db9b8128858fa254a76f43887060e7.html.访问时间:2014-10-27.

---

2. 国际市场上基础商品价格大幅上涨①

在 QE 政策释放的巨大流动性冲击下,主要初级产品价格脱离一般的供给和需求的决定作用,形成"被金融化"——由金融投机制造价格涨落。由于这种通过向大型机构投资者回购中长期债券所增加的基础货币供给大规模流向了能源、粮食、原材料等期货市场,致使国际市场上原材料价格一路上涨,到 2011 年中期已经达到了 570 多点,比金融危机爆发前高出了 100 点左右。2011 年中期到 2012 年虽然整体上呈现下降趋势,但最低指数水平仍然远高于 2008 年金融危机爆发之前的最高水平。

如图 4-5 所示,从美国发生次贷危机的 2007 年,到爆发华尔街金融海啸的 2008 年,国际市场上大宗商品的 CRB 指数②发生了一轮大幅波动,首先是从 2007

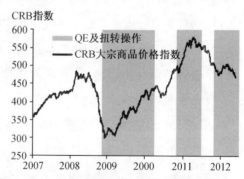

图 4-5 美国量化宽松政策对大宗商品价格指数的影响

---

① 在本书将要完成的时候,国际石油和重金属等基础商品价格开始出现大幅下跌,油价创下五年新低,标志着美国通过粮食—石油—美元的币缘三角结构消纳垃圾金融衍生品的措施正式告一段落。

② CRB 指数(或写作 CRBI)是国际市场上 Commodity Research Bureau Index 的简写,所涵盖的 19 种期货合约品种为:农产品:大豆、小麦、玉米、棉花、糖、冰冻浓缩橙汁、可可、咖啡、活牛、瘦肉猪;能源类:原油、取暖油、汽油、天然气;金属类:黄金、白银、铜、铝、镍。本图来源于网易财经"聚焦美联储第三次量化宽松"专题. http://money.163.com/special/fedqe3/.访问时间:2014-10-24.

年年初的不到350点上升到2008年年初的将近500点,并持续数月;然后则发生自由落体式下滑,在半年的时间内回落到300点。

与国际市场受到QE政策影响相对应,中国这样的实体经济国家遭遇到"输入型通货膨胀"。对原材料供给的海外依存度不断上升的国内制造业受其影响,制造业企业的主要原材料购进价格指数发生了一轮基本同步的波动,价格指数先是从2007年年初的55点上升到2008年中期的75.7,随后是5个月的连续大幅下降,价格指数从75.7下降到11月的26.6,到2010年4月已经回升到72.6,接近2008年金融危机爆发前的最高价格指数水平;其中,从2008年11月到2009年8月价格指数发生了长达10个月的连续上涨,累计上涨指数达36点。2011年中期之后,价格指数从70左右下降到55~60区间,此后则是围绕着50这条景气—萧条临界线进行大波幅震荡(见图4-6)。

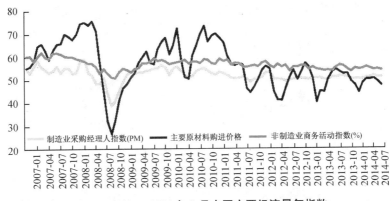

图4-6　2007—2014年7月中国主要经济景气指数

图4-6中的曲线清晰地表明中国的实体经济价格波动受到金融危机的影响。除了2008年金融危机导致一个明显的V形变化之外,2009年、2010年和2012年的三次QE(量化宽松)政策也都带来相应的价格起落。同期,代表非实体经济的曲线(非制造业商务活动指数)波动幅度很小,基本保持平稳。

3. 国际产品市场需求持续低迷

和基础商品不同,国际制成品市场总体表现萧条,价格水平相对低迷。根据笔者的一项初步计算,**从2009年到2013年,中国制造业的进口价格上涨了64%,出口价格仅上涨了19%**。

从经济景气指数来看,反映制造业景气情况的制造业采购经理人指数虽然在2009年上半年也有了显著的回升,且一直位于50以上,从指标含义来说,整体上位于扩张区间,但更多时段是贴着经济景气的临界线运行。①

从图4-7也可以看出,**中国经济对外依存度大幅提高的最近20多年,大部分时间中出口商品价格指数都低于进口商品价格指数**。2008年华尔街金融海啸发生后,全球商品价格出现了两个变化趋向,原材料价格在美国增发货币的影响下大起大落,制造业产品价格则整体下降,出口价格指数则在整体上呈现下降态势。二者共同作用,使得国内经济比重最大的实体产业的利润空间被压缩。

此外,从经济运行的稳态来讲,全球市场无疑为中国的制造业提供了巨大的产能扩张空间,但从图4-7可以看出,**全球市场的波动性与中国宏观经济的波动性总体上是同期同向的**——在经济萧条时期,出口商品的价格指数下降,构成整体经济萧条的一个部分;而在经济景气时期,出口商品价格的上涨同样加剧了国内原材物料的供应紧张。

这种顺周期作用,从某种程度上说,强化了中国经济的周期性波动。

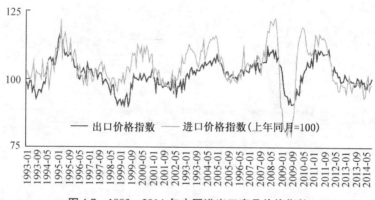

图4-7　1993—2014年中国进出口商品价格指数

图4-7表明,中国**沿海加工贸易型的实体经济的利润空间被挤压**,连带其相关制造业的整体利润已经摊薄到聊胜于无!几年下来,已经造成大批企业倒闭破产,很

---

① 指标解释:非制造业商务活动指数是根据企业完成的业务活动总量(如客户数、销售量、工程量等实物量)月度环比变化情况编制的扩散指数,由于没有合成的非制造业综合PMI指数,目前国际上通用商务活动指数反映非制造业经济发展的总体变化情况,以50%作为经济强弱的分界点,高于50%时,反映非制造业经济扩张;低于50%,则反映非制造业经济收缩。制造业采购经理指数也叫PMI,是通过对企业采购经理的月度调查结果统计汇总、编制而成的指数,是国际上通用的监测宏观经济走势的先行性指数之一,具有较强的预测、预警作用。PMI是一个综合指数,由5个扩散指数(分类指数)加权计算而成。5个分类指数及其权数是依据其对经济的先行影响程度确定的。具体包括:新订单指数,权数为30%;生产指数,权数为25%;从业人员指数,权数为20%;供应商配送时间指数,权数为15%;原材料库存指数,权数为10%。其中,供应商配送时间指数为逆指数,在合成PMI综合指数时进行反向运算。PMI通常以50%作为经济强弱的分界点,PMI高于50%时,反映制造业经济扩张;低于50%,则反映制造业经济收缩。主要原材料购进价格指数是根据企业主要原材料价格的简单平均水平月度环比变化情况编制的扩散指数。

多港台地区投资迁往东南亚国家,南方沿海的加工贸易型经济事实上已经进入"去工业化"时期……

与制造业相比,非制造业的景气度一直处于高位运行区间,制造业与非制造业之间的差距越拉越大。从创造增加值的情况看,非制造业中的交通运输服务业、仓储批发和零售业等三产部门与第二产业的增加值情况大体相当,而金融业的扩张和盈利情况则显著好于第二产业。

面对此类"输入型危机"造成的三次产业差别,不仅单一国别的宏观调控无力化解矛盾,甚至失语者们照搬来的理论都无从解释,只好顺势强调提升第三产业所占的比重,遂听任、甚至迫使资金从实体经济析出,涌向房地产和金融投机,连锁性地造成影子银行及其他形式的高利息借贷泛滥,反过来进一步压榨实体经济!

在这种因被动地承载全球金融资本核心区危机转嫁造成"输入型危机"在国内全面爆发的宏观形势之下,一般缺乏自主创新能力的工业开发区的入区企业都无力应对外部性风险。

相对地,只有像苏州工业园区这样政府主动结合产业管理创新和金融服务创新,同时推进企业技术创新的开发区,才能表现出较强的风险应对能力。

4. 中国救市投资与实体产业内部的挤出效应

2008 年年末以来,在国债拉动的大规模经济建设中,大量投资进入土地基本开发建设,固然提高了土地的总生产能力,使得土地的绝对地租和级差地租得以提高,但也使得国内骤然出现了一轮开发热。在前几年固定资产投资未有明显下降的情况下,2009 年固定资产投资完成额同比增速高达 30.5%,甚至高于 2003 年(见图 4-8)。

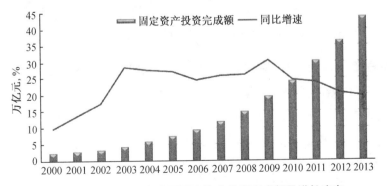

图 4-8 2000—2013 年全国固定资产投资完成额及增长速度

基本建设占地导致城市征用土地面积以前所未有的态势持续在高位运行,并且连年增长,在 2012 年甚至超过了 2 000 平方公里;2013 年略有回落,但仍然维持在

1 800平方公里的高水平上(见图4-9)。

图4-9　1999—2013年全国城市征用土地面积

一方面,几十万亿元的固定资产投资集中上马,毫无疑问在相当大程度上加剧了国内能源和原材料的供给紧张,提高了国内对于国际市场的依赖程度,加剧了一般产品制造业在国际市场上的被动地位。

另一方面,劳动力市场价格被持续拉高,以致在沿海过去依靠加工出口的中小企业数万家亏损倒闭的同时,各地频现"民工荒",从2009年6月到2014年9月长达5年多的时间里,人工费的价格指数持续大于105(见图4-10)。

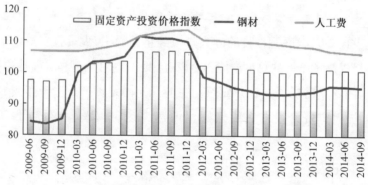

图4-10　2009年以来中国固定资产投资价格指数(上年同期=100)

固定资产集中投资拉高原材物料价格和人工费用,对一般制造业的生产运行客观上产生了挤出效应,制造业的盈利空间受到挤压。

从图4-11的企业商品价格指数走势图中,可以看出第二产业内部的收益分化情况。2009年以后,政策性的农产品价格和垄断性的能源产品价格指数显著高于一般商品价格指数,而资源型的矿产品价格指数在2011年之前走势强劲,2011年之后开始降至最低。

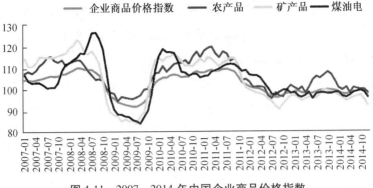

图 4-11 2007—2014 年中国企业商品价格指数

5. 资金从实体产业加速抽离

上一阶段已经分析:国有银行的商业化改制,是苏州工业园区在新加坡投资中断之后陷入融资难困境的一个方面的原因。

这在国内实体经济领域具有普遍性。

21 世纪的第一个 10 年中,制度成本转嫁的规律仍在持续,演变为具有征收土地和改变农业用地用途并获取土地资本化收益权力的地方政府,以土地为抵押向银行借贷来"以地套现"。征地高潮随着 2003 年以来国内经济进入新一轮经济景气周期而来临,却并未随着 2009 年"输入型危机"的发生而减退,原因在于:

一方面国家紧急启动 4 万亿元国债资金进行救市,其中有相当大规模国债资金投资于基本建设,对于社会资金的投入具有强大的导向作用,承载住了外需下降对于国内就业市场的压力;但另一方面,由于国债项目通常要求地方政府进行专项配套,或者要求企事业单位达到一定条件,客观上加大了国内的整体投资热度,加剧了国内资金的紧张,正规银行和影子银行贷款应势而起,而其所接受的抵押品几乎都只有一样——完成征收手续和一次开发从而进入资本化开发通道的土地,专业名称叫"建设用地"。有的地区连市政广场也都拿去做了抵押。

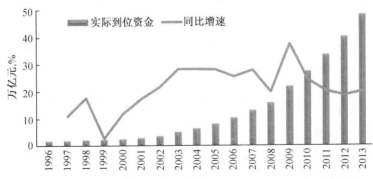

图 4-12 1996—2013 年中国固定资产投资实际到位资金及增长速度

如图4-12所示,中国固定资产投资的实际到位资金2013年年末已达48万亿元,这一指标2006年才首次突破10万亿元。从2008年到2012年,每年以5万亿元以上的规模逐年递增;2013年一年的增长量则超过8万亿元。

在全部资金来源中,国家预算内资金、国内贷款这两项常规渠道的资金,在全部到位资金中所占比重之和,1996年为18.27%,2005年为15.66%,**2013年降为12.97%**;外资占比从1996年的10.07%下降到2013年的0.69%;企事业单位自有资金占比1996年为20.86%,在2004—2006年一度上升到25%以上,但2009年以后开始下降,2013年仅为15.76%;**自筹资金占比1996年为33.23%,2007年上升到40%,2012年超过50%,2013年为52.03%**,从占全部到位资金的1/3上升到一半以上;而量比齐增的**自筹资金中只有很少一部分是企业利润或自有资金积累,相当大部分为股市融资、债券融资或非常规渠道融资**(见图4-13)。

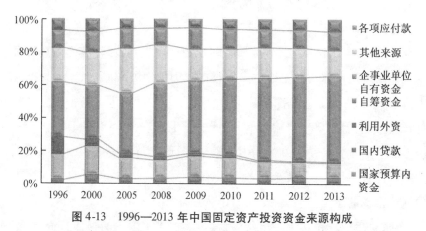

图4-13　1996—2013年中国固定资产投资资金来源构成

"以地套现"普遍适用:自筹资金和企事业单位自有资金的一个重要资金来源是土地。

2009年以后,地方政府为争取国债配套资金和中央财政对地方财政的专项资金,而在产业开发、招商引资等领域展开了大规模的无序竞争,引发了比2008年华尔街金融海啸之前更严重的"圈地运动"。

2011年,地方政府土地出让金达3.1万亿元,2012年降至2.7万亿元,2013年再猛增1.2万亿元,达3.9万亿元。据《第一财经日报》记者统计,2013年地方政府国有土地使用权收入(41 266亿元)占地方财政收入的比例达35%,若算上当年与土地及房产相关的5种税收,这一比例将达46%。与地方政府国有土地使用权收入激增相应,支出也在增加。**2013年土地出让支出与收入基本持平,约3.9万亿元,远超预算。其中,以对征地和拆迁补偿支出、土地开发支出、补助征地农民支出等方面支出最**

大,如征地和拆迁补偿支出约 2.1 万亿元,为预算数的 161%,比上年增长 51%。①

为了保证土地出让金的收入水平,就势必要求房价不能降,因此,**地方政府成为房地产价格居高不下的主要推手**。这也吸引了更多的社会资金,在制造业整体收益预期严重下降的情况下,从利润率低的实体产业部门大量抽离,流向房地产等投机领域,推升投机领域的泡沫经济。

于是,国内发生了制造业和投机领域的"冰火两重天":一方面实体产业因难以维持正常运营而发生"老板跑路";另一方面房价迅猛上涨,进一步吸引了大量社会游资,各地甚至出现了高利贷的民间集资。

在房价不断攀高的预期下,城市征用土地面积每年增加 1 500 平方公里以上,2012 年超过 2 000 平方公里;房地产企业每年购置土地面积达数亿平方米(见表 4-1)。

表 4-1 1997—2013 年中国房地产开发主要指标

年份	房地产开发企业土地购置费(亿元)	房地产开发企业购置土地面积(万平方米)	房地产开发企业土地均价(元/平方米)	商品房平均销售价格(元/平方米)
1997	247.60	6 641.70	372.80	1 997
1998	375.40	10 109.32	371.34	2 063
1999	500.03	11 958.90	418.12	2 053
2000	733.99	16 905.24	434.18	2 112
2001	1 038.77	23 408.99	443.75	2 170
2002	1 445.81	31 356.78	461.08	2 250
2003	2 055.17	35 696.48	575.73	2 359
2004	2 574.47	39 784.66	647.10	2 778
2005	2 904.37	38 253.73	759.24	3 168
2006	3 814.49	36 573.57	1 042.96	3 367
2007	4 873.25	40 245.85	1 210.87	3 864
2008	5 995.62	39 353.43	1 523.53	3 800
2009	6 023.71	31 909.45	1 887.75	4 681
2010	9 999.92	39 953.10	2 502.91	5 032
2011	11 527.25	44 327.44	2 600.48	5 357
2012	12 100.15	35 666.80	3 392.55	5 791
2013	13 501.73	38 814.38	3 478.54	6 237
累计	79 711.73	520 959.82	—	—

课题组在以前关于宏观经济变化与土地征占的相关性研究中提出的"以地套现"及其引发的社会冲突,在这一"后金融危机"阶段表现得更普遍、更深刻。②

---

① 陈益刊,徐燕燕.去年全国土地出让金收入再创历史之最.第一财经日报,2014-07-14;转引自http://finance.qq.com/a/20140714/002772.htm.访问时间:2014-10-25.

② 参见本书第三篇专栏 20"从'土地财政'到'土地金融'"的分析。

由于4万亿元救市国债投资引致的货币扩张中,很多是通过地方政府运作的"城投债"等渠道进行的,而**地方政府的债务链条又由土地价值最高的房地产开发来维系,这使中央政府对房市泡沫的宏观调控左右两难**:如果不加管制地放任下去,则服务业与制造业的利益分配矛盾将愈演愈烈,房地产泡沫累积的风险会越堆越高,而制造业累积的矛盾也将越来越危险;如果出台有效措施调控房价,则依靠高地价、高房价来维持的地方政府资金链条将会断裂,而地方政府综合债务危机的爆发将使尚未走出金融危机阴影的国民经济雪上加霜。

综上,在国际出口产品市场、国内外原材料市场、国内房地产市场和劳动力市场等多方面形成的持续压力下,中国的加工制造产业陷入了深重的危机。下文我们将要看到,苏州工业园区也并不例外地陷入了危机当中,不同的是,这里并没有进一步地朝着"去工业化"演化……

(三) 经济危机中苏州工业园区的经济困境

1. 开发区的群体严冬

在2008—2009年的美国金融危机演化为全球经济危机的打击下,苏州工业园区2009年的经济形势出现了21世纪以来的最严峻局面,多项重要经济指标——包括工业总产值、利税、利润、主营业务收入和成本等,都出现了程度较严重的大幅下滑,亏损面比上年提高,出口则出现降幅为20%以上的深度跌落(见图4-14)。

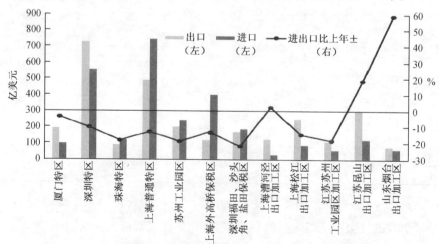

图4-14 2009年中国特定经济地区进出口总值及增长情况

注:本图只选择了进出口规模百亿美元以上地区进行比较。
资料来源:中国经济与社会发展统计数据库.

从图 4-14 可见,2009 年全国大多数经济特区和出口加工区都遭遇了外贸经济大滑坡。即使是仍然保持正增长的昆山出口加工区和烟台出口加工区,也出现了增长速度的大幅下降。

就苏州市来说,昆山市、高新区和工业园区一直是苏州市出口的"三驾马车",三者的进口、出口占苏州全市的 2/3 到 3/4。在 2008 年和 2009 年,三个地区都出现了前所未有的负增长(见图 4-15)。

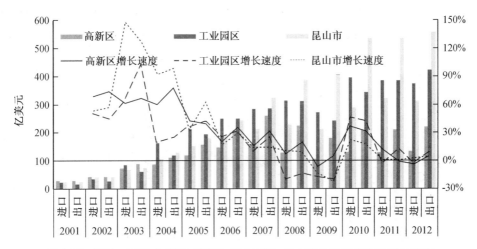

图 4-15　2001—2012 年苏州高新区、工业园区、昆山市进出口规模及增长速度

资料来源:苏州市统计年鉴 2012.

2. 园区两次"未果"的努力

实际上,在危机爆发前园区就已经意识到加工贸易型的外向型经济存在的结构性问题和风险,并于 2004 年提出大力实施"四大行动计划"——制造业升级、服务业倍增、科技跨越、生态优化(见专栏 35),加快推进"四个转变"——从粗放型向集约型发展方式转变;从资源依赖、投资拉动向科技依托、创新驱动转变;从"工业经济"、"制造经济"向"服务经济"、"智力经济"转变;从"人力资源优势"向"人才资源优势"转变,努力打造"三大高地"——产业高地、创新高地、人才高地。

专栏 35

2004 年苏州工业园区的"四大行动计划"主要举措与目标

一是全力塑造先进产业品牌。以东部高新技术产业区为重点,推进制造业向高端攀升,坚持高端化、高效益、高增值的产业发展之路。力争形成液晶面板、集成电路、机械制造、现代服务业等4个千亿级优势产业,培育软件及动漫游戏、服务外包、纳米光电新能源、生物医药、生态环保、融合通信等一批百亿级新型产业。

二是全力塑造自主创新品牌。以独墅湖科教创新区为主阵地,大力发展创新型经济,聚焦科技跨越计划,实施"科技领军人才创业工程",推进海外高层次创新创业人才基地建设,并为此规划了独墅湖科教创新区,从创新政策、创新载体、创新人才等方面着手,来塑造更多的自主品牌,衍生更多的内源性企业。

三是制定出台了《新兴产业发展规划》,加快打造"**生物纳米园、光电产业园、创意产业园、服务外包产业园、环保产业园**"等五大新兴产业基地,作为专门的新兴产业发展载体,推动制造业领域由简单加工组装产品向关键部件制造转变,由传统型产业向光电、纳米、环保、新能源等新型产业转变。

四是实行"服务业倍增计划"。近年来,苏州工业园服务业发展增速显著加快,服务业项目日益增多。主要得益于几个方面:一是《苏州城市总体规划》的修编明确了苏州"双城"城市空间格局,其中**苏州工业园是东部新城区的核心主体,承担中央商务、商贸功能**。这为园区服务业发展指明了方向,提供了规划支撑。二是园区规划建设了一批服务业发展的载体,目前已投入使用面积超百万平方米。三是获得了技术先进型服务企业税收优惠政策扶持,主要是企业所得税减按15%税率征收。

资料来源:http://wenku.baidu.com/link? url = ZuDyEP - x02hVyGuDJwKhvqK2FbdI0XTYot - JlisU_rtdBszbpj4OBsaDij_0o2pQF44udmbwjl9ears33bhje_Z8gF9DnvVuzFhyBS1yHma. 访问时间:2014 - 12 - 06.

应该说,2004年以来实施的转型措施取得了比较显著的成效①,但是,从园区发展的主要结构特征看,制度变迁理论中的路径依赖规律,对于园区的产业升级同样毫无例外地发挥着制约作用。

第三篇述及,2001年中方从新加坡方面接手园区控股权(65%)以来,在短短3年的时间内把园区从十几平方公里扩大为70平方公里②,这意味着园区面积扩大多少倍,"绝对地租"总量也同步扩大多少倍。可见,这一时期的经济增长只能**是从新加坡模式转向以外延式扩张为主**,因为在全国各地地方政府的发展竞争几乎白热化

---

① 到2009年,在这五大新兴产业中聚集了1 000多家科技型中小企业。其中在生物医药、融合通信、软件、集成电路设计、动漫、游戏等领域集聚了一批拥有自主知识产权、技术竞争力的内资或归国人员企业,初步形成了特色领域的产业集群。纳米、光电子及环保领域则刚刚起步,已引进了部分创新能力较强、对产业有带动作用的项目。

② 苏州工业园区工委管委会接受调研人员表示,中方控股后,就能发挥中方优势进行大规模建设,园区70平方公里的基础设施建设全线拉开,"原来都是企业行为,(要盈亏平衡,所以)不可能做到,而我们控股后,形势就完全改观了"。

的情形下,园区不可能自外于这种靠压低成本来获取市场份额的竞争。

诚然,在整个 20 年的发展历程中,园区在经济运行的数量与质量、经济总量和盈利能力之间如何保持平衡,是一个非常辩证的过程;但**上一阶段的发展模式对于园区产业升级转型的"路径锁定"也很明显——由于五大新兴产业的培育与发展需要时日,园区收入总量和盈利能力增长不对称的局面在经济危机爆发前的 2007 年已经非常突出**。如图 4-16 所示,2007 年主营业务收入比上年增长 23%,而利税、利润分别只增长了 8% 和 6%。

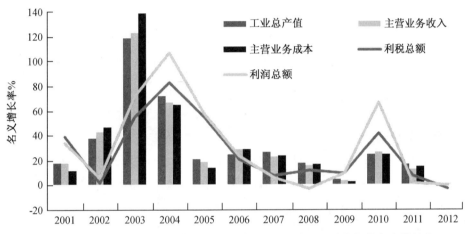

图 4-16　2001—2012 年苏州工业园区规模以上工业主要经济指标的名义增长率

就产业结构来说,2008 年,园区电子信息制造业实现规模以上产值 1 384 亿元,占全区规模以上工业产值的 56%;形成了集成电路、液晶面板、计算机及外设、通信设备制造四大行业,构建了从 IC 设计、晶圆制造到封装测试和相关原材料、设备的相对完整的产业链。机械制造作为园区第二大产业,2008 年实现规模以上产值 771 亿元,占全区规模以上工业产值的 31%,形成了交通运输设备制造、专用设备制造、通用设备制造三大类。二者相加,占有园区规模以上工业产值的 87%,表明产业结构还没有发生明显的转变。

因此,**2008—2009 年园区的经济增长速度下降,其实是外向型经济高速扩张累积的结构性矛盾在外部输入型风险的打击下一次性危机爆发**。

然而,**最值得一提的是,与 2004 年类似的努力在 2009 年又做了一次**。

但这次努力的方向并不是产业升级与结构调整,而是帮助企业先"过冬"再谋发展。

2009 年年初,面对 2008 年年底开始的出口萎缩局面,园区紧急启动了总盘子为 8 亿元的一揽子紧急应对措施(见专栏 36);**2009 年全年的经济绩效表明,在全球发**

生经济危机整体不利的大环境下,区域内的努力固然很重要,但想藉此扭转全球经济危机条件下的"输入型"困局则几乎是不可能的。①

专栏 36

苏州工业园区 2008 年应对金融危机的举措

苏州工业园区的 1.2 万余家企业中,外资企业超过 1 400 家,其中欧美企业占比超过 50%;而园区的主要产业 IT 和液晶面板的市场也主要面向欧美,园区整体外向依存度超过 70%,对欧美的进出口量占 50% 以上,因此,2008 年爆发的金融风暴对园区企业产生了较大的影响。从实际数据来看,2008 年 1—10 月,苏州工业园区的订单总量已经超过 2007 年全年,但 11 月份成了拐点,园区内企业的订单从 11 月份起开始明显下降,减少 30%~50%,预计 2008 年全年的增速将放缓,为 15% 左右,而前两年的增速都在 20% 以上。

针对这种情况,苏州工业园区从 2009 年 1 月 1 日推出《关于促进经济平稳较快发展的若干意见》,共出资 8 亿元扶持园区内产业,希望能让企业"先活下来,再保增长"。

据介绍,8 亿元主要分三块使用。

第一块用于减轻企业负担,大约 4.4 亿元。其中:

◇ 3.5 亿元用于补贴员工的公积金。据介绍,园区此次将公积金的企业缴纳部分下降 2 个点,企业可以少缴公积金,缺少的部分将由财政补贴,所以员工个人账户不受影响。

◇ 5 000 万元作为加工贸易担保基金,对加工贸易台账实转的企业,通过专项基金统一担保,帮助企业降低资金占用。

◇ 4 000 万元用于增值税贴息,对由于增值税转型造成企业设备投资增加部分给予一定比例的贴息补助。

第二块用于"保增长",大约 3 亿元。其中:

◇ 再担保基金 2 亿元,由园区财政和担保机构共同出资,鼓励担保机构做大做强,引导各类资本为中小企业服务,降低其融资成本。

◇ 奖励产品出口增量部分的奖金将近 1 亿元。园区内公司的出口增量部分每增长 1 美元,奖励 0.02 元人民币。按照 2008 年园区出口额 300 亿元来计

---

① 2009 年,园区到账外资的确实现了一个较大幅度的增长,但这很大程度上是海外资金出于避险考虑绕道中国香港进入大陆的结果,与园区优惠引资政策的相关度不大。

算,如果2009年增速为10%,则增量为30亿元。其主要作用是希望一些公司在转移订单时,能"充分考虑"转移到园区来。

第三块是"鼓励企业转型",为6 000万元。背景是:国家高新技术企业新的评定办法出台后,园区原有的300多家高新技术企业通过这一轮的评定,只有1/3达到新标准,而达不到标准的企业所得税的缴纳比例就会从15%提高到24%~25%;在外部环境不利的情况下,企业负担增加,日子会更难过。园区因此开展了自己的高新技术企业评定工作,一方面引导企业向国家制定的标准靠齐;另一方面也适当给企业一个过渡期——凡是达不到国家标准但达到园区高新技术企业评定标准的企业,其多缴纳的所得税税额,由园区奖励给企业,帮企业减负,这一部分为4 000~5 000万元。

资料来源:深度报道:金融危机下的苏州工业园.搜狐财经,2009 - 02 - 14. http://it.sohu.com/20090214/n262237932.shtml. 访问时间:2014 - 10 - 25.

这场客观上要延续原有产业结构的努力虽然未果,但对园区的产业转型来说,仍然有积极的影响。如前所述,受资源环境、技术瓶颈、发达国家主导的地缘战略等因素影响,即使没有华尔街金融海啸引发的全球经济危机,中国长期依靠海外市场实现高增长的方式也是不可持续的;但也**只有在经济危机发生造成大多数利益集团都受损之后,才可能迫不得已配合宏观调控**;中国才可能在一定程度上走出对海外市场、技术和资金的高度依赖,破解外向型发展模式的路径锁定。

同理,在土地资源约束和周边区域竞争越来越激烈的情况下,**园区在某种程度上也同样要借助于2008—2009年全球经济危机的"破坏力",才能真正实现发展转型和产业升级。**

苏州工业园区产业转型的这种困境,在中国是非常有普遍性的。

二、两大创新的逻辑、路径与机制

中国自从1998年遭遇东亚金融风暴造成外需下降、导致国内政策理论界第一次认识到生产过剩危机之后,中央政府连续10年大幅度增加国债,客观上形成了投资拉动增长的路径锁定。到2008年再度遭遇华尔街金融海啸和全球经济大危机造成外需下降时,中国依然故我地以增加投资应对。但连续10多年大规模投资带动要素价格连续上涨,致使2009年以来从南方沿海递次向北发生了"去工业化"趋势。

且不论粘滞于主流意识形态中的学术界是否意识到这个势必在中国造成重大影响的客观趋势;本课题组更感兴趣的是:这个"去工业化"本身与资金析出异化于

实体经济、进入房地产投机,不仅同步发生,而且泛滥成灾!但为什么由南向北席卷而来,却在苏南止步?

诚然,不能说苏南没有发生"去工业化"和资金析出进入投机领域的案例,但在对园区这个时期的实际经验总结中,我们发现在同样压力下园区客观发生的主要还是自觉地推进创新,并且相对有效地通过创新实现了产业升级和转型……

(一)双重挤压对中国产业升级的路径限制

近年来,课题组多次提出:中国自 2009 年全球经济危机以来,正在从南到北地发生"去工业化"趋势;尤其是仅靠占有劳动者福利租和资源环境租的"无根投资"带来的加工贸易企业,势必最先流出中国东南沿海地区(见图 4-17、图 4-18)。

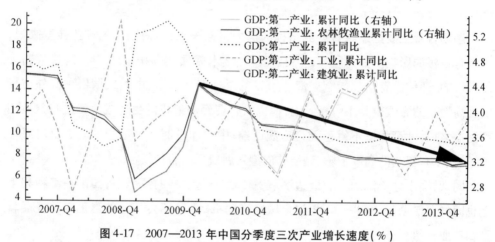

图 4-17 2007—2013 年中国分季度三次产业增长速度(%)

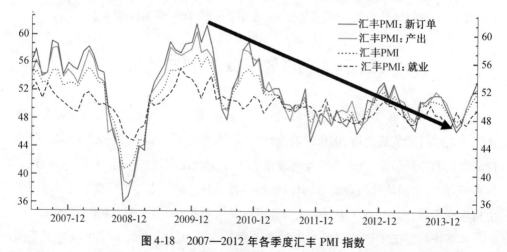

图 4-18 2007—2012 年各季度汇丰 PMI 指数

数据来源:以上两图均来自于 Wind 资讯数据库.

其原因,诚如 E-works 总编黄培所指出的,**中国制造业同时受到高端制造业向发达国家回流、低端制造业向低成本国家转移的双重挤压。**① 这句话不仅勾勒出中国制造业面临的严峻局面,也道出了中国制造业升级所面临的路径限制。

1."低端锁定":资本无根难以锁定

与 20 世纪 80 年代中国经济发展主要靠内需拉动不同,90 年代以后中国主要靠外需拉动增长,**21 世纪以来则以"外资+外需"的外向发展模式为主导。**

但是,无论是模块化的产业转移还是整体搬迁的产业集聚,**最主要的作用是有利于跨国公司降低物流成本,对于投资的东道国来说,并不意味着改出了加工贸易经济,也不意味着可以获得更高的收益。**总体来看,中国吸收的外商投资领域主要集中在以加工贸易为主的制造业,占总体利用外资规模的 60%~70%。②

有学者指出,在过去的 30 年中,中国制造业正是凭借着低廉的要素成本和不断降低的交易成本的优势,在优良的基础设施支持下,以贴牌代工或加工贸易的方式,融入由国际大买家或跨国公司所主导和控制的"全球价值链"(Global Value Chain,以下简称 GVC)的生产分工体系中,主要定位在 GVC 的底部环节,专注于劳动密集型、微利化、低技术含量的生产、加工、制造或组装。③

这种方式虽然实现了对外贸易量的迅速扩大以及本国制造业的高速成长,尤其推动了中国东部沿海地区经济全球化的深入和地区工业化水平的提高,为中国经济增长做出了重要贡献,但由于**缺乏关键的核心技术、知名品牌及核心业务被控制,我国企业只能嵌入全球价值链低端环节,处于被动地位。**④

中国制造业在全球化演进之中形成的这种分工定位,让风光一时的"以市场换技术"的政策思想着实显得尴尬。

诚然,制度变迁中的路径依赖规律恐怕是经济学的常识,人们本不必等到制度成本几乎全面爆发之际才犹抱琵琶半遮面地将**中国制造业只能处于价值链低端、难以升级的困境美其名曰"低端锁定"**⑤。人们也不必讳言,所谓"低端锁定",即在全

---

① 资料来源:欧美开始 4.0 版革命 中国却还在"淘货". http://www.bwchinese.com/article/1064332_4.html.

② 商务部国际贸易经济合作研究院. 人民币升值对我国利用外商直接投资的影响及对策. 研究报告, 2008. http://www.caitec.org.cn/c/cn/news/2008-01/08/news_922.html. 访问时间:2014-10-27.

③ 刘志彪,张杰. 从融入全球价值链与构建国家价值链:中国产业升级的战略思考. 学术月刊,2009 (9).

④ 卢福财,胡平波. 全球价值网络下中国企业低端锁定的博弈分析. 中国工业经济,2009 (10);陈丽珍,姜伟尉. 全球价值链下我国制造业国家价值链的构建研究. 中国商贸,2012(30).

⑤ Cramer W, Kicklighter D W, Bondeau A, et al. Comparing global models of terrestrial net primary productivity (NPP): overview and key results[J]. Global change biology, 1999, 5(S1):1-15;卓越,张珉. 全球价值链中的收益分配与"悲惨增长"——基于中国纺织服装业的分析. 中国工业经济,2009(7);李美娟:中国企业突破全球价值链低端锁定的路径选择. 现代经济探讨,2010(1).

球价值网络条件下,发展中国家参与全球价值链的企业,在实现由低附加值环节向高附加值环节攀升的过程中,因发达国家跨国公司对于核心能力——市场和技术的双重控制,而长期被限制于全球价值链网络体系的低端生产制造环节①,这不过是500年来全球极度不平等的政治经济格局的一贯延续。据此可以理解,浸淫于区区百年经验的国内学者们对此进行的各种形式的经济学分析,以及由此得出的劳动力

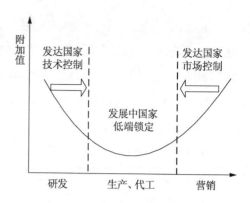

图4-19 发展中国家制造业的"低端锁定"现象

价格低、技术创新能力弱等判断,不外乎是跟从资本话语的各种翻版罢了。

就中国来说,这种"低端锁定"不过是中国对以美国为首的发达国家所做"双重输出"的一个方面。中国客观上为维护美国金融资本全球扩张而进行着"双重输出":一是中国输出廉价制成品,既帮助美国维持较低CPI②,又有利于美元增发支付逆差,维护美元作为世界结算和储备货币的绝对地位。二是中国所获贸易盈余还得输出到美国最低利息率的国债市场,成为对美FDI第一国家,中国自1994年以来出口高速增长,积累了3.5万亿美元而成为世界第一外汇储备大国(是排名第二的日本外汇储备的近3倍),其中约70%是美国国债和美元资产;美国将这些回流美元以低息借债方式进行全球再投资,即通过国内低通胀条件下的低息美元资本与接受国的高息资本之间的市场利差构成的金融竞争优势,低成本地控制发展中国家的战略产业,并以此来支撑美国资本市场的繁荣。③

然而,即使是这样的低端定位,其可持续性也日益堪虞。**事实让人们发现,"低端锁定"是单向的,它锁定了参与者利益分配的上限,但在成本转嫁和竞劣方面则是无底限的。**

---

① 刘志彪,张杰.全球代工体系下发展中国家俘获型网络的形成、突破与对策——基于GVC与NVC的比较视角.中国工业经济,2008(5);卢福财.突破"低端锁定",加快经济发展方式转变.江西财经大学学报,2007(6);胡大立.我国产业集群全球价值链"低端锁定"的诱因及其突围.现代经济探讨,2013(2);李杰,罗卫东.产业结构低端锁定现象研究——以浙江制造业为例.中共浙江省委党校学报,2007(1).

② 外媒称中国廉价商品助美缓通胀15年CPI均速2.1%;据美国劳工部的数据显示,过去15年,不包括食品和能源的美国核心消费者价格指数(CPI)年均升速为2.1%,低于此前15年的4%。资料来源:中国新闻网.外媒称中国廉价商品助美缓通胀15年CPI均速2.1%.http://finance.chinanews.com/cj/2012/02-21/3685038.shtml.访问时间:2014-12-28.

③ 兰永海,贾林州,温铁军.美元"币权"战略与中国之应对.世界经济与政治,2012(3).

也就是说,中国以极大的资源环境和经济社会代价换来的加工产业,仍然是无根的——随着近年来人民币汇率升值、要素成本大幅度上涨、环境承载能力下降,以及美国金融危机造成外需下降等一系列因素的综合影响,东南沿海地区的跨国资本正在不断将生产能力转移到要素价格更低的内陆地区或者东南亚国家①,沿海地区已经普遍发生"去工业化"。据统计,目前越南制造业人员平均工资大约是每月1 000元人民币,印度大概是每月 600 元人民币,而中国东部沿海已经达每月 2 500~3 000元。

整个中国如此,园区何能幸免。一个典型案例是:中国一度是耐克品牌最大的全球制造基地,生产了40%的耐克鞋,但**目前越南超过中国成为耐克最大的生产基地,耐克在中国的最后一家代工厂就在苏州工业园区,目前已经关闭。**②

在这种情况下,我们看到"微笑曲线"实际上是下巴颏儿一条条不断变尖所形成的"双下巴"、"多下巴"曲线。在这些"下巴"们划定的影子价格面前,没转移出去的制造业收益也在不断下降。

据统计,中国在 2008 年金融危机爆发之后,作为高新技术产业重要组成部分的通信设备、计算机及其他电子设备制造业的主营业务收入虽然总量仍在增长,但其利润率却梯次下降,2012 年跌至 1% 以下③(见图 4-20)。

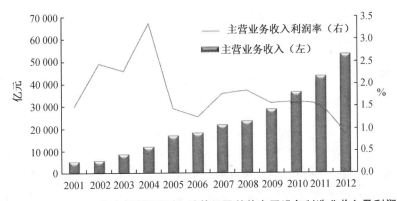

图 4-20　2001—2012 年全国通信设备、计算机及其他电子设备制造业收入及利润率

如果说 10 年前有利于形成产业集聚的区域发展战略还能够发挥作用的话,那么10 年之后则可以清楚地看到,**如果中国继续实行替投资者降低成本的增长战略,不仅会受到来自价值链高端的跨国公司的进一步市场控制和技术控制**,也会受到其他

---

① 蒙丹.产品内分工条件下代工企业的升级策略.云南社会科学,2011(6).
② 新华网.新华视点:解析走在十字路口的"中国制造".http://news.xinhuanet.com/fortune/2012-04/03/c_122923348.htm.访问时间:2014-12-06.
③ 这里也有跨国公司通过内部结算将生产部门利润向低税国家和地区转移的因素。

发展中国家以更低成本加入的激烈的国际竞争。① 更何况发达国家的工业技术和生产体系也在不断演进,对全球产业格局提出新的挑战。请看下文。

2. 高端制造业:美国"梅开二度"与德国"工业4.0"

苏州工业园区力推结构升级自然值得关注,但那就**更得注意竞争对手**。大量资料表明,欧美正在重启"再工业化"进程。兹以美、德两个代表性国家为例。

(1)美国"再工业化"

在2009年9月召开的G20会议上,奥巴马提出"可持续和均衡增长框架"建议后,美国出台了一系列以平衡增长为背景的经济复苏提振政策。最为显著和**标志性的当属2010年8月11日**生效的《美国制造业振兴法案》。该法案旨在帮助美国制造业降低生产成本,提振实体制造业,创造更多的就业岗位。

在此背景下,美国许多高新技术产业纷纷回巢,美国产业空心化趋势出现了逆转。美国制造业的竞争力正在复苏的证据越来越多,美国制造业产出增加、投资加速、产能利用率上升、制造业就业人口回升等无不说明美国的生产端正在复苏。另据报道,美国2014年GDP增长可达5%,不仅大大超过年初3%的预计值,也高于几乎所有西方国家。

第一财经研究院许以升等的研究认为,由于美国政府一系列的复兴制造业政策措施和美国能源独立带来的成本下降、生产效率的提高、劳动力成本的相对下降等多方面的原因,美国开始变成一个相对具有吸引力的制造国(见专栏37)。

专栏37

美国"再工业化"的三个优势因素与成效

波士顿咨询集团(BCG)的一项最新调查显示,总部设在美国的制造业高管有超过1/3的人计划将生产从中国转回美国或正在考虑,这些公司的年销售额都在10亿美元以上。其中,67%的橡胶和塑料制品企业、42%的机械制造企业、41%的电子制造企业、40%的计算机制造企业、35%的金属制品企业表示,他们期望将企业从中国迁回美国。②

自2009年以来,美国制造业产出增速明显快于其他发达国家,并且美国的这种

---

① 刘志彪,张杰. 全球代工体系下发展中国家俘获型网络的形成、突破与对策——基于GVC与NVC的比较视角. 中国工业经济,2008(5).
② 美制造业"回流"三年后将现高潮. 江苏经济报,2012-07-10.

相对优势还在扩大(见图4-21、图4-22)。

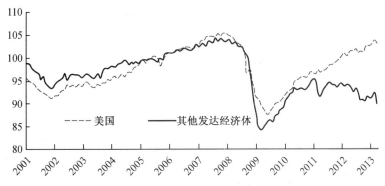

图4-21　美国与其他发达经济体工业生产指数(不包括建筑业)的对比

图4-22显示,2010—2012年,美国制造业的增长速度均高于美国GDP增速,并且这一制造业拉动经济复苏的情形有持续趋势。

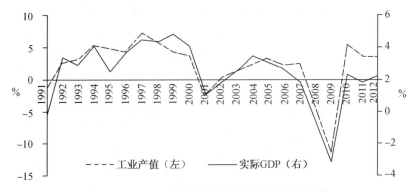

图4-22　2010年以来美国制造业引领经济反弹

目前来看,美国制造业有"三重优势":

第一,从劳动力成本来看,中美的劳动力成本目前依然差距较大,但这一差距却在不断缩小。随着中国劳动力价格的提升,美国制造业平均薪酬/中国制造业平均薪酬,已经从2001年的26倍下降到2012年的6倍。如果考虑双方的劳动生产率差距,2010年美国制造业工人劳动生产率大约是中国的3.7倍,中美的劳动力成本差距并没有那么巨大。再考虑到劳动成本只是企业总成本的一部分,中美制造业总体成本差距进一步缩小。根据国家信息中心米建伟、陈强的计算,中国制造相对于美国制造的成本优势将从2000年的25%下降到2015年的11%(见表4-2、图4-23)。

表 4-2　2000—2015 年中美制造业工人工资（全覆盖成本）对比

单位：美元/小时

年份	美国	中国	中国总成本优势
2000	24.97	0.57	25%
2005	30.14	0.73	24%
2010	34.74	1.84	20%
2015	40.04	4.64	11%

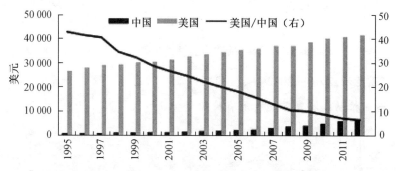

图 4-23　1995—2012 年中美制造业工人年平均工资对比

第二，从能源价格来看，**2008 年国际金融危机之后，美国能源要素价格大幅下降**，尤其是 2010 年页岩气革命带动美国产生了全球层面的"能源比较优势"。2012 年，美国页岩气产量占比超过 40%，致密油产量占比 35%。EIA 在 2014 年度能源展望中认为，到 2040 年，非常规油气或将占到美国油气总产量的半壁江山。除产量优势以外，美国能源在价格上的比较优势也日益凸显。例如，美国天然气价格大幅低于亚洲国家平均水平，与欧洲，如英国、德国等发达国家的价格相比同样具有很大的优势。2013 年美国天然气价格是亚洲的 1/4，是欧洲的 1/3（见图 4-24）。

图 4-24　2010 年以来美国天然气显现巨大的价格优势

第三，**美国能源价格优势带来的影响是其制造业能源成本总体下降**。例如，美国的工业销售电价仅为中国的70%,这对美国整体制造业的复苏具有很大的积极作用。由此对比中美能源密集型产业发展,**美国的综合成本优势很明显。**

资料来源:徐以升,许元荣.大分化——全球经济金融新格局.北京:中信出版社,2014.

更值得注意的是,2010年以来,美国"再工业化"与经济复苏对中国并没有显著的拉动作用,相反,美国制造业产值每增加一分都会对原有的外部需求产生"进口替代"效应。**美国消费更多地由美国国内的生产所满足**,消费提高将进一步拉动美国国内生产、产能、投资、供给端的复苏,从而形成投资—消费的良性循环(见图4-25、图4-26)。

数据显示,美国的进口金额同比增速自2010年高峰后不断下降,在GDP相对强劲的情况下,从2012年10月到2013年4月的6个月中,有4个月是同比负增长的①(见图4-25)。

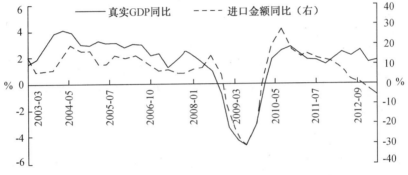

图4-25 2003年后美国进口金额与GDP同比增速对比

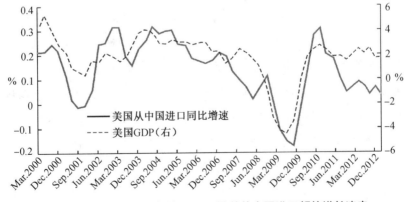

图4-26 2000—2012年美国GDP及其从中国进口额的增长速度

这表明,美国"再工业化"不仅对中国的制造业形成直接竞争,而且还对中国20

---

① 数据来源:徐以升,许元荣.大分化——全球经济金融新格局.北京:中信出版社,2014.

多年的依靠向国际市场扩张维持国内经济高增长的外向型经济模式提出了挑战。

(2) 德国"工业4.0"计划

为了使德国成为智能化生产系统领先国家,德国政府在德国高技术战略2020中把"工业4.0"确定为十大未来项目之一。**德国、意大利的北部、奥地利、瑞士北部、法国东部,包括以色列,组成了第四代工业革命的火车头。**

"工业4.0"主要是指通过信息通信技术和虚拟网络—实体物理网络系统(CPS, Cyber Physical System,也称信息物理系统)的结合,将制造业向智能化转型,从集中式控制向分散式增强型控制的基本模式转变,最终建立一个高度灵活的个性化和数字化的产品与服务生产模式(见专栏38)。

专栏38

德国"工业4.0"

"工业4.0"的概念最早在2011年的汉诺威工业博览会上提出。

德国学术界和产业界认为,从英国人瓦特改良蒸汽机至今,人类已经经历了三次工业革命,三次工业革命都彻底改变了人类社会的生产方式,代表性技术分别是蒸汽动力、电力技术、信息科技。现今,日益成为主流的大数据、物联网、智能机器人等技术,即将开启人类历史的另一个大幕:工业4.0。

虚拟网络—实体物理网络系统(CPS)包括智能机器、储存系统和生产设施,各个部分能够相互独立地自动交换信息、触发动作和控制。

从消费意义上来说,消费者只需用手机下单,网络就会自动将订单和个性化要求发送给智能工厂,由其采购原料、设计并生产,再通过网络配送直接交付给消费者。从生产者角度来说,就是在同一条流水线上,生产千万种定制化的产品。

据德意志银行亚太投行部主席蔡洪平介绍,德国小公司正在这一领域不断开发,包括3D打印、智能化生产、复合材料、物联网和医疗设备,有些成绩已经令人震撼。比如,一个远程医疗项目,不用动手术也不用麻醉,将一个很小的设备注射到人体静脉中,就可以在德国操作美国手术台上进行的心脏搭桥。

资料来源:根据以下资料编辑整理:BWCHINESE中文网.欧美开始4.0版革命 中国却还在"淘货". http://www. bwchinese. com/article/1064332_4. html;德国工业4.0背后的秘密. http://www. bwchinese. com/article/1062459. html;工业4.0消灭淘宝只需十年. http://www. bwchinese. com/article/1064378. html. 访问时间:2014 - 12 - 06.

据分析,德国"工业 4.0"战略出台有两个主要考虑。

一个是应对美国信息产业不断向制造业渗透的挑战。

近两年来,Google 开始进军机器人领域,研发自动驾驶汽车;Amazon 进入手机终端业务,开始实施无人驾驶飞机配送商品……美国互联网巨头正在从"信息"领域加速进入"物理"业务领域。**由于 CPU、操作系统、软件以及云计算等网络平台几乎都由美国掌控霸权,因此,德国产生了前所未有的危机感**。软件与互联网技术是德国工业的相对弱项。为了保持作为全球领先的装备制造供应商以及在嵌入式系统领域的优势,德国提出自己的"工业 4.0"战略,目的就是充分发挥德国的传统优势,大力推动物联网和服务互联网技术在制造业领域的应用。"工业 4.0"战略希望借助 CPS 系统,使得生产制造过程中,设计、开发、生产有关的所有数据都将通过传感器采集并进行分析,使生产设备因信息物理系统而获得智能,成为一个实现自律分散型系统的"智能工厂"。从某种意义上说,"工业 4.0"是德国希望阻止信息技术不断融入制造业之后日益上升的支配势头。

另一个,则是应对中国在机械制造业给德国带来的挑战。

有关数据显示,2013 年德国以 16% 的份额占据全球机械出口首位,中国以 11% 的份额,略低于美国而位于全球第三。同时,在全球设备制造业的 32 个子行业中,中国已经在 7 个子行业中取得了领先地位。由此,德国《世界报》网站在 2014 年 3 月 27 日报道称"中国机械制造业严重威胁德国"!①

2014 年 6 月 24 日,德国机械设备制造业联合会(VDMA)在日本东京举行发布会,介绍了德国机械制造行业的情况。当天,VDMA 主席菲斯特格(Reinhold Festge)旗帜鲜明地指出:"日本和德国的机械制造企业为确保长期发展和经济上的成功,应进行深入合作。尤其在有交叉的一些产品领域,两国应该携手面对中国的挑战。"

德国"工业 4.0"同样将对中国的制造业产生重要影响。

由于"工业 4.0"直接将人、设备与产品实时联通,工厂接受消费者的订单直接备料生产,省却了销售和流通环节,整体成本比过去下降近 40%。而且,由于物联网和务联网(服务互联网技术)将渗透到所有的关键领域,创造新价值的过程逐步发生改变,产业链分工将重组,传统的行业界限将消失,并会产生各种新的活动领域和合作形式。这将对中国主要特征为大量的从事低端加工的中小企业、庞大的就业需求、

---

① BWCHINESE 中文网. 欧美开始 4.0 版革命 中国却还在"淘货". http://www.bwchinese.com/article/1064332_4.html;德国工业 4.0 背后的秘密. http://www.bwchinese.com/article/1062459.html;工业 4.0 消灭淘宝只需十年. http://www.bwchinese.com/article/1064378.html. 访问时间:2014 - 12 - 06.

缺乏创新能力和核心技术、简单工艺的平面管理、严重依赖全球产业链和全球市场的制造业,产生系统性、全局性的影响。

尽管 2013 年中国在全球机械出口中位居第三,但是,"中国制造"与"德国制造"之间还是有差距的。"德国制造"是质量保障的代名词,**德国每 10 家机械设备制造企业中就有 6 家生产高端机械产品**。相比之下,中国与韩国的竞争力主要是更低的生产成本。而这一竞争力可能被"工业 4.0"中更强大的物联网技术加以抵销。

(二)技术创新的实现机制与内在逻辑

中国很多地方的政府官员们在几十年意识形态化的改革开放话语之中桎梏了思想解放的自觉性。过去认为的引进外资必然带来先进技术,使国内企业得以"消化吸收"的一厢情愿,越来越被现实所嘲弄。

因此,同样以外资为主的苏州工业园区如何突破技术创新的约束条件,就格外值得关注。

1. 技术创新的路径选择:一般性矛盾与规律

在发达国家和其他发展中国家共同构成的双重挑战面前,中国制造业不是要不要升级的问题,而是如何升级。

很多学者提出,将产业链向微笑曲线的左右两端延伸,以提高区域经济的附加值。**但在产业发展的关键要素——技术和资金——被外部掌握的条件下,基于原产业价值链的着意于提高产量、降低成本的个别技术和管理创新,很难满足未来中国工业化自主创新的要求**;因为,从微笑曲线的最低点出发向左右两端的延伸,恐怕只能使微笑曲线变成底端更长的"浴盆曲线"——微笑曲线的关键机制之一,就是左右两端获取高附加值收益的主体,如何加强资金和技术管控,防止高附加值产业环节的收益向外溢出。

第二种常见的说法是鼓励跨国公司将研发部门转移到国内,获取研发环节的收益。但对于工业区这样的产业"飞地"来说,跨国企业在这里投资兴建的生产基地只是执行生产任务,研发由其跨国企业集团的研发部门来进行,无论是远端的研发,还是在地的生产,都服从于企业的全球战略;当东道国被定位为主要的目标市场时,跨国企业会加大在该国的研发力量,延伸在当地的产业价值链,但由于制造业技术研发的外溢效益不显著,其对当地产业提升和收益提高的作用远不如服务业部门。

也就是说,跨国公司的中国研发并不能帮助中国走出微笑曲线,中国仍然只能

获得最低的地租。用苏州工业园区科技局主任的话说:"外资企业的利润肯定是在国外的。"(见专栏39)

专栏39

跨国公司的中国研发不能帮助中国走出微笑曲线
——以三星集团和AMD为例

三星集团

三星集团2003年开始在苏州设立研究所,在组织架构上并不隶属于苏州工厂,而是与其平行的独立法人,员工共有230人左右(其中杭州有170人,因为靠近浙江大学等科研机构,苏州有60人,办公地点在三星半导体苏州工厂内)。"苏州这边的研发以应用技术为主,是产品初期生产阶段的一部分,能不能生产还需要技术部门的技术来保障。"

三星在苏州设立研究所是三星整体战略上的考虑。"研究所的设立,不是靠政府的主观意愿,不是说当地政府让我来我就来,而是基于市场需求和战略考虑。"

三星集团针对中国市场进行的本土化研发,是三星手机在中国市场获得领先地位的一个很重要的原因。"三星手机在中国之所以能相对领先,是因为三星在出一个产品的时候,可以同时推出三大运营商的定制品牌。很少企业能做到这一点,尤其是智能手机。……三星通信的研发部门在中国有天津、北京、广州三大研究所,共有2 000多名员工,所以能够根据中国市场和中国运营商的需求不断改进和进行开发。"苏州的研究所更多地是以应用技术为主,与三星通信等紧密合作从硬件上进行本土化改进,从而生产出更加符合中国市场需求的产品。

AMD

AMD苏州工厂从2004年转型开始生产CPU起,就建立了自己的研究部门。从2008年起规模不断扩大,压缩了在美国的研发部门的规模,转移到苏州工厂来。

AMD的研发部门主要负责新产品的测试程序和实验室分析的工作,员工有一半来自苏州,一半来自全国各地。刚开始时有较多的外籍员工,但目前随着本土化的推进和苏州工厂技术能力的提高,外籍员工只剩下三位。

"美国总部那边做设计,我们做封装和测试这个步骤。我们这边研发部门做的事是有些产品的导入,包括美国那边来了产品上我的测试程序,怎么能到线上去批量生产,用什么样的方式去提高性能,怎样缩短测试的时间。但是晶圆的设计在美国,涉及美国对知识产权的保护和美国对技术的出口控制。它的前端主要在德国生产,在北美也比较多。我们的核心是对我的业务封装测试,也有我们的知识产权。"

资料来源:课题组实地调研访谈.

很多学者强调,要立足于本国广大的市场空间,发展创新型经济,才有可能改出低端锁定,构建国家价值链。诚然如此;**但园区的实际经验表明,培育新兴产业虽然已列入各地政府的政策方针之中,但似乎并不是发展创新型经济的充分前提。**

如表4-3所示,园区在危机爆发前就开始强调发展服务外包和软件出口,尽管这一努力很有起色,但还远远没有形成足够的规模,能够自我发展和带动产业层次总体上提升,**在经济危机中新兴产业所受的打击甚至比其他传统产业更严重。**

表4-3　2006—2012年苏州工业园区软件业发展情况

项 目		2006	2007	2008	2009	2010	2011	2012
软件产业 (含IC设计企业)	产值(亿元)	50	100.3	160.2	175	242	288	393
	增速(名义,%)		101	60	9	38	19	36
其中:软件出口	产值(亿元)	3.5	5.2	8.8	9	10.9	12	13.8
	增速(名义,%)		49	69	2	21	10	15

数据来源:苏州工业园区"一站式"服务中心.

还有的学者强调,要通过提高国内研发支出,提高企业的附加值。诚然,从表4-4中可以看出,园区从2006年以降不断加大研发投入,2010年开始确定产业升级转型战略以来,在技术创新和产品创新方面更是取得了明显的成效,研发投入占GDP的比重,从2006年的2.87%上升到2012年的4.8%,研发机构数量从2006年的14家增加到2012年的50家,**专利授权量从2006年的516件增加到2012年的5 399件,其中发明专利由31件增加到1 067件。**

表4-4　2006—2012年苏州工业园区技术创新情况

项目	单位	2006	2007	2008	2009	2010	2011	2012
R&D投入占GDP比重	%	2.9	3.4	3.9	4.2	4.4	4.6	4.8
设立各类研发机构数量	个	14	35	31	29	42	48	50
省级认定高新技术企业数量	家	50	200	34	86	71	83	137
省级认定软件企业数量	家	18	26	35	28	57	57	81
省级认定软件产品数量	个	96	98	117	99	295	544	833
专利申请量	件	1 078	1 908	3 130	4 056	6 301	9 293	12 300
其中:发明专利	件	320	871	1 576	2 011	3 301	5 394	6 657
专利授权量	件	516	775	1 003	1 534	3014	3 964	5 399
其中:发明专利	件	31	42	92	189	350	739	1 067

数据来源:苏州工业园区"一站式"服务中心.

然而,对于想要认真借鉴园区经验的人来说,这似乎并不够。

毫无疑问,研发投入过低会导致企业的技术能力低、产品结构难以提升;但反过来,**提高研发支出并不必然能提升企业的产品结构,推动产业结构升级!** 因为产业创新是一轮轮的永不止息并且自我强化的过程,一般说来,**第二产业由于投资大、沉淀成本高,在市场竞争压力下利润不断趋薄是产业发展的一般规律。** 对于处在产业价值链中附加值较低环节的加工制造企业来说,由于资本积累能力弱,基于现有生产设备而开展的研发工作,往往很难走出对原有技术和产品的路径依赖,很难打破整个产业价值链上既已形成的收益分配格局。因此,并不具有系统性突破创新的意义。

尤其值得关注的是,当中国以低成本优势成为标准化、规模化的工业时代中全球最大的生产者时,美国开始回归"再工业化",以及德国也差不多同时启动"工业4.0"战略,对于中国当前的生产模式和未来的技术创新,都是一个重大的挑战。

于是,就产生了一个要追问的问题,当园区的总体经济实力已经达到一定的水平,有实力推动产业升级转型时,钱要怎么花才能最有成效?

2. 园区创新路径:以产业服务创新促进产业技术创新

生产性服务业在引领产业创新中的作用,虽然自其概念问世以来学术界的讨论从未停止,但落地变成某个区域的发展实践,还不多见。苏州工业园区的卓有实效的实践,应该说为最新出台的国务院 26 号文件提供了重要的经验依据,对其他地区有比较强的借鉴意义。

生产性服务业①**是从制造业内部生产服务部门独立发展起来的新兴产业**,是面向生产、作为其他产品和服务生产的中间投入的、市场化的非最终消费服务,它**依附**

---

① 1966 年,美国经济学家 H. Greenfield 在研究服务业及其分类时,最早提出了生产性服务业(Producer Services)的概念。1975 年,Browning 和 Singelman 在对服务业进行功能性分类时,也提出了生产性服务业(Producer Services)概念,并认为生产性服务业包括金融、保险、法律工商服务、经纪等具有知识密集和为客户提供专门性服务的行业。Hubbard 和 Nutter、Daniels 等人认为,服务业可分为生产性服务业和消费性服务业,认为生产性服务业的专业领域是消费性服务业以外的服务领域,并将货物储存与分配、办公清洁和安全服务也包括在内。Howells 和 Green 认为,生产性服务业包括保险、银行、金融和其他商业服务业,如广告和市场研究,以及职业和科学服务,如会计、法律服务、研究与开发等为其他公司提供的服务。Gruble 和 Walker、Coffer 认为,生产性服务业不是直接用来消费,也不是直接可以产生效用的,它是一种中间投入而非最终产出,它扮演着一个中间连接的重要角色,用来生产其他的产品或服务。同时,他们还进一步指出,这些生产者大部分使用人力资本和知识资本作为主要的投入,因而他们的产出包含有大量的人力资本和知识资本的服务,生产性服务能够促进生产专业化,扩大资本和知识密集型生产,从而提高劳动与其他生产要素的生产率。资料来源:百度百科."生产性服务业"词条. http://baike.baidu.com/view/1078540.htm. 访问时间:2014 – 12 – 07.

于制造业企业而存在,贯穿于企业生产的上游、中游和下游诸环节中。2014年国务院26号文件《国务院关于加快发展生产性服务业 促进产业结构调整升级的指导意见》指出,生产性服务业具有"专业性强、创新活跃、产业融合度高、带动作用显著等特点,是全球产业竞争的战略制高点。加快发展生产性服务业,是向结构调整要动力、促进经济稳定增长的重大措施,既可以有效激发内需潜力、带动扩大社会就业、持续改善人民生活,也有利于引领产业向价值链高端提升"①。

历史地看,**生产性服务业的发展,是二战后发达国家将实体产业向追求工业化的广大发展中国家进行转移后的衍生结果,是萨米尔·阿明所说的"中心"国家对于"依附"国家进行五大控制的手段**②,也是产业资本进入过剩阶段以后资本主义核心国家所做的一次自我调整,利用生产性服务业因"轻资产"而可以迅速形成垄断性的网络化布局,在全社会的总资产收益分配中取得了强势地位。

相对于制造业有机构成不断提高、但由于沉淀资本和产业竞争而必然规模报酬递减的规律来说,**生产性服务业呈现出典型的资本和规模报酬递增优势。其中,经营着流动性最强的资产——货币——的金融业,率先从实体产业中异化分离出来而成为独立运行、追求独立收益的金融资本**。并且,在金融资本全球化阶段,金融资本能够维持高额垄断收益又是因为处于主导地位的金融资本是靠国家政治强权来支持其信用的,货币信用与国家政权的信用是维系在一起的。

图4-27、图4-28、图4-29、图4-30是苏州工业园区最近10年来的固定资产投资情况。

从2008年以来,第二产业的固定资产投资有所下降,而第三产业的固定资产投资规模迅速提高,从2003年的不足100亿元上涨到2012年的570多亿元。第三产业中,房地产业与水利、环境和公共设施管理业是投资规模最大的两个领域。对此并不难理解,因为如第三篇所述,房地产开发是园区大规模土地开发的财政基础,而水利、环境和公共设施管理是土地一级开发与市政工程的重要内容,随着公共设施建设的逐步到位,这个项目下的固定资产投资自2010年以来的比重下降,**2012年科学研究和技术服务业的固定资产投资已经与其旗鼓相当**。从第三产业中去掉房地产业与水利、环境和公共设施管理业,则可看到如下两个行业——租赁和商务服务业,以及科学研究和技术服务业——的固定资产投资已经成为2008年以来投资最多且增长最快的领域。

---

① 国务院关于加快发展生产性服务业 促进产业结构调整升级的指导意见. 国发〔2014〕26号. http://www.gov.cn/zhengce/content/2014-08/06/content_8955.htm. 访问时间:2014-12-07.

② [埃及]萨米尔·阿明. 世界规模的积累. 杨明柱,杨光,李宝源译. 北京:社会科学文献出版社,2008.

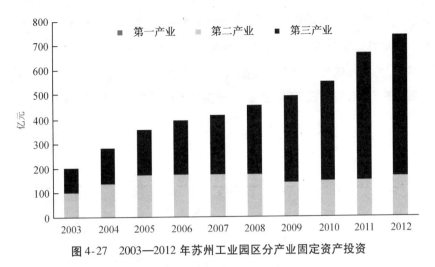

图 4-27　2003—2012 年苏州工业园区分产业固定资产投资

资料来源：苏州工业园区"一站式"服务中心.

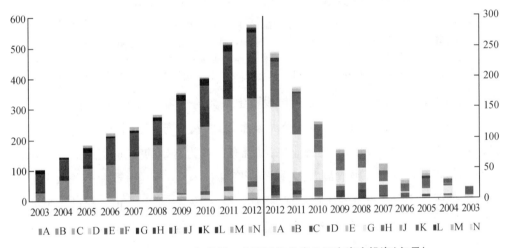

图 4-28　2003—2012 年苏州工业园区细分产业固定资产投资（亿元）

A—交通运输、仓储和邮政业；B—信息传输、软件和信息技术服务业；C—批发和零售业；D—住宿和餐饮业；E—金融业；F—房地产业；G—租赁和商务服务业；H—科学研究和技术服务业；I—水利、环境和公共设施管理业；J—居民服务和其他服务业；K—教育；L—卫生和社会工作；M—文化、体育和娱乐业；N—公共管理、社会保障和社会组织。

资料来源：苏州工业园区"一站式"服务中心.

本书认为，发展生产性服务业的确为破解制造业"低端困境"提供了一条新路，但判断其能否成为结构调整的动力，除了考察固定资产投资规模以外，还要考察其与产业资本是否形成了紧密联结与协同发展的关系。

国内学术界已有的实证研究倾向于认为，近年来国内生产性服务业发展很快，但对制造业的带动提升效果并不显著。

我们的看法是：产生这种情况的原因在于，无论是按照国内的国民经济行业分类标准①,还是国际上的一些分类标准,金融业都被算作生产性服务业,还有的研究将房地产业也算作生产性服务业,没有考虑到本篇第一节所分析的金融业与产业资本分离异化、而与投机性房地产开发捆绑结合的事实,于是,统计数据上表现出了**生产性服务业在发展,但并没有真正"服务于生产性行业"**的悖论(见图4-29)。

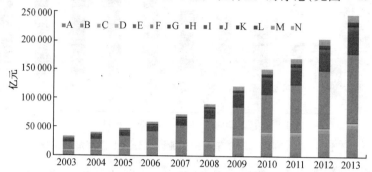

图4-29　2003—2013年全国第三产业分行业固定资产投资规模

A—批发和零售业；B—交通运输、仓储和邮政业；C—住宿和餐饮业；D—信息传输、软件和信息技术服务业；E—金融业；F—房地产业；G—科学研究和技术服务业；H—水利、环境和公共设施管理业；I—居民服务、修理和其他服务业；J—教育；K—卫生和社会工作；L—文化、体育和娱乐业；M—公共管理、社会保障和社会组织；N—租赁和商务服务业。

从国内来看,第三产业的固定资产投资中最大的份额,与苏州工业园区一样,来自于房地产业,其次是水利、环境和公共设施管理业；与苏州工业园区不同的是,除去这两块占比重大的领域,其他行业中,以既有产业为基础的交通运输、仓储和邮政业的固定资产投资所占比重最高,而科学研究和技术服务业、租赁和商务服务业这两个行业的固定资产投资的比重一直徘徊在1%~2%之间,最大值不超过2.5%；需要注意的是,**苏州工业园区的这两项比重已经分别上升到12%和16%**(见图4-30)。

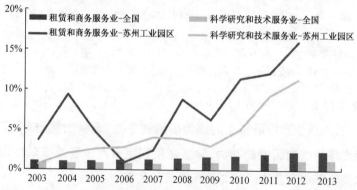

图4-30　全国科技服务业、租赁和商务服务业的固定资产投资占比对比

---

① 按照我国国民经济行业标准分类,生产性服务业包括交通运输业、现代物流业、金融服务业、信息服务业、高技术服务业和商务服务业等重要行业与部门。

3. 园区创新的核心经验与前提：政府介入及高财政投资能力

由于一些生产性服务业在产业发展中具有非常基础性的作用，因此，**通过服务创新带动生产性行业升级创新，必须要有政府介入和引导**，提供"产业公共服务"。可见，脱离了具体的时空条件来泛泛讨论政府的"进入"和"退出"以及与此相关的"国进民退"和"国退民进"问题，不仅没有现实的针对意义，更有可能落入西方话语主导下的泛政治化陷阱。

根据实地调研和广泛的资料阅研，课题组认为，**园区引领技术创新和产业结构调整升级的核心经验是：发挥政府在资源配置上的引导作用，以金融平台和生产性服务业作为政策传导中介**，有效地服务并引领了园区面向未来产业发展的技术创新和产品研发。

核心机制可概括为如下三点：

第一，通过金融创新，弥补成长型中小企业与银行之间在信用需求与信用供给上的结构性矛盾，**促进金融资本"回嵌"于实体产业，用金融业的高收益覆盖中小企业创新的风险**。

第二，以政府财力投资于"产业公共服务"①，主要是科学研究和技术服务业、租赁和商务服务业，建设产业共性技术平台，克服高技术市场发展初期专用性资产投资不足或竞争不足的问题，帮助中小企业降低企业技术创新的外部成本。

第三，政府引导建立相关及支持性综合服务平台，对接有需求的中小科技型企业，提供企业认定咨询、项目申报咨询、财税服务、知识产权服务、投融资服务、上市服务、资产评估服务、信用服务、人力资源服务、培训服务、检验检测服务、情报信息服务等专业服务，为中小企业走上创业轨道营造良好的产业生态，构建从以产业资本为核心向以人力资本为核心转型的产业综合体。

园区通过产业公共服务引领产业转型和升级，虽然在经济总量中这部分占比还不是很大，但园区发展高附加值产业的能力已经得到了显著提升，至今已汇集了南大光电、吉玛基因、华为、汉明科技、旭创科技、同程旅游网等2 200多家技术先进、具有良好产业化前景的企业。最近几年，园区的工业增加值率无论是与苏州市平均水平相比，还是与其他几家大型国家级开发区相比，都处于比较高的水平（见图4-31、图4-32）。

---

① 区别于一般政府"守夜人"功能所指称的社会领域的公共服务。在中国，政府是重要的市场参与主体，是市场的内在参与者，其在经济领域为产业发展所提供的公共服务，本文称为"产业公共服务"。

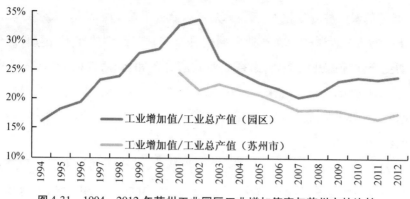

图 4-31　1994—2012 年苏州工业园区工业增加值率与苏州市的比较

资料来源：苏州市统计年鉴 1994—2012；苏州工业园区"一站式"服务中心.

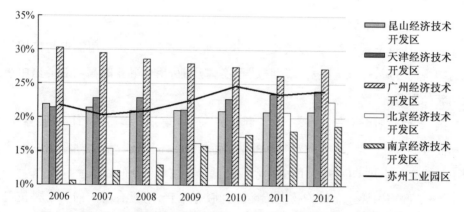

图 4-32　2006—2012 年苏州工业园区工业增加值率及与其他开发区的比较①

资料来源：中国经济与社会发展统计数据库.

　　本书进一步指出，**只有"强政府"确立产业创新目标和具备财政能力条件下的直接干预，才有推动大创新的空间和能力**。由此看来，苏州工业园区在后金融危机时代的产业创新经验，既是对园区既往的"强政府公司主义"的路径依赖，也是响应新时期局势要求而进行的适应性调整，同时也是中国历史上延续至今的大国优势在区域发展经验中的表现。

　　本书曾在园区发展的第二阶段分析中提出"高制度"的概念。**到现在的第四阶段，我们仍能看到初始阶段高起点、形成"高制度"安排对园区后来发展演进的影响。**因为，任何政府创新都是要以必要的财政实力为基础的，而技术创新本身具有的"准

---

①　注：广州开发区的附加值率最高的可能原因是 21 世纪以来珠三角沿海岸线一带大量承接了海外重化工业转移，在 2008 年金融危机后由于能源价格上扬和房地产开发热，这类重化工业的收益率显著高于一般加工制造业。天津开发区也主要属于这种类型。

公共物品"特性和外部性则使得政府介入尤为必要。园区由于起点高、"不差钱",而在一开始就注重引资质量,所谓"大盘承大珠"①,避免了中小企业低收益和灰色治理的路径依赖,所以财政效率和工业效益在江苏省的开发区中一直领先,在国家级开发区中也是名列前茅。

图 4-33 显示,2008—2011 年,**在江苏省几个上千亿级规模的国家级开发区中,苏州工业园区的财政效率是最高的。**对于业务总收入 3 000 多亿元的经济特区来说,财政效率 1 个百分点的差别,就会导致财政一般预算收入相差 30 亿元,也就决定了该经济特区的财政是维持型财政还是具有一定导向作用的发展型财政。

园区管委会的负责人也提到,2013 年苏州工业园区的 GDP 产值接近 2 000 多亿元,而企业平均税后收益约为 GDP 产值的 20%,也就是 400 亿元左右;园区本地留存的税收收入(上缴国税、地税后的收入)约占全部企业平均税后收益的 1/4 到 1/3,也就是说,2013 年园区可使用的财政预算收入高达 100 多亿元,其中人员开支占 40%,包括社保的支付、基础设施和事业的公共服务等由地产公司来负担,基本不由财政开支;余下比较充裕的财政盈余则可以用于提供产业公共服务。

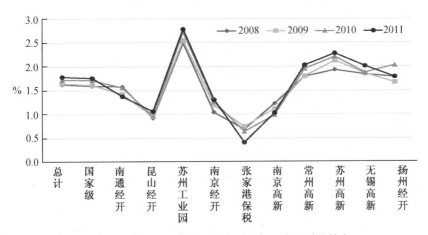

图 4-33　2008—2011 年江苏省国家级开发区财政效率

资料来源:中国经济与社会发展统计数据库.

注:财政效率＝地方一般财政预算收入/业务总收入;本图选择的是 2009 年业务总收入千亿元以上的开发区。

---

① 1994—1997 年,苏州工业园区中新合作区入驻的企业总数为 100 家,60% 以上的企业投资总额在 1 000 万美元以上,以新加坡、美、日、韩企业为主,其中新加坡转移过来的企业总数占比达 44%,以电子信息和精密器械为主。

综上,园区在新的阶段所进行的发展创新,有以下几方面的基础提供了创新的必要条件:

第一,国有资产实现增值后的投资能力和高额且稳定的税收收入,是政府管理创新的财政基础。它使得政府有可能围绕产业创新的需求,创造性地提供系统的产业公共服务,包括产业共性技术平台创新、投融资平台创新以及相关及支持性综合服务平台创新等。

第二,业已形成的外资产业发展基础和研发力量的聚集,是园区技术创新的产业基础。政府藉由"有形的手"引导的技术创新,相当大一部分研发过程依托园区现有企业的产品、市场或者社会网络来进行。**园区重点锁定的三大新兴行业——纳米技术、生物医药、云计算,或者是对园区过去的电子信息产业和精密器械行业的优势整合和转型升级,或者是将为这些行业升级提供新型材料。**

园区管委会一位负责人总结道:"创新性企业来落户,必须要有条件,一要有产业基础,二要有城市环境,三要有资金支持,四要有政府的亲商服务,五要有国际理念。……我们从2006年开始酝酿搞领军人才,2007年开始每年评一批项目给予支持,吸引他们来园区落户。现在已经搞了7届。我们是评项目,而不是评'人',并不因为你是教授、学者、院士或者校长就评你,而是选择能够市场化运作的项目。……项目选择后要有相应的资金支持,我们给予两三百万元的鼓励资金,基本解决办公室、住宿等问题,但远远不够,因此我们引入创投,对企业入股20%;我们园区也有跟投,可以跟进10%,项目发起人产权入股70%。这跟有些地方仅仅免租、免税的政策不同,企业往往享受完政策就跑掉了,而我们通过参股,取得法定股份,就有话语权,也是一种后手的跟踪、评估和控制机制。"①

在以上两方面从经济基础到上层建筑的扎实铺垫下,园区在2008—2009年经济危机的挑战下,通过集产业共性技术平台创新、投融资机制以及相关及支持性综合服务平台创新于一体的复合制度设计,引导促进新兴中小企业的技术创新,进而开启了以人力资本为第一驱动力的创新型经济发展的新篇章,如图4-34所示。

---

① 来源:课题组对园区有关人员的访谈.

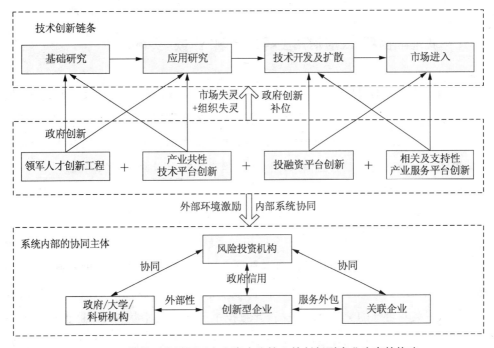

图 4-34　苏州工业园区以人力资本为核心的创新型产业生态的构建

三、园区"后危机"时代的"高制度"创新实践

在产业走向全面过剩的今天,**实体产业的收益将越来越多地从产业资本收益转向人力资本收益**。在这个转折点,我们看到人才集聚正在发挥越来越重要的作用。改革开放前奠定的面向大众的基础教育和其后所强化的高等教育,为中国积累了丰富的人才储备;大量留学人员(尤其是技术领域)归国改善了国内企业和科研机构的人才结构——这是苏州工业园区能够卓有成效地实现"人才计划"的背景条件。

在这个基础上,园区才能通过政府创新,使金融发挥引领作用、产业共性技术平台发挥引导作用、相关及支持性平台服务发挥支撑作用,培育以智力型人力资本为核心收益来源的新型技术和产品。①

---

①　可以说,园区的引进人才的所得收益,远远低于为培养这些人才所付出的全部综合成本。亦即,园区在第四阶段的发展创新仍然是聪明的"搭便车"。它也再次验证了课题组关于制度经济学的理论创新:制度成本和制度收益总是不对称的;制度创新成功的关键在于低成本地获得制度收益,无论制度成本是在此前被支付,还是延至以后支付,抑或向其他主体转嫁,是为诱致型制度变迁。

（一）金融创新：政府信用主导让金融"回嵌"实体产业

苏州工业园区的投融资平台创新是一个多边的投融资平台，涉及股权融资、债权融资以及相关服务，对接的是风险投资的社会基金和创新型中小企业，其创新之处在于以政府的创投资金为引导，**利用政府信用为中小科技型企业的信用做担保，以减少风险投资过程中双方因信息不对称而带来的交易成本过高的问题。**

1. 金融翻番增长行动计划

园区的投融资平台创新最初是在创业投资引导基金的基础上发展起来的，这些"创投基金"旨在解决创新型企业在发展初期因缺乏实物资产抵押物而难以从正规金融体系融资的问题。由于技术创新本身具有很强的正外部性和高度不确定性，因此在技术创新投资中从事技术创新的企业与外部风险投资者之间的信息不对称，其结果是两者之间合作的交易费用较高，导致技术创新投资不足。[①] 而这也恰恰是一般的天使投资得以存在和发展的客观条件，他们的宗旨就是通过不断筛选优质投资项目来增加投资项目的成功率，从而获取必要的风险收益。

园区的创业投资引导基金也正是基于这种风险投资理念，但不同之处在于政府主导的"创投基金"更加具有行业导向性，也就是说通过一系列的政策倾斜来培育重点行业，以此形成相关创新企业聚集的条件。

2010 年 7 月，园区正式制订并出台了园区"金融翻番增长行动计划"，力争用 3 年时间（2010—2012 年）实现金融产业发展主要指标的翻番增长，**金融业增加值占园区 GDP 的比重由 2.4% 增加到 5%，金融和准金融机构数量由 140 家增加到 400 家。**该设想的实施和推进，极大地推动了园区金融产业的发展（见专栏 40）。

专栏 40

苏州工业园区的"金融翻番增长行动计划"

该计划以建设苏州市域 CBD 和金融集聚区为目标，利用毗邻上海的区位优势，在环金鸡湖地区打造高端金融产业集聚区、在沙湖地区打造股权投资产业集聚区、在独墅湖科教创新区打造金融配套产业集聚区及在乡镇副中心打造金融服务外包产业集聚区等四个集聚区，推动金融产业成为园区 CBD 地区的主要经营业态，推动园区成为长三

---

① 程昆,刘仁和,刘英.风险投资对我国技术创新的作用研究.经济问题探索,2006(10).

角地区的中小企业特色金融产品和服务集聚区、个人财富管理和消费金融服务集聚区,基本形成种类齐全、配套完善、辐射范围广、有一定规模和特色的金融产业链。

园区的金融发展主要从以下三个方面展开:

一是推进传统金融机构地区总部和专营机构聚集。2011年国家开发银行开设全国首家地级市分行,南昌银行、浙江泰隆银行设立省内第一家分行,中国台湾富邦银行设立苏州代表处,农业银行、江苏银行设立科技支行。保险机构方面,韩国乐爱金、大地财险、华农财险、东京日动海上、三井住友、国泰产险、利安人寿、平安财险等8家保险公司的苏州地区总部进驻园区,园区的保险机构已占全市总数的50%以上。仅农行自2010年筹备以来,对园区科技型中小企业(含统贷平台)的授信额度累计28 864万元,投放贷款12 513万元。

二是大力引进各类股权投资管理企业及股权投资基金。在国家宏观调控、货币政策趋紧、中小企业融资困难的大背景下,引进九鼎投资、江苏高投、农银高特佳等业内知名的股权投资企业,推动一批股权投资机构入驻园区。2011年,成功吸引股权投资机构115家,其中股权投资管理企业22家,合计注册资本1.3亿元;股权投资基金93家,基金规模超过180亿元。

三是各类不同的金融机构入驻,形成丰富的园区金融业态。通过引进国内最大的民营担保公司瀚华担保、江苏省最大的再担保公司省再担保、苏州首家货币兑换公司渤海通汇、苏州产权交易中心、金城保险江苏分公司、台湾一银融资租赁及台湾新光融资租赁公司等项目,扩大园区金融服务的内涵与外延,进一步完善了园区金融服务体系。

资料来源:园区"金色经济"大踏步前进. http://news.sipac.gov.cn/sipnews/yqzt/20120425cyfzdt/jh/201204/t20120425_149763.htm. 访问时间:2014 - 12 - 06;苏州工业园区年鉴编撰委员会.苏州工业园区年鉴2012.上海:上海社会科学院出版社,2013:125.

截至2013年6月末,园区金融类机构数量达493家,其中:监管部门及行业协会4家;金融机构90家,包括银行38家、保险39家、证券期货12家、信托1家;准金融机构399家,包括股权投资机构329家、其他类基金4家、担保12家、保险经纪代理9家、小贷5家、典当6家、融资租赁28家、再担保1家、货币兑换1家、产权交易1家、金融服务机构3家。园区已经成为全省金融机构种类最齐全、数量最多、分布最密集的地区之一。2013年上半年实现社会融资总量约180亿元,其中银行贷款约150亿元,直接债务融资近18亿元。

苏州市90%的银行分行、各类融资租赁公司、国内首家小企业金融专营机构——招商银行小企业信贷中心均落户园区,金融机构云集为科技与金融的对接和融合提供了肥沃的土壤:科技特色鲜明的交通银行全国首家科技支行、农行科技金融服务中心、科技型中小企业统贷平台、全省首家科技小贷公司、苏南科技企业股权路演中心、1家科技保险机构、1家科技金融超市均在园区挂牌运营;一系列开拓创新型的金融产品,如集合债权信托贷款、中小企业集合票据、知识产权质押融资等已经投入运行,首笔知识产权质押贷款4 000万元成功发放,创国内新高。建行推出了"助科赢",交行创新开发了"智融通"、"科贷通"等科技金融服务产品。此外,园区政府还着力建设科技金融服务平台科技型企业库。①

经过几年的努力,**园区基本形成了产业金融的聚集态势,近年来园区金融机构的存贷比高达80%左右,资金基本留在本地使用,亦即本地资金服务于本地实体产业**。(见图4-35)从2011年到2013年9月,两年多的时间,已为科技型中小企业解决融资需求超20亿元。

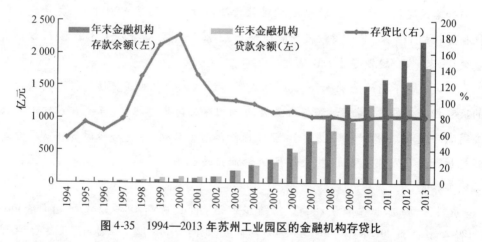

图 4-35　1994—2013 年苏州工业园区的金融机构存贷比

数据来源:园区经发局.1994—2012年苏州经济与社会发展统计;苏州工业园区金融发展情况及政策介绍.http://3y.uu456.com/bp-376271af8qeb172ded63b7b4-1.html.

发展金融产业,聚集各类金融或准金融机构固然是其中很重要的一环,但金融人才数量和质量的增长也不可或缺。独墅湖科教创新区作为人才培养高地,承担着输送金融人才的责任。其主要方式是通过打造金融配套产业集聚区来重点吸引金融教育和研究机构、培训中心等金融配套服务机构,设立一批服务于总部的金融人才培养基地等。截至2012年年末,园区金融从业人员比2009年年末增加近1万人,增长176%。②

---

① 何婉茹.中小型科技企业成长机制评价研究.苏州大学,2014.
② 苏州独墅湖科教创新区.人才聚力 金融产业发展步入"快车道".http://www.seid.gov.cn/yqkjcxw/InfoDetail/?InfoID=9084b347-c273-4442-b0d7-447b73d576e8&CategoryNum=004007.访问时间:2014-03-18.

总结园区此类经验时,课题组难免派生了理论刺激:金融翻番计划不仅强调金融业作为现代服务业其自身的发展,更**因其突出金融业服务于制造业发展的功能而具有丰富的政治经济学含义。因为从功能上看,最关键的还在于园区的金融业仍然是促进产业升级发展的投资工具,而不是当前普遍充斥于各领域但实质上却在本质上异化于产业资本的投机金融**。

2. 国开行介入成立国创母基金撬动创新型经济

园区投融资机制创新平台以苏州创投集团作为引领者,形成了鲜明的结构性功能分工。2010年第一支国创母基金①落户苏州,作为投资基金中的基金,可以通过筛选不同基金来强化园区政府的行业主导性,同时也发挥杠杆效应撬动成倍的社会资金投入。这样,**园区以政府的创投资金为引导,引导社会风险投资基金跟投,对接创新型中小企业,形成了一个涉及股权融资、债权融资等的全方位金融服务平台**(见图4-36、专栏41)。

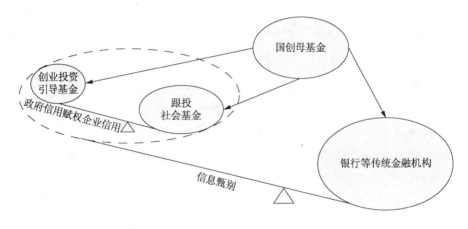

图4-36 国创母基金的投融资机制创新原理

专栏41

国内第一支国创母基金落户苏州

2001年成立的中新苏州工业园区创业投资有限公司(以下简称"中新创投")是最初负责实际运营的实体,由园区国有资本出资组建。该公司成立之初致力于发展

---

① 母基金是专门投资私募股权基金或者创业投资基金的基金,又被称为"基金中的基金",20世纪70年代起源于美国,是以股权投资基金作为投资对象的特殊基金。在欧美等发达国家,股权投资基金早已超越股票二级市场成为与银行、保险并列的三大金融业支柱之一,而股权投资基金的资金20%以上来自于母基金。

成为园区高科技产业发展的投融资平台,主要服务于科技型中小企业高新技术项目的贷款担保、高新技术企业初创和成长阶段的直接投资以及相关产业的创业投资基金等。

截至2006年年末,中新创投的在投项目40个,在投金额为22.96亿元。过去几年清科公司公布的"中国创业投资年度排名"显示,中新创投已经多年连续名列"中国创业投资50强"。就国内本土创投机构而言,中新创投的排名从2002—2004年的第33、13、9位提升到2005年的第5位。

从2006年开始,有一定创业引导基金发展基础的中新创投与国家开发银行开展了第一次合作,双方共同设立和运作了中国第一支股权投资母基金——苏州工业园区创业投资引导基金。该基金设立的三年时间,投资规模达10亿元,总共投资16家基金,相应的子基金总规模超过43亿元。这就意味着以10亿元人民币的出资撬动了33亿元人民币的外资和民间资本,资金放大系数达3.3。

2010年,双方开展了第二次合作,合作运作我国的第一支国家级股权投资复合基金——国创母基金,由国家开发银行的全资子公司国开金融有限责任公司和苏州创业投资集团共同发起设立。该基金的总规模为600亿元,分为PE(私募股权投资)母基金和VC(风险投资)母基金两个板块。苏州创投集团(由原先的中新创投转变而来)主要负责运作VC板块,主要投资于早期和成长期投资的创业投资基金。

资料来源:中新苏州工业园区创业投资有限公司. http://www.o-hr.cn/files/sipac/recruit/jobs.php?id=3114. 访问时间:2014-03-18;邓晓兰,李铮,余洁. 政府投融资平台机制创新与促进中小企业发展研究. 西部财会,2012(11).

母基金作为基金中的基金,最大的意义不在于直接参与项目的投资,而是筛选合适的创业投资基金来投资,发挥一定的杠杆效应。

苏州创投集团藉由国创母基金专注于FOF业务——"基金中的基金",由于起步早、规模大,形成了较大的影响力。母基金本身也发挥着"创业导师"的作用,引导了一大批社会投资基金的持续跟进。以"国创母基金"VC板块首期50亿元的创业投资基金为例,按照园区创业投资引导基金实践运作粗略换算,至少可以撬动200亿元创业投资资本,随后带起来的是千亿元规模的银行信贷、债券等传统金融市场的持续跟进。[1]

截至2010年年末,入驻园区的股权投资机构将近100家,累计注册资本规模超

---

[1] 燕冰. 600亿母基金"撬动"创新型经济. 苏州日报,2010-12-28.

过180亿元;在苏州市备案的创业投资机构数量在全国地级市中排名第一,其中近一半是在园区办理备案登记手续。**苏州工业园区已经成为江苏省内创业投资资本集聚度最高的区域**。股权投资产业的发展进一步带动园区创新型经济的发展,仅2010年就有40多家创新型企业获得总额超过3亿元的创业投资。[①]

2011年,国创母基金首期运作顺利,新增股权投资机构150个,资金规模超过430亿元。

至2013年年初,园区已拥有297家股权投资机构、14家融资租赁公司[②]、5家小贷公司、3家科技支行、1家科技金融超市,并设有统贷平台、引导基金等政策性融资服务平台,先后推出科技型中小企业集合信托、集合式贷款、知识产权质押贷款、股权质押贷款、投贷通等10多项金融创新产品。

3. 组建具有引领和整合功能的区域金融综合体

母基金仅仅是苏州创投集团四大投资平台中的一支。

苏州创投集团的前身中新创投就是做直投起家的,直投业务远多于母基金业务。中新创投现在是创投集团的全资子公司,已经逐渐发展成为中国最大的天使投资平台,旗下有根据企业发展不同阶段的融资和服务需求设计的三大投资平台,包括:解决企业从无到有问题的种子基金,以元禾原点创投基金为代表;解决企业从小到大问题的VC基金,以元禾凯风创投为代表;实现企业从大到强升级的PE并购,以元禾重元为代表。

以债权融资为主的资金服务主要由银杏科技金融集团来运作。除此之外,还有与股权投资、债权投资等资金服务相配合的相关金融服务。创投集团旗下的全资子公司沙湖金融服务公司就是以创投集团为母体,搭建产业公共服务平台,构建完善私募股权投资产业链,促进私募股权投资产业在沙湖集聚。

至此,**在建设创新型企业的投融资环境方面,园区依托苏州创投集团基本构建了涵盖股权投资、债权融资以及股权投资服务三大业务板块的投融资服务架构**,管理着110亿元左右人民币资金规模的投资控股集团,已经具备了为中小企业提供综合性的金融服务和产业支持的能力,其核心业务包括国内第一支国家级股权投资母基金、国内规模最大的天使投资平台、搭建国内唯一的千人计划创投中心等。

2012年11月,苏州创投集团正式更名为"苏州元禾控股有限公司"(以下简称"元禾控股"),基本架构如图4-37。

[①] 尤志卉.首支国家级母基金落户园区.苏州日报,2010-12-29.

[②] 到2013年9月,园区的融资租赁公司总数达22家。

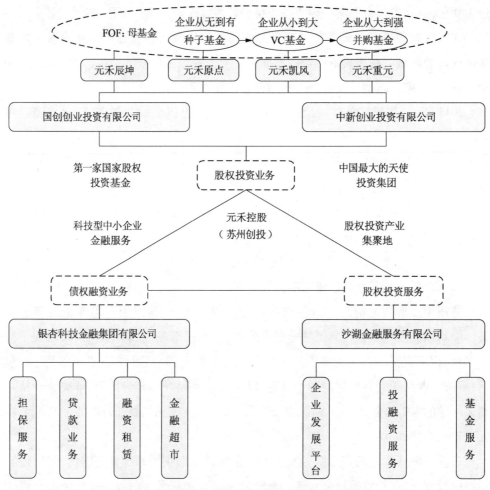

图 4-37 苏州工业园区创新型企业的综合融资环境

4. 区域科技金融服务创新

区别于上海面向国际市场发展高端金融的定位,苏州工业园区主要是立足于本地创新型经济打造区域科技金融服务中心。园区外资企业的产业结构基础相对较好,同时也有依托母公司从国际市场或者国内大型金融机构融资的条件,因此**园区金融服务的侧重点在于培育创新型的中小企业**,这些高风险、高收益的创新型行业企业,尤其需要前期的资金支持。

苏州创投集团面向科技型企业的金融创新是通过银杏科技金融集团(以下简称"银杏科技金融")展开的。银杏科技金融是元禾控股旗下的债权融资业务主体,成立于 2007 年 9 月,注册资本 6 亿元,2011 年重组,是一家致力于整合金融和产业资源,打造强大的多元化科技金融服务平台,为科技型中小企业提供多样化资金支持的科技金融集团,下辖苏州融创科技担保投资有限公司、苏州工业园区金鸡湖农村小额贷款有限公司、苏州市融达科技小额贷款有限公司、苏州融华租赁有限公司、淮安市融胜科技小额贷款有限公司、南通市融源科技小额贷款有限公司、苏州工业园区银杏资产管理有限公司等七家公司。截至2012年年底,累计为2 100多家企业提供了将近3 500笔、总额达140亿元的授信支持;截至2013年6月,累计为近2 500家企业提供4 000余笔、总额达168亿元的授信支持;截至2014年9月30日,累计为3 442家企业提供6 363笔、总额达240亿元的授信支持,扶持了近300位各类科技人才创业。① 几个有代表性的金融创新案例见专栏42,从中可以了解科技金融的运作机制及主要创新点。

专栏42

银杏科技金融集团的金融创新案例

(1) 担保发行全国首单"千人计划"企业私募债

2013年3月25日,博瑞生物医药技术(苏州)有限公司成功发行全国首单"千人计划"企业私募债。在政府贴息政策和苏州融创科技担保投资有限公司的市场增信下,博瑞生物历经半年成功发行3年6 000万元的私募债,这也是苏州市第一单科技型中小企业私募债。

博瑞生物的创始人、国家"千人计划"特聘专家袁建栋博士于美国纽约州立大学毕业后一直从事抗病毒药物的研究和开发,回国后于2001年创办了博瑞生物医药公司,并随后落户生物纳米园。公司成立12年,致力于原创新药和高难度仿制药的研究开发及产业化,研发的治疗乙肝的新药成为苏州首个获得临床批件的1.1类新药;共获得57个专利,销售和利润以每年100%的增长率快速发展,并于2012年收入破亿。

高速成长中,博瑞生物一次次遇到融资困境,**而传统的银行贷款并不适用于处于成长期的生物医药创新型企业**。一般来说,企业的银行贷款通常用于流动资金,博瑞生物这样的正处于高速成长期的生物医药创新型企业更需要厂房建设、设备添置等用于中长期使用的资金。苏州融创科技担保从最初的100万元到如今的6 000万元,给予了博瑞生物长期的融资支持。此次私募债资金,博瑞生物将用于企业下一步的新药研发和生产基地的扩建。

为解决企业信用不可控、利息增加企业负担等问题,园区通过专业科技担保公

---

① http://www.ginkgogroup.com.cn/xinwenzhongxin/xinwenjujiao/120.html.

司增信、政府贴息等创新举措来助推企业融资、降低融资成本。此次博瑞生物成功发行私募债,通过政府贴息后,企业承担的利息由8.5%降低到8%。

资料来源:苏州工业园区和融创科技担保网站:园区企业成功发行全国首单"千人计划"企业私募债. http://tech.sipac.gov.cn/webapply_szkj/Default/InfoDetial.aspx?InfoID=658e85e7-c609-4869-b6ee-0ac65e274567&CategoryNum=001004001. 访问时间:2014-11-20;全国首单"千人计划"企业私募债在苏成功发行. http://www.rckjdb.com/News/news/2013/0801/96.html. 访问时间:2014-11-20.

(2) 成立全国首个科技信用贷款履约保证保险"共保体"

2012年9月,全国第一个专为科技型中小企业承担科技信用贷款的贷款保证保险"共保体"在园区签约成立。这是一种全新的金融工具,对于保险行业也是一种全新的尝试。不同于以往银行、保险的单打独斗,"共保体"首创了一种"6+1+1"的模式,六家保险公司联合一家银行与一家保险经纪公司,组成了一个集成科技金融平台。

产业化初期阶段的中小企业最主要的资本其实是人力资本,但是单凭"人脑+电脑"很难通过银行的信用审贷标准,保险机构对于没有实质担保物的保单往往也望而却步,"共保体"则实现了分散风险和风险共担。同时,各类金融机构的"联姻"带来了雄厚的资金实力,首期就为苏州市科技型中小企业安排了总额度2亿元的科技信用贷款。

第一个商业共保案的保单是为苏州君安药业有限公司开出的。这是一家集研发、生产和销售为一体的现代化高科技制药企业,经过多年发展,在自主天然植物药、中药、化学药和医药流通领域都占据一席之地。

资料来源:中小企业融资:苏州工业园区科技金融跳出圆舞曲. http://www.suzhou.gov.cn/news/sxqdt/201309/t20130905_279276.shtml. 访问时间:2014-11-20.

(3) 设立科技金融超市

2012年4月28日,银杏科技金融投资的全国首家以公司为主体的科技金融超市落户苏州国际科技园,打造服务于科技型中小企业的"一站式"金融服务平台,一年来已为90家科技园内企业提供210笔授信支持,累计金额达6亿元。

据介绍,独墅湖科教创新区当时已有生物医药、纳米技术、创意产业等新兴产业企业超过900家,其中20%实现了产业化,银杏科技金融为100多家企业提供了资金支持,并争取在三年内为大约400家企业提供20亿元的融资支持。银杏科技金融超市此次入驻科教创新区,将依托其科技创新载体聚集、高层次创业创新人才密集的资源优势,集银行、保险、担保、小贷、融资租赁等融资服务为一体,为更多的科技型中小企业提供融资融智服务,帮助企业快速成长。

2013年9月,第二家银杏科技金融超市在园区生物纳米园内开业。庆典仪式上,苏州全值软件科技有限公司等六家企业分别与银杏科技金融公司签订了总计3 500万元额度的授信协议。

资料来源:"金融超市"落户科教创新区. http://tech. sipac. gov. cn/webapply_szkj/default/Info-Detial. aspx? infoid = 19687ebf – a0e5 – 49fa – 8cea – 62c76d3e2498, http://www. ginkgogroup. com. cn/yinxinggaikuang/. 访问时间:2014 – 11 – 20.

(4) 无抵押信用贷款培育企业进入成长期

苏州启睿达自动化设备有限公司是一家位于苏州吴中区的民营企业。企业主营产品为标准化和非标准化自动化设备,涉及汽车、新能源等行业。融达科贷项目人员最早于2012年年末开始与该家公司接触,当时公司注册资本100万元,加上150万元银行贷款(4家企业联贷联保),项目人员认为该种贷款模式风险很大。经过充分调研及下游客户走访,项目人员了解了公司产品的先进性,公司股东在该行业的渠道资源很广泛,认为该家企业是一家典型的拥有核心技术、行业前景看好的小微企业,亟需得到资金支持。

融达科贷通过股东连带责任及股权质押的担保方式,先后给予公司300万元的贷款需求。2013年公司保持良好的发展势头,外部投资人给予公司股权投资前估值超过3 000万元。公司实际控制人计划2014年销售额突破5 000万元,2016年前实行一轮股权融资。

启睿达自动化公司的发展轨迹较完整地体现了融达科贷的业务模式与特色,在中小型科技企业发展的早期开始介入,通过详尽的公司行业、团队、产品调研等有效控制贷款风险,给公司提供亟需的无抵押信用贷款,帮助企业迅速进入成长期。然后,融达科贷对企业逐步增信,在企业后续的发展过程中继续帮助企业发展,直至达到银行和投资公司的准入门槛,才完成融达科贷在科技型中小企业发展轨迹中所扮演的角色使命。

资料来源:融达科贷获得扶持企业——启睿达表彰锦旗. http://www. ginkgogroup. com. cn/xin-wenzhongxin/xinwenjujiao/189. html. 访问时间:2014 – 11 – 20.

(二) 建设产业共性技术平台化解"双失灵"

产业竞争已经从市场化阶段的技术竞争走向"竞争前(Pre-competitive)技术"的竞争。[1]

---

[1] 陈静. 共性技术的筛选标准问题研究. 北京机械工业学院硕士论文,2008.

产业共性技术作为竞争前技术,是在许多领域内已经或未来有可能被普遍应用,其研发成果可共享并对整个产业或多个产业产生深度影响的一类技术。产业共性技术具有产业层面的基础性、广泛适用性和开放性等特征,其应用范围越广,使用主体越多,技术的共享性就越强,因此,**产业共性技术区别于其他技术的关键在于其溢出性或者扩散性,可以称之为一种"准公共物品"**。①

共性技术的研究开发与扩散存在着市场与组织的"双重失灵"。

一方面,共性技术由于具有竞争前阶段的技术特征,并且用户多、外溢性强,供给和消费的不可分割性,因此研发与应用普遍存在着"市场失灵"。另一方面,单个个体往往由于能力和知识的局限而不能满足共性技术研究开发和扩散的要求,因此共性技术的研究开发客观上需要多主体的合作,由于跨学科研究的增多,必然引发一些严重的组织问题,是为"组织失灵"。②

面对"双重失灵",政府应该在产业共性技术的供给与扩散中发挥积极的作用。

政府参与产业共性技术平台创新与建设,实质上是将因共性技术平台不可分性或系统协整性的要求而与中小科技型企业之间的规模和组织不对称的矛盾,采用非市场化的手段进行供给,以此构建集聚产业和新商业业态的基础条件,将克服"市场失灵"和"组织失灵"所产生的知识外溢、技术扩散和产业链整合等问题,将收益在园区进行内部化分配。

如此结构安排,会产生收益不断增加的自我强化机制:一方面源于交易费用的降低,吸引更多的企业加入平台创新网络;另一方面来自于平台上多主体的技术创新,都会直接或间接带动相关产业的跟进创新,拉升整条产业链平均利润率的上升。

在这个过程中,只要**后期形成的总收益大于前期政府产业技术平台创新的成本,政府的平台建设就是有效的**。实践中当然并不否认一些国际巨头可以凭借一己之力做整条产业链的纵向整合,理论上也是可行的;但就中国来说,政府的作用不可或缺。关于具体方式和途径,部分学者的观点见专栏43。

---

① 从国外有关共性技术的研究来看主要有以下几种定义:有关共性技术的第一次明确定义是在1988年美国先进技术计划(ATP)中,指出共性技术是一种有可能应用到大范围的产品或工艺中的概念、部件,或工艺,或科学现象的一种深入的调查;另一种是美国国家标准与技术研究院(NIST)的定义,认为共性技术与其他技术组合可导致在诸多产业领域的广泛应用,能对一个或多个产业的技术进步产生深度影响的技术;是建立在科学基础与基础技术平台之上,具有产业属性的技术,又称类技术;是技术产品商业化前的基础技术;是不同企业专有技术的共同技术平台,共性技术的扩散和流动能提升产业的技术层次和竞争力。

② 李纪珍.产业共性技术发展的政府作用研究.技术经济,2005(9);陈静.共性技术的筛选标准问题研究.北京机械工业学院硕士论文,2008.

专栏 43

政府如何参与培育产业共性技术开发的若干讨论

美国国家标准与技术研究院(NIST)的 G. Tassey 最早从经济学公共品的角度分析了技术基础设施的概念,并将技术基础设施分为三大类——共性技术、基础技术和公共适用技术。Tassey 指出,政府固然不必干预商业化技术,但应当干预技术基础设施,**而且,这种政府干预技术的理论得到了崇尚自由经济的美国政府的采纳。**

胡小江分别从共性技术的性质、特征和 R&D 生命周期不同阶段的投资与风险两个角度对共性技术开发及其组织形式进行分析和评价,认为政府参与共性技术研发对于应对共性技术研发中的"市场失灵"是非常有效的,提出在不同的 R&D 阶段,应当有不同的开发组织形式与之相适应,在共性技术研发阶段政府的参与必不可少。

操龙灿指出,我国产业共性技术创新体系的运作模式是建立政府主导的产业共性技术创新体系,并提出了政府主导的产业共性技术创新体系的组织形式和主要政策措施。

郭兵提出了高技术产业的发展使得企业对共性技术的需求越发旺盛和多样化,但以政府、大企业和行业协会等为主导的共性技术合作研发,由于缺乏足够的动力、约束和合理的利益共享机制,无法形成规模;应设立共性技术风险投资基金,形成以政府牵头,风险投资为资金供给和主导协调方,高校、科研院所等为技术研发方,企业为市场载体的多层次共性技术供应体系。

资料来源:李纪珍. 产业共性技术发展的政府作用研究. 技术经济, 2005(9);胡小江. 政府参与共性技术研发必要性的理论分析. 今日科技, 2004(11);操龙灿, 杨善林. 产业共性技术创新体系建设的研究. 中国软科学, 2006(11);郭兵, 项海容, 兰京晶. 风险投资参与的共性技术供给体系构建. 中国高新技术企业, 2009(1)。

本书实证研究了苏州工业园区政府在此方面的探索,认为园区主要从两个方面入手,为新兴产业的技术创新提供产业公共服务:**一是通过提供收费远低于成本的公共技术服务平台,解决自发市场条件下共性技术平台因"市场失灵"而供给不足的问题;二是围绕新兴产业中企业成长的不同阶段,或者是产品研发的不同阶段,全方位、全过程地提供共性技术服务,解决共性技术的"组织失灵"问题。**

比如,为了促进云计算等新兴产业的发展,园区所属国资企业建立了一大批基于共性技术的研发和测试平台,这些出于扶持特定产业发展目的而建立的共性技术平台的共享率往往很高,意味着中小科技型企业只需花费很少的费用就能共享这些研发和测试平台,大大降低了企业创业初期的研发和测试成本。

园区的产业共性技术平台主要分为两类:特定产业的共性技术平台和综合性的共性技术平台。前者主要服务于具体的产业发展,专一性较强;后者则对园区的各个产业都有支撑作用。

下面以园区的综合性共性技术平台之一、提供综合数据服务的第三方数据中心——苏州国科数据中心(简称"国科")为例,对综合性产业共性技术平台进行介绍,看看政府是如何弥补其中的"市场失灵"的(见专栏44)。

专栏44

作为综合性共性技术平台的苏州国科数据中心

2010年10月正式对外运营的国科数据中心,**是园区为引领云计算产业发展所投资建设的基础性公共服务平台**,是华东地区规模最大的第三方数据中心。

一般而言,云计算产业大致可以划分为三种服务模式,即基础设施服务模式、平台服务模式以及软件服务模式。国科的主要定位在前两种,为园区做好其他平台服务和应用服务产业提供地基;其"兄弟公司"风云网络专注于软件服务模式。

国科大楼先后两期总投资预计10.4亿元,专门为数据中心进行专业设计建造。建筑面积达5.2万平方米,一般的数据中心建筑面积仅1万~2万平方米。一楼是基础设施区域,从外部接入的双路强电,在这里经过UPS变压再进入二、三、四楼的机房。万一某一路强电因故障中断,依靠UPS还可以支持15分钟,而地下的柴油发电机启动只需15秒,足以确保机房供电完全不中断。一期工程机房可以放置1 800个服务器机柜,二期完成后可以放置2 400个机柜,总规模4 200个机柜,大概可以承载2万多台服务器。

国科是亚太区唯一一个对外运营的最高标准等级T4级数据中心。苏州工业园区启动之初,中国与新加坡两国政府合作按照超前50年的标准规划建设了园区的基础设施,对电力、制冷以及通信网络等基础设施建设的要求非常高,基本奠定了国科的两大基础资源优势:一是园区所有的电网都与国内其他地方不一样,一般国内都是1万伏的电压,园区的电网是2万伏的;二是制冷,国科数据中心出资建立了2 600冷/吨的中央冷水基础,此外还有一个同规格的市政集中供冷系统,通过市政系统把冷冻水运过来。除此之外,国科的很多系统,如弱电系统、空调系统、电信系统以及柴油发电机等,都有容错的功能,保证在发生单点故障的情况下机房的运行不受丝毫影响,总体可靠性可达99.995%。一般T3级的可靠率是99.99%。

国科在功能定位上主要设计了三个方向:一是面向苏州市高科技中小企业的综合数据服务平台;二是面向苏州市智慧城市的运营支撑平台;三是面向ITO/BPO/金融等行业数据的外包服务平台,实现与电信运营商IDC业务的差异化功能定位。这些功能定位都有现实的产业基础。

国科的业务总共有五类:空间租赁、网络通信租赁、系统集成服务、定制化的运维服务和云计算的底层资源服务,虚拟化CPU(2 000多核)、内存(7 000G)和存储(2pb)可自由组合。目前能够产生收益的集中于第一、二、五个业务,2012年业务收入约为3 988万元。对于内资中小企业,国科提供云计算的服务收费大约是市场价的50%。

目前来看,国科还处于前期的成本垫付阶段,入不敷出。运营成本中光电费一项就达上千万元。更大的成本支出则是配套设备的投入,按照财务统计,这些设备每年的折旧就高达1亿元左右。比如,一台柴油机的投入就要七八千万元,平常基本不用,但不能没有,因为万一出现故障要靠这些设备来保障运营。

长远来看,国科也存在经济上的竞争优势,产生净收益的前景依然存在。相比于北京、上海等地而言,位于苏州工业园区的国科有着综合成本较低的优势,如IT设备高耗电,苏州电费是1.8元/度,而上海已达2.4元/度,电费成本优势立刻显现。此外,国科高标准的硬件设施也能够实现内部节能,衡量IT设备用电和整体配套消耗比例的PUE值小于1.58。虽然PUE值1.58在华北或者东北不算是一个乐观的数字,因为这些地方室外温度比较低,一些设备可以直接利用室外低温,但在华南、华东,意味着已经将能耗降到非常低的水平。因此,从综合成本测算来看,上海的企业搬迁到园区可以节约30%~40%。玫凯琳、家乐福、Visa、运通等外资企业已经将中国区数据中心业务从上海全部转过来,规模相当大的接近20家,主要是欧美企业。

资料来源:课题组实地调研访谈;苏州国科数据中心网站.http://www.sisdc.com.cn/.访问时间:2014-12-06。

园区特定产业的共性技术平台如图4-38所示。

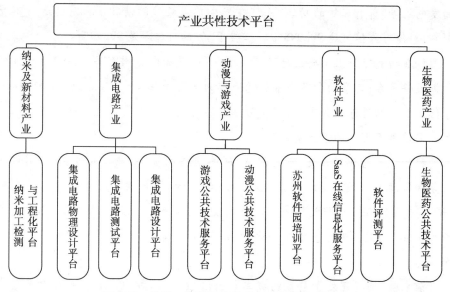

图 4-38　苏州工业园区的特定产业共性技术平台

在园区,特定产业技术平台与其他载体平台一起,是围绕园区三个新兴产业来建设完善的,分布在三个专业的产业园中:国际科技园,主要定位于云计算及相关产业;生物纳米园,主要关注纳米技术在生物医药和医疗器械中的应用;苏州纳米城,重点聚焦微纳制造、纳米新材料、能源与清洁技术、纳米生物技术等优势领域。

这三个新兴产业与此前园区形成的两大优势产业——电子信息、机械制造,共同形成如下产业格局。以下分别介绍。

（1）云计算产业的公共技术平台服务

从 2003 年起,国际科技园就以企业共性需求为导向,不断加大投入,陆续建设了中科集成电路设计中心、软件评测中心、知识产权保护中心、培训中心、综合数据中心、动漫游戏等公共技术服务平台。

中科集成电路设计中心是中国科学院计算技术研究所和苏州市政府联合创办的大型院地合作项目,由中科院计算所、苏州市科技局、苏州市工业园区具体承建,注册资金 4 614 万元,主要负责建设和运营集成电路设计、集成电路测试以及集成

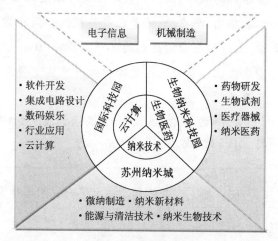

图 4-39　苏州工业园区三大新兴产业的专业载体

电路物理设计三大公共服务平台。

集成电路设计公共服务平台于2003年开始筹建,最大的优势是拥有最先进齐全的集成电路设计软、硬件平台,配备了Cadence、Synopsys、Mentor等著名的EDA设计软件,可以满足90nm、0.13um、0.18um、0.25um、0.35um等工艺的全流程设计需求。

集成电路测试公共服务平台①是一个以集成电路测试为核心的IC测试服务协作网,是一个集综合集成电路测试服务、测试技术支持、测试人才培养于一体的公共服务机构。

风云科技是苏州软件园公共技术服务平台的建设和运营机构,也是国内规模最大、服务能力最强的软件技术公共服务平台之一。公司下辖风云网络、风云咨询、苏州市软件评测中心有限公司②和风云教育四家子公司③,并在北京、南京、杭州等地设立多家分公司。其中,风云网络采用软件服务模式,研发和运营了国内产品最丰富的云服务平台——风云在线。2013年,由国内顶级行业杂志《互联网周刊》评选的"2012年中国云计算SaaS服务TOP10"企业名单公布,风云在线作为在线软件服务电子商务平台(SaaS平台),与八百客、Xtools等知名企业共同排名前列。

动漫游戏技术服务平台由苏州市软件评测中心有限公司负责建设和运营,投资额达2 000多万元,场地面积近千平方米,是国内首个建立自有音频资源库的公共服务平台,是国内首家动漫制作软件授权服务中心,能够提供服务种类最齐全、兼容性最强的渲染服务。

SaaS应用软件的公共技术服务供给案例见专栏45。

专栏45

双马机械与SaaS应用软件

如何在营销网络遍布全国90%的地域、全球2/3的国家和地区的情况下,做好销量和销售一条龙管理?作为国内知名的塑料注射成型机专业制造商,双马机

---

① 集成电路测试平台依托于苏州中科集成电路设计中心建立,苏州中科于2005年得到江苏省科技厅项目支持,共投入资金1 180万元,建成江苏省集成电路测试服务中心和江苏省创业服务平台,这两个项目是江苏省、苏州市和中国科学院计算技术研究所共同支持的院省重点合作项目,得到了苏州工业园区政府在政策和资金上的大力支持。

② 苏州市软件测试中心是江苏省软件技术公共服务平台,国内首家获得CMMI认证的软件服务机构。

③ 苏州市软件测试中心、风云咨询主要是为信息化质量提供保障,专注于软件测试和技术咨询服务;风云教育是经认定的江苏省软件产业人才培训基地,也是苏州市软件外包技术人才实训基地和苏州工业园区公共实训基地,旨在为软件企业培养实用型软件技术专业人才。

械仅凭每月 300 元的费用支出就轻松地管理了每年 2 亿元销售额所需的庞大物资流。

秘密在于双马机械在物流管理上选择了一种创新的信息化管理模式——SaaS 应用软件。

通过 SaaS(Software-as-a-Service,"软件即服务"的简称)这种全新的软件交付模式,双马机械通过互联网向 SaaS 运营商订购了进销存管理系统,省去了购买软件、安装等烦琐过程,第二天就正常使用。这种管理软件不仅帮助双马机械实现了仓库设置管理、出入库、采购、销售、收款付款等一系列进销存管理,还提供完善的财务系统,实现仓库、财务一体化管理,同时还配有客户管理等系统以及人事工资管理系统,几乎面面俱到。

最令双马机械感到满意的是,这款企业信息化管理系统非常容易操作,直观的 web 页面操作系统中,根据企业的业务流程设置了相关的功能模块。

双马机械负责人说:"这款 SaaS 模式的进销存管理系统帮助我们管理的不只是进销存,甚至在账务管理和客户管理方面,也协助我们完成了不少工作。"而为双马机械提供 SaaS 服务的,正是旗下运营中国首个 SaaS 孵化器的风云网络服务有限公司。

由风云网络提供的进销存管理系统将客户管理系统与进销存完美结合,可以根据客户信息查到每一笔业务记录,不仅订单自动生成,而且根据订单的成本利润自动进行财务核算并生成相应的报表,每一笔交易都自动生成凭证,帮助企业在实现信息化的同时实现规范的管理流程。

长期以来,机械企业的管理因其产业特点一直呈现粗放管理的特性。随着产业的发展,企业之间技术差距缩小,对企业内部物料、资产的科学管理,便成为企业提升竞争力的一个关键节点。双马机械的案例让我们看到了公共软件平台服务的重要作用。

资料来源:科技资讯网. 双马机械 SaaS 应用软件成功案例. http://www.cnetnews.com.cn/2008/1020/1183485.shtml. 访问时间:2014-11-20.

(2) 纳米技术产业共性技术研发基地——大学科技园和苏州纳米城

苏州工业园区是国内第一个将纳米技术产业作为引领转型升级的战略性新兴产业的区域。

园区发展纳米技术产业主要依托苏州纳米技术国家大学科技园(以下简称大学科技园)和苏州纳米城(以下简称纳米城)两大功能载体。**两者分工明确,互相衔接,**

共同构建苏州工业园区纳米技术从创新、孵化到产业化的整体布局。

自 2010 年确立纳米技术引领新兴产业发展的战略以来,园区已建设包括中国科学院苏州纳米所、苏州大学—滑铁卢大学纳米技术联合研究院、西安交通大学纳米工程学院和中国科学技术大学—加利福尼亚大学伯克利分校联合纳米学院等在内的近 20 所纳米技术相关科研院所;在纳米技术领域集聚了国家千人等各级领军人才近 200 人、纳米技术相关企业 200 余家,在多个领域形成了优势产业集群;每年定期在苏州召开的"中国国际纳米技术产业发展论坛暨纳米技术成果展"已成为中国纳米产业的品牌盛会。

大学科技园主要专注于创新和孵化环节,重点聚焦国内外纳米技术领域的一流大学和研究所重点实验室及研发资源领军人才。到目前为止,大学科技园已经与中国科技大学、南京大学、苏州大学、西安交通大学、西交利物浦大学、东南大学、四川大学、武汉大学、华北电力大学、山东大学等国内知名高校,新加坡国立大学、莫纳什大学、代顿大学、加州大学伯克利分校、都柏林大学、中国香港大学、中国香港城市大学等国际知名高校,中科院苏州纳米技术与纳米仿生研究所、中科院兰州化学物理所等高水平科研机构积极形成紧密合作关系。

苏州纳米城主要定位于成长型规模型企业、重大研发工程化平台、高端创新创业团队、产业发展服务机构、国际产业促进组织的纳米技术应用产业集聚区,重点聚焦微纳制造、纳米新材料、能源与清洁技术、纳米生物技术等优势领域,其目的在于打造全球最大的纳米技术应用产业综合社区。

苏州纳米城围绕微纳机电制造(MEMS)、LED、OLED、印刷电子、锂电池、靶向给药、氮化镓(GaN)、纳米碳材料等重点领域,建设了基础研究、应用研究、工程化中试、公共技术服务四大类支撑平台。其中,微纳机电制造中试平台是国内首家专注于 6 英寸微纳机电制造的专业研发与代工平台,业务覆盖研发、模型、生产、IP 授权、技术咨询以及部分测试封装服务;正在建设的氮化镓(GaN)材料与器件研究院,旨在突破国外在氮化镓(GaN)同质晶片上的垄断,填补国内在氮化镓晶片生产技术、核心元器件工艺技术等方面的空白,实现具有自主知识产权的产品技术路线(如图 4-40 所示)。

(3)生物医药产业的产业链和产业集聚的产业共性技术平台"群"

生物纳米园由园区的国有独资企业苏州工业园区生物产业发展有限公司(以下简称生物公司)投资建成。该公司成立于 2005 年,组建公司时注册资本金 5.5 亿元,目前注册资本已增资到 10 亿元。

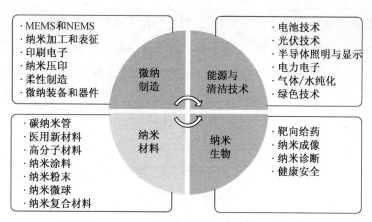

图 4-40　苏州工业园区纳米城的重点产业领域

生物纳米园专注于把纳米技术应用于生物医药和医疗器械领域。按照功能，生物纳米园划分为项目孵化区、加速器区、产业化区、行政办公区与生活配套区，中国科学院纳米技术与纳米仿生研究院也落户于此。

目前，生物纳米园初步形成了基因技术、纳米技术两大产业。在基因产业方面，园内形成了基因试剂开发、基因检测服务、基因诊断与基因治疗药物研发、基因工程药物与疫苗研发、基因产业配套等一条完整的产业价值链；在纳米产业方面，集中发展纳米新材料、纳米光电子、纳米生物医药、微纳系统制造、纳米节能环保五大纳米技术应用领域，并集聚了一批优秀企业。

为了构建完整的产业链、形成产业高度集聚，园区建设了一整套综合的产业共性技术服务平台体系：

在生物医药公共技术平台方面，生物纳米园是江苏省第一个生物医药孵化器，先后建成药物分析测试服务平台、药物分析测试平台、抗体技术服务平台、创新生物医药公共服务平台、纳米靶向药物传导技术服务平台、纳米高通量筛选技术服务平台、纳米生物材料技术服务平台、生物医药中试服务平台，为企业提供从上游研发到中试生产的基础实验条件。

在纳米技术公共平台方面，建成纳米环境技术工程中心，纳米分析测试平台，纳米加工公共平台，纳米靶向药物传导平台，纳米光电装备产业化技术中心，纳米光电设计、加工、集成中心，纳米材料技术研发中心；中科院纳米所的纳米技术服务系列平台也可为纳米技术企业提供检测、加工与工程化方面的专业服务。

起初，生物纳米园内的设备不算多，而且苏州工业园区周围做平台的公司也比较多，相比之下，生物纳米园内虽然小微企业比较多，但该园却不具有足够的竞争力。后来，生物纳米园把原先的硬件平台资产全部拿出来融资组建了新的全资子公司——苏州百拓生物技术服务有限公司,并向国家申请了相关资质①,因其出具的报告是有国家法律效力的,更加权威,才逐渐形成了一定的比较优势,其产业共性技术平台的服务企业数和服务次数开始大幅度增加(见图4-41)。

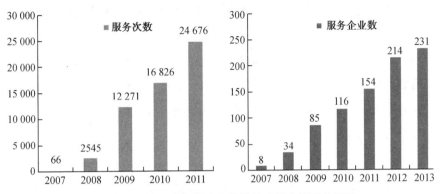

图4-41　生物纳米园的产业共性技术平台的服务情况

资料来源:苏州工业园区"一站式"服务中心.

以上归纳分析,使人们能清楚地了解到园区如何通过政府介入化解了"双失灵"困境。这个客观经验相对于制度经济学而言具有理论创新价值。

因为,综合性的共性技术平台的关键是克服"市场失灵"。这就要求政府有足够的财力或者信用替代品组织前期投入,在产业进入市场化的竞争阶段之前,发挥"竞争前技术"的特点,带动和哺育新兴产业发展。而**特定产业的共性技术平台的关键还在于要克服"组织失灵"**。其作用主要是满足各平台之间、平台技术与其他技术之间协同配合的要求。相比于对"市场失灵"这一经典问题的研究,产业"组织失灵"的问题尚未得到制度经济学界的足够重视。

(三) 相关及支持性服务平台建设与园区管理创新

园区的管理创新不拘一格,既有对初期新加坡制度规范的继承性,也有治理结构变化之后的自主性;体现了"强政府"能够在主动应对挑战中发挥主导作用的中国特色。

---

① 苏州百拓生物技术服务有限公司获得的资质:2010年8月,通过CNAS国家实验室认可;2010年9月,被评为"江苏省四星级中小企业公共服务平台";2012年1月,通过ISO14001体系认证;2012年10月,合作建设的创新生物医药公共服务平台获得医学检验机构资质;2013年6月,获"江苏省科技型中小企业"荣誉称号;2014年1月,被评为"江苏省五星级中小企业公共服务平台"。

1. 从"一站式"服务中心到中小企业服务联盟

园区提出的相关及支持性综合服务平台创新的制度设计，极大地降低了中小企业创业初期的运作成本，而且还能保证高质量的专业服务。对于有创意但缺乏企业管理经验的中小企业来说，在人力成本不断推高的环境下，这种制度创新格外具有吸引力。

此外，很少被注意的是，**这些服务外包工作在替企业剥离外围成本的同时，也为金融服务创新提供了征信平台**，大大拓展了园区更进一步的内部资源整合空间。

关于这些政府的管理服务，园区管委会一位副主任谈道：

园区专门设立了中小企业服务中心，对中小企业进行全套服务。比如，项目申报、联系创投找资金、企业家培训、人力资源培训，专利、商标注册，路演、上市等都在其服务范围之内。这个过程其实是一种政府管理体制的创新。园区政府各局办延伸服务势必形成一个庞大的机构，而通过成立中小企业服务中心，把针对中小企业的服务外包出来，由他们来具体执行就精简了我们的机构。①

客观来看，这一政府创新的制度设计与园区早期借鉴新加坡经验高度相关，很大程度上是一脉相承的。

园区早期借鉴新加坡经验可大致归纳为3个层次：城市规划、经济发展和公共管理。城市规划方面，主要体现在城市的近期和远期规划，土地的开发利用，基础设施与生活服务设施的建设和管理，环境保护与治理，信息的收集、处理和应用，吸收投资的宣传、信息网络组织、营销方式和鼓励措施等；经济发展方面，主要是指新加坡政府在管理裕廊工业园中调控市场经济的经验，以及在经济活动中有序竞争、相互合作的做法；公共管理方面，主要是指立法、司法、执法和廉政肃贪，以及文化、教育等方面的经验和做法。②

这些借鉴是在中新联合协调理事会的制度框架下进行的。这个理事会20年来在将苏州工业园区成立时的"举国体制下嫁地方"细化到园区经济社会发展中发挥了重要作用（如专栏46所示）。

---

① 来源：课题组对园区有关人员的访谈.
② 1994年1月17日，江苏省政府向国务院呈递《关于苏州市工业园区项目建议书中软件方面若干问题的补充报告》，对借鉴新加坡经济和公共行政管理经验内容与范围做出进一步阐述。2月11日，国务院做出相应批复，原则同意江苏省"在苏州工业园区内，在坚持和维护我国国家主权的前提下，自主地、有选择地借鉴吸收新加坡经济和公共行政管理方面对我适用的经验"。

专栏 46

中新联合协调理事会的制度设计

苏州工业园区成立伊始,如果说"九号文件"为苏州工业园区代行"举国体制"提供了基本制度框架,那么,中新联合协调理事会和中新双边工作委员会则为苏州工业园区提供了机构保障。

《中华人民共和国政府和新加坡共和国政府关于合作开发建设苏州工业园区的协议》第四条规定,设立中新联合协调理事会和中新双边工作委员会。该条款明确:"为此项目建立中新两国政府的联合协调理事会,两国政府各委派一名副总理负责,两国政府有关部门、中方江苏省人民政府和苏州市人民政府及新方裕廊镇管理局的负责人参加,负责协调苏州工业园区借鉴运用新加坡经济和公共行政管理经验中的重大问题。……理事会下设苏州市和裕廊镇管理局双边工作委员会,委员会双方定期联系,就借鉴运用新加坡经济和公共行政管理经验的工作进行协商,并分别向理事会中的两国副总理报告工作。"

中新联合协调理事会中方成员单位由国家计划委员会、国家经济贸易委员会、财政部、对外贸易经济合作部、中国人民银行、国务院特区办公室、江苏省和苏州市8个单位组成,成员由国务院有关部门各派一位部级领导,江苏省和苏州市各派一位省、市级领导担任。

中新联合协调理事会中方主席先后由国务院副总理李岚清(1994—2003年)、吴仪(2003—2008年)、王岐山(2008—2012年)、张高丽(2012— 年)担任;新方主席先后由新加坡副总理李显龙(1994—2004年)、黄根成(2004—2011年)、张志贤(2011— 年)担任。

中新联合协调理事会的职能具体为:(1)听取园区发展建设进展情况的阶段性报告,积极推动园区的顺利发展。(2)研究确定园区借鉴运用新加坡经济和公共行政管理经验中的重大问题。(3)协调园区借鉴运用新加坡经济和公共行政管理经验中的重大问题。(4)审议通过双边工作委员会的工作报告。监督和评价借鉴运用新加坡经验工作的进展情况。联合协调理事会每年召开一次,轮流在两国举行。

中新双边工作委员会中方联络机构为苏州工业园区借鉴新加坡经验办公室(简称园区借鉴办),新方联络机构为新加坡软件办公室(简称新加坡软件办)。园区借鉴办和新加坡软件办共同商定组织、每两个月举行一次软件转移工作会议。

通过访谈,我们切实感受到中新联合协调理事会在园区发展中发挥的重要作用。一位园区第一代创业者回忆：

"中方发改委、经贸委、财政部、税务局、外交部等经济综合管理部门的常务副部长担任委员，协调解决园区发展过程中需要中央政府层面来解决的一些问题。……我们当时跑计委、经贸委，因为领导是我们的理事，我们可以直接敲门进去。"

综合保税区的物流中心有限公司某项目经理也提到："综保区的建立应该是得益于中新协调理事会这个很好的平台，我们相关政策的争取和申报都是通过理事会来实现的。"

此后，园区不管是发展"一站式"服务中心服务跨国外资企业，还是设立中小企业服务中心鼓励中小科技型企业的技术创新，都是基于中新协调理事会平台的有益尝试。

资料来源：课题组实地调研；苏州工业园区统计年鉴2005.

园区政府早期借鉴新加坡最负盛名的"亲商"理念主要体现为设身处地地为跨国外资企业着想，站在投资者的角度思考问题。这也是当时园区管委会一位副书记常挂在嘴边的一句话。具体的服务内容则随着园区外资企业的需求不断变化。

1996年，苏州工业园区学习新加坡经验在国内开发区中率先开展"一站式"服务①，为外商投资企业设立、开工建设、招工提供一条龙的便利；1999年，在"一站式"服务大厅各相关部门分别设立了服务窗口，将众多事项集中受理；2002年，在学习新加坡裕廊集团客户服务经验的基础上，正式成立了苏州工业园区"一站式"服务中心，积极推进"一站式"服务中心授权工作，根据《行政许可法》规定，把分散在管委会机关职能部门承办的36项审批业务授权"一站式"服务中心。由管委会机关承办的36项审批业务现已全部授权"一站式"服务中心集中办理，"一站式"促使地方政府从管理角色向服务角色转变。②

2005年，园区实施"制造业升级、服务业倍增与科技跨越"三大计划，开始着手考虑经济的转型升级，打造新兴产业的创新性经济。为了鼓励发展将来能够引领技术研发创新的中小科技型企业，**园区政府专门成立了一个服务外包平台——中小企业服务联盟**，对接有服务需求的中小科技型企业与提供各个服务的公司。这些服务包括企业认定咨询、项目申报咨询、财税服务、知识产权服务、投融资服务、上市服务、资产评估服

---

① "一站式"服务是地方政府或企事业单位将所有涉及对外审批和受理的事项集中在一个固定的场所集中办理，为企业和个人提供的一种快捷、优质的专项服务。

② 林闽钢. 高科技园区的社会建构——以苏州工业园区产业综合体转型为例的研究. 中国软科学，2007(2).

务、信用服务、人力资源服务、培训服务、检验检测服务、情报信息服务等其他服务,每一项服务都有相应的专业机构,并且还形成了服务机构的筛选机制,即每年由接受服务的中小企业给提供服务的机构测评,测评不合格的机构将被替换。**这与园区政府的"一站式"服务中心是一脉相承的,**也成为 2009 年以后园区政府创新的主要内容。

2. 非核心业务外包的探索创新

近年来,园区不断深化科技服务,获批成为全国首批"国家火炬科技服务体系建设试点单位",2013 年实现科技服务业营业收入 41 亿元,同比增长 11%,并且在全国率先设立跨部门服务的中小企业服务中心,不断完善科技中小企业社会化服务体系。[①]

"科技服务超市"就是由园区中小企业服务中心在中小企业服务联盟的基础上推出的一款由政府主导的公益性服务平台。它将政府公共服务和社会商业服务有机融合在一起,目的在于搭建起企业与机构之间供需对接的"虚拟"桥梁。到目前为止,合作科技中介机构超过 100 家,覆盖知识产权、人力资源、科技金融、财税服务、法律咨询等 15 大领域[②](见专栏 47)。

专栏 47

园区推出"虚拟"科技服务超市

在这个开放的网络平台里,优质的社会中介机构扮演"菜农",提供财务、法律、人力资源、金融、知识产权等形式多样的服务,有需求的企业前来采购服务,就像超市买菜一样方便。

园区中小企业服务中心一位副主任表示,推出科技服务超市的着眼点是将更多的中介服务机构整合在一起,并设置机构入围门槛,确保入围机构是有资质、有信誉、有服务经验的,帮助科技型中小企业大大减少寻找规范机构的时间成本。同时,科技服务超市不定期组织并推出团购活动,也减轻了企业的资金成本。未来,超市将建设专业的评价体系和准入门槛,保证上架"商品"的质量。

在中介机构苏州艾隆科技股份有限公司副总经理钱曾唐眼中,苏州工业园区的中小企业们正在享受着管家般的"一站式"服务。从园区中小企业服务联盟到科技服务超市,艾隆科技都有着深入的接触。钱曾唐也深有体会。在这个具有公信力的

---

① 苏州工业园区. http://news.sipac.gov.cn/sipnews/yqzt/yqzt2014/20140721kjfwcs/zg/201407/t20140723_285174.htm. 访问时间:2014 – 12 – 06.
② 肖卫东. 中小企业公共服务平台的功能定位与组织创新. 学习与探索,2014(2).

平台上,他们还将建设专业的评价体系和信用体系,从而让科技企业放心地、有的放矢地选择所需要的服务,也让企业的发展更加快速而健康。

用钱曾唐的话来说,科技服务超市的出现让他少接了很多"骚扰"电话,企业有需求就直接进入服务超市,那里解决了信息不对称的问题,产品的机构情况及服务内容一目了然,企业可以十分放心地去选购,再也不用费力去辨别外面市场上的培训公司的优劣了,省时又省力。未来超市将建设专业的评价体系和标准的准入门槛,保证超市货架上商品的质量,使其成为对企业更有帮助的资源库。

钱曾唐也看中企业与企业之间的合作。科技服务超市看似只是企业与中介机构之间的桥梁,而实际上还可以带动企业间的交流与合作。比如,一次培训就可以将三四家同类型的企业组织到一起,学习的过程也是相互了解的过程,也许会带来意想不到的合作与商机。

资料来源:苏州工业园区网站. SIP 科技服务超市上线啦!. http://news.sipac.gov.cn/sipnews/yqzt/yqzt2014/20140721kjfwcs/. 访问时间:2014 - 11 - 20.

---

3. 为企业提供不同成长阶段的物理空间

园区能够形成中小创新型企业的聚集发展态势,除了能有效降低有形的交易成本之外,另外一个**必要条件是提供作为"硬件"支撑的空间载体**。

从一个创新型企业的成长周期来看,企业不仅落户之初需要解决研发、中试等办公用房,企业完成孵化之后还会产生新的扩大再生产需求,并需要兼顾相应的员工住房和生活需求等。然而,一般来说,大多数开发区都将招商引资的工作重点放在吸引企业前来落地投资上,企业落地投产后的运营则交由市场经济的"天命"。但单凭市场机制却很难满足企业发展壮大后对应扩张的空间需求,成为制约企业发展壮大的另一种"市场失灵"问题。正如前文所述,大型外资难以进入号称自由市场经济的浙南地区一样,因为与中小资本谈判的交易成本过高。

园区在这方面的创新体现在,在专业产业园的建设中,不仅考虑了不同成长期的企业空间需求,还为企业的壮大预留空间,为众多企业解决了"缚身之苦"。

以同程旅游(原同程网,2014 年 3 月更名为"同程旅游")为例。公司 2002 年起步于苏州大学一间 9 平方米的教工宿舍,2004 年搬迁至沧浪区科技创业园并正式成立公司。随着公司规模的日益壮大,需要更多的空间,但那里却很难得到满足,于是在 2009 年正式进驻苏州工业园区创意产业园。这里不仅有了 5 000 多平方米的办公面积,随后扩大至 8 000 平方米、13 000 平方米,并且可以提供多个员工食堂、员工活动室、VIP 会议室以及看台和漫步花园。此外,园区还实施了"扎根计划",即园区提供专项土地指标供企业自建办公大楼——2014年3月,同程旅游举行自建研发大楼奠基仪式,预计将于2015年年底启用。

同程旅游和它所进驻的国际科技园,分别是两种类型的代表,同程旅游代表了一般市场条件下要进入扩张期但空间需求得不到满足的企业"成长的烦恼",而国际科技园则是致力于满足企业不同生长阶段空间需求、从而为企业节约这类很少被经济学界所讨论的"交易成本"①的创新代表。于2000年4月启动建设、分七期完成的国际科技园,不同的分期工程就有不同的定位。同程旅游进驻的就是国际科技园的五期工程(见专栏48)。

专栏48

国际科技园的工程分期与功能定位

2007年5月,位于金鸡湖大道的一至四期工程建成,包括建筑面积4万平方米的创业孵化楼,建筑面积6万平方米的研发办公楼,建筑面积16万平方米用于研发办公的群楼——科技新天地,后两者意在为旗舰型企业及总部经济发展提供服务。

2008年9月,五期工程——创意产业园正式开园;2007年8月,六期工程——引用LOFT概念的"创意泵站"投入使用。这两期项目主要定位于满足已成功孵化毕业企业的扩大再生产需求,包括提供厂房和办公用地。其中,"创意泵站"是在格兰富水泵(苏州)有限公司原来旧厂房的基础上经过重新设计改造而成,于2007年8月竣工,建筑面积约2万平方米,重点发展艺术、动漫、游戏、广告、传媒、出版、软件设计和集成电路设计等创意产业。

2011年8月,苏州国际科技园七期——云计算产业园开工建设。预计2015年,首期建筑面积20万平方米可交付使用,将致力于培育和扶持以云计算为核心的信息技术产业。

资料来源:苏州国际科技园. http://www.sispark.com.cn/about-sispark-56.html. 访问时间:2015-1-20;百度百科."苏州国际科技园"词条. http://baike.baidu.com/link? url = GRUH79C618qDDB-fzYNSafxiPi8kgpKJl8DfrYe8lK0lXmQE_ QF _ 9MqShd0kzUX4oQFjiUQqm8dcP-MY5XKTF_. 访问时间:2015-01-20。

---

① 如前文所述,正是这样的交易成本问题导致了苏南与浙南、岭南在企业发展规模和产业形态上的差距。

园区的纳米产业也是如此。苏州纳米技术国家大学科技园(以下简称大学科技园)和苏州纳米城是两大空间载体。其中,大学科技园主要专注于创新和孵化环节,总规划面积36.6万平方米,可以针对科技创业项目的行业特点及办公研发场地需求,提供精装房、简装房、毛坯房等不同房型选择;纳米城主要定位为为纳米技术应用产业提供一个集"研发、办公、平台、中试、生产、商务、总部、会议、展示、配套"等功能为一体的产业聚合区。

生物纳米园是园区发展生物医药产业的最大空间载体,总体规划建筑面积为100万平方米,依据产业方向和专业需求,划分为生物医药/纳米项目孵化区域、独栋研发组团区域、中试产业化区域、行政办公区域以及生活服务区域。既可为初创期项目提供可灵活分隔的孵化单元,又可为成长期项目提供独栋研发楼或者代建厂房设施,体现"孵化+加速"的全面功能。

从园内企业未来的发展来看,一旦成功完成孵化,进入规模化生产阶段以后,必然会催生工业用地的需求,而生物纳米园在园区的周边乡镇桑田岛的工业用地,可以承接园内发展起来的产品符合园区环保安检上的要求的企业。

位于生物纳米园的苏州吉玛基因股份有限公司在访谈中谈道:

我们以前是在上海发展的,我要想在一年之内增加100人是不可能做到的,因为根本没有地方给你。可是在这里呢,前面是3层,后面是5层,你要是想要的话,直接拿就可以了。这个看上去是很简单的事情,可是不是所有的地方都可以帮你实现的。①

以上案例介绍的各种管理创新林林总总,但都可以归纳到课题组对园区经验总结所提炼的核心经验上来,那不过是在"强政府"条件下形成的"高制度"的自我完善过程。

园区在克服"组织失灵"方面的探索,除了见之于产业共性技术平台的系统性集成和协同外,还见之于对一项产业、一个企业的金融、技术、人才、服务外包等多种创新做法和优惠政策的综合运用,园区人将这种经验归纳为"产业生态圈"。课题组更愿意将其类比为"群众路线"在产业公共服务方面的表现,看作是对中央提出的政府放开管制"不能自由落体"要求的实践支撑。由于具体的经验过程很大程度上是前述各种创新机制的复合,同时又带着大量的特定产业的专业术语,本书冒着挂一漏万的风险,将其置于本篇分析的附件中,供有兴趣的读者参阅。

---

① 来源:课题组实地调研访谈.

（四）小结

本篇开头做出提示，希望人们理解"历史是不规则螺旋形上升的"，意在强调苏州工业园区最初借助"举国体制"（参阅第一篇内容）零成本起步派生的这种"高制度"导致其后续发展中，特别是遭遇危机之际采取应对政策所引起的制度演变和结构调整，确实只能被这种制度之内生性所"路径依赖"地决定。这个观点对全书有提纲挈领之意。

诚然，2007年美国房地产危机、2008年华尔街金融海啸及2009年全球经济危机爆发，造成包括苏州工业园区在内的中国沿海已经成为主流的外向型经济因外需大幅度下降而连带出现"输入型危机"。由此，不仅显化了这种本源于"无根投资"的、以加工贸易为主的经济类型在高速增长时期累积的内生性矛盾，而且还迫使相关各个利益集团在利益受损的压力下接受代价、遂有顺应国家调控的可能性。

但大多数地区即使愿意亡羊补牢，也难以真正提升产业结构，更难以应对经济危机造成的企业倒闭、打工者失业及其引发的社会动荡。这一切，只不过是浸淫于发展主义的跟进型经济体在任何体制下都会被动发生的一般情况；更有悲剧性的普遍意义的派生结果是，大多数此类被"主权负外部性"制约的依靠外资的经济体在被输入型危机的巨大代价蹂躏出所谓颜色"革命"之后，几乎都在无可奈何之中重蹈后殖民主义覆辙！恍如：犹抱琵琶半遮面，隔江再唱后庭花……

书中，我们把全球化造成的宏观趋势不可逆作为背景，与园区适应性中观、微观调整相结合做出归纳，主要把园区的两大创新作为经验依据，讨论了起于南方沿海的以加工贸易为主的外向型经济在遭遇全球危机之后已经发生的"去工业化"趋势，并且分析了为什么这种趋势会止步于苏南。

总之，本书归纳苏州工业园区"强政府"条件下形成的"高制度"，及其在应对经济危机的调整期间发挥的作用——不仅能够利用经济危机中暴露出的矛盾自觉推进政府创新与技术创新，而且强力推进了本来由于被"路径锁定"而碍难操作的产业结构调整。我们认为，第四篇的园区经验分析，仍然集中在中国之能够"化危为机"的基本体制原因。

附件　促进新兴产业发展的复合制度创新

本部分是在前面正文的基础上,对园区的创新经验进行更为细致的记录。因其核心机制已在正文进行了分析,故在此以附件的形式呈现出来,以供有兴趣的读者参考。

一、人才计划

人才结构和产业结构相互制约、相互促进。区域经济结构升级当然不仅要更多地依靠领军科技创新人才、高层次创新创业人才,而且还要设法留住这些人才。2005年,园区正式实施"科技跨越、服务业倍增、制造业升级战略"三大行动计划,要实现这些目标,发展创新型经济,人才是一项必不可少的条件。

在此背景下,园区2006年出台了《苏州工业园区关于增强自主创新能力,建设创新型园区的决定》,其中保证财政对科技的投入稳定增长、每年按可用财力的3%~5%设立科技发展资金,逐年递增30%和一系列的减税政策等内容,确实对中小科技型企业有一定的吸引力;其他内容如发展风险投资和相关的金融服务以及建设共性技术平台等,从长期来看,也的确是提升园区中小企业技术创新能力的重要举措,但由于短时间内来不及形成金融、技术等方面完整的平台扶持体系,因此,这次侧重于做"减法"的创新扶持政策的人才引进的效果有限。

2007年,园区探索实施"科技领军人才创业工程",这次更多的是做"加法",不仅扶持力度加大,主要包含100万元项目启动资金、500万元风险投资、150万元风险跟投、项目贷款担保和统贷平台支持等五项专项资金资助;同时,还按照园区《关于增强自主创新能力,建设创新型园区的决定》和《苏州工业园区吸引高层次和紧缺人才的优惠政策意见》①等政策提供项目资助配套,补贴研发用房,给以租用住宅100平方米3年免租金、100万元购房补贴以及子女家属安置等一系列支持。2007—2009年,园区评选出三届领军人才项目共计97项,其中领军项目54项,领军孵化28

---

① 《苏州工业园区吸引高层次和紧缺人才的优惠政策意见》(苏园工〔2006〕136号)的着眼点在于人才,不是针对项目,包括购房补贴、优租房、落户升学、补助等内容。

项,领军成长 15 项,入选项目都拥有完全自主知识产权的核心技术。

7 年来,工程累计引进和扶持科技领军项目 606 个,实现就业人数 13 902 人,其中研发人员占比近 60%;申请专利 4 523 项,其中发明专利 3 206 项,占比超过 70%;共承担省级以上科技、人才项目超 300 项,获上级项目拨款超 4 亿元。自实施以来,已成功集聚以云计算、纳米技术、生物医药为引领的新兴产业企业 1 000 余家,产值超 500 亿元。2013 年,园区领军项目还突破性地参与了"神七上天"、"蛟龙入海"等代表国家最高科技水平的项目。①

园区领军人才中,累计 95 人入选国家"千人计划",88 人入选"江苏省高层次创业创新人才计划",138 人入选"姑苏创新创业领军工程",均居苏州首位。② 园区的"科技领军人才创业工程"已经成为目前国内扶持力度最大的科技创业扶持工程,对海内外人才的吸引力与日俱增。

2010 年,园区在"科技领军人才创业工程"的基础上进一步提出"金鸡湖双百人才计划",计划用 5 年时间,每年投入不低于 2 亿元的人才专项资金,重点引进和培养"千人计划"人才、中科院"百人计划"人才、江苏省高层次创新创业人才、姑苏领军人才、苏州工业园区科技领军人才、国际型学科领军人才、高端服务业领军人才等各级创新创业领军人才 200 名,高技能领军人才 200 名。

从具体内容来看,**园区一方面加大了对高层次创新创业人才的资助力度**,比如对通过在园区的工作单位申报入选国家"千人计划"的创新创业人才,将给予 150 万元配套补贴、100 万元安家补贴和工作补贴、租房补贴、子女教育补贴、培训补贴等各类其他补贴和资助;**另一方面更加注重形成中、高层次人才之间的衔接和配套**,比如通过 2010 年"金鸡湖双百人才计划"申报,将评选出 30 名高端服务业人才,他们将有机会享受 30 万元到 100 万元的补贴;同时还将评选出 20 名国际型学科领军人才,并给予每年最高 40 万元的配套补贴;此外,园区对紧缺高技能人才技能竞赛优胜者,将给予每月 1 000~2 000 元的薪酬补贴,同时还可以按照紧缺高层次人才标准落实户口迁入、子女入学等政策。

园区重视人才梯队的理由是:

"领军人才、服务业人才、技能人才,一个也不能少,他们共同搭建起园区的'人才金字塔'。高层次的科技领军人才是'人才金字塔'中的塔尖,决定着一座城市产业的高度,引领着城市未来的走向。高耸的塔尖必须有牢固的塔基,没有各类高技

---

① 苏州工业园区. http://news.sipac.gov.cn/sipnews/jwhg/2014yqdt/11/201411/t20141114_304561.htm.
② 苏州工业园区. http://www.sipac.gov.cn/zjyq/yqgk/201406/t20140626_280115.htm.

能人才的支撑,区域的创新能力也将大打折扣。"①

总而言之,技术创新氛围的形成最初依赖于园区实施的一系列创业投资人才引导计划,包括江苏省高层次创新创业人才、苏州市姑苏创新创业领军人才、园区科技领军人才计划等,通过这些创业投资计划筛选符合园区新兴产业发展方向的项目,同时园区的创投和跟投资金介入,协助培育创新型企业。具体见表4-5。

表4-5 江苏省、苏州市和工业园区人才政策

项目类型	金鸡湖"双百人才计划"(科技领军项目)			姑苏创新创业领军人才计划	江苏高层次创新创业人才引进计划
	孵化	领军	成长		
启动资金	100万元+50万元公共研发平台费用	100万元	无	—	
风险投资	200万元	500万元	500万元	—	
跟进风险投资	200万元	150万元	150万元	园区引导基金跟投30%	
贷款及担保					
统贷平台	100万~200万元	200万元	200万元		
销售奖励	无	无		(1)第一年销售额超过1 000万元的,奖励100万元,超过3 000万元的,奖励200万元;(2)返还3年内产品增值税和企业所得税的地方留成部分;(3)连续3年奖励销售团队其销售额的2%	不低于100万元
园区配套资金				50万~200万元	
研发办公房租减免	100平方米3年免租金	200平方米3年免租金	500平方米,3年免租金	100平方米3年免租金	
房租补贴	100平方米2年免租金	100平方米3年免租金	2套100平方米,3年免租金	20万~100万元	
购房补贴	50万元	100万元	50万元		
家属安置	园区政府协助解决			苏州市政府协助解决	

资料来源:苏州工业园区纳米技术产业创新能力报告,2012.

---

① 苏州工业园区. http://www.sipac.gov.cn/sipnews/siptoday/20110107/C1156/201101/t20110107_81419.htm.

人才不仅要"引进",还要"留住"。一般而言,科技创新型企业往往与高风险相伴,问题的关键在于政府承担前期成本之后如何将这些项目和人才留在当地。除了不断改善园区本地的软硬件发展环境外,园区对于人才和项目的支持方式也是一个重要手段。

以"科技领军人才创业工程"为例,园区首先无偿给予最高 100 万元的项目启动资金扶持企业;其次,园区会根据创新型企业的不同发展阶段安排后续的资金注入,包括政府主导的风险投资和引导的社会投资。由于一般采取的是股权投资方式,以国有资本为主的风险投资约占股比的 20%,以社会基金为主的风险投资约占股比的 10%,因此,园区在企业的董事会决议中具备一定的话语权,这也是留住创新型企业的一种硬约束。

同时,园区在国家、省、市、区多层次的人才引进政策支持下,大力、全面建设各类科技载体和综合产业服务平台,云计算、纳米技术、生物医药等新兴产业的发展也实现了一定程度的人才聚集,如专栏 49 所示。

专栏 49

园区三大新兴产业的人才引进

国际科技园

除了注重产业结构上的优化和多元发展外,国际科技园还注重招才引智。2013 年,园区领军人才申报累计 20 个项目进入最终评审;通过国际精英周平台新增落户项目 15 个。梅捷科技、美芯晟 2 个项目入选国家"千人计划";云博信息、坤元微电子等 4 个项目入选"姑苏领军人才"项目。从高端人才的累计方面来看,国际科技园已引进和自行申报成功国家"千人计划"17 人,省"双创人才"28 人,市"姑苏人才"39 人,园区"领军人才"84 人。

由于临近高等教育区,国际科技园与国际知名原厂商和培训机构合作,设立近百家专业培训机构,初步形成高中低端的培训网络。现有园区培训管理中心、科技园培训中心、园区人力资源开发有限公司、园区职业技术学院、服务外包学院等实训基地。根据园区的政策,经认定的人才可根据其认定的资质,按照政策规定享受安家补贴、住房补贴、灵活薪资、专项补贴等。

纳米技术产业

在高校和研发机构方面,以纳米技术产业生态圈所在地——独墅湖高教区为大本营,先后累计集聚了近 20 所大学和科研院所,包括苏州大学功能纳米与软物质研究院、生物医用高分子材料重点实验室、薄膜材料重点实验室、信息光学工程研究所、东南大学环境与生物安全重点实验室、生物医用材料与技术重点实验室、清华大学—苏州工业园区环境科学技术研发基地、西交利物浦大学、新加坡国立大学苏州研究院和美国代顿大学苏州研究院等。据不完全统计,上述单位在纳米科学技术研究和成果方面已经获得包括国家重大专项、"973"、"863"计划等一批国家级科技重点项目,各级各类科研项目600余项,对上争取科技经费支持近2.14亿元。

在人才培养和引进方面,独墅湖高教区已经聚集起的近20所大学和科研院所中,尤其中科大、苏州大学等中外合作共建的纳米技术学院或中方、外方设立的科研教育机构均设置了一流的纳米材料与技术专业学科,涵盖了本科、硕士、博士学历教育;另外,在吸引纳米科技创新和产业化应用人才方面的工作也已取得了初步成效——截至2012年年底,已建立起一支总量超过6 700人的人才队伍,其中204名纳米科技创新人才包括院士7人、国家"千人计划"人才31人、中科院"百人计划"人才30人、江苏省"双创"人才31人、苏州市"姑苏领军"人才35人、工业园区"领军人才"99人,以及多位"973"、"863"首席专家、国家杰出青年和长江学者在内的高端人才梯队,各领域中高端人才总数超过2 700人,从而储备了坚实的人才基础。

在中介服务方面,区内引入各类合作科技中介超过100家,覆盖人力资源、知识产权、科技金融、法律咨询等十几个领域,从业人员超过5 000人。

生物纳米园

生物医药产业作为战略性新兴产业,目前仍然处于方兴未艾的阶段,但仅仅依靠少数高端人才显然不能托举起产业发展,因此,必须构建一个高端人才集聚的人才体系,以实现对生物医药产业的引领。这也是生物纳米园今后发展的战略选择方向。目前,已经有7 000名高层次研发人才在此集聚、交流、合作。

生物纳米园一方面可以通过园区政府的优惠政策吸引周边和海外的人才进入;另一方面,由于地处科教高新区内,与独墅湖高等教育区高校的频繁互动,直接催生了一些学校的纳米学院、生物医药等专业;而且高校培养的相关人才,也可以实现就近就业,达到双赢。

此外,园区积极协助入园企业寻找上下游产业资源,构建自身商标、知识产权战略,引进专业技术人员,进行科技项目申报,争取各渠道资金和政策的支持。

从人才学历上来看,生物纳米园21%的人员是博士,24%的人员是硕士,44%的人员是本科学历,11%的人员是大专学历。此外还有高层次的人才项目,包括"千人计划"累计40名,江苏省高层次创新创业人才引进计划累计47名,姑苏创新创业领军人才计划累计56名,苏州工业园区科技领军人才累计107名。

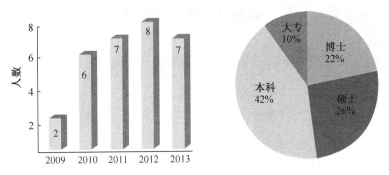

图 4-42 生物纳米园千人计划入选数与人才分布

资料来源:课题组实地调研;何婉茹. 中小型科技企业成长机制评价研究. 苏州大学硕士学位论文,2014. http://www.biobay.com.cn/main/news.asp. 访问时间:2014-03-17。

二、三大专业产业园

苏州工业园区教育发展投资有限公司(以下简称教投公司)作为国有独资企业,是独墅湖高等教育区的开发主体,承担着区域内教育发展、产学研发展、商业发展和土地开发、基础设施建设等工作,在此基础上发展起了科教创新区。

为了配合苏州工业园区产业结构转型升级的战略,苏州独墅湖科教创新区与园区地产和国控公司合作,打造了一大批相关载体平台,主攻云计算、生物医药和纳米技术三大新兴产业。

这些专业性强的功能载体,分别由园区的各国有独资企业负责实际的开发、建设和管理工作。具体的管理关系如图4-43所示。

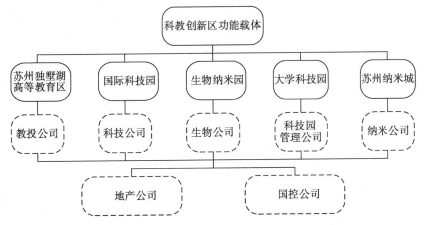

图 4-43 苏州工业园区科教创新区的功能载体与开发管理主体

（一）云计算及相关产业的发展基地：国际科技园

国际科技园位于苏州工业园区的中新合作区，于2000年4月启动，总投入75.41亿元，实际投入45.54亿元，已建成载体面积75.67万平方米。截至2013年年底，已正式投入使用的建筑面积108万平方米，其中一、二、五、六期为办公研发用房，三、四期为5A级研发、商务写字楼。

国际科技园由国有独资企业苏州工业园区教育发展投资有限公司投资建成，由其全资子公司——**苏州工业园区科技发展有限公司（以下简称科技公司）**担任项目的投、融资主体及经营管理主体。

科技公司成立于2000年4月，注册资本为25亿元，主要负责对苏州国际科技园进行开发、建设、管理，为高科技企业提供共性技术服务平台，对科技项目进行投资，为科技园内的企业进行物业管理，等等。

股权结构和下辖公司如图4-44所示。

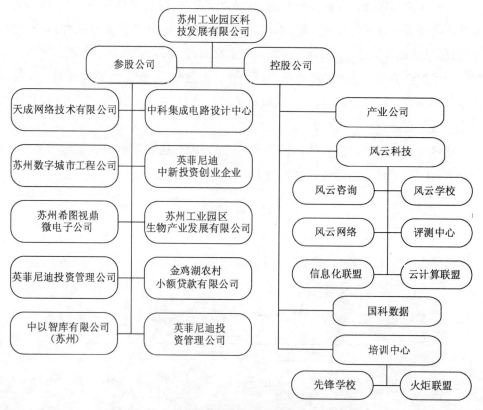

图4-44　苏州工业园区科技发展有限公司股权结构

国际科技园是园区科技创新和技术创新的主要载体,最早以吸收软件企业为主,逐步扩大到IT、动漫、创意产业等。国际科技园既包括外资企业落户的研发中心,也包括内资企业。内资企业主要有两种类型:

一是类似于华为事业部的自主品牌企业以及在科技园成功孵化的国内比较领先的企业,旅游方面如同程网,游戏方面如蜗牛游戏;也有已经上市的企业,如苏大维格和南大光电成。截至2013年年底,累计24家进入园区新三板上市企业队列,同程网等3家企业辅导备案,蜗牛数字等3家企业改制设立。

二是园区推出的科技领军人才工程,这是一个既引进人才又引进项目的计划,可以吸引很多具有自主知识产权的科技型中小企业在园区创业落户。其中,国际科技园的初创型中小科技型企业占比约60%。这些企业在国际科技园历经孵化、成长、毕业、上市等一系列过程,在各个环节也会有相应的配套支持:首先,设立公司之初园区会根据项目的好坏给予相应的经费奖励;其次,公司设立以后,国际科技园会在房租方面给予适当的优惠和扶持;再次是对研发投入的补贴;最后,园区有专门的科技服务团队辅导企业合理避税,减少资金支出等。

总体来看,入驻国际科技园的产业类型包括IC设计、纳米科技、软件开发、高新科技、数码娱乐等。具体的结构分布如图4-45所示。

截至2013年10月,国际科技园累计入驻企业1 523家,在驻企业489家,产值过10亿元2家,产值超亿元15家,从业人员3.23万人。其中财富500强企业9家,全球服务外包百强企业8家,国家高企107家,省软企209家,CMMI企业39家(见图4-46)。2012年,软件离岸外包产值2.5亿美元,全年原创动画产量达16 945分钟,排名全省第一。

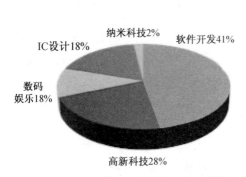

图4-45 国际科技园入驻的主要产业结构

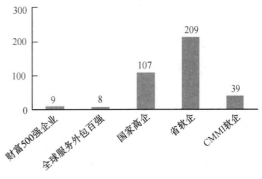

图4-46 国际科技园的企业资质与类型

2012年,国际科技园实现总产值120亿元,约占整个园区总产值的1/10(见图4-47)。截至2013年三季度,企业总产值115亿元(预计全年达135亿元),同比增长15%,软件出口2.14亿元(预计全年达2.6亿元),同比增长4%,上缴税收总额5.37亿元(预计全年达5.7亿元),同比增长13%。

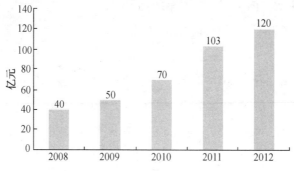

图4-47 2008—2012年国际科技园的总产值

从企业产值的来源结构看,软件开发产业依然是产值最大的产业,高新技术企业和动漫游戏企业的产值增幅较大(见图4-48)。

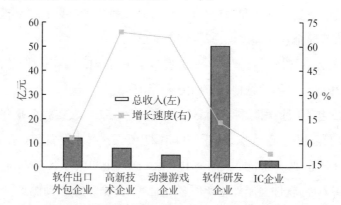

图4-48 2013年前三季度国际科技园的企业产值来源结构及各产业增速

注:爱德万测试(苏州)的总收入前三季度降幅69.39%,影响了IC设计行业整体收入。

国际科技园已成功孵化毕业的企业有几百家,运营较为成功的有几十家。园区可以为成功孵化毕业的企业在周边乡镇或其他地方寻找落户地点,包括厂房和办公用地。譬如,2012年中新合作区内搬迁出了一家外资企业——格兰富水泵(苏州)有限公司,"创意泵站"就是在原来旧厂房的基础上经过重新设计改造而成,于2007年8月竣工,建筑面积约2万平方米,重点发展艺术、动漫、游戏、广告、传媒、出版、软件设计和集成电路设计等创意产业。到目前为止,"创意泵站"已入驻动漫创作、网络游戏、广告创意、工业设计等创意产业企业31家,其中,动画漫画和游戏类企业13家、广告创意设计类企业15家、配套企业3家,从业人数约1 200人。

目前,国家科技园运营主体——科技公司——的收益来源主要靠厂租和公共平台提供的有偿服务以及商业配套,未来潜在的收益点在于不断挖掘孵化企业过程中创造的附加值效益。2012 年,科技公司实现厂租收益 1 亿元左右,集团营收 5.27 亿元,园区政府补贴 4.48 亿元,同比增长 13%。各子公司主营业务收入如图 4-49 所示。

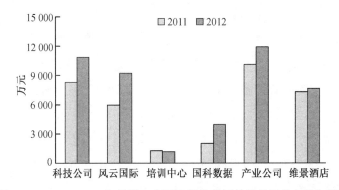

图 4-49　2011—2012 年苏州工业园区科技公司各子公司业务收入情况

截至 2013 年 10 月底的房源出租率达 93%,一至六期房屋出租率情况如图 4-50 所示。入驻企业中,方正国际是软件外包旗舰企业,华为企业业务全球总部、中国移动电子商务基地、软银通信、微软互联网工程研究所均为财富 500 强企业,萨瑟兰为全球服务外包百强,欧文语言是本地化服务外包全球前 10 强。

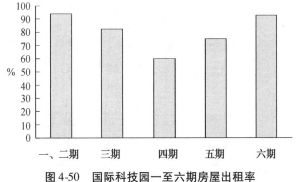

图 4-50　国际科技园一至六期房屋出租率

注:数据截至 2013 年 10 月。

(二) 纳米技术产业发展基地

苏州工业园区是国内第一个将纳米技术产业作为引领转型升级的战略性新兴产业的区域。自 2010 年确立纳米技术引领新兴产业发展的战略以来,园区先后获得国家纳米技术国际创新园、苏州纳米技术国家大学科技园、苏州国家纳米高新技术产业化基地等 7 个国家级称号;已建设包括中国科学院苏州纳米所、苏州大学—滑铁卢大学纳米技术联合研究院、西安交通大学纳米工程学院和中国科学技术大学—加利福尼亚大学伯克利分校联合纳米学院等在内的近 20 所纳米技术相关科研院所;在纳米技术领域集聚国家千人等各级领军人才近 200 人,纳米技术相关企业 200 余家,在多个领域形成了优势产业集群;每年定期在苏州召开的"中国国际纳米技术产业发展论坛暨纳米技术成果展"已成为中国纳米产业的品牌盛会。

园区发展纳米技术产业主要依托苏州纳米技术国家大学科技园(以下简称大学科技园)和苏州纳米城(以下简称纳米城)两大功能载体。**两者分工明确,互相衔接,共同构建苏州工业园区纳米技术从创新、孵化到产业化的整体布局。**

大学科技园位于苏州独墅湖科教创新区内,总投资 10 亿元,总规划面积 36.6 万平方米。其前身是 2008 年 4 月依托苏州工业园区教育发展投资有限公司成立的苏州纳米技术大学管理中心,主要负责纳米技术大学科技园的日常管理工作。2010 年 6 月,苏州工业园区管委会决定批准**苏州工业园区教育发展投资有限公司**出资 3 000 万元成立独立法人苏州纳米技术大学科技园管理公司,加强面向高校科技园的科技成果转化。

纳米城占地面积约 100 公顷,规划建筑面积 150 万平方米。位于苏州工业园区独墅湖科教创新区桑田岛,由苏州工业园区直属的国有企业苏州纳米科技发展有限公司(以下简称纳米公司)负责开发、建设和管理。

纳米公司专注于为苏州工业园区纳米技术产业发展服务,下辖苏州工业园区启纳创业投资有限公司和江苏省(苏州)纳米产业技术研究院两个全资子公司,前者是首个专注于纳米技术产业重点领域高端上游环节的初创期项目,目前已成功完成纳米技术相关项目股权投资 10 余项;后者是国内首个市场化运作的微纳机电制造(MEMS)中试平台,主要构建"研发—中试—规模生产—产业服务"的完整创新链(见专栏 50)。

专栏 50

园区纳米产业"研发—中试—规模生产—产业服务"的完整创新链

苏州工业园区围绕纳米技术创新和产业化发展的需求,规划了涵盖基础研究、应用研发、工程中试、技术服务和产业支撑等关键环节的完备产业平台体系,依托国有科研单位、科技载体、专业公司和高等院校,建立开放的平台服务机制,面向区内乃至全国开展专业服务。

其一,在创新研发方面, 建设创新研发载体、纳米孵化楼、创新研发平台,通过招商引智,促进国内外优秀纳米创新资源、纳米创新企业及机构向区内集聚;同时建设江苏省(苏州)纳米产业技术研究院,致力于推动纳米技术集群创新、集成创新、工程化与产业化,打造纳米技术应用产业的新型公共研发与服务机构。此外,园区还设立了专注于纳米技术早中期项目的投资与孵化基金,形成"风险投资+融资中介+产业生态支撑"相结合的产业投资与项目培育模式,同时与关注纳米技术的风险投资、金融机构共同成立"纳米技术产业投资俱乐部",定期举办投融资活动,为企业和风险资本搭建合作交流的桥梁。此外,正在探索发动民营资本与国有资本形成前后投资链的协作模式。

其二,在工程化中试方面, 为了填补研发机构与规模代工厂之间的空白,满足微纳机电制造相关中小企业工艺研发和小批量生产的需求,促进微纳机电制造中小企业成长和产业快速提升,建设了国内首条6英寸市场化运作的微纳机电制造中试平台。

其三,在小规模生产方面, 通过建设中小规模的研发中试生产用房,以满足国内外成长迅速且初具实力的高科技纳米技术企业入驻需求。苏州纳米城三期主要是以纳米产业中小规模生产为主的厂房型组团,设计面积约为14万平方米,同时结合少量的办公用房。

其四,在产业化服务方面, 建立了集知识产权、纳米标准化、投融资、项目孵化、技术转移为一体的产业服务体系,具体包括产业培训、产业联盟、专利运营、标准化促进、政策服务与项目申报、产业调研与分析以及产品推介等。譬如,纳米技术产业化发展最终是实现产品化,而产品进入市场需要解决质量检测、安全评价及标准化等多方面的问题,同时,政府对战略性新兴产业给予倾斜政策支持和进行产业统计又必须解决产品认证和企业认定问题。而苏州工业园区在实施国内唯一的纳米技术产业专项政策过程中,率先建立了纳米技术产品认证和企业认定实施办法,已完成首批认证工作,并依托苏州纳米所检测分析平台开展专业检测,建立了纳米技术生物安全评价中心,积极参与国际纳米安全研究与交流。园区已被授予"国家战略性新兴产业(纳米技术)标准化示范区",建立了标准化促进工作机制,推动纳米技术企业参与国家和行业标准制定,积极推动纳米技术产品的标准化,其最大的意义在于帮助中小科技型企业走好市场化的"最后一公里"。

其五,产业的人才环境方面, 苏州工业园区设立了国内唯一的纳米技术领军人才创业工程专项,入选项目可获得高达1 000万元的政策性资助和风险投资;针对科研人员创业和成果转化的筹备期,园区开创性地设立了"创新团队"专项,鼓励项目以非法人的方式利用园区科技创新资源开展研发,享受园区资金扶持政策;园区设立每年2亿元的纳米技术人才专项资金,鼓励高端人才引进和培养;为加快特色优势领域技术的突破,园区还将启动设立纳米技术产业技术创新专项资金。园区在共建中国科学院苏州纳米所、引进国内外高校联合办学或设立研究院的基础上,创新设立多个产业技术研究院,面向特色优势领域,加强创新成果转化、技术转移和工程化研发。通过与美国、加拿大、英国、法国和澳大利亚等国的国际知名高校合作,园区已构建多样化、国际化、学历全覆盖的纳米技术特色人才培养体系,已累计培养纳米技术专业本科、硕士和博士人才超过2 000名,并结合区内新兴产业发展组织了多领域工程技术人才培训。

资料来源:张希军.探索战略性新兴产业发展模式 推动纳米技术应用产业发展.中国科学:化学,2013(6).

在空间载体上,纳米产业城针对企业的不同阶段提供不同的用房需求,详情见专栏51。

专栏51

园区纳米产业的空间载体供给

创新研发组团

纳米城一期A02项目,约为8.5万平方米,主要功能为研发中试生产用房,满足纳米技术企业研发、中试及生产、办公需求。一楼荷载1吨/平方米,层高6米;二楼层高5米;三至五楼层高4.2米;配备客货两用电梯。

中试生产组团

纳米城二期A03项目为7栋中试生产用房,各五层,主要满足纳米技术企业中试、生产及研发、办公需求。一楼荷载1吨/平方米,层高6米;二楼层高5米;三至五楼层高4.2米;配备客货两用电梯。

小规模生产组团

专为中小规模纳米技术企业设计,总建筑面积约为14万平方米,厂房大多为四层设计,荷载1吨/平方米,层高以6米为主,设计时充分考虑了中小规模企业对于空间用途、运输通道以及租赁成本的要求,因而呈现出更为便利的货运通道、更为灵活的空间组合以及更为节省的成本造价等特点。

孵化器

位于苏州纳米城西北区1幢和2幢,均为七层单体建筑,共计约7万平方米,主要为纳米技术创新团队项目早中期孵化提供服务。针对市场化前景好、有明确产业化方向和模式的纳米技术创新团队项目,给予包括资金支持、免费办公用房、平台补贴等各项孵化服务。

综合楼

位于苏州纳米城中北区23幢,地下1层,地上5层,主要用于苏州纳米科技发展有限公司办公,中芬纳米创新中心、荷兰高科技企业中国中心、捷克技术中国中心等国际机构也在本大楼办公,另外还提供办公工位和小型办公隔间租赁服务,作为入驻企业装修期间的临时办公场所。

企业定建、自建项目

苏州纳米城允许企业根据自身需求,在苏州纳米城区域购置土地独立建设办公与生产大楼(自建模式);或者委托苏州纳米科技发展有限公司为企业定制建设办公与生产大楼(定建模式)。苏州纳微科技有限公司已按照自建模式购置土地,规划建设3万多平方米研发、中试、办公大楼,预计2015年11月竣工使用。

资料来源:苏州纳米城网站主页.http://www.nanopolis.cn/nanopolis/gnzt.htm.访问时间:2014-12-20。

(三)生物医药产业发展平台

2005年,园区发展开始遭遇资源瓶颈,土地匮乏、能耗环保等问题日益显现。园区政府认为,园区的产业发展应该从外向型制造加工进一步向科技含量高的产业方向提升,同时可以此聚集人才。生物纳米科技园(以下简称生物纳米园)就是在这种背景之下成立的。**而选择发展生物纳米的主要原因在于园区自身在生物纳米产业方面有一定的基础**:首先,苏州的国际医药企业、药厂很多,同时本土制药企业和药厂从事医药研发、生产的人才也比较多;其次,生物医药在全球是新兴产业,尚处于起步阶段,世界各地发展水平的差距还不是很大,因此这个领域具有发展潜力。

生物纳米园于2005年10月17日组建,位于苏州独墅湖科教创新区内,占地86.3公顷。自2007年6月正式开园以来,先后被授予"国家纳米技术国际创新园"、

"中国服务外包示范基地"、"海外高层次人才创新创业基地"、"江苏省生物医药产业园"、"江苏省纳米技术产业园"等称号,并且获得"国家级科技企业孵化器"、"国家纳米技术大学科技园"两个国家级科技载体资质认定。其冷泉港亚洲会议中心是全球性的生命科学领域的学术和产业交流中心。

在建设之初,生物纳米园即秉持园区"先规划再建设"的原则,同时由于对产业不熟悉,生物纳米园讲究逐步推进建设。在整个建设过程中,生物纳米园参照泰州、张江、圣地亚哥的经验,对先期入驻的企业、潜在客户做了一次问卷调查,以保证按照企业的需求建设。截至2013年,建筑体量将近90万平方米,出租面积大约60万平方米,出租率可达60%以上。随着资源越来越紧张,生物纳米园已经不再进行大规模建设,转而主推为优质客户量身定制生态厂房、研发中心等。

生物纳米科技园是由园区的国有独资企业苏州工业园区生物产业发展有限公司(以下简称生物公司)投资建成。该公司成立于2005年,组建公司时注册资本金为5.5亿元,目前注册资本已增资到10亿元。生物公司的股东是苏州工业园区地产经营管理公司和苏州工业园区国控公司,这两个公司是园区所有国有企业的两大母公司。

生物纳米园按照区域功能划分为项目孵化区、加速器区、产业化区、行政办公区与生活配套区,中国科学院纳米技术与纳米仿生研究院也落户于此。生物纳米园与纳米公司的区别在于生物纳米园主要专注于把纳米技术应用于生物医药医疗器械,因此,招商的重点偏重于医药和器械。

苏州工业园区生物产业发展有限公司作为国有企业,最初不能直接参与投资具体项目,但是可以为企业的发展提供更好的平台资源。为此,园内建设了一整套综合的软硬件服务平台体系:其一,在硬件平台方面,园内建成药物分析测试服务平台、抗体公共技术服务平台、药物传导技术服务平台,与中国医学科学院共建了创新生物医药平台;同时中科院纳米所的纳米技术服务系列平台也可为纳米技术企业提供检测、加工与工程化方面的专业服务。[①] 起初,由于园内的小微企业比较多,而且园区周围做平台的公司也比较多,相比之下,园内的设备不算多,因此无法形成足够的竞争力。后来,生物纳米园把原先的硬件平台资产全部拿出来组建了新的全资子公司——苏州百拓生物技术服务有限公司,并向国家申请了资质,其出具的报告具有国家法律效力,更加权威。园内目前的硬件平台仍然以服务园内的小微企

---

① Biobay. http://www.biobay.com.cn/main/index.asp 访问时间:2014-03-17.

业为主,未来有望市场化运作,为园外的项目,如国外的药厂、医院等也提供平台服务。其二,在软件服务方面,生物纳米园为入驻企业提供包括政策申报、产学研对接、投融资对接、商业推广、人才招聘与培训、企业工商注册等一系列专业服务,这些服务可以帮助入驻企业降低研发成本,专注核心竞争力,加快研发成果产业化过程。

生物纳米园初步形成了国内产业链最为完整、产业集聚度最高的基因技术、纳米技术两大产业。在基因产业方面,园内形成了基因试剂开发、基因检测服务、基因诊断与基因治疗药物研发、基因工程药物与疫苗研发、基因产业配套等一条完整的产业价值链。在纳米产业方面,结合苏州工业园区现有的微电子、光电制造业优势,生物纳米园集中发展纳米新材料、纳米光电子、纳米生物医药、微纳系统制造、纳米节能环保五大纳米技术应用领域,并集聚了一批优秀企业。

截至 2013 年 10 月,苏州生物纳米园已聚集了 300 多家高科技研发企业,注册资本金达 50 多亿元,获得银行贷款、风投资金有 20 多亿元。几乎所有的企业都有自主知识产权或专利。各类型企业数量及纳米园近年专利申请数见图 4-51。

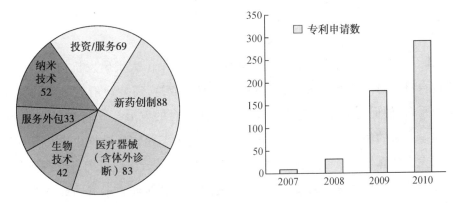

图 4-51　苏州工业园区生物纳米园企业类型数量及近年专利申请数

苏州工业园区现有内、外资生物医药企业 330 多家,就业人数约 3.5 万人。2011 年,园区生物医药产业总产值 160 亿元,约占苏州市的一半。其中,生物纳米园集聚的自主品牌企业有 196 家,2011 年实现产值 20 亿元。①

目前来看,生物纳米园的主营收入主要来自租金,由于肩负着园区政府扶植产业的责任,生物公司属于平台性质,不以利润率作为考核衡量的依据。

从园内企业未来的发展来看,一旦成功完成孵化,进入规模化生产阶段以后,必

---

① biobay. http://www. biobay. com. cn/main/searchinfo. asp? ArtID = 1567&ArtClassID = 17. 访问时间:2014 - 03 - 17.

然会催生工业用地的需求,而生物纳米园在苏州工业园区的周边乡镇桑田岛的工业用地,可以承接园内发展起来的、产品符合园区环保安检要求的企业。此外,**2013年年初生物纳米园和常熟市的新材料产业园共同组建了苏虞生物医药产业园,可以承接园内不符合园区环保安检要求的一些偏化学的污染重的小分子医药企业,这部分企业的研发中心和总部仍然可以留在生物纳米园。**

与此同时,逐渐成长的生物纳米园也面临着一些问题。2007年,一期开园只有10家规模很小的企业,直到2009年之前招商都主要依靠在国外做展会和承接上海转移而来的项目企业。**如今,面对周边很多城市都在发展生物医药的竞争环境,生物纳米园也面临着当初上海的企业流到苏州工业园区同样的问题,这些园内企业也可能流向无锡、武汉、广东等地。**但生物纳米园一直坚持用服务走出自己的特色,不做同质化竞争、压价等。一方面,生物纳米园继续提供更好的基础设施和服务,以及更好的交流和学术上的创意等;另一方面,也努力形成上下游的产业链,使园内企业客户就在周边。

三、其他创新

国际科技园起初定位于发展硬件载体,吸引汇聚了大量研发机构。但由于研发机构自身的力量十分单薄,无法整合上下游产业链,需要政府为其搭建科研或者资源平台,便促使国际科技园逐步向载体+平台的发展模式转型,一方面继续投资建设园区的相关硬件载体;另一方面投资建设苏州国科数据中心和江苏风云科技两大云计算软件服务平台。截至2013年6月,风云在线已拥有国内外专业云计算服务软件产品及解决方案230多个,是国内产品线最为丰富的综合性云计算服务平台。①

经过多年的产业积淀,国际科技园开始主力承担云计算产业的发展任务。这个3.0版本的发展模式更多地内含着一种创业生态圈的发展理念,见图4-52。

图4-52中,内圈是园区政府通过资源整合和平台建设形成的技术创新条件,包括载体建设、平台服务、政策引导的软硬件环境,以及项目、资金、人才等外部资源注入;外圈是资源互补、互相关联的协同创新主体,包括政府、科研院所、企业、风投机构、银行等;外圈、内圈相互结合,共同促发中小企业的技术创新活动。此外,国际科

---

① 中国江苏网。http://jsnews.jschina.com.cn/system/2013/06/21/017712256.shtml. 访问时间:2014 – 03 – 17。

技园还通过路演、茶会、沙龙等平台优化创业服务,推进"SISPARK成长计划",积极与国际接轨,学习先进技术,与硅谷INNOSPRING建立孵化器互动合作关系,在内外结合的同时,引入移动互联网社交工具,如官方微博、微信定制化菜单,开发科技园移动客户端,显著提升服务效率。

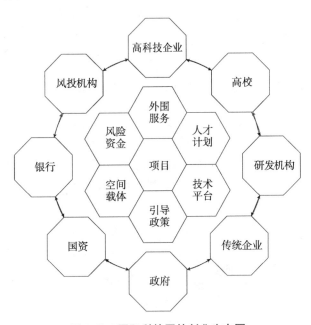

图4-52 国际科技园的创业生态圈

其中,对于初创型的高科技中小企业发展而言,面临的最大问题往往是初期融资,国际科技园目前已形成上级经费引导、园区科技三项经费配套、创投基金介入、担保基金保障、社会资金参与、全方位资金支持企业技术创新活动的多元化科技投入体系。具体包括:(1)创业投资基金、种子基金、产业投资基金;(2)创投引导基金;(3)风险投资跟进补贴;(4)中小企业融资;(5)科技型中小企业统贷平台;(6)各类风投公司。[①]

苏州工业园区结合国家战略性新兴产业的需求,探索性地提出了"纳米技术产业生态圈"模式[②],其直接表现就是产业集群中处于上、中、下游层次的企业,因投入产出关系所形成的类似于食物链的产业生态链。具体包括:(1)以政府主导、国资推动、市场运作、产业互动为主要机制;(2)全力推动以纳米技术为纽带的领先技术、创

---

① 苏州国际科技园. http://www.sispark.com.cn/invest/article.aspx?id=100004178. 访问时间:2014-03-17.
② 张希军. 探索战略性新兴产业发展模式 推动纳米技术应用产业发展. 中国科学:化学,2013(6).

新产品、高端人才、产业资本、支撑平台和创业载体六大产业要素集聚;(3)广泛带动政府职能部门、传统企业、纳米技术企业、高等院校、科研机构、风险投资、金融机构、中介服务和国有企业等主体围绕纳米技术产业发展形成聚合效应。园区构建的产业生态圈不仅包括产品上下游的供需关系,而且还包括产业链、创新链、投资链、服务链、人才链等一系列产业发展的核心资源要素及其相互作用关系,创新各类载体、平台(如图4-53所示)。

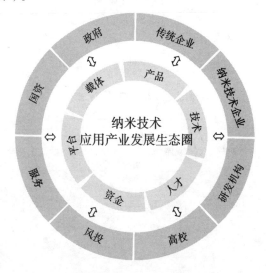

图4-53 纳米技术应用产业发展生态圈

专栏52给出了一个纳米技术产业复合平台创新的案例,就涉及产业、创新、投资、员工安置等多个方面。

专栏52

纳米技术产业的复合平台创新案例:博实公司

苏州博实机器人技术有限公司(以下简称博实)的前身是哈尔滨工业大学博实精密测控有限责任公司,苏州公司成立之初的人员、技术、装备均来自于哈尔滨的公司。公司董事长孙立宁教授是我国机器人技术领域知名的中青年专家,曾任哈尔滨工业大学机电工程学院副院长、机器人研究所所长,是国家十五"863"计划先进制造及自动化领域机器人技术主题专家组成员、MEMS重大专项总体组组长。10余年来,他主持并完成国家自然科学基金、国家863计划和省部级重点科研项目20余项,将机器人扩展到工业、医疗、服务等行业。

据人力资源部工作人员介绍,公司成立之初,从哈尔滨迁来苏州的员工有20余人。随着公司的发展壮大,以及逐步建立的规范的激励和约束机制,越来越多的科技人才被吸引过来,如今规模已达上百人。其中,90%以上的员工具备本科以上学历,教授、副教授、博士、硕士多达20余人,研发部门员工约占总人数的30%。此外,公司还有一支10人左右的强有力的市场团队。员工的流失率极低。

风险融资方面,2009年至2010年,公司董事长孙立宁作为苏州工业园区科技领军人才、姑苏创新创业领军人才,带领的领军创业项目获得了政府的支持资金;2010年10月,由中新苏州工业园区创业投资有限公司以及苏州工业园区融风投资管理有限公司共同向博实注入创投资金650万元,公司注册资本变更为755.6万元。这是博实机器人最主要的融资渠道。

此外,2010年11月,公司申报的"自动化生产线用高性能工业机器人研发及产业化"项目获得2010年度"江苏省科技成果转化专项资金"的支持,江苏省无偿支持资金600万元,苏州工业园区政府配套资金300万元,加快了公司的技术开发和产业化发展步伐。

除此之外,据博实财务部工作人员介绍,博实的银行贷款申请成功率非常高,而且银行贷款获准金额比率基本达到90%~100%。2012年年底,公司开始实现微盈利,同时也结清了全部银行贷款。考虑到未来产业化发展的需要,可能会尝试向银行申请2 000万~3 000万元的贷款。

在强大的人才和资金支持下,博实在柔性系统制造领域、MEMS领域取得了一系列突破。公司目前已成功获得30~40项专有技术和专利,承担数十项国家科研项目,研究成果市场转化率为20%~30%。有关数据显示,博实每年的研发投入占销售收入的比重高达30%~40%,且研发经费还在以每年20%~30%的增长率上升。

2010年5月,公司揭牌成立"苏州大学机电工程学院学生创新实践基地"、"苏州博实机器人技术有限公司与苏州大学机器人和微系统研究中心联合实验室"。2011年,该实验室被正式批准为"江苏省先进机器人技术重点实验室"。

资料来源:课题组实地调研;何婉茹. 中小型科技企业成长机制评价研究. 苏州大学硕士学位论文,2014.

生物纳米园基于完整产业链条的产业公共服务内容如图4-54所示。

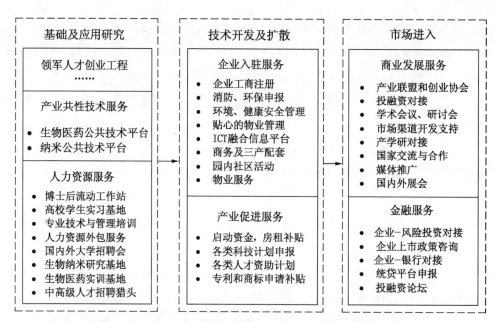

图 4-54　生物纳米园基于完整产业链的产业公共服务

苏州思坦维生物技术有限责任公司的发展历程,就是园区投融资平台、产业共性技术平台和人才计划综合构成复合性制度创新平台,促进企业研发创新的典型案例(见专栏 53)。

专栏 53

生物纳米园的复合平台创新案例:思坦维公司

2005 年,苏州思坦维生物技术有限责任公司(简称思坦维)由四个自然人共同筹资组建成立于上海张江开发区,是一家现代生物高科技研发型公司,致力于新药的研制和开发。2007 年,思坦维在中新创投公司旗下的凯风创投基金引导下,入驻苏州工业园区的生物纳米园。一期融资中,园区创投基金以股权投资的方式投资 400 万元。

作为一个典型的研发型公司,新药研制的投资周期相当漫长,从开始立项到新药上市,平均时间是 10~14 年,越到后期,成本的需求就越高,甚至光投资建设一个标准厂房的成本就达 1 亿多元。因此,思坦维对风险投资的需求尤为强烈,这也是它选择从上海搬迁过来的一个原因。

在经营成本构成上,思坦维的劳动力成本占总成本的比例在 20%~30%,最大的一块成本支出是设备投入,每年的耗材投入、仪器投入要占用很多资金,一个月的耗材消耗相当于一个月的工资成本。

园区的技术服务平台也是吸引该公司落户苏州的另一个重要原因,因为自己购置设备有困难的话可以共享技术服务平台,每年的使用费仅几万元;若自己购置设备,一台设备的成本为几百万元。这种共性技术服务平台针对的是园区各种类型的企业,刚开始由于企业少,技术服务平台有时候出现闲置,随时都可以使用,但现在技术服务平台的利用率相当高,需要预约排号才能使用。

思坦维还承担着国家"十二五重大新药创制"科技重大专项等攻关课题,公司领导也是"江苏省双创人才"。这些攻关课题可以增强公司的核心竞争力,从更为实用的角度看,可以缓解公司的成本压力。在这方面,园区的中小企业服务中心提供了很大的便利,主要体现在申请科技基金方面,2010年的"国家十二五重大专项资助"就是在该中心的帮助下争取到的,项目经费为300多万元。如果没有中心的话,单个企业很难争取到。

资料来源:课题组实地调研.

附表

表4-6 1996—2013年中国固定资产投资规模及来源

单位:万亿元

来源	实际到位资金小计	国家预算内资金	国内贷款	利用外资	外商直接投资	自筹资金	企事业单位自有资金	其他资金来源	各项应付款	各分项加总	重复统计
代码	T	A	B	C	D	E	F	G	H	I = SUM	J = I - T
1996	1.65	0.06	0.36	0.23	0.12	0.76	0.48	0.24	0.16	2.28	0.62
1997	1.81	0.06	0.39	0.24	0.13	0.85	0.54	0.26	0.15	2.48	0.68
1998	2.07	0.11	0.46	0.22	0.11	0.95	0.57	0.31	0.19	2.82	0.74
1999	2.13	0.15	0.49	0.16	0.08	0.96	0.59	0.34	0.22	2.91	0.78
2000	2.38	0.17	0.57	0.15	0.08	1.07	0.66	0.41	0.25	3.27	0.89
2001	2.79	0.20	0.62	0.15	0.09	1.29	0.85	0.51	0.30	3.93	1.13
2002	3.40	0.25	0.77	0.18	0.12	1.56	1.04	0.62	0.38	4.80	1.40
2003	4.89	0.24	1.12	0.22	0.17	2.36	1.73	0.93	0.48	7.09	2.20
2004	6.28	0.27	1.28	0.27	0.21	3.22	2.31	1.23	0.55	9.11	2.84
2005	8.09	0.35	1.52	0.34	0.25	4.41	3.20	1.46	0.67	11.96	3.86
2006	10.16	0.46	1.88	0.38	0.28	5.65	3.69	1.80	0.81	14.66	4.50
2007	13.03	0.54	2.21	0.46	0.35	7.43	4.31	2.39	0.96	18.30	5.27
2008	15.69	0.74	2.47	0.47	0.35	9.76	5.09	2.26	1.17	21.95	6.26

续表

来源	实际到位资金小计	国家预算内资金	国内贷款	利用外资	外商直接投资	自筹资金	企事业单位自有资金	其他资金来源	各项应付款	各分项加总	重复统计
2009	21.83	1.13	3.76	0.40	0.28	12.77	5.51	3.76	1.47	28.81	6.98
2010	27.25	1.31	4.49	0.44	0.28	16.62	6.51	4.39	2.12	35.87	8.63
2011	33.42	1.44	4.53	0.51	0.33	22.04	8.16	4.91	2.73	44.31	10.89
2012	39.94	1.92	4.99	0.45	0.28	26.88	9.11	5.69	3.50	52.55	12.61
2013	48.04	2.22	5.87	0.43	0.26	32.43	9.82	7.09	4.47	62.33	14.29

注:按照指标解释,其他来源(G)指除 A、B、C、E 和债券外的资金来源。将各分项相加所得资金总和(I = A + B + C + E + F + G + H)大于固定资产投资总额(T),本表将二者之间的差额(J)视为重复统计项。

表 4-7　1996—2013 年中国固定资产投资资金来源构成

单位:%

来源	国家预算内资金	国内贷款	利用外资	外商直接投资	自筹资金	企事业单位自有资金	其他资金来源	各项应付款
代码	A	B	C	D	E	F	G	H
1996	2.42	15.85	10.07	5.17	33.23	20.86	10.61	6.95
1997	2.61	15.53	9.49	5.26	34.19	21.56	10.51	6.10
1998	3.76	16.48	7.86	4.06	33.78	20.35	11.07	6.69
1999	5.20	16.75	5.57	2.62	33.13	20.16	11.66	7.52
2000	5.11	17.41	4.48	2.40	32.59	20.24	12.61	7.57
2001	5.11	15.82	3.89	2.42	32.93	21.73	12.99	7.52
2002	5.31	16.12	3.66	2.49	32.44	21.70	12.93	7.84
2003	3.33	15.84	3.12	2.38	33.33	24.46	13.15	6.77
2004	2.92	14.02	2.96	2.29	35.30	25.32	13.45	6.04
2005	2.96	12.70	2.84	2.12	36.85	26.79	12.24	5.62
2006	3.11	12.80	2.62	1.94	38.53	25.18	12.24	5.51
2007	2.97	12.06	2.49	1.92	40.61	23.55	13.07	5.25
2008	3.36	11.24	2.14	1.61	44.47	23.19	10.28	5.32
2009	3.94	13.05	1.37	0.96	44.35	19.11	13.06	5.11
2010	3.64	12.51	1.22	0.79	46.34	18.15	12.25	5.90
2011	3.25	10.22	1.15	0.74	49.74	18.41	11.07	6.16
2012	3.66	9.50	0.86	0.54	51.15	17.33	10.84	6.66
2013	3.56	9.41	0.69	0.42	52.03	15.76	11.37	7.17

注:计算公式为各项到位资金数额/(A + B + C + E + F + G + H)。

表4-8　2003—2012年苏州工业园区生产性服务业固定资产投资

单位:亿元

指标	2003	2004	2005	2006	2007	2008	2009	2010	2011	2012
全社会固定资产投资	202.52	281.86	357.08	395.38	416.40	455.01	492.05	550.25	666.28	740.53
第三产业固定资产投资	103.49	146.88	185.57	222.50	244.34	282.25	352.78	405.29	517.72	575.47
交通运输、仓储和邮政业	0.00	3.56	2.05	1.58	2.18	0.70	2.38	3.51	2.52	2.74
信息传输、软件和信息技术服务业	0.23	0.29	0.51	0.11	0.10	0.03	0.31	2.14	4.96	3.36
批发和零售业	0.24	0.01	1.34	2.02	1.86	13.84	11.12	0.71	6.88	17.25
住宿和餐饮业	0.14	2.37	2.51	5.01	17.39	11.34	7.04	12.18	14.95	19.63
金融业	0.00	0.00	0.00	0.00	0.00	0.00	2.88	12.05	14.61	16.88
房地产业	28.00	62.13	100.10	110.21	124.94	157.17	161.66	211.69	287.15	273.55
租赁和商务服务业	3.84	13.82	8.71	2.08	6.00	24.86	22.18	46.20	62.46	91.92
科学研究和技术服务业	0.75	2.99	4.84	6.24	9.94	11.03	10.69	20.29	48.06	64.94

结语　一个预期：中国"走出去"战略中的园区前景展望

　　本书作为结语放在最后的文字，是以归纳本课题的研究发现来对苏州工业园区未来的发展进行展望。

　　课题组认为，**在中国当下的这个历史阶段，园区有条件成为构建中国话语的国内培训基地，同时，像20年前的新加坡那样，成为中国对外输出产业园区综合管理及相关"制度转轨（与中国对外大型综合开发项目贷款互相配合）"的综合性主体。**

　　理由如下：

　　第一，1998年中国即已认识到进入产业资本过剩，开始以国债主导投资拉动经济增长，到2014年已经16年了，国内投资领域逐渐填满，产能过剩更趋严重；下一阶段维持产业资本发展，将只能以"走出去"为主要方向。

　　第二，中国对当前的"走出去"战略缺乏综合配套措施，实施中教训多多，硬件不足而软件尤缺，以往单靠硬件走出去，充其量只能算"我是土豪我任性"，胜算很少，损失巨大。未来应该硬软实力一起抓，综合性地走出去。**若没有中国软实力及促进当地制度转轨的社会文化教育等领域的交流来互相配套，绝对不要再做那种到处遭人诟病的、单纯以盈利最大化为目标的项目投资。**

　　第三，中国沿海工业开发区鳞次栉比。但大多数是海外华人"无根投资"的一般商品生产，投资者其实赚取的是环境租和劳力租；如果用这种无根产业的发展经验和劣质管理制度走出去，只能砸中国的牌子，坏中国的软实力。相对而言，能够"零成本起步"、在多次危机打击之下能够"化危为机"、有能力形成总地租并且完成产业结构提升，且20年运作良好的，唯苏州工业园区莫属。

由此看来,国家若改为综合性地走出去,就尤其需要以园区管理及其制度建设为中国软实力输出的代表。诚然,从地方发展竞争格局看,自觉响应国家战略也是园区自身发展的需要。

一、基本脉络与判断依据:中国工业化的阶段性演变

课题组必须自我反省的是:如果从国际化视角来做好一个园区20年发展经验的历史研究,则势必要求我们保持客观,放下各种意识形态和价值判断的有色眼镜,"去辨别历史现象中所包含的各种各样的脉络,从而在此基础上完成历史面貌的再构成的任务"(滨下武志)。然而,即使愿意致力于寻求学术真知的人对此没有异议,即使不考虑资料可得性和可靠性的问题,我们这些研究者能看到什么,仍然是被身处其中的现代化知识视野和西方中心主义主导的学科框架决定的。

于是,我们要做的展望,毫无疑问也将主要基于这样有知识局限的脉络之上。

课题组尝试进行宏观与微观相结合的研究,在影响园区发展脉络的诸多因素中,寻找到最有主导性、最有解释力的变量。

作为旁观者,我们也深知这样的归纳难免挂一漏万,因此,斗胆把本书命名为"述要",而不敢称为"总结"。

我们看到,在苏州工业园区的20年中,每一个重要的转折点,都有宏观经济的深刻危机为先导。因此,园区的客观经验不是"从胜利走向胜利",而是如何"化危为机"。这也就是我们把经验过程归纳为"三次危机与四个阶段"的客观依据。这样归纳,至少可以使得局外的读者对于园区经验的认识有了从特殊上升为一般的条件。

正是这个客观经验的归纳,使我们不得不承认,尽管园区整整一代人的奋斗让人赞叹,但外部环境的变化对于园区的每一个转折都有至关重要的影响。理论研究与占星术的区别,主要在于对外部环境的变化规律及其传导机制的认识。

"天行有常,不为尧存,不为桀亡。"——这个"常",首先是资本运动的一般规律,它对中国的工业化进程和全球资本的阶段性演进给出了质性规定。

纵观苏州工业园区20年历程,我们看到的是在"强政府+强资本=强信用"的体制下,园区在短期内完成了规模资本的集聚;其后则是顺应中国加入WTO与国际产业全球布局机遇进行产业资本面向国际市场的扩张;再后则是三种不同资本扩张中因"高制度"所形成的"总地租",及其对园区统筹社会科技教育等多领域综合发展的作用;以及适应市场竞争所发生的以综合性平台为手段的结构调整。这四个主要的发展阶段,意味着园区用20年的时间,走着新中国60年所走的工业化道路——不同在于,在中央政府主导完成国家工业化之后,园区可以在不做自我剥夺的条件下来完成资本原始积累,而得以有零成本但高起点起步完成初始资本集聚。

可见,**园区是中国之成长为产业资本阶段"第一大国"的一个局部,园区发展与中国工业化是一种高度一致的经验过程。**

据此,对中国工业化既往经验的回顾和未来方向的展望,应该是我们做前景分析的依据。

从整体结构看,中国一方面正在从产业资本为主向金融资本阶段跃升;另一方面,正在从南到北地发生着"去工业化"浪潮。两者都是产业资本因整体上生产过剩而陷入资本主义一般性危机的表现,官方文件中比较实事求是地承认为"新常态"。

在这个新常态中,我们几乎不可能预期园区下一步能将经济结构由产业资本为主升级到金融资本阶段为主。这似乎和我们对园区第四阶段的创新经验总结构成矛盾与对立——

在园区的第四阶段,我们看到,在后金融危机时代国内把产业升级和制造业转型作为主要任务、但由于宏观结构性矛盾碍难落实的时候,园区通过三大创新解决了产业转型中的三大失灵问题:金融平台创新解决金融资本异化于产业资本的难题;技术平台创新解决产业共性技术的供给不足难题;中小企业服务平台创新解决政府公共服务与企业现实需求对接的难题。这一套早在 2008 年金融危机发生两三年前就未雨绸缪地陆续出台的组合拳,使得园区的实体经济在苏州当地、在全国开发区中都继续保持领先地位。

从 1994 年园区初始时期的"高投资"、"高制度"算起,20 年来园区可谓一路"高开高走",但这最后一阶段的创新经验,恰恰格外值得重视!因为从内涵上说,这是**园区政府的产业治理第一次从策应大型外资企业需求转向策应中小型内资企业,相应的附加值来源也从产业资本为核心转向人力资本为核心。**

园区这些重要经验,不论在国内是否属于首创、独创,对于因应中国新常态下的经济增长转型和就业压力缓解等挑战,对于国内大多数区域经济发展,乃至对于中国产业资本走出去所必须的话语权竞争,都具有重要的启示意义。正如园区的领导者所说,"越往内地走越看到我们的过去"。园区的经验表明,即使是经济相对落后、一如园区之过去的内地,通过超常规的资本增量注入和配套的制度构建,超越原有路径的"跨越式发展"也是可能的。

但问题在于,这些非常积极的创新经验并不足以保证园区能将当前的优势"常态化"一直延续下去!

读者应该有印象,本书花了大量的篇幅,来分析地方政府之间的发展竞争对于

经济格局演变的影响。从这个视角出发,课题组不无隐忧地提出以下几方面问题:

一是国内的地方政府竞争和园区有限的土地资源,限定了园区政府的作为空间。园区的土地资源已经客观地形成"被定价"——被20多年的处于产业链较高层次的二产外资和三产内资进行了定价,所以土地和劳动力的价格要素没有向下回调的可能。现阶段,园区对于产业创新的吸引力集中在种子期,机制在于依托政府的雄厚财力帮助初创期的中小企业解决了前竞争阶段的资金融通和资源整合问题;因为,根据交易成本理论,拥有专有性资产的政府对于中小企业具有整合能力。但是,当企业发展壮大到一定程度,企业追求要素价格低谷的动机和机动性能力将同步加强,双方的谈判地位或将对调。虽然园区通过股权投资占有企业的一定股份,因此从经济收益上来说并不吃亏,但并不利于形成覆盖完整产业链的产业生态,也就难以占有产业综合的内部化收益。

二是上海自贸区的成立及政策配给,将对长三角的区域经济布局产生重要影响。如果那里成为资金要素的低价格供应者,同时上海又不具备与其他国际总部基地竞争的能力,那么将会如"吸星大法"一样将国内长三角一带的产业利润集中过去,虽然生产还是在其他地区,但是**产业所在地只留下有限的生产成本+提成,而大部分的附加值都会通过内部结算转移到上海**。

这个"虹吸"作用和跨国公司在中国设立生产基地但利润通过内部结算提到国外的总部是一样的。如果位于产业价值链较高位置的苏州工业园区尚且难免受大冲击,其他地区可想而知。

如前文所说,长三角已然从埃及"金字塔"变成了法国"埃菲尔铁塔",下一步将会变成什么?难道会是一"珠"独秀的上海"东方明珠"电视塔?

如果在这样的上下挤压中,苏州工业园区泯然众人,尽管不外乎是产业资本常态化危机之客观规律的一般性表达,仍然不免让人深感惋惜。

这个在国际上有着良好口碑的开发区,既起步于代行国家战略,在当下也本应当继续为国分忧。

从历史呈现给后人的大趋势上说,相对而言,**符合一般产业资本运动规律的前景,很可能是危机压力下的中国产业资本追寻要素价格低谷而对外转移**。

我们在前面的文字中,已经分析了中国正在从南到北发生的"去工业化"趋势及其成因。其中,港台地区"无根资本"最先离开"劳动力租"和"资源环境租"都已经枯竭的"三南"——岭南(包括珠三角)、闽南和浙南——转而进入这两种"租"都还充裕的越南与正在产生和平红利的缅甸。**伴随着"三南"地区发生"去工业化"暴露出的代价,当然是企业关门和老板跑路,把大量坏账和失业造成的社会冲突甩给地方政府。

由此看来,因产业结构相对完整而近期尚未出现企业衰败的苏南,在长期产能过剩的压力下也可能发生类似变化。**事实上,园区也已经自觉地对外转移了部分低收益的劳动密集产业和相对落后产业,同时随产业转移而顺势承担了外地工业园区的管理外包服务业。**

这个时期,在国内积累有关"产业转移+管理外包"的经验是重要的。

课题组**高度重视园区的这些与产业外移的同时推出承接管理外包业务的经验。**这个先期努力不论成败,都是难能可贵的经验积累。因为,中国产业资本更为艰巨的任务是将全球竞争压力下资本自发向外移出的"危难",主动地、辩证地转换为有利于人类可持续发展之新模式的"机遇"。

如果我们不把凭借"高制度"自觉配合中国"走出去"战略作为园区的前景,而单纯就园区的产业资本经济发展来说,在外部环境变量的影响下,园区依靠加强内功应对危机的经验恐怕会受到很多局限。反过来看,则园区在这个历史阶段有条件成为构建中国话语的国内培训基地,同时成为对外输出产业管理及相关制度的综合性主体。

下面对此问题进一步展开分析。

二、西方"走出去"与中国"走出去"的本质差别

相比西方工业化国家从20世纪70年代开始的产业资本走出去,**及其配套的80年代开始对所有接受产业资本的东道国全面推进制度变迁的新自由主义软实力走出去,**中国的"走出去"战略在"道"与"术"上的确存在很大的不同。

仅从操作层面的"术"来看,无论是园区的走出去,还是中国的走出去,都仍然有极大的充实内容的空间。

之所以要与西方走出去的历史进程做比较,是中国在1993年把"走出去"作为战略提出的时候,正是在"摸着石头过河"这种对西方亦步亦趋的学习之中因有意无意地存在知识盲区而发生"选择性借鉴",刻意地忽略了西方现代化经验中的最为关键的部分:

早期以"奴隶制三角贸易"为代表的西方血腥殖民主义走出去延续过几百年,实质性地构建了"王权公司化"的重商主义制度(如荷兰和英国的"东印度公司")。虽然,这种以国家为单位推行反人类犯罪的殖民侵略、配合外国资本强权统治,最终被发展中国家的民族解放运动打破了,但两次世界大战之后却路径依赖地表现为:因

稳定了西方划定的殖民地势力范围而演变成的工业化后期配合产业资本输出的新殖民主义,仍然在发展中国家大行其道。

此时期的基本经验,就在于70年代西方国家开始输出"资源密集、环境破坏型"产业和"劳动密集、社会破坏型"产业的同时,配合性地把制度变迁作为管理科学、社会科学同步输出,于是,就在使发展中国家接受产业资本形成债务的进程中,大部分人文社会科学自然而巧妙地构成了西方中心主义文化软实力走出去的载体;等到80年代以后,诸多发展中国家则因为引进产业而背负外债、进而被债权国家水到渠成地要求"转轨",遂只能在20世纪90年代的西方主导下进行新自由主义"改革"。

因此,历史地看,从单纯的资本输出到综合性的制度输出,是资本主义发展的过程中客观呈现出来的一条脉络。

二战后,资本主义先发国家大量对发展中国家进行产业输出,由于产业资本必然要求东道国的管理体系与之配合,所以,资本大量向制度形态接近的国家跨国投资,客观上对其他制度不同国家的制度转型构成压力,从而使发展中国家整体上、普遍地形成了官方主流以亲资本为价值取向的强制性制度变迁,几乎所有的投资国都是要求东道国(受援国)根据投资国的产业体系及其利益需要来形成制度体系,进而,则是根据投资国的话语体系来形成国内跟从性话语。诚然,发展中国家官方主流遵从西方资本的利益要求推行的此类制度变迁,在国内一般都会引发广泛的社会反抗;这些冲突现象越是大量发生,就越是反过来成为西方深化其软实力影响、深化其主导全球制度变迁的依据。

这就是产业阶段资本主义全球化"和平演变"的客观规律。

这也是西方产业资本乃至金融资本走出去畅通无阻,而中国无论怎么走出去都步履维艰的最根本原因。

另一方面的原因在于:

中国在通过土地革命战争获得主权独立之前,与其他发展中国家一样都属于西方殖民化的受害者。在国家工业化原始积累期间搞的也是"内向型剥夺",而没有像西方那样大规模地对亚非拉新大陆侵略扩张。由此,**中国客观上没有西方殖民主义的历史经验,也没有在其他国家推进制度变迁的意愿。**这些是中国20世纪50年代参与不结盟运动提出"和平共处五项原则"、坚持不干预别国内政的背景;但也是80年代以来西方认为中国没有承担西方式的国际责任的背景。

中国虽然早在1993年就提出了"走出去"战略,但那个年代国内资本极度稀缺,于是,呼应走出去的,主要是一些私人经济零零散散地出去"捞世界",既无国家出口银行组织银团低息贷款的支持,也无社会科学、管理科学配合制度变迁等软实力的输出,更是很少有中国非官方组织在海外开展文化社会教育等软实力走出去的活动。尤其在发展中国家,这种私人经济散乱地走出去,实质上带有私人资本在海外推行其原始积累的内涵,不大可能严格地执行规范制度。

于是,十几年缺乏规范和监管的如此无序走出去,客观上曾经造成"中国货＝假冒伪劣"、中国人不能融入当地社会的不良印象。

到世纪之交,中国官方部门不得不面对产业资本全面过剩压力的时候,才有对发展中国家开展的教育文化和社会领域的交流活动,却因国内主流意识形态的对立而略嫌笨拙,在国外的影响也聊胜于无,既谈不上参与全球话语权竞争,又缺乏与产业资本走出去相配合的综合性的软实力对外输出。

而就在这个时期,**西方跨国资本在对外转移一般商品制造业的同时,几乎已经完成了向"社会企业"的性质转换**,投资家在金融资本阶段相对产业阶段直接破坏环境、剥夺劳工而言要"干净"了很多,于是纷纷以"社会企业家"自我标榜。相比中国把利润最大化设定为公开目标的中国企业界而言,**几乎所有的国际性企业都在战略性占有重要利益相关资源的同时,公开宣称自己是在造福东道国的可持续发展**,为此而势必辅之以社会、文化、教育等非经济建设,既然冠冕堂皇,这种软实力输出也就乐于被东道国接受。

反观中国,尽管越来越多的大型企业走出去,尽管竞标过程中报价极低,已经是在向外让渡产业收益,但由于中国一直坚持宋襄公式的不干预东道国制度的原则,也缺乏直接对发展中国家做帮助经济基础从传统经济向现代经济转型的教育和文化投入,尤其是国内意识形态仍然坚持比西方更极端的效率优先的市场化原则,致使中国主流投资机构基本上没有考虑到必须有配套的社会组织走出去!

这种令人尴尬的中国走出去,往往适得其反!因为,国有部门投资失败者既不可能自觉反思,更无力在国内激进市场化的话语环境下有自觉改弦更张的条件。需知,**任何单一资本走出去赤裸裸地、简单粗暴地表达"资源资本化"的资本利益需求,根本不可能有良性循环**,遑论打着"中国特色社会主义"大旗的中国同时高举着西方殖民主义的"自由贸易"大旗!因此,失去国内的亲资本政策保护的中国海外企业在东道国发生了很多对抗性社会冲突,业已造成经济上的巨额损失和相对于西方话语权竞争的政治方面的长期代价。

这种社会影响和政治代价的后果是世界性的。只要不是鸵鸟,到处可以在发展中国家听到把中国批判为新殖民主义,甚至新帝国主义的声音!

由此,任何单个企业出去投资都有政治风险,意味着不得不承受这种与单个企业行为并无直接关系的累积代价。

在园区访谈期间,我们也听到了园区旨在将开发经验打包输出的"走出去"的故事,但走向国外的几个案例,都因为内外环境相对复杂而难以简单地用成败来评价。

诚然,这并非园区的尴尬。迄今在国外运作得短期盈利性较好的,多属个体工商业或者非正规企业;相比很多正规国有企业"走出去"后的投资全部或大部分打了水漂,园区尚属"全身而退",已是难能可贵。

弹指一挥间,在园区总结20周年经验之际,21世纪的第二个10年已经翻过一半,人类正在经历金融资本时代的"第三次世界大战"——这场无硝烟的金融寡头的新自由主义战争中,很多人都在幡然醒悟——"超级富翁本身越来越形成一个国家"。

如果说,第一、第二次世界大战以及二战后的冷战都是产业资本阶段的国家化竞争的不同表现方式,强化了民族国家作为全球化产业竞技场上的基本竞争单位的地位,那么,在世界进入"后冷战"之后却是乾坤倒置——满足金融资本之饕餮的硬、软实力配合夹击下到处发生的是"去国家化",不仅冲击着只有200多年历史的现代国家形态,也在冲击着中华民族有4 000多年历史的国家形态。在这场21世纪新资本主义挑战面前,中国若不能强化其历史上久已形成的地理、经济、政治领域互相之间高度依存的关系,以举国体制弱化金融资本不断转嫁出来的代价,则这个国家所拥有的世界上数量最多的人口,将随2009年以来愈益明显的"去工业化"带来的大规模失业潮与金融坏账爆发叠加而无从得到庇护。这样顺遂全球化的结果,或许将是中国遭遇全球最大的人道主义灾难。

从这个国家间竞争是金融资本阶段的全球化竞争的真实内涵来看,中国人不得不在竞争中确立自我定位,从而形成价值理性;由此出发,再去看苏州工业园区的既往经验及发展前景,则必须和中国在产业过剩压力下正如火如荼实施的"走出去"战略结合起来。

所以,我们不仅对园区近年来实施的"走出去"战略格外重视,并且试图与中国的"走出去"战略和2014年国家总理"推销高铁"紧密地联系在一起做分析。诚然,园区的走出去是以主管部门主导到外地组建工业园区;而国家则是以中央政府作为信用保障和营销手段的高端制造业产品输出。总之,比之过去10多年间,今天仍然作为主要形式的、以个别企业为主体的散乱差地走出去,要令人欣慰得多。

三、园区配合国家战略"走出去"的可行性与政策建议

园区诞生在苏联解体、东欧剧变之后的1994年,这个时候,经济全球化已经进入

单极霸权主导"后冷战"和西方产业资本大规模对外转移的时期。任何后发国家和地区只要追求西方模式的工业化，那么，新自由主义话语之下的工业内生的资本增密机制就决定了资本的进退是不可能认主人的——无论是海外资本流入带来的热潮的奔涌，还是资本退出造成的寒潮的瑟缩，我们不止一次地为其中所内含的内生性资本运动之铁一般的客观规律性而叹息；不抱偏见的人们都可以清晰地看到，在全球拥抱市场经济及其派生制度和意识形态的这股洪流的强力面前，大多数发展中国家弱政府面对西方强资本的"自由进退"都沦入萨米尔·阿明理论所揭示的"再依附"状态。在这种国家经济主权已经被外部资本及其诱致的制度转轨边缘化之后，国内各个层面——无论是企业微观、区域和部门中观还是政府宏观层面的调控努力，似乎都不堪一击。由此，大多数全球化条件下的资本危机都很容易地向发展中国家转嫁其巨大的成本……

能够有效应对危机并且立于不败之地的，往往有一定的不以经济收益为考量的特殊性。

其实，在"后冷战"初期即大举介入中国工业化进程、并且一度主导苏州工业园区建设的新加坡，本身就是个具有显而易见的特殊性的例子。新加坡如果不是位于马六甲海峡黄金水道的"桥头堡"，其地理位置在全球地缘政治中极端重要，也就不可能从冷战时期面向美国亚洲驻军的休闲度假服务业起步，完成资本原始积累的第一桶金，随后承接日本和美国的产业资本转移而跃升为"亚洲四小龙"之一。

某种意义上，20世纪80年代以降包括日、韩、新、中国港台在内的所谓"东亚板块的上升"，以及90年代以来新加坡面向东亚和东南亚的投资输出，与其说是长历史周期的循环，不如说是二战之后的冷战时期在主导国家的全球地缘控制的需要下，其资本阀门的开关和流向，有选择地使东亚某些地区被"上升"。①

据此看20年前的苏州工业园区得以"逆势起步"，某种程度上是因新加坡在冷

---

① 孔诰烽认为："战后日本和四小虎——韩国、中国台湾、中国香港、新加坡迅速崛起的故事是众所周知的，这里不需要重复。但是如果他们充满活力的崛起可以归功于中央政府在指导宝贵资源流向战略性工业领域的作用的话，同样重要的是，我们必须认识到东亚的冷战地缘政治是这些国家发展的前提条件。在冷战时期，东亚的冷战实际上是热战。共产主义中国支持游击队，卷入朝鲜战争、越南战争使得这个地区陷入永久的紧急状态，华盛顿把东亚看作遏制共产主义扩张链条中最薄弱的环节。考虑到其重要的亚洲盟友——日本和四小虎——太重要了不能失败，美国为它们提供了大量金融和军事援助来启动与指导其工业增长，同时让美国和欧洲市场对亚洲产品开放。这种销往西方市场的条件是其他发展中国家没有享有的优势，如果没有这些，亚洲经济取得如此成功是不可思议的。如果从这个角度看，东亚的经济快速增长远不是什么'奇迹'。美国创造了它，作为在亚洲太平洋地区修筑对抗共产主义的既听话又繁荣的防波堤的努力的一部分。这些经济体绝不是用来挑战美国地缘政治利益和地缘经济利益的，相反是帮助华盛顿实现其在该地区企图的顺从的小兄弟。"资料来源：孔诰烽. 美国的大管家? http://wen.org.cn/modules/article/view.article.php/.1797.

战时期的"被上升"而有了"后冷战"时期新加坡产业资本连带其管理体系对苏州的**转移**,这是园区得以利用"举国体制"而"零成本起步"、并且同期形成"高制度"的战略机遇。由此可知:园区的产业资本从原始积累到扩张和调整结构,根本不是西方那种殖民主义血腥剥夺原住民的老路;尽管这个时期的海内外危机都遭遇到了,却没有如西方主导国家那样对外转嫁制度成本。苏州人发挥自身制度优势走出来的中国道路,本来就体现出了中国的"道路自信,制度自信"。

我们对此所做的归纳算是铺垫,目的乃在于提示园区依托"高制度"的发展前景——如果说这个对冷战及"后冷战"不同阶段的粗略概述,可谓新加坡苏州工业园区的"前史",那么,**园区当前的历史任务是在中国已经延续 15 年的生产过剩压力面前,如何续写"举国体制"优势之下自己的产业资本及"高制度"体系相结合走出去的历史!**

新加坡在苏州如何"走进来"给了中国人一个近切的学习如何"走出去"的窗口。中新合作的具体过程前已备述,人们也许还记得园区成立之初新加坡企业在园区全部外资中所占的比重。大多数人津津乐道于园区起步建设阶段的高成本砸出来的高标准、高起点基础设施,但很少注意到这些基础建设有多少是由新加坡企业直接或间接完成的。这恰恰就是新加坡产业资本的"组团出海"!

新方的核心经验可以总结为一句话:**在高强度投资打造硬实力的同时,构建文化和制度软实力;通过软硬实力相结合的综合输出,内涵性地构建和行使"建制权",为国内实体产业向海外扩张进行铺垫,帮助降低成本和风险。**

至此,人们可以多一个角度来理解新加坡对于园区整体填高将近一米的方案规划,客观上和新加坡填海造地所形成的基础产业结构是同构的![1] 如此来看,苏州工业园区堪称外国投资者降低其走出去的制度成本,同时获取制度输出作为现代服务业的收益的范例。

这个经验仍然是在前述"在资本输出的同时辅之以管理制度输出,来有效降低对外投资的综合风险"的一般性规律的框架内。

新加坡只不过是选择了比较隐蔽的"软实力"方式来运筹——诚然,新加坡作为东南亚地区的唯一以华人为主的国家,**独立后政府实施了一系列举措,有力地整合国内各种资源从而形成"强政府"、"强资本"和"高制度"**,这个经验对于大多数属于弱政府的发展中国家是有借鉴价值的。新加坡仍在苏州工业园区占有 35% 的股份,

---

[1] 同理,新世纪之初新加坡选择了在天津与中国合作,很多人认为选择一片盐碱地来建生态城是不经济的,其实这客观上也是新加坡国内产能向外扩张的一种方式。

每年对园区所开展的一系列培训,可以理解为一种管理制度服务业。

苏州工业园区是中新合作诸多试点中面积最大、制度复制最成体系的开发区,其在产业管理和社区管理上,业已形成了一套完整的可复制的制度体系。而且,从其在国家其他地区的运作来看,这套体系是可以复制的。园区需要加强的是,如何使自己得之不易的经验,成为中国话语建构和文化软实力的经验支持,而不是成为新加坡话语的某个佐证。

未来,中国要"走出去"的两个方向——南下、西出,都因不同于单极霸权国家控制海权竞争的战略,而有着与陆权竞争格局天然相伴的文化上的敏感,因而格外需要慎重。①

课题组认为,完整综合地借鉴了新加坡组团出海经验的苏州工业园区,有理由继续当仁不让地代行国家战略;但绝非复制先发工业化国家的海外扩张,而是在金融资本全球化的巨大压力下,实现中国作为投资国与东道国的合作共赢。

四、政策建议

综上,园区需要未雨绸缪,要像当年新加坡主动对外复制工业园区那样,做好产业、金融、制度、管理等方面综合性、有组织地输出的准备。以下提几点具体建议:

第一,园区走出去要有"强政府"的顶层政策。产业资本发挥协同效应必须在"举国体制"的制度优势之下,确立主导组织者的"举国体制"代理人地位,赋予垄断性代理权,对产业资本进行整体组团。

第二,要有战略性金融配套的"强资本"。要构建"高制度"、话语权,必须有资本市场的运作为产业资本运作的先导。比照苏州工业园区的经验可知,如果没有资本市场的支持,实体产业的力量是微弱的,不足以形成改变制度的影响力。**金融是国家政权的派生物,在体现国家战略的项目中不能按市场化原则来配置金融资源,尤其不能按短期的市场化原则来配置。**

第三,综合性地构建"强制度"。文化是广义的制度和软性的实力。如前所述,取得可持续长久收益的走出去,需要将话语构建和文化软实力配套,社会建设、制度转型与资本输出协调配合。只要园区自觉主动地与国家战略配合,园区经验代表的中国道路自信和制度自信,就是有着巨大价值的,完全可以作为贯彻中国"走出去"战略的国内基地,对发展中国家官员和学者开展教育培训。

综合起来,园区自觉地配合国家战略的可能操作方式,是配合中国最近倡导设

---

① 关于这一问题,课题组另有专文进行分析。

立的金砖国家银行、亚洲基本建设银行等政策性的国际金融机构,以园区为主体承担发展中国家的工业开发区的管理外包,藉此配合中国产业资本走出去开展相关的政府制度输出。

  本书最后强调,要在一个微观的点上形成完善的制度构建和管理体系,需要将我们已有的经验与东道国的实际资源禀赋和人文地理特征相结合,进行实事求是的分析研究,审慎地展开。**需知,越是晚进工业化地区,其资源要素"被价格发现"的过程就越长;价格变化越快,越是激发短期的投机行为,则社会成本就越大。**从软性的文化入手,通过综合性的文化社会经济建设,促进要素再定价过程中收益合理分配,可以有效降低这一发展变迁的社会成本。如此构建在地化的伙伴关系,形成投资方和在地社区的多方共赢合作的"走出去",将是产业资本阶段的中国与金融资本阶段的西方国家在"道义"上的最大不同。

后 记

从本书定名《再读苏南》可知,此为《解读苏南》的姊妹篇。

上一部《解读苏南》,是典型的去意识形态化的客观研究,实事求是地描述了苏南工业化从资本原始积累到产业扩张,再到结构调整的经验过程;从细致的经验研究中形成理论创新。为此,我们在《解读苏南》一书后记中,约略表达了课题组在区域发展比较研究中拓荒般地开展基础研究工作的艰苦和执着:"自正式立项到完成研究报告历经四载寒暑;期间,竟有六番调研,八次易稿,无论走路还是走笔,都很艰辛……"

正因为有了对苏南经验的基础性认识,本次《再读苏南》的调研和写作,得以从一开始就高屋建瓴,将区域经济的发展过程置于中国纳入全球化的宏观大势当中,确定了"三次危机与四个阶段"的主导思路和框架,将四个阶段的发展特征及对园区未来的展望归纳为"一二三二一",从而将从立项到成果出版的整个研究周期压缩到一年半。

可见,我们在"解读苏南"项目中所形成的知识积累、学术基础和经验教训,在"再读苏南"中得到了超额的回馈。说"超额",是因为《解读苏南》出版以来,共获得"三个一百"原创图书入选工程、中华优秀出版物图书奖提名奖、江苏省首届政府出版奖、北京市哲学社会科学优秀研究成果二等奖和中华读书报年度百佳图书等五个奖项,前两个都是国家级的;能以一本书斩获五个奖项,毫无疑问是值得研究者倍感欣慰的。

作者身为"解读"和"再读"两部书稿的主要执笔人,对这种连续性区域发展研究内生的历史意义颇有感触。

中国是个超大型国家,各区域的地理条件和人文环境差异极大,对各区域的发展经验进行研究、总结和归纳,是形成整体性的"中国经验"并建立"中国话语"的基础。这也是作者长期参与温铁军教授带领的科研团队进行比较广泛的区域发展比较研究的一个初衷。调研之中,感到温教授对不同区域经验做"解读……"已经大体形成系列:先是联合各有关单位,在苏南调研的同期完成了《解读珠三角》,又相继开展了对重庆、杭州、广西左右江、苏州工业园区等不同地区的发展经验的分析。在对中国经验分区研究的深厚基础上,团队与联合国开发计划署合作,构建了"南方国家知识分享网络",开展了"新兴七国比较研究"和"南方陷阱"等发展中国家的深入研究。

由此可以理解,本书作为科研团队系列成果中的一员,延续团队一贯的主导思想,将研究重点聚焦在国际国内宏观、区域中观和企业微观三个层次的相互作用与影响机制及其历史演变上,以全面、客观梳理和呈现园区20年的发展历程为主,在此基础上提出和分析了一些理论创新性的概念与思想。

为了从深化客观经验的认识之中提炼问题意识,书中多次将苏州工业园区与苏南其他地区、浙南、岭南和西南的重庆的经验历程进行对比;囿于篇幅所限,对此进行充分展开的理论探讨将留给后续研究。有兴趣的读者也可以拓展地阅读团队的相关区域研究成果。

作者作为系列比较研究团队中的一员,自2007年开始参与调研和写作《解读苏南》以来,不止一次强烈地感到,从客观事实出发,一遍遍去芜存菁地探寻事物之间的内在联系,为本土化的知识生产做一点基础性工作,是尤其必要的!无论区域经济学、产业经济学、发展经济学等经典学科,新比较经济学、历史制度经济学、新经济社会学等新兴学科,还是中国问题意识导向的理论创新与话语建构,都可以从这些区域发展经验中寻找灵感、汲取养分;尽管,这个朴素平实的想法,相对于当下追求理论快餐和短平快知识生产的整体氛围来说,是相当奢侈的。

本书是在大量实地调研、访谈、查阅文献的基础上完成的,是中国人民大学国际学院、农业与农村发展学院联合课题组所有成员精诚努力的成果。国际学院前院长、现任劳动人事学院院长杨伟国教授亲力促成课题立项,并担任第一主持人;现任院长朱信凯教授持续给予支持;田鑫博士承担了部分课题管理、调研访谈组织工作并主持了一个专题报告。温铁军教授担任课题学术顾问,从观点讨论、框架结构到文字修改、思想升华,都倾注了大量的心血;董筱丹博士为课题执行主持人,协调课题各项工作并担纲本书起草、修改、校阅等工作。中国人民大学博士生高俊承担一个专题报告,除实地调研外,还分担了本书第三篇、第四篇部分繁重的资料收集、数据处理、案例写作任务,并协调完成本课题的主要财务工作。博士生谢欣、李行以及硕士生张晓蕾各自承担了一个专题报告(以上五个专题报告作为课题的中期研究成果,尚未以独立篇章纳入本书);博士生计晗全程参与了课题立项、实地调研、资料整理加工等多项工作。除此之外,李行、王佩、刘雨晴、张晓蕾、江政奇等参加了实地调研;张晓蕾、余甜、倪坤晓、刘雨晴、余翔、王淑羽、张津、胡文平、赵将等协助进行资料收集;中国人民大学博士后孙远东、杨帅,博士生兰永海、吕程平、郑子青、张俊娜,清华大学博士后王海侠等参加了课题讨论。

值得一提的是,温铁军、朱信凯、董筱丹、杨帅、李行也是上一部《解读苏南》课题组的重要成员。这再一次表明,正是大家的努力,才将苏南区域经济研究持续地开展起来,才搭建起将"解读"与"再读"有机连接起来的桥梁。

本书是对处于中国开放前沿地带的苏州工业园区自成立以来的经历和探索的献礼。写作中,原商业部部长、国务院特区办主任胡平,原园区管委会副主任、宿迁市副市长沈小鹰,原园区工委副书记潘云官、原园区管委会副主任肖宜美、原园区借鉴新加坡经验办公室主任赵大生,园区管委会主任杨知评、园区管委会副主任孙燕燕、园区管委会副主任刘小玫、苏州独墅湖科教创新区管委会副主任章小英,园区借鉴新加坡经验办公室副主任张国文、园区经发局副局长黄建明、园区科技招商中心主任肖诗滔、园区管委会宣传办主任姚文蕾、园区"一站式"服务中心陈迪、苏州独墅湖图书馆副馆长李春梅,以及三星电子半导体(苏州)有限公司、快捷半导体(苏州)有限公司、AMD(苏州)有限公司和艾默生环境优化技术(苏州)有限公司等外资企业,苏州纳米科技发展有限公司、苏州生物产业发展有限公司、苏州工业园区科技发展有限公司和苏州国科数据中心等产业孵化平台,苏州博实机器人技术有限公司、苏州纳微科技有限公司、华为技术有限公司苏州研究所、苏州思坦维生物技术有限公司、同程网、德尔福电子(苏州)有限公司和苏州奥杰汽车技术有限公司等新兴中小科技型企业,园区娄葑创业投资发展有限公司、娄葑东景经济发展有限公司等乡镇集体企业的有关负责人,在百忙中接受了我们的访谈并提供了宝贵的资料,特此致谢。

本书写作同时得到了国家社科基金重大项目(项目编号14ZDA064)、年度项目(项目编号14BGJ048),北京市社科基金重点项目(项目编号15FXA003)的支持,特此致谢。

本书继续由苏州大学出版社组织出版,课题组与出版社因由《解读苏南》而结下的情谊和信任,是本书得以较快出版的重要条件。特此致谢。

　　本书难免有疏漏和不足,诚恳欢迎读者的批评指正。"反者道之动",任何从理论逻辑出发提出的不同意见和以调查研究为基础的对本书观点的证伪,都有助于我们更加提高和完善研究;"弱者道之用",全球资本化之下的覆巢之下孰能独善其身,切愿本书能为包括你我在内的人类可持续献一份微薄的力量。

董筱丹
2015 年 3 月 25 日